# WANG YAO ZANG XUE WEN JI

中 国 藏 学 出 版 社

【现代中国藏学文库】

主　　编：拉巴平措

# 王尧藏学文集

（卷三）

## 吐蕃简牍综录·藏语文研究

新疆维吾尔自治区博物馆所藏木简

新疆维吾尔自治区博物馆所藏木简

新疆维吾尔自治区博物馆所藏木简

新疆维吾尔自治区博物馆所藏木简

新疆维吾尔自治区博物馆所藏木简

新疆维吾尔自治区博物馆所藏木简

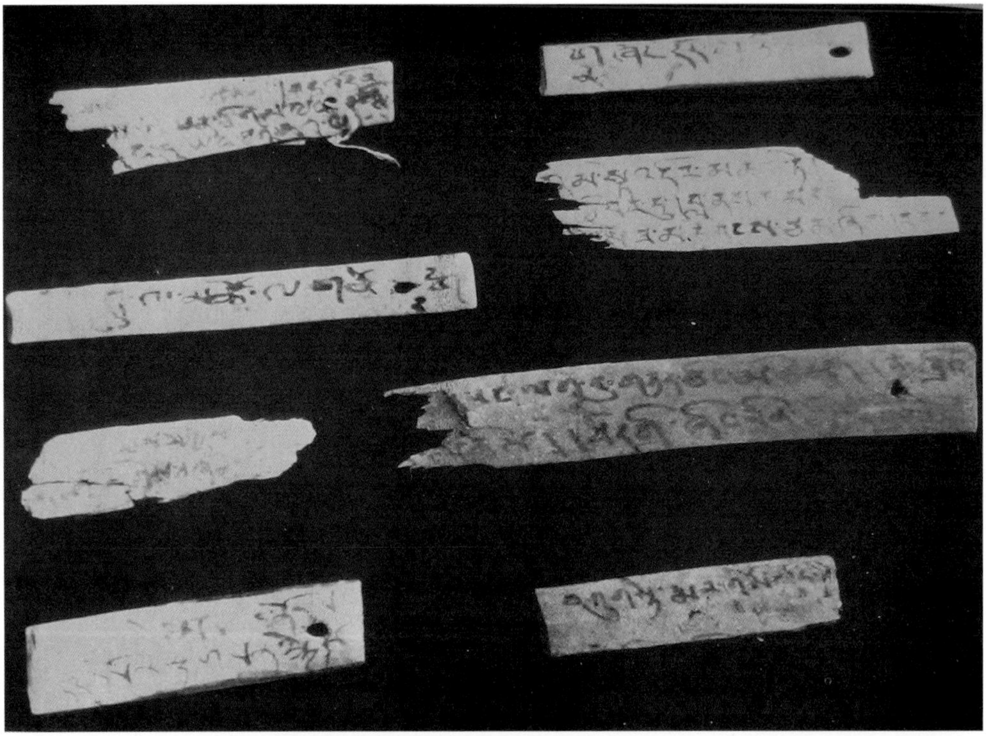

新疆维吾尔自治区博物馆所藏木简

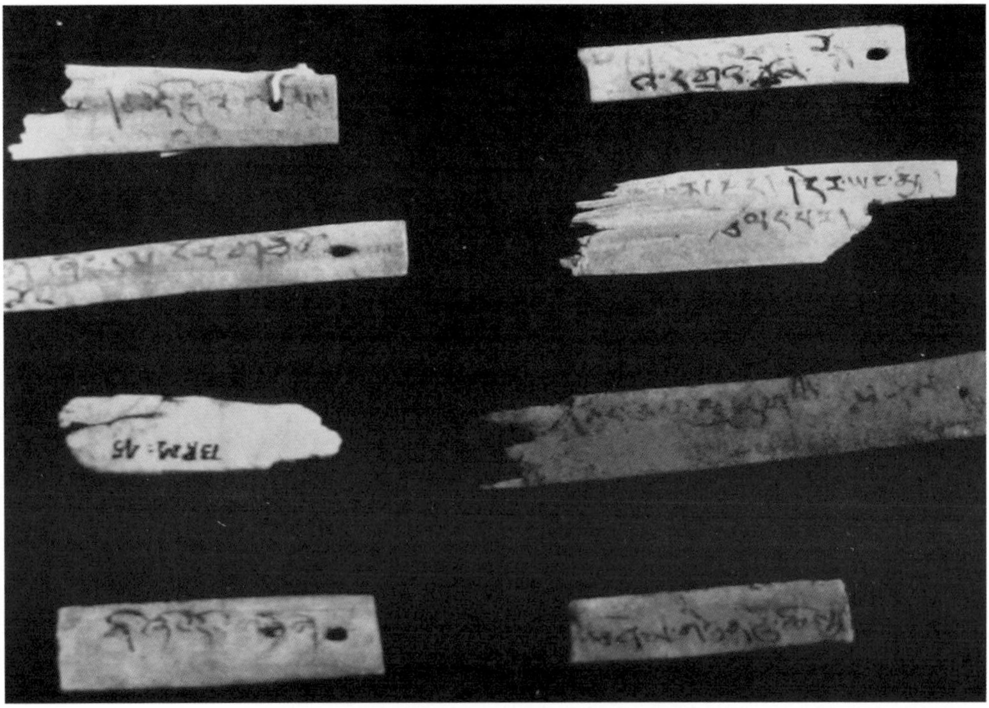

新疆维吾尔自治区博物馆所藏木简

新疆维吾尔自治区博物馆所藏木简

新疆维吾尔自治区博物馆所藏木简

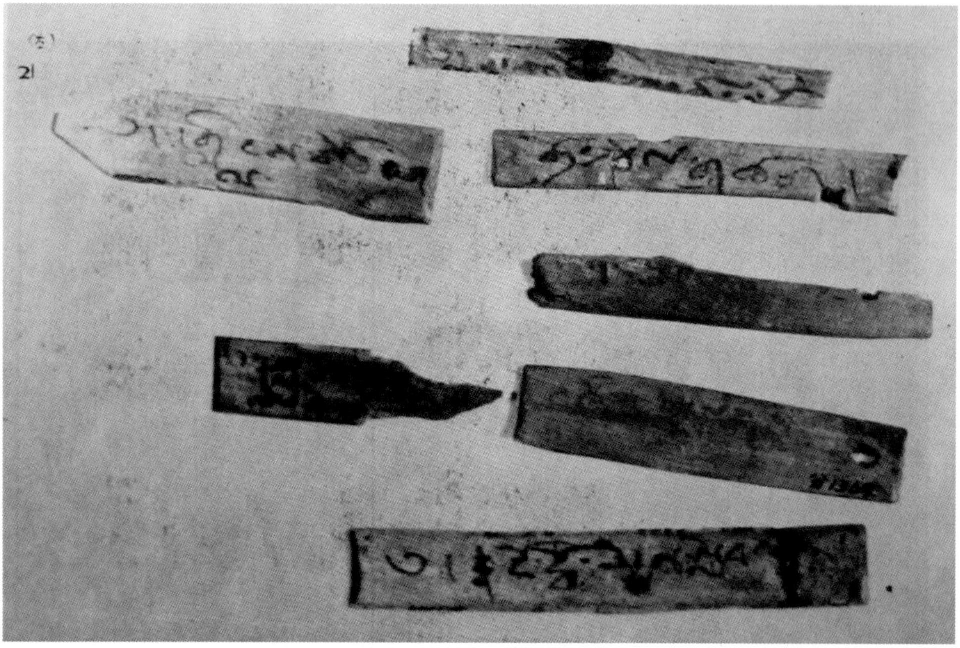

新疆维吾尔自治区博物馆所藏木简

新疆维吾尔自治区博物馆所藏木简

新疆维吾尔自治区博物馆所藏木简

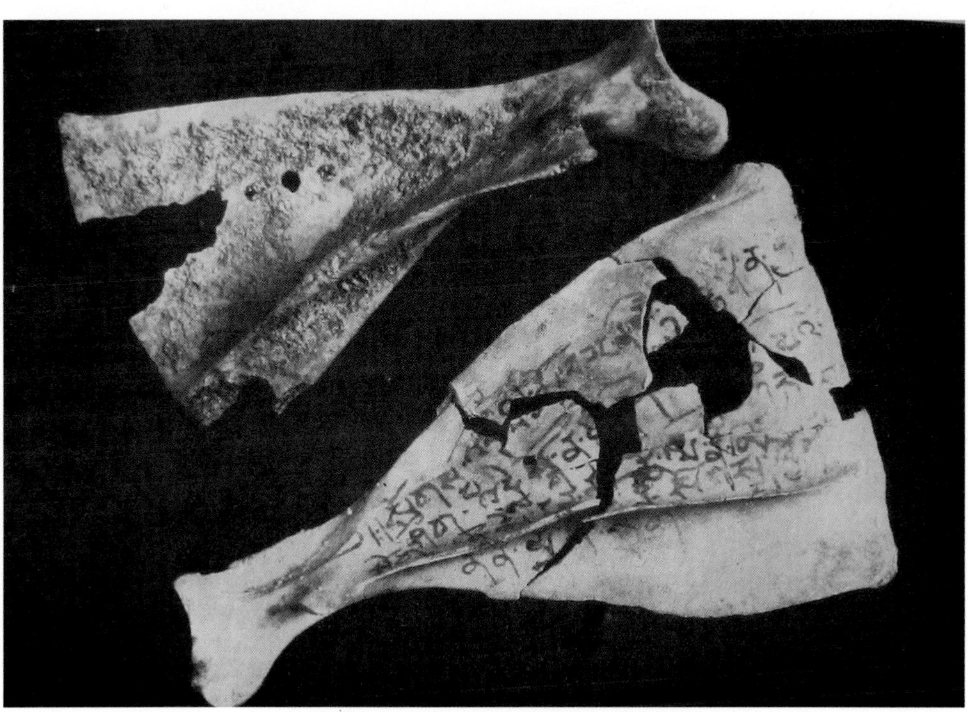

新疆维吾尔自治区博物馆所藏羊胛骨卜辞

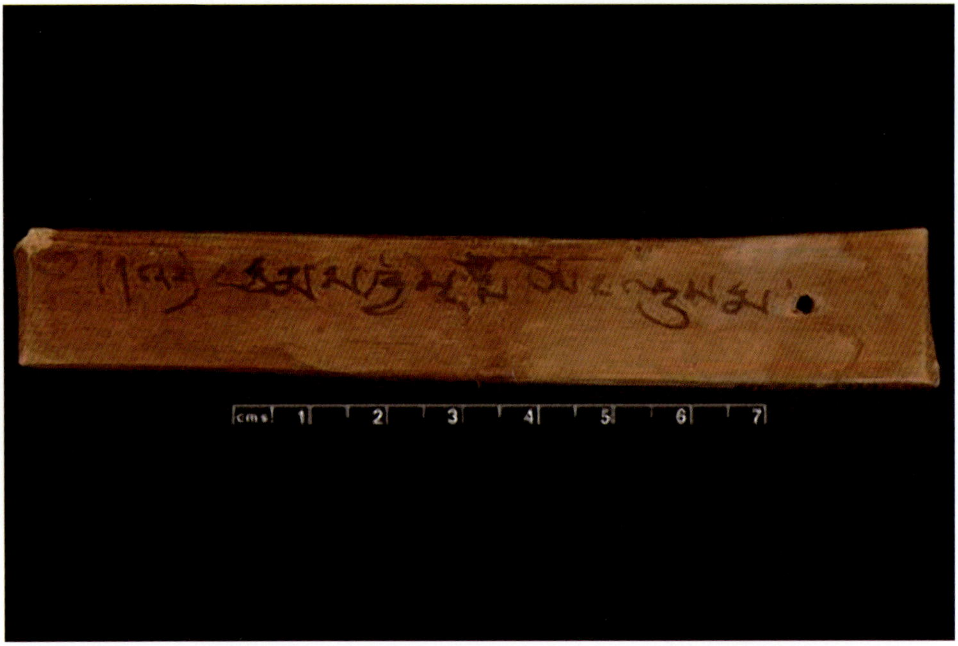

第116简（英藏 M.Tagh.a.Vi 0019）A面

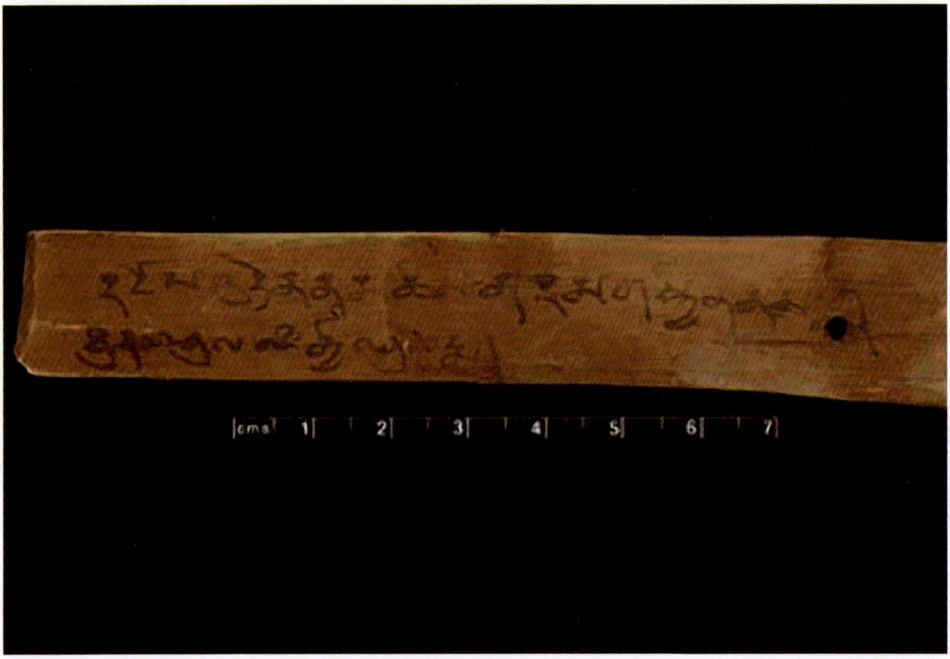

第116简（英藏 M.Tagh.a.Vi 0019）B面

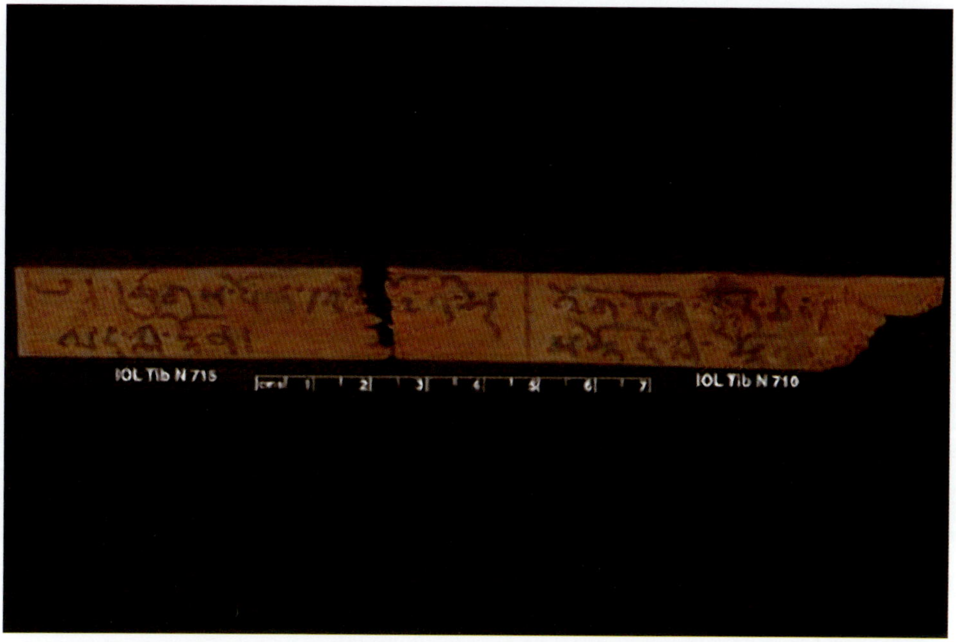


第186简（英藏 M.I.xiv.124 and 129）A面

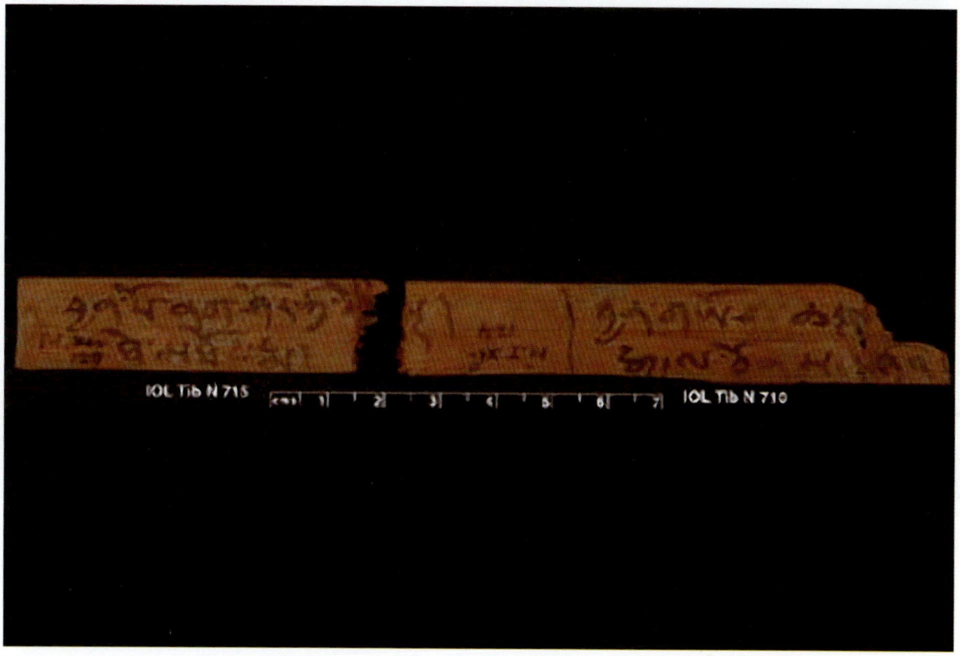


第186简（英藏 M.I.xiv.124 and 129）B面

第421简（英藏 M.I.Vi.2.a）A面

第421简（英藏 M.I.Vi.2.a）B面

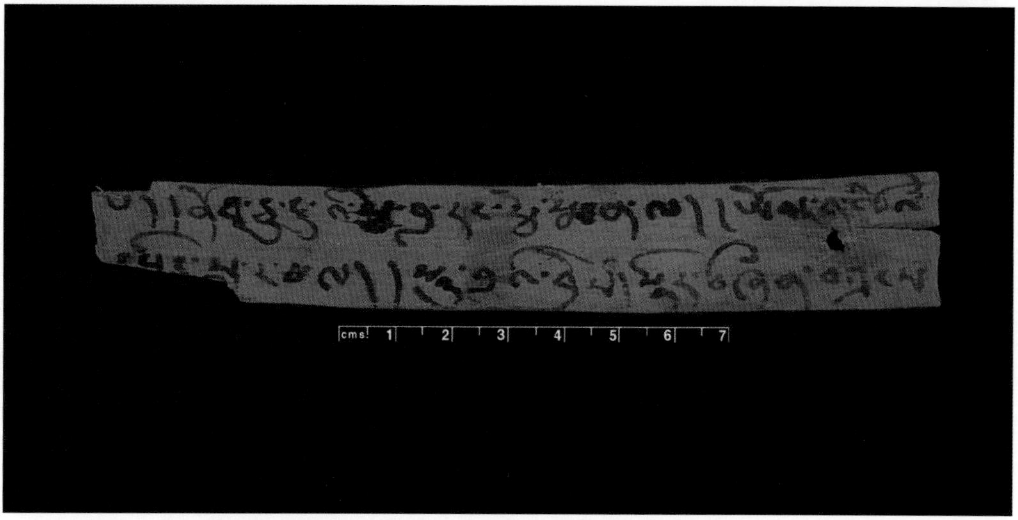

第427简（英藏 M.I.Vi.138）A面

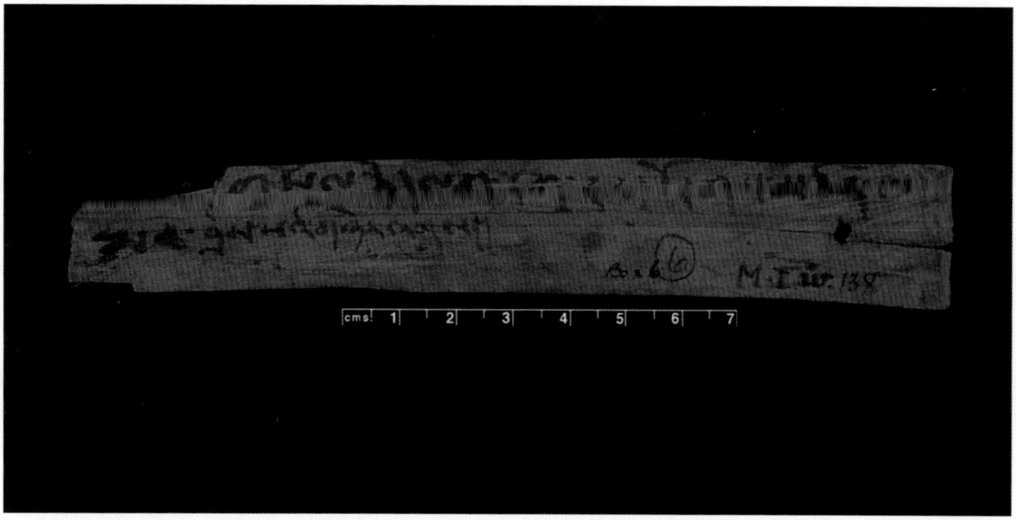

第427简（英藏 M.I.Vi.138）B面

青海都兰出土吐蕃墓大相墓石（99DRNM 3:157-1）拓片

青海都兰出土吐蕃墓尚结思木简（99DRNM 1:36）

# 《现代中国藏学文库》总序

中国是藏学的故乡。西藏是中国不可分割的重要组成部分，藏族是中华民族大家庭的重要成员。这些正是藏学研究产生、发展的最根本条件，也是藏学研究取之不尽、用之不竭的源泉。在中华大地上成长发展起来的这门人文社会科学，现在已经成为世界性的显学。为了展示中国藏学研究的成果，加强同世界同行的学术交流，促进藏学研究的繁荣发展，为西藏和其他藏区的两个文明建设服务，在中国藏学研究中心的领导下，我们编辑出版的这套《现代中国藏学文库》丛书，主要包括四个方面的内容：中国藏学家（包括港澳台学者）的学术专著；具有重要价值的藏学文献（包括现代学者辑录的历史文献）；译成汉文的藏文学术名著；获得博士学位的藏学论文（对于优秀的硕士研究生论文酌情予以收录）。所有收入的论著，均以学术价值为唯一衡量标准，文学作品、游记、通俗读物等暂不收录。作为中国藏学研究的一项基本建设工程，我们将把这项工作长期坚持下去。我们期望得到海内外藏学家的大力支持。

中国藏学出版社

2002 年 10 月

# 自　序

这套藏学文集，是我 20 世纪 50 年代以来主要藏学论著的结集，包括《敦煌本吐蕃历史文书》、《吐蕃金石录》、《吐蕃简牍综录》三部研究吐蕃文献的专著，以及不同时期撰写的涉及藏学几个领域的绝大部分论文。

根据体例编排和选收标准，兹将《文集》厘定为五卷：第一卷《敦煌本吐蕃历史文书·吐蕃制度文化研究》；第二卷《吐蕃金石录·藏文碑刻考释》；第三卷《吐蕃简牍综录·藏语文研究》；第四卷《敦煌吐蕃文书译释》；第五卷《藏汉文化双向交流·藏传佛教研究·附录》。此次结集，对部分篇章的总标题及节标题略有调整或更动；尽量对不同时期所用的译例作了统一，将不同篇章中互相重出的若干长条注释作了归并；于所收各个篇目之后，均标示其原始出处；凡内容有所增补或改订者，则予以特别说明。

另需指出，我的如下论著《文集》暂不收录：(1)《宗喀巴评传》等其他一些合撰性质的著作；(2)《吐蕃文化》等属于讲义、教材性质的著作；（3）关于藏族民间故事、戏剧、格言的译注和研究；(4) 留待整理的其他书稿以及序跋、杂文和书信。

承蒙中国藏学研究中心及中国藏学出版社诸位执事先生的美意，使这套五卷本的《文集》得以在"现代中国藏学文库"同时推出。马丽华女士是我多年的老友，以她这份关切藏文化的心情，转而对我过去发表的一些小文予以关注，实在令我感、愧兼而有之。季垣垣女士是上世纪60年代的藏学专业毕业生，也是我毕生的朋友。多亏她的鼎力相助，应该向她敬礼。

陈践教授是我的多种论著的合作者，此次她又在《文集》中藏文录文和译文的校勘方面，向编辑同志提供了不少资料。任小波博士悉心、细心地选辑、编排和校对，包括对许多不统一的译名进行处理。没有他全心全意的帮助，恐怕很难完成此次结集。对于他们的辛劳，在此一并感谢。

自1951年我离宁来京、研究藏学迄今，时光已经跨过了整整一个甲子。作为中国社会中最平凡的一分子，我有幸在建国之初响应时代的感召，投身于民族工作，收获了难忘的人生经历。而今结成此集，或可以回馈社会、仰报师友！

王　尧

2011年3月于北京

# 目　录



## 吐蕃简牍综录

## 藏语文研究

# 吐蕃簡牘綜錄

（与陈践合著；据1986年文物出版社本，本版有局部修订。）

# 凡 例

1. 本书所收录吐蕃简牍共464支。收入本书时，统一编号1—464。译文编号与此全同。其中，由新疆维吾尔自治区博物馆发掘所得者，78支，以RMF代号表示，RMF之前数码表示发掘年代，其后数码表示编号。由英籍匈牙利人斯坦因（A. Stein）所得，收藏于英国伦敦印度事务部图书馆及大英博物馆者，共380支，均按原编号过录。其编号之前Ⅱ表示参见托玛斯（F. W. Thomas）的著作《关于新疆的藏文文献集》第2卷，Ⅱ之后的号码即该书之页码。另，俄人劫去者6支，附于最末。编号为459—464，无代号。

2. A、B表示本简的两面，A、B之后的数码表示行次。如A1表示该简第1面的第1行，B2表示该简第2面的第2行。

3. 摹写的藏文原文之下，附有若干藏文释词，供阅读时参考。

4. 本书简牍分类及编号如下：

| | |
|---|---|
| （1）经济 | 1—105 |
| （2）军事 | 106—171 |
| （3）氏族、部落及地名 | 172—320 |
| （4）文书 | 321—417 |
| （5）宗教 | 418—442 |
| （6）其他 | 443—464 |

# 新疆吐蕃简牍考述及释例

## 一、概　述

传世的吐蕃时期的藏文文献包括三大类：一是金石铭刻，藏语称之为rdo ring dang dril buvi dkav gtsigs；二是写本手卷，藏语称之为shog dril yig rigs；三是竹木简牍，藏语称之为khram，或称byang bu。

按传统的说法，藏文是公元7世纪中叶，吐蕃赞普松赞干布（srong btsan sgam po）的文臣通米桑布札（thon mi sambhoṭa）奉诏创制的。但至今，尚未发现当时的文献材料作为凭证。上述的三种材料，虽然在时间上都晚于7世纪，有的是8世纪的，有的是9世纪，也有的可能是10世纪的遗物，但毕竟还是早期的文献，因而受到人们的重视。事实上，由于这些文献的问世，研究这类文献成果的不断出现，大大地弥补了过去长期存在的文献不足的缺陷，从而使人们可以较为清楚地看到吐蕃时期的历史、文化、语言、宗教、氏族婚姻、民间习俗等方面的面貌。如今，许多藏学研究者兴致勃勃地在探索当时的典章制度、经济体系、社会结构和民族关系等课题。不少中亚学学者、敦煌学学者对此也产生了巨大的兴趣。

陈寅恪（1890—1969 年）、罗常培（1899—1958 年）两位先生的重要著作《吐蕃彝泰赞普名号年代考——蒙古源流研究之一》① 和《唐五代西北方音》②，是近代藏学研究中的里程碑。我们遵循于道泉、马学良教授在 1951 年建立中央民族学院藏语专业时制订的方法：从语言入手，掌握现代藏语的某一方言，进而探索其他方言，把方言中的若干语言歧异当作历史现象来观察，继而深入阅读、研讨古代藏文文献。我们有幸能多次深入藏区，探幽抉微，逐渐地建立了我们自己的藏学研究与教学体系，其中就有“吐蕃文献学”的专题课程和著述③。

我们所编辑的《吐蕃简牍综录》一书，辑录了至今出土的绝大部分吐蕃简牍，共 464 支。这些简牍大部分出于新疆南部罗布泊（lop nor）南岸的米兰（myi rang）故城遗址，今属婼羌（nob chung）县辖。另一小部分出自于阗以北的万顷流沙当中的慕士塔克（Mozthag）地区。

英国的斯坦因（A. Stain）在 1907 年新疆探险考察活动中所获藏文简牍 398 支，影录于《西域》（Serindia，Detailed Report of Exploration in Central Asia and Westernmost China，1921，pp. 1475—1502）和《亚洲腹地》（Innermost Asia，Detaile Report of Exploralions in Central Asia，Kansu and Eastern Iran，pp. 1011—1117）两书之中。又，此书近有印度 Cosmo Publications 的复印本，1981 年新德里出版，简牍影录载于第 4 卷。

1914 年 6 月 5 日，俄国的马洛夫（S. E. Malov）从新疆获得若干吐蕃木牍，由沃罗比耶夫—杰夏托夫斯基撰写了《马洛夫收藏的藏文木牍》（《东方学研究所学报》，1953 年）和《罗布

① 原载《中央研究院历史语言研究所集刊》第 2 本第 1 分，1930 年。

② 中央研究院历史语言研究所单刊甲种之十二，1933 年。

③ 中央民族学院民族语文系藏语专业，自 1978 年起设立《吐蕃文献选读》、《吐蕃金石选讲》、《吐蕃简牍选讲》和《敦煌本吐蕃历史文书研究》等课程，出版了专用教材，并招收了研究生。现西藏、青海等院校的藏语专业中，也已设置这一课程。

泊地区的藏文木牍》（《东方碑铭学》，1953年）两文，共公布了6支藏文木牍。

我们在1979年夏季，应新疆维吾尔自治区博物馆之邀，到乌鲁木齐亲自验看他们从1959年[1]、1973年、1974年几次考古中所得的全部藏文简牍。除逐件摹写过录之外，拍摄了全部照片。这样，才有可能对吐蕃简牍进行全面的综合研究。关于出土这些简牍的地点，穆舜英同志作为考古队的领导人，亲自参与了田野工作。她有一段详尽的描写：

> 1973年，在新疆婼羌米兰地区曾发掘了一座唐代吐蕃的古戍堡遗址，为研究吐蕃的社会历史提供了一批重要材料。
>
> 米兰吐蕃古戍堡，南临古米兰河道，正当从甘肃敦煌通昆仑山北麓的要道。此古堡为一南北宽约56米、东西长约70米的呈不规则正方形的戍堡。戍堡四角有望楼，堡城墙为土筑，下层是夯土，夯土层中夹有红柳枝，夯土层上砌土坯，墙似曾几度改建增补。堡西墙有

---

① 关于1959年新疆博物馆在婼羌米兰故城所得的藏文简牍，《文物》1960年第8—9期曾有报导，内容转引如下：

> 1959年10月，新疆博物馆组织一个工作组在库尔勒专区各县进行文物普查，曾到婼羌县米兰古城清理残房屋内的一些文物。
>
> 米兰古城位于婼羌县城东北约75公里，青新公路从古城中心穿过，在城中部还保存着一条从南往北已干涸的河床。城内遍布夹砂红陶片与灰陶片。……碉堡、佛教寺基等都是用土块建筑的。碉堡高约20米，底部径约10米左右。
>
> 第三号房子，长370、宽290、深140厘米，出土文物14件，有古民族文字木简4支，长15.6、径1.3厘米。
>
> 第四号房子，有古民族文字木简21支，……木简大小两种，一长10.6、宽1.6厘米；一长14.4、宽2.3厘米，一端有小孔一个。
>
> 第五号房子，有古民族文字木简14支，木简长19.9、宽3厘米，简的一端有一小孔。
>
> 第六号房子，有古民族文字木简59支。
>
> 第七号房子，有古民族文字木简、残纸片与木牍95件。
>
> 第八号房子，有古民族文字木简与纸片13件。
>
> 第九号房子，有古民族文字木简19支及纸片……。

按：以上共获简牍225支，文内所谓“古民族文字”皆为藏文。

> 两段宽达5—6米的缺口，可能即是堡门所在。堡中间低凹，北部为一阶梯形的大土坡，自低凹处至堡北墙依土坡形盖砌小屋，房屋下部有的挖成穴状，半入地下，上部砌以土坯，有的全部为土坯砌成，不见门洞。屋为平顶，依地势高低成阶梯形，其构造颇类今拉萨的布达拉宫。《新唐书·吐蕃传》称吐蕃“屋皆平上，高至数丈”，正是这种建筑的特点。堡东部为一大型房屋，深达5米，有建筑规整的墙，似为堡中官府所在之地。其南面为一高达12米的土台，土台上立有木杆，可能是举烽燧的设置。在堡的北部房屋遗址中，出土了大量吐蕃文木简和文书。
>
> 遗址内发现了相当数量的卜骨。从出土卜骨看，大部分是在羊肩胛骨上烧灼凿洞，洞直径约1厘米，成规则排列，其中有一块卜骨上还记载有吐蕃文字，可能是卜辞纪录。出土文物中还有一颗木质白骰子，是一个1.3厘米见方的小木块，用墨点标明⚀⚁⚂⚃⚄⚅，形式和现在使用的骰子全同。①

从这一批简牍来看，值得注意的有以下几个特点：（1）简牍右端有一木槽，可以捆扎加盖封泥，说明当时是用于驿送的公文。（2）简牍往往有刮削的痕迹，似乎是一次一次加以利用。每刮削一次，在边沿上刻上一个记号。（3）在右端常有一洞，可以用绳子穿联在一起，即所谓“韦编”。（4）简牍文字古拙，有许多不同正字法的俗写和缩写字。似出于下级军官和吏员之手，颇有古朴的情趣。

另外，在《敦煌本吐蕃历史文书》中，也有很多关于木牍文书的记载，兹录几条于后：“及至狗年（上元元年，674年），赞普夏驻于悉立。回至交拉。冬，至仓邦那，于拉克之布穷集会

① 穆舜英：《新疆出土文物中关于我国古代兄弟民族的历史文化》，载《新疆历史论文集》，新疆人民出版社，1975年。

议盟。点验红册。”“及至虎年（天授元年，690 年），……立大藏之红册。噶尔·没陵赞藏顿与巴曹·野赞通保二人征收腰茹之地亩税赋。”“及至兔年（天授二年，691 年），……清理土地赋税并统计绝户数字。……乃依红册征集兵丁。”“及至龙年（长寿元年，692 年），……立红册木牍。”“及至虎年（长安二年，702 年），……颁发录于木牍上之诏令。”“及至羊年（景龙元年，707 年），……‘岸’之宫廷直属户籍移之于木牍。”“及至猴年（景龙二年，708 年），……统计、查对禁军之红册木牍。”“及至鸡年（景龙三年，709 年），……统计、清查‘茹拉’红册木牍。”从这几条录文中，我们大致可以看出简牍在吐蕃时期应用的范围和作用。

## 二、考 索

由于这一批简牍和写卷出土于新疆，对人们研究探讨当时吐蕃人在西域活动的情况就更有意义了。它帮助人们了解当年吐蕃军旅在西域疆场上的驰骋，安西四镇的争夺乃至整个“丝绸之路”的风云激荡。可以毫不夸张地说，这一批藏文文献是十分可贵的第一手史料，值得我们花大力气去研究，去探讨。

在这里，为了弄清楚简牍其所以产生于新疆地区的原因，必须先回顾一下当时的历史背景。

《新唐书·吐蕃传》明确记载：“咸亨元年（670 年），（吐蕃）入残羁縻十八州，率于阗取龟兹拨换城。于是安西四镇并废。”《资治通鉴》卷 201 将此事系于高宗咸亨元年夏四月，说：“吐蕃陷西域十八州，又与于阗袭龟兹拨换城，陷之。罢龟兹、于阗、焉耆、疏勒四镇。”这一说又见于《新唐书》的《龟兹传》、《于阗传》、《疏勒传》。更见于《小勃律传》中记载：“故西北二十余国，皆臣吐蕃。”使人相信在公元 670 年吐蕃正式占有西域四镇。

但是，事情似乎来得突然，何以吐蕃人马一下子来到西域而且能入残一十八州，而奄有四镇？这个疑问，在《资治通鉴》高宗龙朔二年（662年）十二月条下，得到解决："[illegible]海道总管苏海政受诏讨龟兹，敕兴昔亡、继往绝二可汗发兵与之俱。……军还，至疏勒南，弓月部复引吐蕃之众来，欲与唐兵战；海政以师老不敢战，以军资赂吐蕃，约和而还。由是诸部落皆以兴昔亡为冤，各有离心。继往绝寻卒，十姓无主，有阿史那都支及李遮匐收其余众附于吐蕃。"看来，在公元662年吐蕃的军事力量，已经在西域相当活跃，能左右十姓的部众了。再看《资治通鉴》卷201高宗麟德二年（665年）三月条下所记："疏勒、弓月引吐蕃侵于阗，敕西州都督崔知辩、左武卫将军曹继叔将兵救之。"

大概是没有救得下来，接着，就发生了670年的吐蕃占有整个安西四镇的情况。在《敦煌本吐蕃历史文书》中，也有不少记载可以互相印证，"大事纪年"第21条记载："及至马年（咸亨元年，670年），赞普驻于倭塘。于且末国[①]击唐军多人。"说的还是咸亨元年入残十八州事。第27条："及至鼠年（仪凤元年，676年），……论赞聂领兵赴突厥，董卜（赞聂）建立青海大行军衙。"第37条记载："大论钦陵声言领兵赴突厥，实延缓未行。"第40条记载："大论钦陵自突厥引兵还。"第50条：猪年（699年），"东叶护可汗前来致礼。"51条：鼠年（700年），"遣送东叶护可汗往突厥"。第71条：猴年（720年），"默啜（可汗）之使者前来致礼"。第80条：蛇年（729年），"大论穷桑于畿·萧玛苑集会议盟。清点预备军旅增损之数字。引兵赴突厥地，还。"第83条：猴年（732年），"大食、突骑施之使者均前来赞普王廷致礼"。第85条更有新的发展：狗年（734年），"王姐卓玛类遣嫁突骑施可汗为妻"。可以说，吐蕃在西域的力量进一步得到加强，他与西域豪酋之间的关系，由军事争夺发展

① 这里"且末国"，系采用了日本佐藤长氏的译法。

到政治结盟，而婚姻结合又为这种联盟提供了保证。

据《陈子昂集》记载，唐武则天垂拱四年（688年），陈子昂上书陈事说："国家近废安北，拔单于，弃龟兹，放疏勒……"反映了当时的实际情况。到了公元692年，形势又有一变，唐廷派了熟谙边情的将领王孝杰经营西域，一度从吐蕃手中夺回四镇。《资治通鉴》卷205长寿元年（692年）冬十月条下记着："孝杰久在吐蕃，知其虚实。会西州都督唐休璟请复取龟兹、于阗、疏勒、碎叶四镇，敕以孝杰为武威军总管，与武卫大将军阿史那忠节将兵击吐蕃。冬，十月，丙戌，大破吐蕃，复取四镇。置安西都护府于龟兹，发兵戍之。"

这一次唐廷军事行动的胜利，似乎是局限于交通线和军事府镇据点上。吐蕃军旅并未完全离开西域，相反，与各部落之间的联盟进一步加强了。从藏文文献中透露的消息来看，吐蕃一直对西域派有驻军，大论一级的军事首长经常去西域一线巡视。天宝十四年（755年）安史之乱起，河陇以西之地尽失，只有若干孤城在吐蕃包围之下苦战苦撑。建中二年（781年）以后，河陇、西域一带都是吐蕃的势力范围，能与其抗争的只有回鹘。对于唐廷来说，只能是"侨隶四镇于安定，权附陇右于扶风"①，而"三辅已西无襟带之固，……今国家西境极于潘原"②。"今吐蕃充斥，势强十倍，兼河陇之地，杂羌、浑之众，每岁来窥近郊。……"③

直到唐懿宗大中五年（851年），张义潮组织的各民族联合的起义军，乘吐蕃王廷内部纷争扰攘无暇东顾之机，举事兴兵，恢复了唐廷在瓜、沙、伊、肃的统治。《册府元龟》卷20把这件事列入帝王部功业二，记载着："吐蕃沙州刺史张义潮遣兄义潭以瓜、沙、伊、肃等十一州户口来献，自河陇陷蕃百余年，至是悉复陇右故地。"由于吐蕃本土政局不稳，影响到派驻在西域的军队。咸通七年（866年），一次重大的军事失败，导致吐蕃

① 《册府元龟》卷993，外臣部。

② 《册府元龟》卷992，外臣部。

③ 《册府元龟》卷366，将帅部。

最终撤出西域。回纥与吐蕃在西域的势力，也发生极大的变化。《册府元龟》把这件事作为助国讨伐的一例，记载于卷937外臣部：“咸通七年，差回鹘首领仆固俊与吐蕃大将尚恐热交战，大败蕃寇，斩尚恐热，传首京师。”

简单地小结一下：自龙朔二年（662年）到长寿元年（692年）的30年间，吐蕃第一次占有西域的安西四镇；长寿二年（693年）至咸通七年（866年）的170多年之间，整个西域都在吐蕃手中，只有回鹘成为对峙、抗衡的力量。这就是唐代中期我国几个兄弟民族之间在西域的复杂关系。因为吐蕃的势力在西域长达100多年，所以，吐蕃简牍在新疆出土是毫不奇怪的事。

## 三、释例[①]

（一）73RMF　12:1

正面　1　༄། འདྲི་སྲུས་གསས་ལེགས་ལ་གཏད་པའ། ནབ་ཟ་རྒྱ་དགས་ཀྱི་རལ་ག

　　　2　གཅིག། རིའུ་ཀར་ཀྱི་རལ་ག་གཅིག་། གཙོས་ཀྱི་སྟོད་ཀོར་གཉིས།

背面　1　ཟ་ཕོག་གི་སླག་པ་གཅིག་། གཙོས་ཀྱི་སྟོད་ཧྲམ་གཅིག་། མེན་ཧྲི།

　　　2　ཤམ་གཅིག། དབུ་ཐོད་གསར་རྙིང་གཉིས། སི་ལེག་ལྔ། སོགས།

译文：交付哲蔑悉腊衣著：汉地织成披风一件，白山羊皮披风一件，羚羊皮短披肩两件，锦缎裘袍一件，羚羊皮上衣一件，美哲缎裙一条，新旧头巾两块，丝带五条等……

（二）73RMF　26:18（此号影印件上A、B上下倒置）

正面　1　དང་། ཁས་ན་ལ་དཀར་ཁལ་གཅིག་དང་བྲེ་ལྔ། བླ་གོང་སྒྲུ་གཙུག་ལ་དཀར།

　　　2　བྲེ་ལྔ་གནག་བྲེ་ལྔ། ཞང་ཙུང་ལ། དཀར་ཁལ་གཅིག……གུ་ཆུང་ལ།

　　　3　[གནག]་བྲེ་གསུམ་དཀར་བྲེ་ལྔ། ཕྱུག་ཞིང་སྐལ་ཅན་གསུམ་གི་རྗེ་ཞིང་དོར།

背面　1　གཅིག། མངན་གསས་ཏུག་ལ། ཀ་ནན་བླ་དཀར་ཁལ་བྱེ་དང་གཉིས་

　　　2　[པོན]་མོས། བཀས་གཏད་དེ། སྟེ་རྗེས། དཀར་ཁལ་བྱེ་དང་གཉིས་གསས

① 载《新疆出土文物》影录，文物出版社，1975年，第70页。

3　སྨུག་གིས་འཚལ། ཁོང་ཟིགས་སྤུན་གིས་དཀར་ཁལ་ཕྱེ་དང་གསུ

译文：付与开那（借）麦一蕃斗五蕃升，拉贡鲁祖麦五蕃升、青稞五蕃升，尚穷麦一蕃斗，古穷青稞三蕃升、麦五蕃升，用三份俸田合王田一突。付岸［本］悉斯禄俸经费麦一蕃斗半，依主母之命，借给部落使，悉斯之子麦一蕃斗半，孔息兄弟麦两蕃斗半。

（三）73RMF　26:18

正面　1 ༄།། ཞེར་སྨྱེས་ཀོང་ཁལ་པ་བླ་ནས་ཕོགསྟེ།། བླའི་སྣང་འཇིན(འདྲེན)་ཏུ་བསྐོས

2　ལས།། ཁལ་པ་ཀ་ཤི་མ། གཉེར་མ་ཁྱུམས་ནས།། ཁོན་ཉའི་སྤྲ་མོའི་སྣམ་སས

3　གཏར་ཕྱུལ་ཏེ།། རྒྱབ་བླའི་རྫང་འདྲེན་དུ་བཏང་བ་ལས།། ཇོབ་རྩ་དུ་རིས་ཀྱི་ཛ་ཇོག

背面　1　སྨྱེས་ཀོང་བསྫོང་སྟེ་བླ་ནར་གཉེར་མ་ཁྱུམས་པ།། ཅད་པ་འོག་ཐུ་གཅིག་གིས་བཅད་པ

2　ལ།། ནི་ཞེར་གསས་བྱང་ལ་སྐྱོགས་པས།། ཛ་མོ་དང་རྒྱབ་ཁལ་གི་ནས་གྱི་ཇམས་སྐད

3　བཏགས་ཏེ།། ཕྲོགས་ཞེས་གདའ་བའ།། འདིར་ཞི་པར་ཇས་ན་ཛ་ཇོག་གི་སླར་དུ

译文：上峰令毕尔迈公将驮畜驮运粮食，［另一名］赶驮人噶西玛无暇前往，其骆驼如数作质物交与［毕尔迈公］运送粮食。婼羌辖境全部骆驼均由迈公调集，噶西玛无暇前往，上峰决定予以严惩。尼毕悉斯彭等人借口寻事，［站在噶西玛一方］，谓“要将骆驼、驮子抢回”。［毕尔迈公］谓“此事要回报上峰”。骆驼再……。

（四）73RMF　19:9

正面　1　ཀྱི་ཞིང་དོར་གཅིག། བམ་བུ་རྗེའི་ཞིང་དོར་གཅིག།

2　རྩིས་པའི་ཞིང་དོར་ཕྱེ་དང་གཉིས།། གསས་བཙན

背面　1　གིས་དཀར་ཏུ་རྩོས་པ། མཐོང་ཁྱབ་སྒྲིངས་ནས

2　དོར་གཉིས། ཞིང་ལག་དོར་གཅིག།།

译文：……之农田一突，邦布小王［莽布支］农田一突，资悉波农田一突又半，悉斯赞新垦荒地在通颊者两突，零星散地一突。

# 藏文录文及转写

1. 59RMF 第 5 室 原号 6631 分类 1364

A 1 ······སློན་བན་མྱྀ་གཉིས་གིས་ནོད་པའ། ཞིང་ལག་དོར་གཅིག། ཐོང་ཁྱབ་ཀྱི······

slon ban myṭ gnyis gis nod pav/ zhing lag dor gcig/ thong khyab kyi

2 ······ཞིང་གཅིག་རབ་། གཡས་རུ་རུ་དཔོན་གྱི་ཞིང་དོར་གཅིག། མོན་ལྟོག་······

zhing gcig rab/ g·yas ru ru dpon gyi zhing dor gcig/ mon ltog

3 ཞིང་དོར་གཅིག་རུ་རྨ་སྟག་གྀ། ཞིང་དོར་གཅིག་ཤིབ། རུ་དཔོན་གྱི་ཞིང་མ་ཡུར་གྱི་ཕ་རོལ་

zhing dor gcig ru rma stag gṭ/ zhing dor gcig shib/ ru dpon gyi zhing ma yur gyi pha rol

B 1 གྱི་ཞིང་དོར་གཅིག་ཡང་ནོད། སླུངས་ཀྱི་ཞིང་ལས་དོར་གཅིག་ཡི་ཤེས་མཆོག།། །།

gyi zhing dor gcig yang nod/ slungs kyi zhṭng las dor gcig yi shes mchog// //

2 ······ནོད།

nod/

(1) དོར། ཛོན་མཛོ་གཉིས་ཀྱིས་ཉིན་གཅིག་ལ་ཛོད་ཐུབ་པའི་ཚད།

(2) ཤིབ（ཤིབས→གཤིབས）། ཉེ་འགྲམ།

(3) མ་ཡུར། ཡུར་བ་ལྟེ་བ།

(4) སྐྱངས་ཀྱི་ཞིང་། སྐྱུང་ཐང་གི་ཞིང་།

(5) ནོད། ཐོབ། ལེན།

2. 73RMF 19:9

A 1 ཀྱྀ་ཞིང་དོར་གཅྀག། བམ་བུ་རྗྀའི་ཞིང་དོར་གཅྀག།

kyṭ zhing dor gcṭg/ bam bu rjṭvi zhing dor gcṭg/

2 རྩྀས་པའི་ཞྀང་དོར་ཕྱེ་དང་གཉྀས།། གསས་བཙན་

rtsṭs pavi zhṭng dor phye dang gnyṭs// gsas btsan

B 1 གྀས་དཀར་རུ་རྨོས་པ། མཐོང་ཁྱབ་གླྀངས་ནས་

gṭs dkar ru rmos pa/ mthong khyab glṭngs nas

2 དོར་གཉྀས། ཞིང་ལག་དོར་གཅྀག།།

dor gnyṭs/ zhing lag dor gcṭg//

(1) རྩིས་པ། ནོར་སྲིད་རྩིས་གཉེར་བ། དཔེར་ན་ཁྲལ་བསྡུ་བ་དང་བུ་ལོན་གཏོང་ལེན་བྱེད་མཁན།

3. 73RMF 26:9

1 ༄།། མོན་ཅུང་ལ་རྔན་ཞིང་

// mon cong la rngan zhing

2 དོར་གཅིག

dor gcig

4. 73RMF 26:21

A1 ༄།། དཔལ་བསྟན་ནོད་པའ་

// dpal bstan nod pav

2 རྩིས་པའི་ཞིང་ས་དོར་གསུམ་

rtsis pavi zhing sa dor gsum

B1 དམག་པོན་གྱི་ངན་ཞིང་དོར་གཆིག

dmag pon gyi ngan zhing dor gchig

2 རུ་དཔོན་གི་ས་དོར་གཅིག།

ru dpon gi sa dor gcig/

3 དགྲ་བློན་ཆུ་ངུའི་ཞིང་དོར་གཆིག……
dgra blon chu nguvi zhing dor gchig
(1)ངན་ཞིང(ཛན་ཞིང)་། ཕྱུག་འདེབས་ས་ཞིང་།

5. 73RMF 26½

A1 ༄༅། བོད་མའ་ནོད་པ་
// bod mav nod pa
2 རུ་དཔོན་རྟག་སར་སྐྱེས་
ru dpon rtag sar skyes

B1 གི་ཞིང་དོར་གཅིག
gi zhing dor gcig

6. 73RMF 41:12

| | | | |
|---|---|---|---|
| A1 | ……བློན་གཡུ་གཤེར་<br>blon g·yu gsher | ཡོན་གནས་<br>yon gnas | སྐུ……ཨེལ་ཕན་<br>sku el phan |
| 2 | གནག་དོར་ཕྱེད་དང་གསུམ<br>gnag dor phyed dang gsum | གནག་དོར་<br>gnag dor | གནག་དོར་……<br>gnag dor |
| 3 | | གསུམ<br>gsum | |

(1)གནག ①ནས། ②འབྲི་གཡག་སོགས།

7. 73RMF 26:17

A1 །། དགེ་ལེགས་ནོད་
// dge legs nod
2 པའ་དགྲའ་བློན་
pav dgrav blon

B1 གི་ཞིང་དོར་གཉིས་ནོད
gi zhing dor gnyis nod

8. 72RMF

A1 ||……འོད་ཀྱི་……

// vod kyi

2 ……ཙིག|| ལྷུད་མོའི་ཞིང་ལག་དོར་……

cịg// lhud movị zhing lag dor

B1 དམག་པོ་ཆེད་པོའི་ཞིང་དོར་གཙིག|

dmag po ched povị zhịng dor gcịg/

2 ……ཀྱི་ཞིང་དོར་……

kyị zhing dor

9. 73RMF 26H1:25

A1 ༄|| དཔལ་བྱིན་ནོད་པ་

// dpal byin nod pa

B1 དམག་པོན་གི་ཞིང་དོར་གཅི

dmag pon gi zhing dor gci

2 ག(གཅིག)ནོད

g(gcig) nod

10. 73RMF 26:19

A1 ༄|| སོག་པོ་ལ་དམག་པོན་

// sog po la dmag pon

2 གི་རབ་ཞི[ང]་དོར་གཅིག

gi rab zhing dor gcig

11. RMF 73

A1 ||……ཀྱི་……

// kyi

2 ……གཅིག|| ལྷུད་མོ་གི་ཞིང་ལག་དོར་

gcig// lhud mo gị zhing lag dor

B1 ……དམག་པྣོ་ནོད་པའི་ཞིང་དོར་གཅིག།

dmag pon nod pavṭ zhṭng dor gcig/

2 ……ཀྱི་ཞིང་དོར་……

kyi zhing dor

12. 73RMF 26:16

A1 ༄། ཞིང་པོན་ལྷ་སྒྲ་

// zhing pon lha sgra

2 ནོད་པའ་གཅོ་

nod pav gco

B1 རྒོད་གི་ཞིང་ལ་

rgod gi zhing la

2 དོར་གཅིག

dor gcig

13. 73RMF 26:24

A1 ༄། དགྲའ་བཞེར་ནོད་པའ་

// dgrav bzher nod pav

2 བཀའ་རྡགས་(རྟགས)་འཁྱེར་

bkav rdags(rtags) vkhyer

B1 པའི་ཞིང་དོར་གཅིག

pavi zhing dor gcig

(1)བཀའ་རྟགས་འཁྱེར་བ། བཀའ་ཡིག་ཁྱེར་མཁན།

14. 73RMF 24:16

A1 ༄། ཀླུ་ལ་མཚོ་ལ་གཅིག་

// klu la mtsho la gcig

B1 གི་ཞིང་ལ་དོར་གཅིག་

gi zhing la dor gcig

2 ནོད

nod

15. 59RMF 原号 6638 分类 1367

A1 ……ན་སུམ་གི་ཆུན་པ་མྱི་གསུམ་གིས་……

na sum gi chun pa myi gsum gis

2 ……

B1 ……དོར་གསུམ

dor gsum

(1) ཆུན་པ། རྗེ་ཆུན། དཔོན་གཡོག

16. 73RMF 20

A1 ༄། བློན་བརྩན་གི་ཆུན་པའ་ནོད་པའ་

// blon brtsan gi chun pav nod pav

2 ཉ་ལམ་གོང་ནས་ཁྲ་རོ་ར་ཞིང་དོར་

nya lam gong nas khra ro ra zhing dor

B1 བཞི་ནོད

bzhi nod

17. 73RMF 26:23

A1 ༄། ཁྲོ་སྦུག་ནོད་པའ་ཀར་དུར་

// khro sbug nod pav kar dur

B1 གཙེ་སྒོར་གི་ཞི[ང]་རབ་

gtse sgor gi zhing rab

2 དོར་གཅིག

dor gcig

18. 73RMF 26:11

A1 བློ་གྲོས་ལ་བར་ཞིང་དོར་ག

blo gros la bar zhing dor g

2 ཅིག(གཅིག)
cig(gcig)

19. RMF 92(T)

A1 ༄། ཀླུ་ལྔ་མཚོ་ལ་གཅོར་རྒ་
// klu lnga mtsho la gcor rga

B1 གི་ཞིང་ལ་དོར་གཅིག་
gi zhing la dor gcig

2 ནོད
nod

20. RMF 92(T)

A1 ……དཔང་ལག་དུ་གཏད་ཅིང་མཆིས།། ནོ་ཁྲིའི་
dpang lag du gtad cing mchis// no khrivi

2 ……མཆིས།། བདགི་ཞིང་རིན་……
mchis// bdagi zhing rin

21. 59RMF 原号 6642 分类 1369

A1 ༄།:། གླིངས་གཅིག
glings gcig

2 ལ
la

22. Ⅱ350 – 2 M. I. xlv,3

A1 ༄།:། ཁུ་ཅུང་། ཁུ་རྟན་རྨང་པ། གཙང་གི་ཡི་གེ་ཆུ་ངུ་འི་ཞིང་
// khu cung/ khu rtan rmang pa/ gstsang gi yi ge chu ngu vi zhing

2 དོར་གསུམ།
dor gsum/

B1 ལོག་མྱི་གཅིག་……

lon myi gcig

(1) ལོག་མྱི། སྟོད་མཁན།

23. Ⅱ305 – 5 M. I. xl,6c

A1 ༄། པོ་ཁྲོ་དོར་བཞི་

// po khro dor bzhi

B1 བབ།

bab/

24. Ⅱ349 – 1 M. I. xxviii,0028

A1 ༄། གཅིག། ལྟང(ལྷང)་སོགས་གྱི་ཞིང་དོར་ག[ཅིག]་……

// gcig/ ltang(lhang) sogs gyi zhing dor gcig

2 ཀྱི་ཞིང་དོར་ཕྱེད། སྟག་ཆུང་[གྱིས]་རྨོས་བ་[ན]ག་ཤོ[ད]་……

kyi zhing dor phyed/ stag chung gyis rmos ba nag shod

B1 ཀྱི་ཞིང་དོར་གཉིས། རུ་པོན་གྱི་ཞིང་དོར་གཅིག། ཞིང་

kyi zhing dor gnyis/ ru pon gyi zhing dor gcig/ zhing

2 ལག་ལས་དོར་གཅིག། ཁྲོམ་ཕན(ཕོན)་གྱིས་རྨོས་པ།།

lag las dor gcig/ khrom phan(phon) gyis rmos pa//

(1) ཁྲོམ་ཕོན། དམག་དཔོན།

25. Ⅱ166 – 3 M. I. viii,46

A1 ༄། སྟག་གསར་དཔལ་ལེགས་གླང་ཞིང་མཁར་

// stag gsar dpal legs glang zhing mkhar

2 ནས་དོར་གསུམ་གཞི་རྙིང་ནོད།

nas dor gsum gzhi rnying nod/

26.　Ⅱ160　M. I. viii,58

A1　༄།ཿ། འཕན་ལ་བརྩན་རྨེད་

　// vphan la brtsan rmed

2　པའ། རྩེ་འཏོན་གི་ཞིང་དོར་

pav/ rtse vton gi zhing dor

B1　ཕྱེ(ཕྱེད)་དང་གཉི[ས]

phye(phyed) dang gnyis

27.　Ⅱ161 -1　M. I. xvi,003

A1　༄།ཿ། གཡུ་རྟོན་གྱི་དཀར་དུ་མོས་པའ

// g·yu rton gyi dkar du mos pav

2　རྩེ་ཐོན་གྱི་ཞིང་དོར་གཅིག། དོར་[ཕྱེ](ཕྱེད)་དང་

rtse thon gyi zhing dor gcig/ dor phye(phyed) dang

3　གཉིས

gnyis

28.　Ⅱ161 -2　M. I. lviii,006

A1　༄། ཞིང་ཕོན། མདོ་གོང་གི་ཆུན་པ། མྱི་ག……

/ zhing phon/ mdo gong gi chun pa/ myi g

2　ཕོག་པ།། ལྡུད་མོ་སྨོད་ཞིང་ལྷག། དོར……

phog pa// ldud mo smod zhing lhag/ dor

B1　[འགྲི]། ཁེ་བཟང་ཁྲལ་པོན་དང་རྩེ་མཏོན་ཁྲལ་[ཞིང]་

vgri/ khe bzang khral pon dang rtse mton khral zhing

2　དོར་གཅིག།

dor gcig/

(1)མྱིག……ཕོག་པ། དམིགས……ཕོག་པ། དམིགས་བསལ་གྱིས་འདེམས་པ།

29. Ⅱ161 -3 M. I. ii,16a

A1 ༄།། རྩེ་མཐོན་གྱི་རྗེ་ཞིང་དོར་དྲུག་ཙ་རྔུ་གུང་རྟོན་གྱིས་དོར་གཉི……

// rtse mton gyi rje zhing dor drug tsa rngu gung rton gyis dor gnyi

30. Ⅱ126 -3 M. I. xvi,005

A1 ……ན[ག]་ཤོད་གྱི་ཞིང་དོར་གསུམ།

nag shod gyi zhing dor gsum/

2 ……མངན་གི་[ཡི]་གེ་པའི་ཞིང་དོར་གཅིག།

mngan gi yi ge pavi zhing dor gcig/

3 ……ནག་ཤོད་གི་གླེའུ་ཞིང་དོར་གཉིས་

nag shod gi glevu zhing dor gnyis

B1 ……སྦྱན(སྤྱན)་གི་ཞིང་དོར་[བ]དུན།

sbyan(spyan) gi zhing dor bdun/

(1) གླེའུ་ཞིང་། མཐའ་ཆུས་བསྐོར་བའི་སྐམ་པའི་ཐོག་གི་ཞིང་། (ཆུར་ལྡང་བ་ཆུ་གླི་ལ་ཆགས། 《གཏམ་རྒྱུད་རིན་ཆེན་སྤུངས་པ》)

(2) སྦྱན(སྤྱན་པ)། ལྟ་ཞིབ་པ། ཐང་རྒྱལ་རབས་ཀྱི་དུས་སུ་ཀྲུང་དབྱང་གི་མངགས་གཏོང་ལས་ཁུངས་ཏའོ་ཞེས་པའི་འགོ་ཁྲིད་ཀན་པའི་མིང་།

31. Ⅱ124 -2 M. I. xxi,5

A1 ༄།། ཚལ་བྱི་དམག་པོན་དང༌།། ཞིང་འགོད་ཀྱི་[རིང]་

// tshal byi dmag pon dang// zhing vgod kyi ring

A2 ལ་གཐད་ཕྭ

la gthad phav

(1) གཐད་ཕྭ(གཏད་པ)། རྩིས་སྤྲོད་པ།

32. 72RMF 3

A1 ༄།:། སྟག་གི་ལོ་ལ།། ཆུན་པ་ཐོག་འདུས……ལྷ་

// stag gi lo la// chun pa thog vdus lha

2 ……|| ནས་ཁལ་བཞི་ཙུ་ཙ་ཕྱེད་ལྔ|| གལ

// nas khal bzhị cu rtsa phyed lnga// gal

3 ……ལ་ནས་ཁལ་བཞི་……||……

la nas khal bzhi //

B1 ཀླུ་བསྣང་གི བུལ། ནས་ཁལ་བཞི་བཅུ། ཀླུ་བསྟན་གྱི་ཐོག་ནས་

klu bsnang gṭ bul/ nas khal bzhị bcu/ klu bstan gyi thog nas

2 ……ཁལ་ཉི་……གཅིག|| འཕན་བུའི་ལྷམ་རིན་ནས་

khal nyi gcig// vphan buvi lham rin nas

3 ཁལ་བཞི་དང་……|| ལྤགས་རིན་ནས་ཁལ་གཅིག།

khal bzhi dang // lpags rin nas khal gcig/

(1) ཁལ་གཅིག བྲེ་ཉི་ཤུ་ཐམ་པ།

33. 73RMF 27:27

A1 ༄|| ནས་ཀལ་ཕྱེད་དང་བཅུ་བདུན་དང་བྲེ་གསུམ་……

// nas kal phyed dang bchu bdun dang bre gsum

B1 ……དཀར་གྱི་ཁྲེ་ཁལ་ཕྱེད་དང་གཉིས་དང་བྲེ་

dkar gyi khre khal phyed dang gnyis dang bre

2 བཞི་ཕུལ་བཞི་ཁྱོར་དོ:

bzhi phul bzhi khyor do

34. 73RMF

A1 དོར ཁྱིའུ་ལོ

dor khyi vu lo

2 སོ་བ།

so ba/

3 དོང

dong

35. 59RMF 原号 6642 分类 1369

A1 གྲོ་ཁལ་གཅིག།

gro khal gchig/

36. Ⅱ353 -2 M. I. ii,005

A1 ༄། ། འབྲུག་གི་ལོའི་ས་བོན་དང་ཞིང་པའ་བརྒྱགས་[ཐོགི]་གྲོ་ལས་གོད་པའ། ཁལ་[ཕྱེད]་……

// vbrug gi lovi sa bon dang zhing pav brgyags thogi gro las god pav/ khal phyed

2 ཀླུ་དགོས་གྱི་བརྒྱགས་ཁལ་ཕྱེད། ས་བོན་ཁལ་གཅིག་བྲེ་བཞི། བ་ཕྱེ་རྒྱུ་བྲེ་དོ། ལྷ་ལེགས་……

klu dgos gyi brgyags khal phyed/ sa bon khal gcig bre bzhi/ ba phye rgyu bre do/ lha legs

B1 རིན་བྲེ་བརྒྱད། སྡེ་རྗེས་བྲེ་བཅུ་གཉིས། ཞིང་ཐོག་ལས་ཇོ་བོ་བཙ[ན་བ]ཟང་ལ་ནས་ཁལ་གས་……

rin bre brgyad/ sde rjes bre bchu gnyis/ zhing thog las jo bo btsan bzang la nas khal gas

2 གསུམ། ནོབ་ཆུ་ངུར་ཁྲེ་ཁལ་གཉིས་དྲངས། ཀ་དག་ཁྲེ་ལས་ལྷ་ཀུང་རྟ་རིན་དུ་ཁལ་……

gsum/ nob chu ngur khre khal gnyis drangs/ ka dag khre las lha kung rta rin du khal

(B1—B2 之间有སྡེ་གྲང་……字样)

(1)སྡེ་རྗེ། དེ་རྗེས།

37. Ⅱ372 -1 M. Tāgh. c,ii,0012

A1 ༄། ། ལྟང་སོགས་

// ltang sogs

2 གྱི་རྒྱགས་ལོང་།

gyi rgyags long/

38. Ⅱ369－1 M. I. i,30

A1 ༄།། ཤ་ཅུ་ཕོ་ཉ་གཅུ……

// sha cu pho nya gcu

2 ཁལ་བོང་བུ་རྒྱབ་ཆ་སྒ་དང་ཆས……

khal bong bu rgyab cha sga dang chas

B1 གཅིག། མྱི་གསུམ་གྱི་ཟླ་བ་གཅི……

gcig/ myi gsum gyi zla ba gci

2 དོ་འཚལ་བའི་ཐང་དུ་བརྩིས་ཏེ་ཕྱེ་ཁལ་ཕྱེ……

do vtshal bavi thang du brtsis te phye khal phye

3 ཉི་ཤུ་གཉིས་ལ། ཕོ་ཉར་མཆི་བ། བ……

nyi shu gnyis la/ pho nyar mchi ba/ b

39. Ⅱ386－1 M. I. xxxiii,2

A1 ༄། ཚལ་བརྒྱགས། ཟླ་བ་གཅིག་ཁ། དཀར་[བྲེ]་དྲུག་གནག་བྲེ་བཞི་

// tshal brgyags/ zla ba gcig kha/ dka bre drug gnag bre bzhi

2 དགུང་སླ་ཕྱེ་དང་དྲུགི་ཚལ་མ་བརྩིས་ན་དཀར་ཁལ་གཅིག་དང་བྲེ་[བཅུ]་

dgung sla phye dang drugi tshal ma brtsis na dkar khal gcig dang bre bcu

B1 [བདུན]་ནག་བྲེ་བཅོ་བརྒྱད། དེ་ཝུ་དན་གི་བ[རྒྱ]གསུ་བྲེ་དོ་སྐུ་བླ་གསོལ་བའི་

bdun nag bre bcu brgyad/ de vu dan gi brgyagsu bre do sku bla gsol bavi

2 ཁར་བྲེ་དགུའོ་གནག་[བྲེ]་གསུམ། ལུག་རིན་[གྲོ་ཁལ]་བྲེ་གསུམ་འབྲས་ལུ་རྒུ(བླུ་རྒུ)་བྲེ་གས……

khar bre dguvo gnag bre gsum/ lug rin gro khal bre gsum vbras lu rgu(blu rgu) bre gas

3 བང་ཆང་བེ་ལ།

bang chang be la/

(1)ཚལ་མ(འཚལ་མ)། ཟས་སྤྱིའི་མིང་།

40.　Ⅱ343－1　M. Tāgh. a, vi, 0047

A1　……མ་ཞེས།། སྩང་འདྲེན་འ་ཞ……

ma zhes// stsang vdren va zha

41.　Ⅱ249－2　M. Tāgh. 0604

A1　༄།:། ཏ་ཧའ། བལི་

// ta hav/ bali

B1　……བྲེ་དང་……

bre dang

42.　Ⅱ247－1　M. Tāgh. b, i, 0022

A1　༄།:། བསམ་ཆ་མདོ་གཆོད།

// bsam cha mdo gchod/

2　འབུལ

vbul

B1　༄།། མངལ་འཕན་གི་སྡེ་རག་

// mngal vphan gi sde rag

2　འཕན་རོགས་གྱིས་པྱེ་བྲེ་དོ་བརྩིས་བ་སླད་གིས……

vpan rogs gyis pye bre do brtsis ba slad gis

(1) མདོ་གཆོད། གྲི་ཆེན་པོ།

(2) བརྩིས་པ། སྐབས་འདིར་ལེན་པ་ལ་གོ་དགོས།

43.　Ⅱ246　M. Tāgh. 0532

A1　༄ སྪེའུ་དང་། རྐེད་ཅད། ཁ་འཛིན། དྲུག་

stshevu dang/ rked cad/ kha vdzin/ drug

B1　……།　　།　　།

/　　/　　/

C1　པོ་ལྭ། ཕོག་པའ།……

po lav/ phog pav/

D1 ……རྒྱག……དང(དོང)་ཆེན་བཞི།

rgyag dang(dong) chen bzhi/

(1)དོང་ཆེན། གཙང་དང་སྟོད་ས་ཁུལ་དུ་འབྲུ་འཇལ་བའི་སྣོད་སྤྱད་སླུག་མའི་དོང་པོ་འབྲུ་བྲེ་གང་ཤོང་བའི་ཚད།

44. Ⅱ231 -4 M. Tāgh. 0010

A1 ༄༅། སྟག་སྐུགས།

// stag skugs/

B1 ནས་བྲེ་དྲུག་མ་ནོས་ཏེ་

nas bre drug ma nos te

2 ཕྱེས་ནོད

phyes nod

45. Ⅱ230 -4 M. Tāgh. b. i,0025

A1 ༄༅། སྟག་རྩེ་ཁྲི་སྐུགས།

// stag rtse khri skugs/

2 འཇོར་།

vjor/

B1 ཕྱེ་བྲེ་དོ་བཞག།

phye bre do bzhag/

46. Ⅱ226 -1 M. Tāgh. 0574

A1 ༄༅། ཁྱར་མཁན་གྱི་འབངས་མྱི་ལོ་ཅི་བརྒྱག

// khyar mkhan gyi vbangs myi lo ci brgyag

2 སྣོད་[མྱིན]་དུ་སེང་ཀ་ཙེ་ལ་མཆིསཿ། དབྱར་

snod myin du seng ka tse la mchis/ dbyar

B1 སླ་ཐ་ཆུངས་ཀྱི་བརྒྱགས་ནས་བྲེ་གསུམ་

sla tha chungs kyi brgyags nas bre gsum

2 དང༎ ཕྱེ་བྲེ་གསུམ་མ་སྩལད།

dang// phye bre gsum ma stsald/

(1) སྟོད་བྱིན། མ་འོས་པ།

47. Ⅱ221 –2 M. Tāgh. 0016

A1 ༄། མངའ་རིས་བྱིན་གྱི་རྩེ།

// mngav ris byin gyi rtse/

B1 ནས་བྲེ་བཞི་རྩིས་ནོད

nas bre bzhi rtsis nod

(1) རྩིས་ནོད། བྱུང་འཛིན།

48. Ⅱ221 –3 M. Tāgh. a, ii, 0058

A1 མོན་རྩེ་གྱི་བརྒྱགས།

mon rtse gyi brgyags/

2 སོ་……

so

49. Ⅱ220 –1 M. Tāgh. i, 0020

A1 ༄།། འཕྲུལ་གི་མྱེ་ལོང་།

// vprul gi mye long/

2 ཀུན་སྣང་རྩེ།

kun snang rtse/

B1 གླུ་གང་གིས་ཕྱེ་ཁལ་

glu gang gis phye khal

2 གཅིག་དང་བྲེ་བཞི་ནོས། ཕྱི་ན་བྲེ་ཕྱེད

gcig dang bre bzhi nos/ phyi na bre phyed

50. Ⅱ221 –1 M. Tāgh. c, i, 0015

A1 ༄། མྱེ་ལོང་ཙེ་གྱི་བརྒྱགས

// mye long tse gyi brgyags

2 སྦའ་……

sbav

51. Ⅱ219－3 M. Tāgh. a,v,001

A1 ……གསོལ་ན་སུ་ལ་གསོལ……

gsol na su la gsol

2 ……ངནད་མ་མཆིས་ཏེ།། རད་པ་དབྱར་ཚ……

ngand ma mchis te// rad pa dbyar tsha

3 ……དབྱིལད་ཅུང་རྩེ་ཁྲོམ་དུ། སུ……

dbyild cung rtse khrom du/ su

B1 ……། འཚལ་བ་ལས།། བདའ……

/ vtshal ba las// bdav

2 ……། སོ་གླས་སྩོལད་ཅིག

/ so glas stsold gcig

3 ……[སྙིང་རྗེ]་པོ་ཆིར་མཛད།།

snying rje po chir mdzad//

(1)ངནད་མ་མཆིས། གདིང་ཚོད་མེད་པ།

52. Ⅱ219－2 M. Tāgh. a,vi,006

A1 ༄།། མངའ་རིས་ན

// mngav ris na

2 དབྱིལད་ཅུང་ཚེའི

dbyild cung tshevi

B1 བརྒྱགས

brgyags

53. Ⅱ216－1 M. Tāgh. c,i,0053

A1 ༄། འོ་ཏོང་གྱུ་མོ་འི་རྒྱགས།།

/ vo tong gyu mo vi rgyags//

B1 འ་ཞར་གྱི་དམག་ལ་རི་ཟུགི་བརྒྱགས་འབག

va zhar gyi dmag la ri zugi brgyags vbag

2 གུ་ཡང་མེད་ཐོ

gu yang med tho

(1)བརྒྱགས་འབག་གུ    ཟ་ཐེངས་གཅིག

54. Ⅱ217 M. Tāgh. a, iii, 0051

A1 ……ཧོ་ཏོང་གྱུ་མོ་ན་……རི་ཟུགི་

ho tong gyu mo na ri zugi

2 ……[རྒྱ]གས།

rgyags/

B1 ……[རྱུང་ ོ་ཧལ་འ་ཏེ]·……

ryung o hal va te

2 ……ག་འ ྱ ས……

ga v y s

55. Ⅱ216 – 3 M. Tāgh. b, i, 0066

A1 ……: འཚལ་བརྒྱགས་དག་མ་ཐོནད་པས། རབ་འཏུ(འགྱུས): ཏོ།། དའ་ཆུང(རུང)·ཡང་ཝོ་ཏོང་སྒོ་ཙལད

vtshal brgyags dag ma thond pas/ rab vtu(vgyus) to// dav chung(rung) yang vo tong sgo tsald

(1)འགྱུས། འགྱངས་པ།

56. Ⅱ436 – 4 M. Tāgh. b, ii, 0028

A1 ༄།། ལོ་སར་གི་བག་པྱེ་དང་ཆང་……ས་དེ་།

// lo sar gi bag pye dang chang sa de/

B1 ཆ[ད]·ཏེ·སྔ·སླད་སྡོམས·ཏེ·ཆད·པ·ཆང·བག·པྱེ·

chad te snga slad sdoms te chad pa chang bag pye

2 ཁྲམ·བུར·བགོས·ཏེ·བུ·ཡང·

khram bur bgos te bu yang

C1 ཡང·སྤའ·ས·དེ·ལ·སྩལད·།

yang spav sa de la stsald/

57. 73RMF 26:39

A1 བླ་འུ

bla vu

(1) བླ་འུ། གོང་ནས་བསྐུལ་བའི་འུ་ལག

58. 73RMF

A1 ༎ བློན་མདོ་སྒྲ་གཡོག་བྲན་ནོབ་ཅུངུ་ན་མཆི[ས]་……

// blon mdo sgra g·yog bran nob cungu na mchis

2 དགུན་ཞིང་ཞུན་ཤས་ཀྱི་ཡོས་བུ་ལོའི་……

dgun zhing zhun shas kyi yos bu lovi

(1) ཞིང་ཞུན། ཐོགས་མ།

(2) ཤས། གནའ་རབས་སྐབས་སུ་ཞིང་བདག་གམ་རྫོང་དཔོན་གྱིས་ཞིང་ཁ་སོ་ནམ་པར་སྤྲད་དེ་སྟོན་དུས་ཐོན་འབབ་ཞིང་བྲན་ལ་ཕྱེད་བགོ་བྱེད་པའི་འབྲུ་རིགས། དེང་སང་ལོ་རྒྱུས་མཁས་པ་ཁག་གཅིག་གིས་གསུངས་ན། བོད་ལ་ཞིང་བདག་ཐོག་མར་བྱུང་བའི་དུས་ཚོད་ནི། ཡོན་རྒྱལ་རབས་ཀྱི་དུས་སུ་གཞི་ནས་བྱུང་བ་ཡིན། དེའི་གོང་ལ་ཞིང་བདག་མེད། བྲན་གཡོག་སྤྱི་ཚོགས་ཀྱི་དུས་སྐབས་ཡིན། ཞིང་བདག་ནི་བཀས་བཀོད་བརྒྱུད་འཛིན་གྱི་རྟགས་མཚན་ཡིན་ཟེར།

59. 73RMF 10H1:11

A1 ༄༎ མྱི་འདྀ་རྡའི་ལོའི་ལས་སྐོས་ལས། ཅི་   སྐད་

// myi vdṭ rdavi lovi las skos las/ ci   skad

2 འབྱུང་༎ མཁ……འཐོངས་པས༎ འབངས་

vbyung// mkh   vthongs pas// vbangs

B1 ཀྱི་རྟའི་ལོ་དུས……མ་གྲུབ། འབངས་ཕྱག་

kyi rtavi lo dus   ma grub/ vbangs phyag

2 གྱྀ་སོ་ནམས་མ་རྒྱུག་སྡེ༎ ཚུན་རབ་གཅྀག་གིས་གྱང་དཀར་

gyṭ so nams ma rgyug sde// chun rab gcṭg gis gyang dkar

3 ནག་ཁལ་ལྔ་ལྔ་ཙམ་ལས་མ་ཕུལ་ན༎ མྱྀ་འདི་ལ་མགོ……

nag khal lnga lnga tsam las ma phul na// myṭ vdi la mgo

60. 73RMF 1:3

A1 ༄༅། བློན་ལེགས་ཁྲོམ་བཞེར་ལ་སྩོགས་

// blon legs khrom bzher la stsogs

2 པས། ནོབ་ཆུངུར་ཕེབས་ནས། ཁྲལ་

pas/ nob chungur phebs nas/ khral

B1 ཕུལ་བའ། མངན་གྲོང་གཡོལ་ནས་

phul bav/ mngan grong g·yol nas

2 ཁལ་གཉིས། གྲོ་ཁལ་གསུམ། གྲོ་……

khal gnyis/ gro khal gsum/ gro

61. Ⅱ30 M. I. xxviii,1

A1 ༄༅། འ་ཞ་ཁྲི་སྡེ་སྟོད་པཱ་རྒྱ་ལ་གཐོགས་……

// va zha khri sde stod pav rgya la gthogs

2 རྣམས།། སྐྱ་རི་གཅིག་རི་བྲེ་ལྔ་སྦྱར་ཏེ། ཁྲི་……

rnams// skya ri gcig ri bre lnga sbyar te/ khri

B1 ཀྱིས་དྲུག་ཅུན་གྱི་ནས་དྔ་བསྲེ་ཞིང་……

kyis drug cun gyi nas dang bsre zhing

2 ཁ་ཅིག་ལུག་དུ་མ་འབྱོར་ཏེ་གནག་དུ་བརྫངས་……

kha cig lug du ma vbyor te gnag du brdzangs

(1)དྲུག་ཅུན(དྲུག་ཆུན)། བཅུ་ཆ་དྲུག་གི་ཁྲལ།

62. Ⅱ358 – 3 M. I. viii,6

A1 ཡོས་བུ་ལོའི་སྟོན་[ཞ]ང་ལོན་གྱི་འབངས་ཞིང་པ་མཆིས་

yos bu lovi ston zhang lon gyi vbangs zhing pa mchis

2 པའི་རྣམས། གྱི་ཐོག་བུལ་གོད་བརྩིས་ནས། ཅད་པའི་

pavi rnams/ gyi thog bul god brtsis nas/ cad pavi

B1 མིང་སྒྲ་།

ming sgra/

(1)གོད། ཆད་པ།

63. Ⅱ358 – 2 M. I. xiv,49

A1 ༄༅།། ལོག་བ་རྩིའ(བརྫིའ)་བའི་ཚེ་བཞི་གཡོན་ལེན་

// log ba rtsiv(brdziv) bavi tshe bzhi g·yon len

2 གྱི་མྱིང་སྨྲའ

gyi mying smrav

64. Ⅱ358 – 1 M. I. xiv,0016

A1 ༄༅།: ལོ་ཐང་འདིར་གཉེར་བཀུམ་བའི་རྣམས།། རྩིས་བའི་ཕྲིན་བྱ[ང]་……

// lo thang vdir gnyer bkum bavi rnams// rtsis bavi phrin byang

2 གི་ནང་ནས་མྱིང་སྨར་འབྱུང་བ་ལགསྣ་རྒྱལ་བཟང་ལ་ཡང་དེ་[བཞི]་……

gi nang nas mying smar vbyung ba lagsna rgyal bzang la yang de bzhi

B1 ༄༅།: རྩིས་ཀྱང་སྔོན་དང་མྱི་འདྲ་སྟེ།། བློན་མང་ཟིགས་ཀྱི་གཡར་སྔར་……

// rtsis kyang sngon dang myi vdra ste// blon mang zigs kyi g·yar sngar

2 མཆིས།། ཁྲོམ་ཕྱོགས་ཀྱི་བཀའ་མཅིད་ཇི་གདའ་བ་ནི།། ཀླུ་ལེགས་ཀྱིས་……

mchis// khrom phyogs kyi bkav mcid ji gdav ba ni// klu legs kyis

(1) ལོ་ཐང་། ལོ་རེ་བཞིན་དུ་འཇལ་དགོས་པའི་ཁྲལ།

65. Ⅱ233 – 2 M. Tāgh. a,ii,0033

A1 ༄༅།། བྱེའུ:ཡོག:དུ་བབ་པ་ལ། ཕྱེ་དང་[ལྔ]འི……འདེ། བྲག་

// byevu yog du bab pa la/ phye dang lnga vi vde/ brag

A2 ཀྲོམ་སྐྱེས་[ལ་ཕྱ]་……

krom skyes la phya

66.　Ⅱ194　M. Tāgh. a. vi,0057

A1　འ་མ་ཅ་ལྷ་ཟུང་གྲེ། ཚནད་ལ་

va　ma　ca　lha　zung　gre/　tshand　la

B1　སྣ་བོ་ལི་འིན་དད་འབུལ་བ་ནས

sna　bo　li　vin　dad　vbul　ba　nas

67.　73RMF　8:6

A1　༄།:། ཐང་པོན་ལྷ་ཅལ་

// thang　pon　lha　cal

2　དང་བྲེ་སྤོང

dang　bre　spong

(1) ཐང་པོན། འགག་སྣའི་དཔོན་པོ།

68.　59RMF　原号 6638　分类 1367

A1　༄༎ ཤོ་འདྲོན་པ།།

// sho　vdron　pa//

(1) ཤོ་འདྲོན་པ། ཤོ་ལེན་པ། ཤོ་བསྐུ་མཁན།

69.　Ⅱ359 – 1　M. I. xxxiii,5c

A1　……ཁྲལ་རྩིས་ཀྱི་ཡི་གེ་པ་རླང་

khral　rtsis　kyi　yi　ge　pa　rlang

2　……རང་རུའི་ཞིང་དོར་གཉི[ས]།

rang　ruvi　zhing　dor　gnyis/

70.　73RMF　2:73

A1　༄།། ས་པོད་ཟ་མོན་ནོ་བྲེ་གང་ནོད། སེ་ཀྱི་ཡོར་ནོས་བུ་ཅུང་།

// sapod　za　mon　no　bre　gang　nod/　se　kyi　yor　nos　bu　cung/

2　གསུམ་བྲེ་གསུམ་ནོད། མོར་གི་བག་ཞོས་གསང་བཞ་ཁྲི་སྒའ་

gsum　bre　gsum　nod/　mor　gṭ　bag　zhos　gsang　bzha　khrṭ　sgav

B1 དྲུག་རྨང་སྟོན་གཟའ་མནོས་ཁྲེ་བྲེ་དྲུག

drug rmang ston gzav mnos khre bre drug

(1)དྲུག དྲུ་གུ

71. 73RMF 26:18

A དང་། ཁས་ན་ལ་དཀར་ཁལ་གཅིག་དང་བྲེ་ལྔ། བླ་གོང་ཀླུ་གཙུག་ལ་དཀར་

dang/ khas na la dkar khal gcig dang bre lnga/ bla gong klu gtsug la dkar

བྲེ་ལྔ་གནག་བྲེ་ལྔ། ཞང་ཅུང་ལ། དཀར་ཁལ་གཅིག……གུ་ཆུང་ལ་

bre lnga gnag bre lnga/ zhang cung la/ dkar khal gcig gu chung la

[གནག]་བྲེ་གསུམ་དཀར་བྲེ་ལྔ། ཕྱག་ཞིང་སྐལ་ཆཏ་གསུམ་གི་རྗེ་ཞིང་དོར་

gnag bre gsum dkar bre lnga/ phyag zhing skal chags gsum gi rje zhing dor

B ། གཅིག། མངན་གསས་རུག་ལ། ཀ་ནན་གླ་དཀར་ཁལ་ཕྱེ་དང་གཉིས་

/ gcig/ mngan gsas rug la/ ka nan gla dkar khal phye dang gnyis

[པོན]་མོས། བཀས་གཏད་དེ། སྡེ་རྗེས། དཀར་ཁལ་ཕྱེ་དང་གཉིས་གསས་

pon mos/ bkas gtad de/ sde rjes/ dkar khal phye dang gnyis gsas

ཕྲུག་གིས་འཚལ། ཁོང་ཟིགས་སྤུན་གིས་དཀར་ཁལ་ཕྱེ་དང་གསུཾ

phrug gis vtshal/ khong zigs spun gṭs dkar khal phye dang gsum

(1)ཀ(བཀའ)་ནན། ཆོས་འདོན་པ། སྐུ་རིམ་འདོན་པ།

(2)སྐལ་ཆགས། སྐལ་བ་བགོས་པ།

72. RMF

A1 ……གཏད་པའི་ནང་ན། དཔུས་ནས་ཁལ་

gtad pavṭ nang na/ dpus nas khal

2 ……ནས་ཁལ་ཕྱེད་དང་གཉིས་སྟོན་སླ

nas khal phyed dang gnyis ston sla

3 ……བུལ་བར་བགྱིའ། རེ་ལ……

bul bar bgyiv/ re la

B1 ……བརྟད་པའི་རྗེད་བྱང་ལ་བྲིས་པའི་རྒྱ་ཡིགེ་

brtad pavi rjed byang la bris pavi rgya yige

2 ……སྟོན་འབུལ་བར་བགྱིས། ནས་

ston vbul bar bgyis/ nas

3 ……ལས……ཤོག་པ་སྡེ་དྲུག་ཁུངས

las shog pa sde drug khungs

(1)དཔུས། སྤུས།

73. 73RMF 10:92

A1 ……གསུམ སྤྱམ་པའི་གོད་

gsum spyam pavi god

2 ཙ(རྩ) ནོར……

tsa(rtsa) nor

(1)སྤྱམ་པ། སྤྱིན་ཚབ།

(2)གོད་ཙ(གོད་རྩ)། ཆད་པ།

74. 73RMF 40:9

A1 ༄། ཞང་ལོན་ཆེན……

// zhang lon chen

2 བྲེ་གང་བརྟན་གྱི……

bre gang brtan gyi

B1 ཤ་དག་ནང་ཀ་ནས……

sha dag nang ka nas

2 གསུམ་ཁལ་རེ་རེ་བྲེ་བཞི་བཞིན……

gsum khal re re bre bzhi bzhin

75. Ⅱ355－1 M. I. iv，105

A1 ༄། བློན་པལ་སུམ་གྱིས།། བཀའ་ནན་སྩལ་ཏེ། འདི་ནི་སྟག་བོར་ལ་བརྫང་བ།

// blon pal sum gyis// bkav nan stsal te/ vdi ni stag bor la brdzang ba/

2 མྱེས་ཀྲི་ལ་གྲོ་ཁལ་ཕྱེ[ད]་དང་བརྒྱད།། ཅོང་སྟོང་ལ་དོ་ཅིག་གི་ཐོག་ཆད་ཁལ་[ཕྱེ]།

myes kri la gro khal phyed dang brgyad// cong stong la do cig gi thog chad khal phye/

B1 དང་གཉིས་རུ་ཚོག་ལ་ཐོག་ཆད་ཁལ་ཕྱེ[ད]་དང་གསུམ། རླང་ཀླུ་སྟོ་ལ་ཐོག་ཆད།

dang gnyis ru tsog la thog chad khal phyed dang gsum/ rlang klu sto la thog chad/

2 རྙིང་མང་མོ་ཞིག་མཆིས་པ་ལས། ན་ནིང་ཤོད་དུ་མཆིས་པའི་ཚེ།།

rnying mang mo zhig mchis pa las/ na ning shod du mchis pavi tshe//

(1)དོ་ཅིག ཐེངས་ཅིག

76. Ⅱ354－2 M. I. xiv，119

A1 ༄། བགྱིར་མྱི་བདེ་ན་ཡང་གཏད་དཔང་པོའི་སུག་རྒྱ་གླན་དུ་བགྱི་ཞིང་། ཐ་སྙད་ཅིས་གཏད་གཅོག་པ་ཙམ་ཞིག་གཡས

// bgyir myi bde na yang gtad dpang povi sug rgya glan du bgyi zhing/ tha snyad cis gtad gcog pa tsam zhig g·yas

2 གཡོསུ་རྐྱ་གཡར་ཚོད་མཆིས་པར་བགོ་བར་གསོལ་ཞིང་མཆིས།། སྔོན་ཅུང་དང་དྲོ་བརྩན་གྱི་དཔྱ་ཙང་རྣམ་ཤས་ཤིག

g·yosu rkya g·yar tshod mchis par bgo bar gsol zhing mchis// sngon cung dang dro brtsan gyi dpya stsang rnam shas shig

3 མཆིས་པ། འབྲོག་དུ་སྔོ་རྔོ་ལ་ཙང་ཁལ་བདུན་ཞིག་འདྲེན་པའི་སླད་མ། ཁེ་བ་མཆིས་ན་ཅི་ལོམ་དུ་བསྒྱུར། ཁྲེ་[མ]་

mchis pa/ vbrog du sngo rngo la stsang khal bdun zhig vdren pavi slad ma/ khe ba mchis na ci lom du bsgyur/ khre ma

4 [མཆིས་སྟེ] || ཁུངས་བཟང་[པོ]་ལ……གཏང་ཞིང་གཏན་ཚིགས་བཟང་པོར་བགྱི་
བར་ཅི་གན[ང]་|| བོར་[ཕ]ངས་ཀྱི་

mchis ste// khungs bzang po la gtang zhing gtan tshigs bzang por bgyi bar ci gnang// bor phangs kyi

B1 རིན་ཆབ་སྲང་གཉིས་ཞིག་མཆི་བ་ཞིབ་ཏུ་ལེག་ལེག་ལས་གསོལ་བ་ལགས་ན། འདི་ཚེ་ཁོན་
བསྐུར་བར་ཅི་གནང་||

rin chab srang gnyis zhig mchi ba zhib tu leg leg las gsol ba lags na/ vdi tshe khon bskur bar ci gnang//

(1)གཡས། གཡར་བ།

77. Ⅱ375 M. I. iv,40

A1 ༄|| བོང་བུ་རྒྱབ་སྐྱིན་གྱི་གླང་དང་གསུམ་། མཁརིས་ནས་མྱི་འགའ་ཞིག……

// bong bu rgyab skyin gyi glang dang gsum/ mkharis nas myi vgav zhig

2 གཡོན་བསྐོར་ཏེ་མྱུར་དུ་སྐྱེལ་དུ་གཏང་བར་སྙན་སྙུངས་ཤིང་མཆིས་ཏེ་བདག་ཀྱང་

g·yon bskor te myur du skyel du gtang bar snyan snyungs shing mchis te bdag kyang

3 གྲོན(གྱོན)་གཙུག་བཟང་དག་དང་འགྲོགས་ཏེ་མཆི། སུག་རྗེད་ན་ངན་པ་དག་རན་རྔོས་
ཤིག་པར་

gron(gyon)gtsug bzang dag dang vgrogs te mchi/ sug rjed na ngan pa dag ran rngos shig par

B1 བཀའ་སྩལ་བར་ཅི་གནང་||

bkav stsal bar ci gnang//

(1)སུག་རྗེད་ན་ངན་པ། རྗེས་ཤུལ་ངན་པ།

(2)རན་པ། རྔ།

78. Ⅱ379－2 M. I. xv,0010

A1 ༄|| བུང་ལོད་ལ་གདན་གཅིག

// bung lod la gdan gcig

79. Ⅱ379－4 M. I. xxiii,001

A1 པོ་གསེང་།

po gseng/

2 གདན་ས(སྔ། ལྔ)།

gdan sa(snga/ lnga)/

80. Ⅱ379－2 M. Tāgh. a,iv,0056

A1 ༄། ཁྲོ་ལ་རྟོན་ལ་མེན་ཐྲི་ཡུག

// khro la rton la men thri yug

2 གཅིག།།

gcig//

(1)མེན་ཐྲི(མེན་དྲི)། གོས་ཆེན་སྣ་ཞིང་འབྲུག་པ་ཞིག་གི་གཡར་མིང་།

81. Ⅱ456－1 M. Tāgh. c,i,001

A1 ༄། བར་ཁོའི་སྡེ། རླང་གྱེར་བུ་ཅུང

// bar khovi sde/ rlang gyer bu cung

B1 བཞི་བཅུའ་རྩ་ལྔ་ཆད།

bzhi bcuv rtsa lnga chad/

82. Ⅱ359－2 M. I. ii,18

A1 ༄། བུ་ལོན་གྱི་བང(ཐང)་ཁྲམ།

// bu lon gyi bang(thang) khram/

(1)ཐང་ཁྲམ། ①ཐོ། ②ཟིན་ཐྲིས།

83. Ⅱ354－1 M. I. iv,44 and 46

A1 ༄། ཞིང་དང་ས་བོན་ནོས་ཞེས་སྤྲིང་བ་མ་མནོངས། ས་བོན་ན་ནིང་གྱི་ཆད

// zhing dang sa bon nos zhes spring ba ma mnongs/ sa bon na ning gyi chad

2　ལས་ཕྱིས་ཤིག་ཅིས་མཆི། འགྲེང་རོ་ལ་སྐུ་བླ་གཅིག། བསྐུར་བ་ཐོབ་མ་

las phyis shig cis mchi/ vgreng ro la sku bla gcig/ bskur ba thob ma

B1　ཐོབ།།

thob//

84.　Ⅱ63 – 1　M. Tāgh. 0614

A1　༄།:། བཟང་། འོར། གྱི:སྟེ(སྡེ):ཟིར:རྒུ:[ཅོ]ག:ཅུང་གྱིས་འབྲོང་།

// bzang/ vor/ gyi ste ( sde ) zir rgu cog cung gyis vbrong/

ཙམས། གྱི་[སྡེ]:བ:སྣང་། རྨ་……

tsams/ gyi sde ba snang/ rma

2　ལས། རྟ:ཅིག:མཚལད:དེ་[ད]འི་འོ[ད]་རིས། དང་ས་རྟགས:ལ།

las/ rta cig mtshald de davi vod ris/ dang sa rtags la/

(1)འོད་རིས། ས་ཞིང་གི་རྟང་རིས། རྟང་མ།

85.　Ⅱ169　M. Tāgh. a, iv, 0074

B1　༄། [འོ་ནལ་ལི་ཝ་ཏེན]་གི་སོ་པ་ཚར་འཛམ་ཉའི་ལི་གི་ཆོག་གིས་རྒྱ་ལེགས་ཁྲིའི་

/ vo nal li va ten gi so pa tshar vdzam nyavi li gi chog gis rgya legs khrivi

2　……ནས་བྲེ་ལྔ་འཚལ་། པ་དང་། ཨོ་ཏོང་སྒོ་མོ་སོ་པ་ཚར་ག་ཏོ་ཞི་ཉ་ལི་ཤན་

nas bre lnga vtshal/ pa dang/ o tong sgo mo so pa tshar ga to zhi nya li shan

3　……འོ་ཀྭ་ཚེའི་ནས་བྲེ་དོ་འཚལ།

vo kwa tshevi nas bre do vtshal/

(1)འཚལ། གཡར།

86.　73RMF　12:1

A1　༄།། འདྲེ་མྱས་གསས་ལེགས་ལ་གཏད་པའ། ནབ་ཟ་རྒྱ་དགས་ཀྱི་རལ་ག་

// vdre myas gsas legs la gtad pav/ nab za rgya dags

gyi ral ga

2 གཅིག། རེའུ་ཀར་ཀྱི་རལ་ག་གཅིག། གཙོས་ཀྱི་སྟོད་ཀོར་གཉིས།

gcig/ revu kar kyi ral ga gcig/ gtsos kyi stod kor gnyis/

B1 ཟ་བོག་གི་སླག་པ་གཅིག། གཙོས་ཀྱི་སྟོད་སྣམ་གཅིག། མེན་ཏྲི

za bog gi slag pa gcig/ gtsos kyi stod snam gcig/ men tri

2 ཤམ་གཅིག། དབུ་ཐོད་གསར་སྙིང་གཉིས། སི་ལེག་ལྔ། སོགས

sham gcig/ dbu thod gsar snying gnyis/ si leg lnga/ sogs

(1) རེའུ་ཀར། རེའུ་དཀར།

(2) སྟོད་སྣམ། ཕུ་ཕྱུང་ཡོད་པའི་སྟོད་གོས།

(3) རལ་ག ཕུ་ཕྱུང་མེད་པའི་སྟོད་གོས།

(4) སྟོད་ཀོར། ཕྱམ་ཅེ།

87. 59RMF. 6 原号 6635 分类 1366

A1 ༄།:། རྩེ་བླ་ལ་ལུག་སྙེད་གཙན་གི(ཤི)······

// rtse bla la lug snyed gtshan gi(shi)

A2 ཏེ། སོགས་མཆིར། ནོབ་ཆུང······

te/ sogs mchtr/ nob chung

(1) སྙེད་པ། ཡོད་པ།

88. 59RMF. 6 原号 6635 分类 1366

A1 ལུགུ

lugu

(1) ལུགུ། ལུ་གུ། ལུག་གུ

89. 59RMF. 6 原号 6635 分类 1366

A1 ༄། ནས་མྱི་དབང་ལྟེ།། ཤ་ལྷུ་རེ་དང་མར་སྲང་བཅུ་བཅུ་ཐོབ་

// nas myi dbang lte// sha lhu re dang mar srang bcu bcu thob

2 སྟག་ལན་ལ་ཀུ། སྡུག་པངས……བོང་ཀོང་……བོ་ཀུ

stag lan la ku/ sdug pangs bong kong bo ku

90. RMF

A1 ༄། རྒྱ་ཟིགས་ཀྱིས་བོང་ནག་དག……

/ rgya zigs kyis bong nag dag

2 ནོབ་ཆེད་པོར་བརྒྱལ་པ་དང་ཐུག……

nob ched por brgyal pa dang thug

B1 གསས་ལེགས་དང་ཆོ་ལྟེ་དང་མདོ་ལྟེ་……

gsas legs dang cho lte dang mdo lte

2 རྣམསཿ ཀྱི་ཕྱུགས་གླཿ ཁ་བསྟན་ལ་……

rnams kyi phyugs gla kha bstan la

91. RMF 78

A1 ༄༎ ཁྲོ་པྱ་ལ་བ་ལང་བཞི།

// khro pya la ba lang bzhi/

92. Ⅱ409 – 1 M. Tāgh. c, i, 005

A1 ༄༔། དྲུ་བུ་འདི་ཁྲི་གདས་གི་མདུན་དུ་གཅལཿ ན་སྲང་བཅོ་ལྔ་ཁ་བཟུ་[བཞི]་

// dru bu vdi khri gdas gi mdun du gcal na srang bco lnga kha bzu bzhi

2 ངོ་མཆིས་དེ་བདག་གི་སུག་རྒྱས་བཏབ་སྟེ་ཁྲི་གདས་ལ་གཏད་

ngo mchis de bdag gi sug rgyas btab ste khri gdas la gtad

B1 པ་འི་དབང་པོ་ལ་ཤང་སྡེ་འི་ད… ེ…ས་ལས་བསྩོགས་

pa vi dbang po la shang sde vi da e s las bstsogs

2 པའི་དབང་རྒྱ་དང་ཁྲི་གདས་གི་སུག་མཛུག་གི་འཆད་གིས་བཏབ་པ།

pavi dbang rgya dang khri gdas gi sug mdzug gi vchad gis btab pa/

(1)གཅས། འཇལ།

(2)སུག་མཇུག(ལག་མཇུབ)། མཇུབ་ཐེལ།

(3)ཁ་བཟུ(ཁ་བུན)། ཁ་ལྟག ལྟག་མ།

(4)འཆད(ཆེད)། ཆེད་མངགས།

93. Ⅱ234－2 M. Tāgh. a, iv, 0015

A ༄༅། དགྲ་[ཡི]་ཆད་། [ན]ས

// dgra yi chad/ nas

94. Ⅱ232－2 M. Tāgh. a. iv, 001

A ༄༅:། བྱ་མངས་ཚལ་།

// bya mangs tshal/

B ……རྟ་ཆས་……

rta chas

95. Ⅱ232－1 M. Tāgh. c, ii, 0019

A1 [སྟ]ག་སྐུགས་གྱི་རྒོང་ཡན་ཅད་དུ། པེའུ་ལྔར།

stag skugs gyi rgong yan cad du/ pevu lngar/

2 ……བཞི་དོས་ཅིག་ལ་འདོམ་བཞི:། གནམ:།

bzhi dos cig la vdom bzhi/ gnam/

B1 ……མྱན་ཅད་། དྲུག་སྟོང་བཞི་[བརྒྱ]་

myan cad/ drug stong bzhi brgya

2 ……ཀྱི་[ཁྲི]་ཉིའི་སྟོང་།

kyi khri nyivi stong

(1)པེའུ། བེའུ་རས།

96. Ⅱ218－2 M. Tāgh. a, iv, 0088

A1 ༄༅། བྱེ་མ་འདོར་གྱི་རྩེ། ལོ་ནང་མོན(སོན)་

// bye ma vdor gyi rtse lo nang mon(son)

B1 བསྐུ(བསྐུར)་བར་ཏོང་ཤིག

bsku(bskur) bar tong shig

97. Ⅱ444 –2 M. I. vii,16

A1 ༄ གྱབ་ལྷ་སྟོན་གྱི་གླང་

gyab lha ston gyi glang

2 གཆིག།། མྱེས་བ[ར]་

gchig// myes bar

3 དང། མྱེས་མཐྱོང་

dang/ myes mthong khyab

B1 ལ་ཁ་བསྟན་།།

la kha bstan//

(1) མཐྱོང་། མཐོང་ཁྱབ།

(2) ཁ་བསྟན། རྩིས་སྤྲད་པ།

98. Ⅱ438 M. Tāgh. c,iii,0036

A1 ༄།། ཁྲི་མཛེས(མདེས)་གྱིས: གླང་ཤ་ལྷུ་ཅིག་ཟོས་བའི་མྱི། རྣམས། མྱིང་སྨྲར་བྲིས་པ། སྟག་

// khri mdzes(mdes) gyis glang sha lhu cig zos bavi myi rnams/ mying smrar bris pa/ stag

2 བཙན་ར། ཁྱི་འབྲིང། ཤག་འཕན་འབྲིང། སྟག་བཞེར་སྐྱེས་ལེགས།

btshan ra/ khyi vbring/ shag vphan vbring/ stag bzher skyes legs/

B1 མྱེས་ཙབ་མང་རྩན་མྱི་འདི་རྣམས་ལ་ཕུལ་བུ་བཞི་བཞི། འཇལ་བ་ལགས

myes tsab mang rtsan myi vdi rnams la phul bu bzhi bzhi/ vjal ba lags

99. Ⅱ380 –2 M. I. i,54

A1 ༄།:། རྐྱང་ལྭོ་གཉའ་བ་ཅན་ལྔ། རྐྱང་ཕུགི(ཕྲུགི)་ཀོ་བ་གཅིག།།

// rkyang lwo gnyav ba can lnga/ rkyang phugi(phrugi)

ko ba gcig//

B1 རྐྱང་ལྺོ་གཉའ་བ: མ་མཆིས་པ་དགུ||

rkyang lwo gnyav ba ma mchis pa dgu//

(1) ལྺོ། ཀོ་བ།

(2) གཉའ་བ། སྐབས་འདིར་མགོ་ལ་གོ་དགོས།

100. Ⅱ369 M. Tāgh. b, i, 002

A1 ༄།:། ནས་ཁལ་བདུན་[བཅུ]་ཙ་ལྔ་དང་དར: ཡུག: སྟོང་རྔུལ: སྲང: དགུ: བརྒྱ་དང་གསེར་སྲང་དྲུག་བརྒྱ: མར་……

// nas khal bdun bcu rtsa lnga dang dar yug stong rngul srang dgu brgya dang gser srang drug brgya mar

C1 [དང]: ག[ཉནད]་གྱི་[མེན་ཏོག]་དང་སྤྱིང་དང་[སྣམ་བུ] ༄།:ལས་ཀྱི་[ཐབ]ས་ན་རྩེ་རྗེ་འོག་དཔོན: དུ: ལསྩལད་དེ: ཡི་གེ་ཟངས་འཚལད། ཏོ་རླང་ཁྱི་ཙ་ངན་རྗེ་ཕ་སྟགུ་གངས་གྲན: མཁན: ནང་དུ……

dang gnyand gyi men tog dang spying dang snam bu// las kyi thabs na rtse rje vog dpon du lastsald de yi ge zangs vtshald/ to rlang khyi rtsa ngan rje pha stagu gangs gran mkhan nang du

B1 ……[ཁྲོམ]་བཞེར……ན……མ……[དྲིད]་……རུས་ནི: སྩུ་མྱེ་ས་མཁན་ནི་བརྒྱལ་བཟིགས་མྱི(མྱིང)་ནི་[ཉ་སླེ]བས་རུས་ནི་འགྲ་འད་(འགྲོ་འོད)་རད་མཁན་ནི་ལང་སྐྱེས་མྱིང་ནི་མད་དོན་རྩེ། རུས་ནི་འབྲེ་མཁན་ནི་……[འད་རད་མཁན]་གྲན་དར་[དོད]་

khrom bzher na ma drid rus ni schu mye sa mkhan ni brgyal bzigs myi (mying) ni nya sle bas rus ni vgra vad (vgro vod) rad mkhan ni lang skyes mying ni mad don rtse/ rus ni vbre mkhan ni vad rad mkhan gran dar dod

D1 ……[སུམ]་སྣན་འ་ ˘་ལྷ……ཌོ་མཉེན་སྲིགས་རྒྱུ་ལུ་སྐྱང། དར་ལེགས་ལ་འཕན། ཐ: བཞི: [གྱབ]: གསའི: སྣན་བ: མལ: [འཕན: ཕོ]་རྨ། ས་རིག། རྨ: [སོད]: ལང: ལྔོག: ལྔོག: [རྨ]་…… ༄།:། ཁྱི་འི་སོ་ལ། བཟང་[ཏོ]་ར་གྱི་སྤྱི་དབྱེན་ལེགས་[ཁང]་

ཤིང་ཤན་[ལ]་མན་(མཆིད)་དུ་སྩལད་པ་འི་འི་ཚེ་གསང་རྣང་[དང་? རྨང]་
དགོར་དང་རྩེ་དགོར……

sum glan va o lts do mnyen sregs rhu lu stang/ dar legs la vpan/ tha bzhi gyab gsavi glan ba mal vpan pho rma/ sa rig/ rma lod lang lnag lnag rma/// khyi vi lo la/ bzang hor gyi sde dbyen legs kheng shing shan la man (mchid) du stsald pa vi vi tshe gsang rnang dang rmang dgor dang rtse dgor

101. Ⅱ359 – 3 M. I. xxiv, 0013

A1 རྟ། གྲོ

rta/ gro

B1 སྟང་བང་(ཐང)་ཁྲམ ན་བྱང་ཕྱོགས

stang bang (thang) khram na byang phyogs

C1 པའི་བང་(བོང)་རྟ།

pavi bang (bong) rta/

102. Ⅱ344 – 2 M. I. xiv, 45

A1 ༄། ཞང་ལོན་དང་ཡུལ་མྱི་ལས

// zhang lon dang yul myi las

2 གདན་གཡར་པོར་བསྡུ་བའ།

gdan g·yar por bsdu bav/

103. Ⅱ298 – 1 M. I. xiv, 122

A1 ……ས་ད་ལྷར་ཕྱི་འབྲོག་ན

s da lhar phyi vbrog na

2 ……[དྲུ]ག་བརྒྱ་སུམ་ཅུ།། ནོབ

dru g brgya sum cu// nob

B1 ……དང་དགུ་བརྒྱ་སུམ་ཅུ་ཙམ

dang dgu brgya sum cu tsam

2　……[ཆོས]་བྲ་དང་སྦྱར་ན།། འདི་

chis bra dang sbyar na// vdi

3　[གྱི]ས་བདེ་བར་འཚོ་བ[ར]་འདྲ་ཞིང་མཆིས

gyi s bde bar vtsho bar vdra zhing mchis

(1)ཆོས་བྲ། རིན་གོང་།

104.　73RMF　13:1

A1　༄།། ཞང་ལོམ་

// zhang lom

2　པའི། ཕུང་ཚ……

pavi/ phung tsha

B1　འབབ་ཤེ་……

vbab she

2　རུ་འབབ། གཉི……

ru vbab/ gnyi

(1)སོམ་པའི་ཕུང(སོམ་པའི་བུང)་། ཚོང་བྱས་པའི་ཁེ་འབབ།

(2)ཤེ། མར།

105.　Ⅱ390 - 1　M. I. vii,20

A1　༄།། བཏོལ་གྱི་མྱི་འདུ……

// btol gyi myi vdu

B1　དང་རྫེའུ(རྫིའུ)་བང།

dang rdzevu (rdzivu) bang/

(1)རྫེའུ(རྫིའུ)་བང་། སྣ་གུར།

106.　Ⅱ432 - 2　M. Tāgh. a,iii,0034

A1　༄།:། དཔྱིད་སླ་འབྲིང་པོ་འི་ངོ་ལ།

// dpyid sla vbring po vi ngo la/

2　མཁར་འཚོ་གསར་དུ་སྣན་པའི།

mkhar vtsho gsar du snan pavi/

B1 བསྡོམ། ……
bsdom/

107. Ⅱ302 – 3 M. Tāgh. 0587
A1 ༄།། དམག: སྟོད། དོ: ཡུལ་དུ་
// dmag stod/ do yul du
2 མཆིར: གནང། ཏེ: འབྲུགི: ལོ:
mchir gnang/ te vbrugi lo
3 འི། སྟོན: སླ: འབྲིང་ཕོ་
vi/ ston sla vbring pho
B1 ༄། འབྲིང་ཕོ་ཉལ: དང་ལིངས་
/ vbring pho nyal dang lings
2 འབོ: ལི་དང་……
vbo li dang

108. 73RMF 26:6
A1 དམག་།
dmag/
B1 སྩང
stsang

109. 73RMF 8:17
A1 ༄།། བྱ་གག་ལོའི་དཔྱིད་ཤ་ཆུ……
// bya gag lovi dpyid sha chu
2 ཚལ་བྱི་ཁམསུ་།། དགྲ་ཆས་……
tshal byṭ khamsu// dgra chas
B1 ཀྱང་བྱང་བའ་།། དཔུང་དང་།……
kyang byang bav// dpung dang/
2 འདཊའི་དུསུ། ལུང་སྩལ་པ་བཞི[ན]……
vdṭvi dusu/ lung stsal pa bzhin

3 དང་། བྱ་དགའ་འཕྲལ་ཆོད……

dang/ bya dgav vphral chod

(1)དགྲ་ཆོས། དགྲ་བོ་འགོག་པའི་དམག་དོན་གྱ་སྒྲིག

110. 75RMF 2:70

A1 མ་མ་ལར

ma ma lar

111. 73RMF 32:10

A1 མཚར

mtshar

112. 73RMF 2:31

A1 ༄། མ་ཕྱིང་།

// ma phying/

113. Ⅱ345 – 1 M. I. xxxiii,1

A1 ……གནས་གཙུག་ལག་ཁང་གི་རྐྱེན་ས་སྔོན(སྡོན)། ཕྱེ་དང་བཅུ་གསུམ

gnas gtsug lag khang gi rkyen sa sngon(sdon)/ pye dang bcu gsum

2 ། ན་ཉིང་སླད་ཀྱིས་ཁྲུག་པ་དག་གིས་བསྩལད་ནས། འབབས

/ na ning slad kyis khrug pa dag gis bstsald nas/ vbabs

B1 ……དགེ་འདུན་རྐྱེན་པའི་འཚོ་བ་ཁབ་སོས་མ་འབྱོར་པར་གྱུར་ནས

dge vdun rkyen pavi vtsho ba khab sos ma vbyor par gyur nas

2 བདག་ཆག་དྲུག་རྐྱེན་དྲུང་[མ]ཆིས་ནས། སྐུ་ཡོན་འཚོལ

bdag chag drug rkyen drung mchis nas/ sku yon vtshol

3 ……ད་ལྟར་ལྷ་རིས་གྱི་དཔོན་སྣའ། ལྷ་རིས་གྱི་དགེ་འདུན……

da ltar lha ris gyi dpon snav/ lha ris gyi dge vdun

(1)སྡོན(འདོན)། སྟར་ཁྲལ་འཁྲིའི་ས་ཕྱིན་བརྩེ་སྐྱངས་ཀྱི་མིང་།

114. Ⅱ453 – 1 M. Tāgh. i,0014

A1 ༄།:། དགྲ་བྱུང་ཤོར་དག།

// dgra byung shor dag/

2 ཆད།།

chad//

115. Ⅱ433 – 3 M. I. xxvii,13

A1 ༄།:། སྦལ་པ་རིའི་སོ་སྣོན་དུ་ཉ་རྟོན་དགུན་ཟླ་

// sbal pa rivi so snon du nya rton dgun zla

2 འབྲིང་ངོའི་ཚེས་བཅུ་གསུམ་ལ་གཐང་བའི་

vbring ngovi tshes bcu gsum la gthang bavi

B1 དགྲ་ཐབས་དང་[དེ]་……ས སུ་བགྱིའ།

dgra thabs dang des su bgyiv/

116. Ⅱ459 – 1 M. Tāgh. a,vi,0019

A1 ༄། འབྲོང་ཙམ(འབྲོ་འཚམས)་ཁྱི་[གྱི]་སྡེ་པོ་ཡོང་འདུས་རྨ།

// vbrong tsam ( vbro vtsams ) khyi gyi sde po yong vdus rma/

B1 དངོས་འུ་ཏེན་ན་མཆིས་ན་དམག་སྐྱིན་ནས་གླ་

dngos vu ten na mchis na dmag skyin nas gla-

2 ཐུད་འབུལ་ལམ་མྱི་འབུལ་རྨ།

thud vbul lam myi vbul rma/

(1)དམག་སྐྱིན། དམག་ཚབ།

(2)གླ་ཐུད། གླ་ཆ།

117. Ⅱ33 – 1 M. I. xxi,9

A1 ……འོག་པོན་ལསྩོགས་པའི་ཁྲོམ་སྦྱད(སྦྱང)་

vog pon lastsogs pavi khrom sbyad(sbyang)

2 ……ཐེབསྟེ། ནོབ་ཆུ[ངའི]་

thebste/ nob chungvi

B1 ……[ད]མག་པོན་གྱབ་སྟ

dmag pon gyab sta

2 ……[ཏ]ག་ཙམ་ཞིག་དང་བཏབ་སྟེ། འ་ཞ་[དམག]……

tag tsam zhig dang btab ste/ va zha dmag

3 ……[སྩ]ལ།།

stsal//

(1) ཐེབས་སྟེ། སྡིག་སྟེ།

(2) ཁྲིམ་སྲུང་། ཁྲིམ་བྱང་། དམག་སྟེའི་བྱང་བུ་དང་དམག་མིའི་བྱང་བུ།

118. Ⅱ250－3 M. Tāgh. c, iii, 0027

A1 སྡེ་རྗེས་བྲེ་བདུན་ཀྱང་

sde rjes bre bdun kyang

2 འཚལད་ བརྒྱགས: འཚལད་

vtshald brgyags vtshald

B1 ལྱིང:། འབོག་ལ་ཐམ། རྒྱ: དྲུག་འདུལ། ཡོལ: བ: རི། [སོ]མ:

lying/ vbog la tham/ rgya drug vdul/ yol ba ri/ som

2 ཆའ། སྣང་ ུ ྱ……

chav/ snang u y

(1) ཐམ(འཐམ)། སློ་བུར།

119. Ⅱ371 M. Tāgh. a, iv, 0065

A1 ༄། སྦོལ་བོར་བའི་ཕོ་ཆོས(ལོ་ཚེས)་བརྒྱད་གྱི་ཉི་མ་སྤམ(སྦྲུམ)་ན་འཕར་མ་མཅིས་

// sbol bor bavi pho chos(lo tshes) brgyad gyi nyi ma spam (sbrum) na vphar ma mcis

B1 སྟག་རི་ཁྲ་བོར་མཆིས་མ་ཐག་དུ་བ[སྒྱེ]ད། ད་པ་ལགས

stag ri khra bor mchis ma thag du bsgyed/ da pa lags

(1) སྦོལ་བོར་བའི་ལོ། ལྷ་བསྦོལ་བཏོན་པའི་ལོ།

(2) བསྒྱེད་པ། སྐབས་འདིར་རྒྱས་སྤྲད་པ་ལ་གོ་དགོས།

120. 59RMF. 6 原号 6635 分类 1366

A1 ༄།། དྲི་མ་ཅན

// dri ma chan

121. Ⅱ440 – 3 M. Tāgh. b, ii, 0044

(一)

A1 ༄།། ཉེན་ཀར་གྱི་སྡེ་དེ་ག་ལྷ་སྐྱེས

// nyen kar gyi sde de ga lha skyes

2 རྗེ་བླས་དགོན་གི་བསྗེད་བྱང

rje blas dgon gi bsjed byang

| | | | | | |
|---|---|---|---|---|---|
| 3 | ཕུབ<br>phub | རལ་<br>ral | རལ་<br>ral | མདའ:<br>mdav | གཞུ་རྒྱུད<br>gzhu rgyud |
| 4 | | གྱུ་མ<br>gyu ma | རྒྱུ་རུ<br>gyu ru | བཅར<br>bcar | དང་ངར་རྫུང་<br>dang ngar rdzung |

| | | | |
|---|---|---|---|
| B1 | རྡོ་སྒྱེ<br>rdo sgye | ཝུ་རྡོ<br>vu rdo | མདའ་རལ་དོང<br>mdav ral dong |

(二)

A1 ༄།། ཉེན་ཀར་གྱི་སྡེ་དེ་ག་ལྷ་སྐྱེས། ཕུབ།

2 རྗེ་བླས་དགོན་གི་བསར་བྱང།

1 རལ། རལ། མདའ:། གཞུ་རྒྱུད

2 གཡུ་མ། གཡུ་བཅ། འཆན། དད་ཆས

B1 །དོ་སྒྱེ། ཝུ་རྡོ། མདའ་རལ་ཁྲོད

(1) བསྗེད་བྱང་། བརྗེད་བྱང་།

(2) རལ་གྱུ་མ། གྲི།

(3) རལ་གྱུ་རུ། གྲི་ཤུབས།

(4) ངར་རྫོང། མདའ་འཛིན་སྐབས་ལག་གཡོན་ཏུ་གྱོན་པའི་ཤུབས།

122. Ⅱ439 M. I. vii,59bis

A1 ༄།། བློན་གཙུགས་བཟང་ལ། ཡ་ལད་སྟོད་གསུམ།། བློན་

// blon gtsugs bzang la/ ya lad stod gsum// blon

2 ཕྱ་[དགྲ]་བཞེར་ལ་ཡ་ལད་སྟོད་གཉིས། སྟག་གཙུགས་བཟང་ལ་

phya dgra bzher la ya lad stod gnyis/ stag gtsugs bzang la

B1 ཡ་ལད་སྟོད་གཉིས།། གུང་རྒྱ་ལེགས་ལ། ཡ་ལད་སྟོད་གཉིས།

ya lad stod gnyis// gung rgya legs la/ ya lad stod gnyis/

2 བློན་སྟན་སྒྲ་ལ་གཡ……ལད་སྟོད་གཅིག།། སྟག་སྟག་

blon stan sgra la g·y lad stod gchig// stag stag

3 རྩན་ལ། ཡ་ལད་སྟོད་གཅིག། དཔལ་བཞེར་ལ་ཡ་ལད་

rtsan la/ ya lad stod gchig/ dpal bzher la ya lad

4 སྟོད་གཅིག།།

stod gchig//

(1)ཡ་ལད། གོ་ཆ་དང་རྨོག

123. Ⅱ442－1 M. Tāgh. a,iv,0057

A1 ༄། རྒྱའི་མདོང་རྩེ་བཅུ

// rgyavi mdong rtse bcu

124. Ⅱ442－2 M. Tāgh. c,i,0026

A1 ༄། རྒྱ་ཁྲབ་མ་འབྲིང་རིམ་དགུ་པ་

// rgya khrab ma vbring rim dgu pa

B1 གསུམ

gsum

125. Ⅱ442－3 M. Tāgh. c,ii,0021

A1 ༄། བྱི་བྱར་གྱི་ཁྲབ་མ

// byi byar gyi khrab ma

(1) ཐྲི་བྲར་(ཐྲི་འབྲར)། ཨ་སོང་ལུ་གུ་བརྒྱད།

126. Ⅱ440 – 2 M. Tāgh. c, ii, 0053

A1 ༄། མདེ་ཝུ་ཐུང་གི་གཞུ་གཅིག

// mde vu thung gi gzhu gchig

127. Ⅱ441 – 1 M. I. xiv, 39

A1 ༄།:། རྒོད་ཙང་སྨད་ཀྱི་སྡེ་མདའ་གཞུ་མདའ་རལ་གྱི་ཕུབ་

// rgod tsang smad kyi sde mdav gzhu mdav ral gyi phub

2 [ལྤ་ཞིམ]་ཀླུ་སྤེ་བ[ཞེ]ར་[བདུ]་……སྩལ་ཁོག་མ་[བླ]་……[དར]་

lpa zhim klu spe bzher bdu stsal khog ma bla dar

(1) ཀྱི་ཕུབ། གྱི་ཕུབ།

128. Ⅱ127 – 2 M. I. xiv, 006

A1 ༄། རྒོད་ཚང་སྨད་ཀྱི་སྡེ། མདའ་གཞུ་……

// rgod tshang smad kyi sde/ mdav gzhu

2 འཆན་ཝེག་རྨ་(ཝེར་མོ)་ཞུབ

vchan weg rma (wer mo) zhub

(1) འཆན་(ཆན)། ①སྙིད་འཆིང་། ②གྲི།

(2) ཝེར་མོ། རྨོག

129. Ⅱ440 – 1 M. I. xl, 8

A1 ༄། མདའ་དར་སྣེ་ཅན་གསུམ

// mdav dar sne can gsum

130. Ⅱ442 – 4 M. Tāgh. 0353

A1 ༄། སྤའི་གཉེར་ལས་ཅག་གྲུགས་སུ་བྱུང་སྟེ་མ་

// spavi gnyer las cag grugs su byung ste ma

2 སོམ་བའ། མདེའུ་ཐུང་གི་གཞུ་གཉིས། ལི་གཞུ་ཡང་

lom bav/ mdevu thung gi gzhu gnyis/ li gzhu yang

B1 མོ་གསུམ

mo gsum

(1) མ་སོམ་པ། ཕན་མ་ཐོགས་པ།

(2) ཅག་གྲུགས(ཆག་གྲུགས)། ཆག་པའི་དུམ་བུ་ཆ་ཚང་ཡོད་པ།

131. 73RMF 41:9

A1 ༄།:། སྣང་རྩེའི་སོ་པར་བསྐོསྤ

// snang rtsevi so par bskospa

132. Ⅱ29 M. I. xxiv, 0031

A1 ༄། འ་ཞ་རྐྱ་བ་ལས་གཞི་མཁན་ཇི་མཆིས

// va zha rkya ba las gzhi mkhan ji mchis

2 པ་རྨོས་ན་མཆིས་ན་སོ་པའི་གྲངས་ཚོད་ཐོང་

pa rmos na mchis na so pavi grangs chode thong

B1 ཤིག

shig

(1) རྐྱ་བ། ①ཞིང་པ། ②དུད་ཚང་།

133. Ⅱ167 M. Tāgh. b, i, 0048

A① 1 ཤེལ་ཆབ་འོག་མའི་ཚནད་ལ

shel chab vog mavi tshand la

2 ལི་བཅ་གཉིས་ཀྱི་དེད་སྣ་ལི་སྨད་ལ

li bca gnyis gyi ded sna li smad la

3 གཐད། ཚརད་ཤི་རོ་ཉོ

gthad/ tshard shi ro nyo

A② 1 ཤེལ་ཆབ་གོང་མའི་ཚན་ལ་ལི་བདུན་ཀྱི

shel chab gong mavi tshan la li bdun gyi

2 དེད་སྣ་ལི་བུན་དར་མཎ་ལ་གཐད།

ded sna li bun dar maṇ la gthad/

3 ཚར་ཧས་ཞོ་ཉ་ན་མཆིས

tshar has zho nya na mchis

B①1 ཤེལ་ཆབ་དབུས་གྱི་ཚན་ལ་ལི་དགུའི་དེད་

shel chab dbus gyi tshan la li dguvi ded

2 སྣ། བར་སྐ་རོ་ཉའི་ལི་ཤིར་དེ་ལ་གཐད།

sna/ bar ska ro nyavi li shir de la gthad/

3 ལི་ག་ཇ་ཆུང་ཉིས་ན་མཆིས

li ga ja chung nyis na mchis

B②1 མཁར་པ་དྲུགི་དེད་སྣ། ལི་ཁྲོམ་སེང་དེ་

mkhar pa drugi ded sna/ li khrom seng de

2 ལ་གཐད།

la gthad/

3 སྲང་བ་ཞོ་ཉ་ན་མཆིས

srang ba zho nya na mchis

(1) དེད་སྣ། ཇོ་ལག་བརྒྱུད་ལྷར་རྩེས་སྤྱད་པ།

134. Ⅱ203 M. Tāgh. c, iii, 0025

A ༄། པར་བན་མན་ཆད་དང་། དྲུགུ་འཇོར་མན(ཡན)ཆད་ཀྱི་སོ་པ

/ par ban man chad dang/ drugu vjor man(yan) chad gyi so pa

B ལ་སྤྲིང་ངོ་འཔར་མ་འདི་མ་ཀྱམས(འཁྱམས)པར་ཤིང་། ཤན་དུ་ཐུགས་

la spring ngo vpar ma vdi ma kyams(vkhyams) par shing/ shan du thugs

C བག་དུ་ལེ་ལོ་ཙ་[མྱི]ཀྱི་བར་ཏང་ཤིག་ཉིན་ཚོད་མཚན་ཚོད་

bag du le lo tsa myi kyi bar tang shig nyin tshod mtshan tshod

D　དམ: དུ: ཟུང: ཤིག: སུ་ལེ: ལོ: བཀྱིད: པ: ཆདུ: ཆོད་པར་གཅདོ

dam du zung shig su le lo bkyid pa chadu chod par gcodo

135.　Ⅱ201 – 2　M. Tāgh. c, iii, 0034

A1　སྤེ་སྟང་དང|| མདོ་བརྩན་བསམ་བོར་གྱིས|| ཤིང་ཤན་

spe stang dang// mdo brtsan bsam bor gyis// shing shan

2　འཕར་(འཕྲང)་དུ། ཡོས་བུ: ལོའི་དབྱར: སླ: ཐ: ཆུངས། ཚོས: ཉི་ཤུ་གཉིས་

vphar(vphrang) du/ yos bu lovi dbyar sla tha chungs/ tshos nyi shu gnyis

3　འུ་ཐེན་ནས་སྤྲིང་སྟེ། སོ་འཕར་འདི་རིངས་ཀྱིས:། ཉིན།

vu then nas spring ste/ so vphar vdi rings kyis/ nyin/

B1　དམ: དུ: བཟང་ལ:། དཔང་ཞག: དུ། ཚུགས་ཤིག:། ཕྱིས་སཾ: ཕར་ཁྱངས(ཕར་འགྱངས)

dam du bzang la/ dpang zhag du/ tshugs shig/ phyis sam phar khyangs(phar vgyangs)

2　ཤིང། ཕར་མ་སྐྱེལ་བསྐྱ་ལ། ཆད་པ་ཆེར་གཅདོ:||

shing/ phar ma skyel bskya la/ chad pa cher gcado//

(1) དཔང་ཞག་དུ་ཚུགས་ཤིག　ཞག་ས་གཏན་ཁེལ་ཡོད་པ་གྱིས་ཤིག

136.　Ⅱ447 – 2　M. Tāgh. a, v, 007

A1　༄། སྩོ: ས: འདི: རྣམས: གྱི་ཚུགས: པོནད: སོ: ཚོར་……

/ stso sa vdi rnams gyi tshugs pond so tshor

2　ལ: སོ: གཞིར: ཕྱིནད་པར་མཆི་ལ:། དོ་ཅིག་པེའུ(སེའུ)་

la so gzhir phyind par mchi la/ do cig pevu(sevu)

3　ཆུང་བའི:། ཤས: གྱང་མཆིས: པས:། ལེ་ལོ: མ་བགྱི……

chung bavi/ shas gyang mchis pas/ le lo ma bgyi

B1　གསོལ: བ: ནས་། ཉིན་ཞིང་ཡུལ་གྱི་དབྱངས: པ་……

gsol ba nas/ nyin zhing yul gyi dbyangs pa

2 མྱ……བར(མྱི་བོར་བར)་ཙག་ཙིག་དང:། རྟ་སྒྲ་ལྷང་བཚེར:དང:དགྲ་ག[ཤི]་
mya bar(myi bor bar) tsag tsig dang/ rta sgra lhang btsher dang dgra gshi

3 མཚན་གྱི་མྱེལ:ཙེ་དགུ:དམ་དུ་ཚུགས:ལ:། དགྲ་བྱུང……བ……
mtshan gyi myel tse dgu dam du tshugs la/ dgra byung b

(1) པེཙ(སེཙ)། དོགས་ཟོན།
(2) དབྱངས་པ། རྟོག་ཞིབ།
(3) དགྲ་ཤི། དགྲ་བོའི་གྲིབ་གཟུགས།
(4) མྱེལ་ཙེ(མེལ་ཚེ)། མཚན་དུས་སོ་ལྟ།

137. Ⅱ447 – 1 M. Tāgh. a, v, 002

A1 ……རྩལད་པ:། དབྱརད་སླ་ཐ་ཆུངས་ཚེས་གསུམ་
rtsald pa/ dbyard sla tha thungs tshes gsum

2 ……༧་རྩེག་པའི:དུསུ:བསྙེངས:པར:ཐུགས:
u rtseg pavi dusu bsnyengs par thugs

3 ……ད:། བག་མ:འདོར་བར:། ཉིན་ར:ས:མཐོ་ཞིང:།།
d/ bag ma vdor bar/ nyin ra sa mtho zhing//

B1 ……དང:། རྡུལ་མགོ:ཇི་གདའ་བ:བརྟག:། མཚན་ཞིང་
dang/ rdul mgo ji gdav ba brtag/ mtshan zhing

2 …… ཾམ:ཇི་གྲག་པ:ཡང:ཉིན་གྱི:ཉིན:ར་དང:
om ji grag pa yang nyin gyi nyin ra dang

3 ……ར……མཐོང་ཚོར་ན:། ནམ་རུ་པག:གི:།
r mthong tshor na/ nam ru pag gi/

(1) བསྙེངས་པར། རྗེས་ཟིན་པ།
(2) ཐུགས་དཔག་མ་འདོད་བར། དགོངས་བཞེས་མ་འདོར་བ།
(3) ཉིན་ར། ཉིན་གྱི་ཕྲ་ར།
(4) ཚམ་སྒྲ། སྒྲ་བུར་དུ་མི་སོགས་ཡོང་བའི་སྒྲ།
(5) རྡུལ་མགོ ཐལ་འཚུབ་ལངས་པའི་ཁ་ཕྱོགས།

138. Ⅱ31 M. I. viii,91

A1 ༄།། ཞིབ་ཏུ་རྩིས་མགོ་གོང་དུ་སྩལད་པ་ལགས། ཕན་ཚུན་དུ་མ……

// zhib tu rtsis mgo gong du stsald pa lags/ phan tshun du ma

2 གདུགས་མཚན་སྤྱད་དེ།། མཆི་བའི་དུསུ་སྔ་ར(དྲོ)་དང་ཕྱི་ར(དྲོ)་དང……

gdugs mtshan spyad de// mchi bavi dusu snga ra(dro) dang phyi ra(dro) dang

3 ཚེར(ཆེར)་བགྱིས་ནས།། མར་ཐལ་བའི་རྗེས་ངན་མ་བྱུང་[ན]་

tsher(cher) bgyis nas// mar thal bavi rjes ngan ma byung na

B1 ཤུལ་དུ་གར་འཏུབས་པར་བཙུགས་ནས།། ཡེ་མྱིག……

shul du gar vtubs par btsugs nas// ye myig

2 པར་བགྱེས་ཏེ། སྔོན་ནས་སྩུས་ལ། [དྲི]ནད་ཅིང་[ལྕེ]བས(ཟིནད་ཅིང་སྩེབས)་

par bgyes te/ sngon nas stsus la/ drind cing lcebs(zind cing stsebs)

3 ཅིག རྗེས་ངན་ཚལ་བྱི་ལྟར་ཕྱུང་ན། འ་ཞའི་སྟེང་དུ[འ]་……

cig/ rjes ngan tshal byi ltar phyung na/ va zhavi steng duva

(1) གར་འཏུབས་པ། གང་དུ་ཡོད་སར།

(2) སྔོན་སྩུས(སྩུད)། སྔོན་ཚུད།

(3) ཡེ་མྱིག་པར་བགྱིས། དང་པ་ནས་མཐོང་ཐུབ་པར་གྱིས།

139. Ⅱ233 –1 M. Tāgh. c,ii,0042

A1 ༄།། དགྲའི་ཤགྲི་ཡན་ཆད: བྱ་ཚང་སྨུག་ཕོར་ནམ་རུ་པག་

// dgravi shagri yan chad bya tshang smug phor nam ru pag

2 སུམ་ཚུགས:། གཅིག་འཁྱམ་ཞིང: སོ་ཚོར་སྩལད་

sum tshugs/ gchig vkhyam zhing so tshor stsald

B1 པའི་དགྲ་ཐབས:།

pavi dgra thabs/

(1) ས་ཚོར་སྩལད། གང་ས་གང་ལ་འཚལ།

140.　Ⅱ204 - 1　M. Tāgh. a, iv, 005

A1　༄།:།　བདག་ངནད་ཕ།　རྫ།　ས་[མི]་།།　ཤིང་ཤན་མན་ཅད་ཀྱི།　སོ་འཛུ་

// bdag ngand pha/ rdza/ sa mi// shing shan man cad kyi/ so vdzu

2　ཉུལ:།:།　འཚལ་བ་[ཅི་སྟེ]་ཞིག།།　ཞུགས་ངམ(ཐུགས་དམ)་གྱི་ལྟོངས་ནས་

nyul// vtshal ba ci ste zhig// zhugs ngam (thugs dam) gyi ltongs nas

B1　རྒྱུན་རིངས་སུ་མཆིས་ཕས།།　རད(རང)་གོས་ཀྱང་མྱི་འབྱོརད་ཇིང(ཅིང)་

rgyun rings su mchis phas// rad (rang) gos kyang myi vbyord jing (cing)

2　མཅིས།　ནམ་ཞིག།།　དགུང་སླ་གཉི[ས]་ཤིང་ལན་གཅིགི།　སུག་

mcis/ nam zhig// dgung sla gnyis shing lan gchigi/ sug

3　ལས།　གྱི་གཉེརད་འགུམས་ཤིང་།　འཀོར་ལ་མཆི་བ་ཙམ

las/ gyi gnyerd vgums shing/ vkor la mchi ba tsam

(1) ལྟོངས།　སྟོངས།　བརྗོད་པ།

(2) གཉེརད་འགུམས།　ལས་ཀ་བྱས་ཟིན་པ།

141.　Ⅱ453 - 2　M. Tāgh. c, ii, 006

A1　༄།:།　འོ་ཚོ་པགི་སྡེ་འོ་རུ་པྱི་ཚབ་།　སོ་ལ་བཏུས་པ་ལས་

// vo tsho pagi sde vo ru pyi tshab/ so la btus pa las

2　བྲོ་འཚལ་ནས།　སོ་ལ་མཆི་བའི་རྔོ་མ་ཏོག་ནས་ཀོ

bro vtshal nas/ so la mchi bavi rngo ma tog nas ko

B1　ན(ཀོན)་སྟོང་སྡེ་ནང་དུ་སྙ་ཤུར་སློག་ཏ་དང་སོ་སྔ་ཕྱིར་སྡེ་

n (kon) stong sde nang du snya shur slog ta dang so snga phyir sde

2　བརྗེས་ཏེ།　སློག་ཏ་རེས་ལ་པྱི་ཚབ་མཆི་བར་བགྱིས་།

brjes te/ slog ta res la pyi tshab mchṭ bar bgyṭs/

(1) བྲོ།　ནད།

(2) ཀོན།　ཕྱིར་འཛིན།

142.　Ⅱ434 – 2　M. Tāgh. a, iv, 0014

A1　༄།:། ཇོ་ཅོ་བཙན: པ་ལ། སྟག་བཞིའི: འཚུགས: པོ: གི: མཆིད: གསོལ: བ: ལི: རི:

// jo co btsan pa la/ stag bzhivi vtshugs po gi mchid gsol ba li ri

2　ཟུག: པ: ཚེས: བཅུ: ཅི: གི: ནུབ: མོ། བྲོས་དེ: སོ: ཁ: རལ: དུ: ལུས: ཤིང: མཆིས

zug pa tshes bcu ci gi nub mo/ bros de so kha ral du lus shing mchis

(1) ཁ་རལ། ཆ་མི་ཚང་བ།

143.　Ⅱ434 – 1　M. Tāgh. 0581

A1　……ུཏ ུྱ……།

u ta u y /

2　……སླ་ལྔ: ལ: སོ་བསྐོས……

sla lnga la so bskos

B1　……སོ་བསྐོས་པའ། ཆུ་གམ……

so bskos pav/ chu gam

144.　Ⅱ433 – 2　M. I. xiv, 005

A1　༄།། སྦལ་པ་རི་འི་སོ་བཞི་ཙུགས་གཅིག

// sbal pa ri vi so bzhi tsugs gchig/

2　འབྲུགི་ལོའི་དབྱར་ཟླ་འ[བྲིང་པོའི]་ཚེས

vbrugi lovi dbyar zla vbring povi tshes

B1　དྲུག་ལ་བརྫངས་པའི་སོ་བྱང

drug la brdzangs pavi so byang

145.　Ⅱ408　M. Tāgh. b, i, 0051

A1　༄།། གླང་གྱི་ལོའི་སྟོན་སླ་ར་བའི་ཚེས་ཉི་ཤུ་གསུམ་གྱི་ནང་པར་[སོ་པ]་……

// glang gyi lovi ston sla ra bavi tshes nyi shu gsum gyi nang par so pa

2　པས་ཡི་གེ་གསར་བསྐུལད་རྙིང(རྙིངེ)་དང་ལི་སོར་དད་གྱི་……

pas yi ge gsar bskuld rnying ( rnyinge ) dang li sor dad gyi

B1　བགྱིས་པ་འི་དཔང་ལ་པྲེག་པོ་ཁྲོམ་ལེགས་གྱི་རྒྱ་དང་སོར་དད་གྱི་སུག་

bgyis pa vi dpang la preg po khrom legs gyi rgya dang sor dad gyi sug

2　གྱིས་བཏབ་། པ་།

gyis btab/ pa/

(1)རྙིངེ། རྙིང་ཉེ། བཟའ་ཟླ་བུད་མེད།

146.　Ⅱ236 – 2　M. Tāgh. 0442

A1　[འ]བུ་ཤང་གི་སླངས: ཙུང་ཆད་བྱ: རིག: སྐུགསུ: ཧོར: ཅིག།།

vbu shang gi slangs tsung chad bya rig skugsu hor chig//

2　……ག[ཉོ]ས་སྣང་རྩན་[ནི་སྔ]ར་དགྲས: གཏོརད་པས་ཚེགས་ཆེ་

gnyos snang rtsan ni sngar dgras gtord pas tshegs che

B1　……[གྱིས་སྔར]་མཆི: བར་འཚོལ་ཅིག། ཤིང་ཤན་ཕན་ཅད་ཀྱི་སོ་

gyis sngar mchi bar vtshol chig/ shing shan phan cad kyi so

2　……ཤིང་ཤན་ན་འདུས་ཤིང་……ནུ་མས:། གཉོ[ས]: སྣང་རྩན་

shing shan na vdus shing nu mas/ gnyos snang rtsan

3　……བར་དུ་ཞོག: ལ: གཞན: ||

bar du zhog la gzhan//

147.　Ⅱ221 – 4　M. Tāgh. 0615

A1　[སོ]་སླར་བསྐྱེད་པར་ཆད་ནས་འདི་ནས་སྔོནདུ་བརྫངས་པ་ཡང་ལགས་གྱིས་||

so slar bskyed par chad nas vdi nas snondu brdzangs pa yang lags gyis//

2 སྔ་ན་འབའ་ཚེའུ་ཆག་གི་སོ་པ་ནི་བསམ་ཆར་འཕོས་ཤིག།། པེའུ་རྩེ་སར་པའི་……
snga na vbav tshevu chag gi so pa ni bsam char vpos shig// pevu rtse sar pavi

148. Ⅱ204 – 2 M. Tāgh. a. vi,007

A1 ༄།:། སྩལད་འཙལ་གྱིའི། འཚལ་མ་ཡེན་ཆུང་བམ(བར)་དུ་སྦྱོར་ལ། བདགི:འཙལཱ
// stsald vtsal gyivi/ vtshal ma yen chung bam(bar) du sbyor la/ bdagi vtsalv

B1 འཕྲིན་བྱང་འདི་……ཅང་ལང་ཙེ་ཡན་ཅད་ཀྱི་སོ་པས་རིངས་པར་ཤིང་ཤན།
vphrin byang vdi cang lang tse yan cad kyi so pas rings par shing shan/

149. Ⅱ255 – 3 M. Tāgh. a, iii,0013

A1 ༄༎ གླིང་རིངས་སྨུག་པོ་ཚལ་ན་བོད་གཉིས་ལི་གཉིས་ལ། བཟང་འོ[རད་གྱི་སྡེ]་
//gling rings smug po tshal na bod gnyis li gnyis la/ bzang vord gyi sde

2 མཉན་ཇི་ཧུ་ཚུགས་ཕོན། ལང་མྱི་འི་སྡེ་དབྱིལད་[ཆས]་ལེགས་འོག།……ག
mnyan ji hu tshugs phon/ lang myi vi sde dbyild chas legs vog/ g

150. Ⅱ250 – 2 M. Tāgh. c, iii,0033

A1 ཚེའུ་ཅགི་སོ་པའ
tshevu cagi so pav

151. Ⅱ206 – 2 M. Tāgh. c, iv,0039

A1 ༄།:། ཤིང་ཤན་མཁར་བུ་[སོ]འི་
// shing shan mkhar bu so vi

2 ལས། སྐོས། ཀྱི་བྱང་བུ
las/ skos/ kyi byang bu

152. Ⅱ232 – 1 M. Tāgh. i,0026

A1 སྟག་སྐུགས་ཀྱི་སོ་པ

stag skugs kyi so pa

153. Ⅱ231 – 1 M. Tāgh. b,ii,0031

A1 ༄། ཁྲི་སྐུགས་འཇོར་གྱི་སོ་པ་ལི

// khrṭ skugs vjor gyi so pa li

2 གཅིག་ཆད

gchig chad

154. Ⅱ237 – 2 M. Tāgh. a,iv,003

A1 ༄། མཇུག་མ་མགུར་ན་བོད་གཉིས་མཆིས་།

// mjug ma mgur na bod gnyis mchis/

155. Ⅱ372 – 3 M. Tāgh. b,i,0055

A1 ༄། ཅུ༔ རྒྱད(རྒྱུད)༔ གྱི༔ མི(མྱི)༔ ཕ༔ བུ་འཕོན༔ གཡོག༔ ལ༔ ཉེ་སོ༔ པ༔ འི་[གབ]་

// cu rgyad(rgyud) gyi mi(myi) pha bu vphon g·yog la nye so pa vi gab

B1 མཅིས༔ དེ༔ ལས༔ གུམ༔ ལ༔ དགོལ(དགོངས)༔ པར༔ གསོལ།།

mcis de las gum la dgol(dgongs) par gsol//

(1) ལ་ཉེ། ①དུས་ལ་བབས་པ། ②ཉེན་འབྲེལ་དང་རྟགས་མཚན།

156. Ⅱ433 – 1 M. Tāgh. 0522

A1 ༄། ངམ་རུ་པག་རྩི་རྟིང་ནོན་གི་ཤོ(སོ)་

// ngam ru pag rtsi rting non gi sho(so)

A2 རྩང་འགྲམ་གྱི་སོ་པ།

rtsang vgram gyi so pa/

157.　Ⅱ432－3　M. Tāgh. i,0015

A1　༄། ཆུ་འདུས་ཀྱི་རྩང་འགྲམ་

/ chu vdus kyi rtsang vgram

2　ན་ངམ་རུ་པག་གི་གཏིང།

na ngam ru pag gi gting/

B1　ནོན་ཀྱི་སོ་པའ

non kyi so pav

158.　Ⅱ431　M. Tāgh. c,iii,0022

A1　༄།། ཐག་བར་མེས་ཚབ་གྱི་སོ་ལ། བྱང་སླུངས་

// thag bar mes tshab gyi so la/byang slungs

2　སྨ་པ་འི་འབངས་ར྄་སྡུག་སྐྱེས་བཞག་

sma pa vi vbangs rya sdug skyes bzhag

B1　བའ་གསོལ།།

bav gsol//

159.　Ⅱ434－3　M. I. xiv,118b

A1　༄།། སོ་བབས་རྐྱ་ཉི་ཤུ་རྩ་བདུན་མཆིས

// so babs rkya nyi shu rtsa bdun mchis

160.　Ⅱ158　M. I. xiv,134

A1　༄།། སྣང་རྩེའི་འོ་བྲག་གི་གླའ་ཅིག་[འབྲུག]་

// snang rtsevi vo brag gi glav cig vbrug

2　གི་ལོའི་དཔྱིད་སླ་ཐ་ཅུངས་ཚེས་དྲུག་ལ་

gi lovi dpyid sla tha cungs tshes drug la

B1　བརྫངས་པའི་སོ་བྱང།

brdzangs pavi so byang/

161. Ⅱ446 – 4 M. Tāgh. b, ii, 0042

A1 ༄།། སྟག་སྐུགས་ན། སྙ་ཤུར་བང་ཚེ། རི་ཟུག་

// stag skugs na/ snya shur bang tshe/ ri zug

2 པའི་བརྒྱགས། སོ་སླུངས་ལ་བཏང་བ་རིངསུ་

pavi brgyags/ so slungs la btang ba ringsu

B1 སྐྱོལ་ཅིག།

skyol chig/

(1) སོ་སླུངས་ལ་བཏང་བ། ①སོ་པ་བརྗེ་རེས་ལ་བཏབ་པ། ②ནད་གསོ་ལ་བཏང་བ།

162. Ⅱ372 – 2 M. Tāgh. 0177

A1 འཇག་མ་འགུར།

vjag ma vgur/

B1 རི་ཟུག་བརྒྱགས།

ri zug brgyags/

2 ལྟང་རོགས་པོས་ནོས།

ltang rogs pos nos/

163. Ⅱ234 – 1 M. Tāgh. a, ii, 0065

A1 དགྲ་[ཡི]་ཅད།

dgra yi cad/

B1 ཟ་རྨ་རི་ཟུག་བརྒྱགས།

za rma ri zug brgyags/

2 རྱང་རོགས་ནོས

ryang rogs nos

164. Ⅱ248 – 3 M. Tāgh. b, ii, 0017

A1 ༄།:། ལི་ཤིར་དང་། སྟགས:གུར:རི:ཟུག།།

// li shir dang/ stags gur ri zug//

B1 ……ུ……རུ་ཆོག་……
u ru chog

165. Ⅱ437－2 M. Tāgh. c, iii, 0030

A1 ༄།:། ཇོ: ཅོ: བཙན: བའི: རྨང: སྩི……
// jo co btsan bavi rmang stsi

B1 ལི: རི: ཟུག: ཆའི: བརྒྱགས: ……
li ri zug chavi brgyags

C1 ལས: པའ་ཙ: བླངས་སྟེ་……
las pav tsa blangs ste

D1 སོ: ལ: བྱོན: སྣ:ཀྱབ་(ཁྱབ)་[སྩེན]་……
so la byon sna kyab(khyab) stsen

2 ནོ: དེ: ལས: ཐུགས་……
no de las thugs

(1)ཁྱབ་སྩེན། ལམ་བཞི་མདོ།

166. Ⅱ210 M. Tāgh. c, iv, 0035

A1 ༄།:། རླང་གི་སྡེ་པུ: བག་ཉུང་ཀུ[འ]
// rlang gi sde pu bag nyung kuv

2 ། ཤིང་ཤན་ཀྱི།། ཀོག་ལ་
/ shing shan kyi// kog la

B1 རི: ཟུག་།།
ri zug//

167. Ⅱ220－2 M. Tāgh. c, i, 0011

A1 ༄།:། འཕྲུལ་གྱི་མྱེ་ལོང་དུ་མཆི་བ་འདི་རིངས་
// vprul gyi mye long du mchi ba vdi rings

2 ས(སོ)་པར་ཐོང་ཤིག། རིངས་རི་སྐྱེལ་འདི་རྣམས་སྔ་
sa(so) par thong shig/ rings ri skyel vdi rnams snga

B1 བྱི(ཕྱི)། མ་ནོར་པར་ཐོང་ཤིག། སྣ་རྣམ་མ་རྫོགས་སླ(སླད)་

byi(phyi)/ ma nor par thong shig/ sna rnam ma rdzogs sla (slad)

2 གདོད་གཞན་ཐོང་ཤིག་།

gdod gzhan thong shig/

168. Ⅱ373 – 2 Khad. 032

A1 ༄༅། རི་སྐྱེལ་ཕ་ཙ:། རྟིང་ནོན: [ཚུན་ཆ] ད་བཅུ་བདུན་ཙམ་མཆིས:

//ri skyel pha tsa/ rting non tshun cha d bcu bdun tsam mchis

(1) རྟིང་ནོན། སྣོད་ཁེངས་པ།

169. Ⅱ373 – 1 M. Tāgh. a, ii, 0043

A1 འཇ…མ:ནས།། སྟག:འདུས:སུ:གཏད:པའི། རི་སྐྱེལ:ཁྲམ་ཁྲམ:

vja m nas// stag vdus su gtad pavi/ ri skyel khram khram

བུ:ཡང:སྟག:འདུས:པ་ལ:ཚུགས:པོན:ལ། གཏད། དོ།།

bu yang stag vdus pa la tshugs pon la/ gtad/ do//

170. Ⅱ432 – 1 M. Tāgh. a, iv, 0011

A1 ༄༅:། མགྱོགས་བཞི་ཕྲགས་གཅིག་སོ་འཚོར་སྩལད་པ་ཆབ་སྲིད་གྱི་ཡན་ལག་ལ་གཅེས་ཏེ་

// mgyogs bzhi phrags gcig so vtshor stsald pa chab srid gyi yan lag la gces te

2 མཆིད་ལུང་དགྲ་ཐབས་འོག་དུ་སྩལད་པ་ལགས་ཀྱིས་དེ་བཞིན་ལྕོགས་པར་འཚོལ་ལ་གཉེར་ཁུམ་ཤིག།

mchid lung dgra thabs vog du stsald pa lags kyis de bzhin lcogs par vtshol la gner khum shig/

(1) གཅེས་པ། གལ་ཆེན་པོ།

(2) མཆིད་ལུང་། བཀའ་ལུང་།

171.　Ⅱ445－2　M. I. xlii,006

A1　༄།། མཆིབས་[ད]པོན། གོས།

// mchibs dpon/ gos/

2　ཀྱོ་ཡོར་གོ།།

kyo yor go/

172.　Ⅱ121－1　M. I. i,3

A1　ཚལ་བྱི་ཅར་ཆེན་ན།། མཐོང་ཁྱབ་བྱང་སྲུངས་པ་ཉུང་ཤས་ཤིག

tsal byi car chen na// mthong khyab byang srungs pa nyung shas shig

2　མཆིས་པ།། བཀའ་ལུང་རྙིང་དང་།། ཁྲི་སྡེ་གསར་བཙུགས་ཀྱི་བཀའ་ལུང་དང་སྦྱར་ན་

mchis pa// bkav lung rnying dang// khri sde gsar btsags kyi bkav lung dang sbyar na

B1　རྩེ་རྒོད་ལྟ་བུར་མྱིང་གིས་ཁ་མྱི་བསྟན་ཞིང་མྱི་གཏོར་བར་འབྱུང་

rtse rgod lta bur mying gis kha myi bstan zhing myi gtor bar vbyung

2　ལས།། མངའ་རིས་སུ་འཁྲུག་པ་བྱུང་ནས།། ཚལ་བྱི་ཁམས་སུ་ཡང་

las// mngav ris su vkhrug pa byung nas// tshal byi khams su yang

3　འབྲོ་ཅོག་ལསྩོགས་སྟེ།། གློ་བ་རིངས་པས།། མ་ལེགས་དགུ་ཞིག་བགྱིས

vbro cog lastsogs ste// glo ba rings pas// ma legs dgu zhig bgyis

(1)གློ་བ་རིངས། བློ་ལོག་པའམ་རྒྱབ་གཏོད་བྱས་པ།

173.　Ⅱ303－2　M. Tāgh. b,i,0060

A1　༄།། འབྲོའི་རོང་ལིངས་ཡུལ་བཟང་།

// vbro vi rong lings yul bzang/

174.　Ⅱ301－2　M. I. xiv,0035

A1　༄། འེ་བམ་

// ve bam

2　ལེགས་ལ་

legs la

B1　འབྲོ་སྲིང་……

vbro sring

2　ཞིག་མཆི……

zhig mchi

175.　Ⅱ302－2　M. Tāgh. 0378

A1　……:རོ་དང། ཆོག་རོ་རྩང་བཞེར་ཁྱི་……

ro dang/ chog ro rtsang bzher khyi

2　དང་སྤྲང་རྗེ་སྟག་བཟང་འཆོས་ཀྱི་……

dang sprang rje stag bzang vchos kyi

B1　……རྟ་དང༌། ས་སྟོང་ཤང་རྩན་དང་……

rta dang/ sa stong shang rtsan dang

176.　59RMF　002/3.4.6　原号6628　分类1362

A1　༄། སྨུ་འཁོང་སོད།

// smu vkhong sod/

2　མཁར་གི་དགྲ་བློན

mkhar gṭ dgra blon

177.　Ⅱ350－2　M. I. vii,21

A1　གསས་ཀོལ་

gsas kol

B1　……འདུས་ལ། དོར་གསུམ་……

vdus la/ dor gsum

2　འཁོན་གྱི་གླེའུ་ཞིང་དོར་ག······

vkhon gyi glevu zhing dor g

178.　Ⅱ306 - 1　M. Tāgh. c, ii, 0013

A1　སྣ་ནམ་ཁྲི་ལོང

sna nam khir long

179.　Ⅱ305 - 2　M. Tāgh. a, ii, 0016

B1　······མྱང་རོ་······

myang ro

180.　Ⅱ305 - 1　M. I. xiv, 131b

A1　༄། མྱང་ཡུལ་

/ myang yul

2　བཟོ་མངན་གྱི་

bzo mngan gyi

3　འབངས་

vbangs

4　དེ་ཉུལ

de nyul

181.　Ⅱ302 - 1　M. I. xl, 26

A1　༄། རྒུ་བོང་གི་རྗེ་བླས་ནས་ཀལ(ཁལ)་

/ rgu bong gi rje blas nas kal(khal)

B1　བཅུ་། ཅོག་རོ་ལྡོང་ལེགས་ཀྱིས་

bcu/ cog ro ldong legs kyis

2　འབུལ་བར་བགྱིས

vbul bar bgyis

182. Ⅱ300 – 2 M. Tāgh. 0350

A1 ༄། གནུབས་ལེགས་ཟིགས

// gnubs legs zigs

B1 འ་རྐོའོ་སེ་[རུའ]། ལའ་[ཚལ]

va rkovo se ruv/ lav tshal

183. Ⅱ130 – 1 M. I. xlii,3

A1 ༄༅། ཁ་དྲོའི་སྡུད་[དཔསྣོན](དབས་སྣོན)·[ལང]·ཁླུ(ཀླུ)·རྟོན

// kha drovi sdud dpasnon (dbas snon) lang khlu (klu) rton

184. 73RMF 2:61

A1 ༄། སྤེའུ་ཆུང་ནམ་ཆུང།

// spevu chung nam chung/

185. 73RMF. H

A1 ༄། འབྲི་ཆེ་བ པོད་བར་ཀླུ་ཅུང་

// vbri che ba pod bar klu cung

2 དབུས་ཀྱི་སྡེ

dbus kyi sde

B1 ཚུགས་པོན

tshugs pon

186. Ⅱ129 – 2 M. I. xiv,124 and 129

(一)

A1 ༄། ཚུགས་པོན་ཁ་དྲོ་ཨུ་སྡེ། | འོག་པོན་རྒོད་ཙང་……

//tshugs pon kha dro vu sde/ | vog pon rgod tsang

2 ལང་ཀླུ་རྟོན། | ས་སྟོང་ཀླུ་སྟོའ་……

lang klu rton/ | sa stong klu stov

B1 བྱན་པོ་ནག་ཤོད་ཀྱི་སྡེ། | བྱན་གཡོག་ཆསླ……

byan po nag shod kyi sde/ | byan g·yog chasla

2 ཐྲེ་མཐོང་རྨ། | རྒྱལ་བོན་སའ་ཤོའ་……

thre mthong rma/ | rgyal bon sav shov

(二)

A1 (129)༄༅། ཚུགས་པོན་ཁ་ཛྲ་(124)འི་སྡེ། འོག་པོན་ཀོད་ཚང་……

2 (129)ལང་ཀླུ་རྟོན།(124)ས་སྟོང་ཀླུ་སྟོའ།……

B1 (129)བྱན་པོ་ནག་ཤོད་ཀྱི་སྡེ།

2 (129)ཐྲེ་མཐོང་རྨ་

3 (124)བྱན་གཡོག་ཆསླ……

4 (124)རྒྱལ་བོན་མའ་སྣད་ཤིའ།

187. Ⅱ131 – 1 M. I. ii,25

A1 ༄༅། འཛོམ་སྨད་ཀྱི་སྡེ། འོ་ནལ་ལི་ཟོ

// vdzom smad kyi sde/ vo nal lha zo

188. Ⅱ460 – 1 M. I. i,6

A1 ༄༅། འཛོམ་སྨད་ཀྱི་སྡེ། འོ་ནལ་……

// vdzom smad kyi sde/ vo nal

2 མཁར་དུ་འཕྱུང་བ་ལས། སོ་[པ]་……

mkhar du vpyung ba las/ so pa

B1 ཙན་ན་མཆིས་པ་དང་། བཅུ་……

tsan na mchis pa dang/ bcu

(1)འཕྱུང་བ(འབྱུང་བ)། སོང་བ།

(2)ཙན(བཙན)། འགག་སྒོ།

189. Ⅱ131 - 2 M. I. ii, 17

A1 ༄། འཛོམ་སྟོད་ཀྱི་སྡེ་ལྡེ་ཚོང་འབྲུ་འབྲུག་བརྩན

// vdzom stod kyi sde lde tshong vbru vbrug brtsan

190. Ⅱ460 - 2 M. I. ii, 38

A1 ༄། འཛོམ་སྟོད་ཀྱི་སྡེ། ཚེ་སྤོང་མཐོང་སྐྱུགས

// vdzom stod kyi sde/ tshe spong mthong skyugs

191. Ⅱ460 - 3 M. I. ii, 37a

A1 ༄། འཛོམ་[སྟོད་ཀྱི]་སྡེ་ལྡུ་རྨོལ་ཙ།

// vdzom stod kyi sde ldu rmol tsa/

192. Ⅱ460 - 4 M. Tāgh. a, iii, 002

A1 ༄།:། འོ་ཚོ་པགི་[སྡེ]། ཉ་གྲམ་ལྷ་བརྩན་

// vo tsho pagi sde/ nya gram lha brtsan

2 བཞག།

bzhag/

193. Ⅱ461 - 1 M. Tāgh. c, i, 0010

A1 ༄། འོ་ཟོ་པགི་སྡེ་ཁྱུང་པོ་སྣང་ཀངོ་

// vo zo pagi sde khyung po snang kango

2 [འོག་པོན]

vog pon

194. Ⅱ461 - 2 M. Tāgh. c, i, 0031

A1 ༄།:། འོ་ཚོ་པགི་སྡེ། སྙ་ལོ་ཉ་གཟིགས་།

// vo tsho pagi sde/ snya lo nya gzigs/

195. Ⅱ461－3 M. Tāgh. c, iv, 0033

A1 ༄།:། ཁྲི་བོམས་ཀྱི་སྡེ་དབྱེན་འཕན་

// khri boms kyi sde dbyen vphan

2 ལ་རྟོན།

la rton/

196. Ⅱ462－1 M. Tāgh. c, iv, 009

A1 ༄།:། ཁྲི: དང་གི་སྡེ: ། འབྲེ: པན: ལེགས: །

// khri dang gi sde/ vbre pan legs/

197. Ⅱ462－2 M. Tāgh. c, iv, 0041

A1 ༄།། [ཁྲི]་དང་གི་སྡེ་གཤེན་ཅིས་[པ]།

// khri dang gi sde gshen cis pa/

198. Ⅱ462－3 M. Tāgh. 0382

A1 ༄།:། ཁྲི་གོམས(ཕོམས)་གྱི་སྡེ་འོལ་གོད་བྱང་བཟ[ངས]་

// khri goms(phoms) gyi sde vol god byang bzangs

2 ན་[ཆ་བར་པར]་གཏོགས་ཏེ་སོ་

na cha bar par gtogs te so

B1 ……ལ་མྱི་བཐུས།།

la myi bthus//

(1) མྱི་བཐུས། མི་ཚུད།

199. Ⅱ462－4 M. Tāgh. a, iv, 0077

A1 ༄།:། ལང་མྱིའི་སྡེ་རྩི: ཀླུ་ལོད་ནང་

// lang myivi sde rtsi klu lod nang

2 གཆེག(གཅིག): མྱི: ཆད: པར: རྗེས: གཚོ་

gcheg(gchig) myi chad par rjes gtsho

B1 ……ད

d

(1) གཅིག་སྦྱི་ཆད་པར། སྦུ་མཐུད།

(2) རྗེས་གཙོ། སོ་ཚབ།

200. Ⅱ462 – 5 M. Tāgh. c, iv, 0034

A1 ༄༅། ལང་མྱི་སྡེ་། ཀོག་གསས་སྒྱེས་

// lang myi sde/ kog gsas sgyes

2 འོག་པོན

vog pon

201. Ⅱ463 – 1 M. Tāgh. a, iii, 0033

A1 ༄༅།:། ལང་མྱི་སྡེ་ཞིམས་སྟག་

/// lang myi sde zhims stag

2 རྟོན

rton

202. Ⅱ463 – 2 M. Tāgh. c, i, 0028

A1 ༄༅། ལྷོ་བྲག་གྱི་སྡེ་ལྭོ་ཀོལ་

// lho brag gyi sde lwo kol

2 གསོལ

gsol

203. Ⅱ463 – 3 M. Tāgh. c, i, 0023

A1 ༄༅། [ལྷོ་བྲག་གི]་སྡེ་། སྤྲག་བསམ་ཀོང་བཟངོ་།

// lho brag gi sde/ sprag bsam kong bzango/

204. Ⅱ463 – 4 M. Tāgh. 0343

A1 ༄།། མང་ཁར་སྡེ་ལ།……

// mang khar sde la/

205. Ⅱ463 – 5 M. Tāgh. a, iv, 0087

A1 ༄།:། མཁར་སར་གྱི་སྡེ། མོན་ཆུང་ལ་

// mkhar sar gyi sde/ mon chung la

A2 ག[སོ]ལ་པ

gsol pa

206. Ⅱ464 – 1 M. Tāgh. b, i, 0075

A1 ༄།། མཉལ་པའི་སྡེ་ཐག་བར་རྩེ་ཕྱན

// mnyal pavi sde thag bar rtse phyan

207. Ⅱ464 – 2 M. Tāgh. c, iii, 0017

A1 སྐྱི་སྟོད་གྱི་སྡེ་སེ་སྟོན་ལ་གསོ……

skyi stod gyi sde se ston la gso

2 རྙི་ཆེན་ཚུག།

rnyi chen tshug

B1 ༄།:། མཉལ: པ: འི: སྡེ:

// mnyal pa vi sde

208. Ⅱ468 – 1 M. Tāgh. c, iv, 0027

A1 ༄:། སྐྱི་སྟོད་གྱི་སྡེ་ཁོ་ངན་ཆས་ཟིགས

/ skyi stod gyi sde kho ngan chas zigs

209. Ⅱ215 M. Tāgh. a, ii, 0078

A1 ༄། འོ་ཏོང་གྱུ་མོ་ན། བོད་གཉིས་ལི་གཉིས་ལ། མཉལད་པའི་ཁྲི་ཐག་བར་རྩེས(རྩིས)་བྱིན་……

/ vo tong gyu mo na/ bod gnyis li gnyis la/ mnyald pavi khri thag bar rtses(rtsis) byin

2 ལི་……ས་རྩེ་ན། སྐྱི་སྟོད་གྱི་སྡེ་དངུལ་ཀླུ་བཟང་འོག་ཕོན་……

li sa rtse na/ skyi stod gyi sde dngul klu bzang vog phon

210. Ⅱ464 – 3 M. I. xxviii, 0016

A1 ༄༅། ནག་ཁྲིད་གྱི་སྡེ་རྒྱབ་སྟག་བཞེར་གྱི་མཆི[ད]་……

// nag khrid gyi sde gyab stag bzher gyi mchid

2 གསོལ་བའ།

gsol bav/

211. Ⅱ465 – 1 M. I. xxviii, 0034

| | | |
|---|---|---|
| A1 | ༄། ནག་ | འ་ཀོག་བོར། |
| | / nag | va kog bor/ |
| 2 | ཤོད་སྡེ། | རྩན། |
| | shod sde/ | rtsan/ |

212. Ⅱ469 – 4 M. Tāgh. 1616

A1 ༄༅:། ཡེལ་རབ་གྱི་སྡེ་། ལོ: ལེགས་སྲོང་ལ

// yel rab gyi sde/ lo legs srong la

213. Ⅱ468 – 2 M. Tāgh. a, iii, 0026

A1 ༄:། སྟེ་འཇོམ་སྡེ་གཤེན་ཕན་ལེགས་གྱི་

/ ste vjom sde gshen phan legs gyi

2 སླག(སློག)་པ་ཐུམ་པོ་བཞག།

slag(slog) pa thum po bzhag/

214. Ⅱ468 – 3 M. Tāgh. c, ii, 0016

A1 ༄། སྤྱི[ང]་རྩང་གི་སྡེ་། སེ་གུ་བཙན་བ

/ spying rtsang gi sde/ se gu btsan ba

215. Ⅱ468 – 4 M. Tāgh. c, iv, 002

(一)

A1 ༄༎ ཡར་རྩང་གི་སྡེ༔ གུ་རིབ༔ ངང་པ་གསེར་སྒོང་

// yar rtsang gi sde gu rib ngang pa gser sgong

2 འདྲ་བ་ཤི་པ།

vdra ba shi pa/

(二)

A1 ༄༎ ཡང་རྩང་གི་སྡེ༔ གུ་ཏུབ༔ ངགས་ཉ་སྒོར།

2 འདད་བ་ཤི་པ།

216. Ⅱ469 – 1 M. Tāgh. 0262

A1 ༄།༔། ཡང་རྩང་གི་

// yang rtsang gi

2 སྡེ་

sde

འཇོར་མྱེས་སླེབས།

vjor myes slebs/

B1 །༔། ཡང་རྩང་གི་སྡེ་……ན……མཆི……

// yang rtsang gi sde n mchi

2 ནང་རྗེ་པོ མཆིད་གསོལ

nang rje po mchid gsol

217. Ⅱ469 – 2 M. Tāgh. 0544

A1 ༄།། ཡར་སྐྱང་གི་སྡེ་། པུ་བག་ཡུལ་མཐོང་།

// yar skyang gi sde/ pu bag yul mthong/

218. Ⅱ469 – 3 M. Tāgh. 0280

A1 ༄།། ཡར་སྐྱང་གི་སྡེ་སྤུན་དྲུག་ལེགས

// yar skyang gi sde spun drug legs

219. Ⅱ470 M. I. xiv,0061

A1 ༄། ཟོམ་སྡེ་བླན།……

/ zom sde blan/

220. Ⅱ446 – 2 M. I. lviii,001

A1 ༄།། མཐོང་ཁྱབ་གྱི་སྡེ་བག་ར་ཁྲི

// mthong khyab gyi sde bag ra khri

221. Ⅱ457 – 3 M. Tāgh. a,iv,0037

A1 ༄།། གོམ༔ པ༔ འི༔ སྡེ༔ ཀོ༔ ངན༔ པན༔ ལེགས

// gom pa vi sde ko ngan pan legs

222. Ⅱ457 – 4 M. Tāgh. a,iv,008

A1 ……གོམ་པའི་སྡེ་ཕུ་བག་མུ་ནེ་སྟང་།

gom pavi sde phu bag mu ne stang/

223. Ⅱ458 – 1 M. Tāgh. b,ii,0047

A1 ༄།། གྲང་བརྩན་སྡེ། སྟག་ཁྲི་

// grang brtsan sde/ stag khri

2 སྙིང་ཉེན་། ཏྲོ་ཀི་མིན་ཕན་དང་།……

snying nyen/ tro ki min phan dang/

224. Ⅱ458－2 M. Tāgh. a, vi, 0020

A1 ༄།……གྲང་བརྩན་གྱི་སྡེ་གྱེརད་

/ grang brtsan gyi sde gyerd

2 ཁོངས་……

khongs

225. Ⅱ458－3 M. Tāgh. a, iii, 0019

A1 ……ལ་ཁྱུང་དང་། བྲོ་ཚམས་གྱི་སྡེ་རྒྱ་དྲེད་པོ་དང་། འབྲོ་[རྒྱ?]་

la khyung dang/ bro tshams gyi sde rgya dred po dang/ vbro rgya

2 ……ཁང་གྱི་སྡེ་དགྲོ་ལེགས་ཟིགས། དང་ག་སྲམ་གྱི་སྡེ་[རྒྱ]་

khang gyi sde dgro legs zigs/ dang ga sram gyi sde rgya

B1 ……བཞེར་གྱིས།། སྐྱང་པོ་ལྷ་གོང་དང་

bzher gyis// skyang po lha gong dang

2 ……། གྱ……ལྔ་ཀྱ་ས་རྨ……ཁྲི་ལ་[སྤྲིངོ]

/ gya lnga kya sa rma khri la springo

226. Ⅱ456－3 M. Tāgh. 0351

A1 ༄།། དགྱེས་སྡེ་[པོ]་ཆུང་ར་དང་[སྣང]་བཞེར་ལ……

// dgyes sde po chung ra dang snang bzher la

2 གྱིས་རྨས་ན་ཕྱོགསུ་ཐུགས་བ[དེ་བ་ཞེས]་……

gyis rmas na phyogsu thugs bde ba zhes

227. Ⅱ456－4 M. I. 0034

A1 ༄།། དོར་ཏེའི་སྡེ། འ……

// dor tevi sde/ v

228. Ⅱ457 – 1 M. Tāgh. 0239

A1 ༄།། ངམ་ནམ་སྨོན་ལེག།

// ngam nam smon leg/

B1 གད་སྲམ་གྱི་སྡེ། སྲོ་ཚེས་མཐོང་

gad sram gyi sde/ sro tshes mthon go

2 ཕྱེ་བྲེ་གསུམ་འཚལ་།

phye bre gsum vtshal/

229. Ⅱ456 – 2 M. Tāgh. 0332

A1 ༄༎ དགས་པོ་སྡེ། སེ༔ཁལུ༔རྟོན

// dags po sde/ se khalu rton

230. Ⅱ345 – 2 M. I. x,4

A1 ……ཀྱབ་གྱི་སྡེ་ཡུག་པ་མོ་བག་ཟ་མནན་མོ་

kyab gyi sde yug pa mo bag za mnan mo

2 །……ས……མཆིས་གསོལ་བའ

/ s mchis gsol bav

231. Ⅱ306 – 2 M. I. xiv,51

A1 ༄༎ ཤུད་ཀེ་དྲུམ་དོ་ཅུ[ང་འ་ཞ་གོད་སྡེའི]།།

// shud ke drum do cung va zha god sdevi//

232. Ⅱ301 – 1 M. I. xiv,52

A1 ༄༔། ཙོགས་དཔོན་……ས་ར[ང]་……

// tsogs dpon s rang

2 འེ་བམ་ལེག་ལེག་།

ve bam leg leg/

233. Ⅱ299 – 3 M. I. xiv, 67

A1 ༄།། ནག་ཤོད་རྒྱ་ཉི་ཤུ་དང་། ཐོར་བུ་ལ་ལྡེའུ་རྨ

// nag shod rgya nyi shu dang/ thor bu la ldevu rma

2 བཟང་དང་མོན་སྐྱེས་ཅུང་གཉིས་།།

bzang dang mon skyes cung gnyis//

B1 སྤུ་ནག་ཤོད་ལ་ཅབ་……[ལོ་མུད་མན]

spu nag shod la cab lo mud man

234. Ⅱ294 M. Tāgh. 0291

A1 ༄། ཕོད་ཀར་གྱི་སྡེ་སྐ་བ་ཀླུ

/ phod kar gyi sde ska ba klu

235. Ⅱ293 – 2 M. Tāgh. b, i, 0058

A1 ༄ཿ། འོ་ཙོ་བགི་ལྡེ། སྙེལ་ཧོར་

// vo tso bagi lde/ snyel hor

2 ཉ་གཟིགས།

nya gzigs/

236. Ⅱ293 – 1 M. Tāgh. c, iii, 0019

A1 ༄།། ཉི་མོ་བགི་སྡེ་རྷྱེ་ལིག་ཧོར(འོར)་ཁེན་ཏིང་ཙེ(ཉི་ཚེ)་

// nyi mo bagi sde rhye lig hor(vor) khen ting tse(nyi tshe)

2 འོག་དགོན(པོན)།

vog dgon(pon)/

237. Ⅱ465 – 2 M. Tāgh. 0573

A1 ༄ཿ། ཉག༔[ཚེའི]་སྡེ༔ རྔ༔ འབུར་ལོད།

// nyag tshevi sde rnga vbur lod/

238. Ⅱ465 – 3 H. 3

A1 ༄། ཉག་ 瞭འི་སྡེ་སྐྱར་ཀླུ་གཟིགས། དང་རེས་ཀྱི་སྔ་ཐུས་

// nyag tshwevi sde skyar klu gzigs/ dang res kyi snga thus

2 ལྡེ་……གྱི་སྔ་ཐུས་ཁྱིའི་ལོ་པ།

lde gyi snga thus khyivi lo pa/

B1 ཤིང་ཤན

shing shan

239. Ⅱ465 – 4 M. Tāgh. c, i, 007

A1 ༄། ངམ་རུ་པགི་སྡེ་ཤེའུ་གླུ་བརྟན

// ngam ru pagi sde shevu glu brtan

240. Ⅱ466 – 1 M. Tāgh. 0193

A1 ཉེན་ཀར་གྱི་

nyen kar gyi

2 སྡེ།

sde/

ཁོ་ངམ་ན་ལེགས།

kho ngam na legs/

B1 རྩེ་རྫེ(རྗེ)་ཆུ་ངུའི་སུག་རྗེད་འཚལ་ཞིང་ཁྲོམ་དུ

rtse rdze(rje) chu nguvi sug rjed vtshal zhing khrom du

2 མཆིས།

mchis/

(1) སུག་རྗེད་འཚལ། ལས་དོན་བྱས།

241. Ⅱ466 – 2 M. Tāgh. a, vi, 0014

A1 ༄། ཉེན་ཀར་གྱི་སྡེ་ལྡོག་གེ་ལྷ་སྐྱེས།

// nyen kar gyi sde ldog ge lha skyes/

242.　Ⅱ466－3　M. Tāgh. c, iv, 0029

A1　༄།། ཉེན་ཀར་གྱི་སྡེ་དབའ་ཁ་མྱི།

// nyen kar gyi sde dbav kha myi/

243.　Ⅱ467－1　M. Tāgh. c, i, 0013

A1　༄། རྩལ་མོ་པག་གི་སྡེ། སྙའ་ཤུར་སྟག་ལ་རེ་

/ rtshal mo pag gi sde/ snyav shur stag la re

B1　ཕྱི་རྩེ།

pyi rtse/

244.　Ⅱ467－3　M. Tāgh. i, 0025

A1　༄། ཤང་སྡེ་དབའ་མྱེས་ཚབ།

/ shang sde dbav myes tshab/

245.　Ⅱ166－2　M. I. xxviii, 7

A1　༄:། འབྲི་[ཆེ]ར་སྨད་ཀྱི་ཁ་འཛིན

// vbri cher smad kyi kha vdzin

B1　ལྡོ་རྦ་རྨང་[སྦྱི]ན།

ldo rba rmang sbyin/

246.　Ⅱ129－1　M. I. xiv, 41

A1　༄།། ཚུགས་པོན་སྣོག་ཤོད་ཀྱི་

// tshugs pon snog shod kyi

2　སྡེ་རྩིག་ཡུ་ཡུང་མ་

sde rtsig yu yung ma

3　འོག་པོན་རྒོད་ཚང་སྨ……

vog pon rgod tshang sma

4　སྡེ་ནིར་སྟོ་ལྡོ་ཀུག

sde nir sto ldo kug

| | | | |
|---|---|---|---|
| B1 | བྱང་པོ་རྒོད་ལྡིང་གི་སྡེ་སྲོང་<br>byang po rgod lding gi sde srong | 3 | [བྱ]ན་ཡོག་སྣོག་ཤོ[ད]་<br>byan yog snog shod |
| 2 | ཤི་བཞོའ།<br>shi bzhov/ | 4 | སྡེ་ཕོ་ཡོང་གལ་[ལྦག]<br>sde pho yong gal lbag |

247. Ⅱ128 –1 M. I. iv,85

A1 ༄།:། རྒོད་ཚང་སྟོད་ཀྱི་སྡེ། སྟོམ་གྱང་ལྷ་

// rgod tshang stod kyi sde/ stom gyang lha

2 འབྲུག་བརྩན།

vbrug brtsan/

248. Ⅱ127 –4 M. I. lviii,004

A1 ༄། སྤོང(སྤོད)་རང་སློག། རྒོད་ཚང་སྨད་ཀྱི་སྟོང་

// spong(spod) rang slog/ rgod tshang smad kyi stong

2 པོན་གྱི་ཞིང། དོར་གསུམ།

pon gyi zhing/ dor gsum/

(1)སྤོད་རང་སློག(སྤོད་སློག)། ལས་སྤོད་སློག

249. Ⅱ127 –3 M. I. xxvii,9

A1 ༄། རྒོད་ཚང་སྨད། ཙ་རྔུ་ཁྲོམ་ལེགས་

// rgod tshang smad/ tsa rngu khrom legs

2 ཀྱི་སྡེ

kyi sde

250. Ⅱ126 –4 M. I. xi,80

A1 རྒོད་ཚང་སྨད་ཀྱི་སྟོང་ཅུང་……

rgod tshang smad kyi stong cung

2 དོར་གཅིག

dor gchig

B1 དོར་གསུམ

dor gsum

251. Ⅱ127－1 M. I. viii,45

A1 ༄།། རྒོད་ཚང་སྨད་གྱི་ས་མཁན་ལ།

// rgod tshang smad gyi sa mkhan la/

2 དོར་གསུམ།།

dor gsum//

252. Ⅱ126－2 M. I. xiv,76

A1 ནག་ཤོད་ཀྱི་

nag shod kyi

2 སྡེ། སྐྱང་པོ་ཁྲོམ་རྨ

sde/ skyang po khrom rma

253. Ⅱ126－1 M. I. ii,32

A1 ༄། ནག་ཤོད་ཀྱི་སྡེ་རྒྱབ་ལྷ་སྟོན།

nag shod kyi sde gyab lha ston/

254. Ⅱ64－1 M. Tāgh. a,iii,004

A1 ༄:། [བྲོང]་ཙམ་གྱི་སྡེ། སེ་ཉབ་ཙེན།

brong tsam gyi sde/ se nyab tsen/

255. Ⅱ459－2 M. Tāgh. c. ii,0046

A1 ༄།། བཟང་ཧོར་གྱི། སྡེ་འཇང་མ་བྲིད།། ཤང་སྡེ་བྲིང་

// bzang hor gyi/ sde vjang ma brid// shang sde bring

2 ལེགས་མོང་། བྲོང་། ཚམ:གྱི་སྡེ་བེ་སྣ་

legs mong/ brong/ tsham gyi sde be sna

3 མངལ་པན་མུ་ཤང་དོང་

mngal pan mu shang dong

B1 ༄༅། བཟང་ཧོར་

// bzang hor

2 གྱི་སྡེ།

gyi sde/

འཇང་མ་བྲིད

vjang ma brid

256. Ⅱ128 –4 M. I. iii, 14

A1 ༄༅། དམག་པོན་ཆེན་པོ་བློན་གཙུག་བཞེར་གི་གནག་ཞིང་

// dmag pon chen po blon gtsug bzher gi gnag zhing

2 མཆད་རིངས་གླིངསྣ་། རྒོད་ལྡིང་གི་རྗེ་ཞིང་དོར་བཞི་། གསོལ།

mchad rings glingsna/ rgod lding gi rje zhing dor bzhi/ gsol/

(1) མཆད་རིངས། མཆུ་རིང་། ནར་མོ།

257. Ⅱ128 –3 M. I. xiv, 135

A1 བྱང་པོ་རྒོད་ལྡིང་གི་སྡེ་……

byang po rgod lding gi sde

2 པྱི་སྒྲ་

pyi sgra

B1 ཚུགས་པོན་འཛེ་མ་སྩ་……

tshugs pon vdze ma stsa

2 [རྫོ་གླ་རྡུ་པོར་ཀེའུ]

rdzo gla rdu por kevu

258. RMF 57

A1 ༄༅། འདོར་གོང་ཟ་སྤུན་

// vdor gong za spun

2 གཉིས་ཆི།

gnyis chi/

259. 73RMF

A1 ༄།:། ནོབ་ཆུངུ་ནས: རྫོངས་ལ: རྔ་མོ་གཞན་གྱི་ཟླ་ལ་ཁྲོམ་དུ་ཐོངས

/ nob chungu nas rdzongs la rnga mo gzhan gyi zla la khrom du thongs

260. 73RMF 2:11

A1 ༄།:། བག་ཅང་ཛྭ

// bag cang jwa

261. 73RMF 43:2

A1 ཀླུ་འདུས

klu vdus

262. Ⅱ276 – 2 M. Tāgh. c, iii, 0043

A1 ༄།:། རྒྱ་སླུངས་ཡན་ཆད་དང་དྲུ་གུ་འཇོན་མན། མན་

// rgya slungs yan chad dang dru gu vjon man/ man

2 ཆད་ཀྱི་ཕུར་མྱི་སྟག་རྣམས་ལའ། ལྷའ་

chad kyṭ phur myi stag rnams lav/ lhav

B1 མཐོང་གི་གསོལ་བཱ་སྒྱ་ཉུལ་ནའདི་ཐུགས་པག་

mthong gi gsol bav sgya nyul navdi thugs pag

2 ཅིག་ནས་ཆིག: དུ་མཛེད་པར་གསོལ་ཞིང་མཆི

cṭg nas chṭg du mdzed par gsol zhṭng mchi

(1) ཕུར་མྱི། ཚུགས་དཔོན།

(2) ཅིག་ནས་ཆིག་དུ། རྒྱུན་མ་ཆད་པ།

(3) གསོལ་ཞིང་མཆི། བཞུ་བཞིན་ཡོད།

263.　Ⅱ296－2　M. Tāgh. a, vi, 003

A1　༄།། རྒྱ་སླུངས་སུ་ལི་ག[ཅི]ག་ཅད

// rgya slungs su li gcig cad

264.　Ⅱ296－1　M. Tāgh. a, iv, 0092

A1　༄།། རྒྱ་སླུངས་འབོག་ལང

// rgya slungs vbog lang

265.　Ⅱ199　H2

A1　༄།:། ཁྲམ་འདི་ལ་མཅིས་པ་དང་མར་

// khram vdi la mcis pa dang mar

B1　ི་ཕོ་འི་[ངོ]། ཤི[ང་ཤ]ན་གྱི་……

i pho vi ngo/ shing shan gyi

2　[ན]ས་། ཁལ་ཉིས་བ[རྒྱ]འ་། [བྲེ་བཞི]་……

nas/ khal nyis brgyav/ bre bzhi

C1　ལི་བུ(གུ?)་འདུག་ལ། གཏད་དེ། ཤིང་

li bu(gu?) vdug la/ gtad de/ shing

D1　ཤན་དུ་འཚལ་བར་བགྱིས་ནས་

shan du vtsal bar bgyis nas

2　ཁམ(ཁྲམ)་[སླདུ]་ཡང་བུ་འདུག་སྩལད།

kham(khram) sladu yang bu vdug stsald/

266.　Ⅱ200　M. Tāgh. c, ii, 0040

A1　༄།། འུ་ཏེན་གྱི་རྩིས་ས་ནས།། ཤིང་ཤན་གྱི་མངན་ལ་སྤྲིངས་པ་

//vu ten gyi rtsis sa nas// shing shan gyi mngan la springs pa

2　ཉིན་ཞག་གཆིག་ལ་ལྔ་ཚོད་དུ་བཏངསྟེ། འཕྲིན་བྱང་འདི་རིངས་ལ་ཀོ་ཆེས་པ་

nyin zhag gchig la lnga tshod du btangste/ vphrin byang rdi rings la ko ches pa

B1 དམ་དུ་ཟུང་ལ། འཕྲིན་བྱང་དུསུ་མ་ཕྱིནད་ཏམ་ཁྱམས་པར་གྱུརད་ནའ་
dam du zung la/ vphrin byang dusu ma phyind tam khyams par gyurd nav

2 གིས་ནོངས་པ། ཆད་པས་ཁྲིམས་བཞིན་དུ་གཅད་དོ།། ཨུ་ཏེན་ནས་ཚེས་……
gis nongs pa/ chad pas khrims bzhin du gcad do// vu ten nas tshes

267. Ⅱ211－2 M. Tāgh. a, iii, 003

A1 ༄།། རྟའི་དཔྱིད་སླ་ཐ་ཆུངས་ལ། ཤིང་ཤན་ཆབ་རྒྱུད་གྱི། སྣས། སྟག་རྩང་བཞེར་གྱིས
// rtavi dpyid sla tha chungs la/ shing shan chab rgyud gyi/ snas/ stag rtsang bzher gyis

2 ོ……ེ……
o e

268. Ⅱ211－3 M. Tāgh. b, i, 0038

A1 ༄།། བན་དེའ་སྣ་བོ། ལི་བུ་འཉོག་དག་ལ། གཐད་དེ་
// ban dev sna bo/ li bu vnyog dag la/ gthad de

B1 ཤིང་ཤན་དུ་འཚལ་བའ། ནས།
shing shan du vtsal bav/ nas/

2 ཁྲམ་མའ
khram mav

269. Ⅱ276－1 M. Tāgh. a, vi, 0031

A1 ༄།། དྲུགུ་འཇོར།
// drugu vjor/

270. Ⅱ236－1 M. Tāgh. b, i, 0031

A1 ༄།། འབུམ་རྡུགས་ཁྲི་སྐུགས།
// vbum rdugs khri skugs/

2 འཇོར

vjor

271. Ⅱ243 – 2 M. Tāgh. 0523

A1 ༄།:། པར་བན་གསར……གྱ(གྱི)……

// par ban gsar gya(gyi)

2 གྱི་ཚུར་ོལད་ན་ཚུགས་གཅིག……

gyi tshurold na tshugs gcig

3 གྱི: སྣོ[ན་སྡེ་དུ]་སྩལད……

gyi snon sde du stsald

272. Ⅱ243 – 1 M. Tāgh. c,iv,0036

A1 ༄།། པར་བན་གྱི་ཐད་ཀ་གྱི་ཤོ་རྩང་

// par ban gyi thad ka gyi sho rtsang

2 འགྲམ་དུ་ནམ་རུ་པག་གི་གཞི་

vgram du nam ru pag gi gzhị

B1 དཔོན་དུ་མཆིས་པའི་……

dpon du mchis pavi

273. Ⅱ343 – 5 M. I. xiv,15

A1 ༄།། ས་སྟོང་ཤང་སྨེ།

// sa stong shang sme/

274. Ⅱ343 – 4 M. I. xiv,50

A1 ༄།། བག་མདོ་སྟོང།

// bag mdo stong/

275.  Ⅱ305 – 4  M. I. xiv,34

A1  ༄༅། །པང་ཚབ་རྦེག་ཅུང།

// pang tshab rbeg cung/

276.  Ⅱ305 – 3  M. I. viii,53

A1  ༄། །པང་ཚབ་འཕན་ལ་

// pang tshab vphan la

2  སྐྱེས།

skyes/

277.  Ⅱ304 – 1  M. I. xl,4

A1  ༄། །ཁྱུང་བྱི་ཙ་མཚོ་གོང།

// khyung byi tsa mtsho gong/

278.  Ⅱ300 – 1  M. Tāgh. 0266

A1  ༄། །གཤེན་ཇི་ལ་རེ།

// gshen ji la re/

B1  འ་རྐོའི་མཚལ་བུ། ལ་འཚལ

va rkovi mtshal bu/ la vtshal

279.  Ⅱ299 – 2  M. I. xv,0013

A1  འོར༔ མོན༔ མྱེས་ཅུང༔ དང་

vor mon myes cung dang

B1  འཇིང་ལྡུ

vjing ldu

280.  Ⅱ299 – 1  M. I. 0062

A1  མོན་ཁྱི་གུ་ཅུང

mon khyi gu cung

281.　Ⅱ296 – 3　M. I. xv,0020

A1　……། སླུ[ངས་འོ]མ་ལུང་གི་[རྗེ]་[ལ]

/ slungs vom lung gi rje la

282.　Ⅱ275　M. I. iv,81

A1　……ལྡོང་བཟང་ལྷ་སྒྲ་[གསས]་ཀྱི་གཞི……

ldong bzang lha sgra gsas kyi gzhi

2　……ས་ཀྱིས་། སྟོད་གྱི་དྲུ་གུ་དམ[ག]་……

s kyis/ stod gyi dru gu dmag

B1　……གཉན་གྱའ་……

gnyan gyav

2　……[བླ་དྲུག]་ཆེ་ཆུང་གི་སྩ……

bla drug che chung gi stsa

283.　Ⅱ255 – 2　M. Tāgh. 0151

A1　༄།། གླིང་རིངསུ་གཤེན: འཕན་ལེགས་ལ

// gling ringsu gshen vphan legs la

284.　Ⅱ255 – 1　M. Tāgh. 006

A1　༄།:། གླིང་རིངས་སྨུག།

// gling rings smug/

2　པོ་ཚལ

po tshal

285.　Ⅱ346 – 1　M. I. xiv,40

A1　གཡར(གཡོར)་པོ་གུ་ཅུང་།

g·yar(g·yor) po gu cung/

286. Ⅱ435－1 M. I. iv,66

A1 ……སྤུང་སྡེ་མྱི་འཛིན་ཆ་ཅིག་གཏང་ཆད(བར?)

spung sde myi vdzin cha cig gtang chad(bar?)

2 ……[ས]་མཉམ་དུ་མཆི་བར་ཞང་ལོན་

s mnyam du mchi bar zhang lon

B1 ……ཞེས་དགོས་ཆེས་པ་ལ་

zhes dgos ches pa la

2 ……འ་མུན་མག་སྨད་དུ་འ་[ཞ]་……

v mun mags mad du va zha

(1)འཛིན་ཆ་ཅིག　མཁར་སྤུང་ཆ་ཅིག

287. Ⅱ178－3 M. Tāgh. c,ii,0018

A1 ༄།:། ཙར་འདེན་རོ་ཉའི་ལི་ཛཛ(ཙང?)་[དོད]་འ……

// tsar vden ro nyavi li dzadza(tsang?) [dod] v

2 ལི་རི་ཟོ(གྲོ?)་ཚེ་ལྡན། ཙར་འདེ་རོ་[ཉའི]་ཞར

li ri zo(gro?) tshe lden/ tsar vde ro nyavi zhar

288. Ⅱ201 M. Tāgh. a,iii,001

A1 ༄།། ལི་འཛས:དང་། ཤིར་འདེ་གཉིས:།། ཝུ་ཐེན་དུ:བདགི[ས]་དགུན་

// li vdzas dang/ shir vde gnyis// vu then du bdagis dgun

2 ཆ་ལེན་དུ་བཏང་བ་ལས།། གཅིག་ནི་སླར་མཆིས:།

cha len du btang ba las// gchig ni slar mchis/

B1 གཅིག་ནི་མ་མཆིས།། དེའི་ཙལ་མ་ནི། [པར]་ཤ་རིས་མ་

gchig ni ma mchis// devi tsal ma ni/ par sha ris ma

2 ལསྩོགས་པ་སྔ་མས་[འཚལད]།

lastsogs pa snga mas vtshald/

289.  Ⅱ190 – 2  M. Tāgh. a, vi, 0042

A1 ……མ་དུ། ལི་རྗེའི་སྟེང་དུ

m du/ li rjevi steng du

B1 ……[རྟ]་སྟོགས(སྟེགས)། ལི་ལ་རྒྱ་འདྲ……

rta stogs(stegs)/ li la rgya vdra

290.  Ⅱ183 – 3  M. I. b, i, 0045

A1 ༄།། ལྷ་གང་ཀེའུ་འགན་ཚེ། རྒྱ

// lha gang kevu vgan tshe/ rgya

2 སམ་དུ

sam du

291.  Ⅱ183 – 1  M. Tāgh. b, i, 0090

A1 ༄།། ལྷ་གང་བྲུ་ཉོ་ལི་ཀུ་ཆི་ཤི།

// lha gang bru nyo li ku chi shi/

292.  Ⅱ182 – 2  M. Tāgh. b, i, 0070

A1 ལྷ་གང་གུ་ཞན་དོ། ལི་སར་རྡོང།

lha gang gu zhan do/ li sar rdong/

293.  Ⅱ182 – 1  M. Tāgh. a, iii, 0012

(一)

| | | | |
|---|---|---|---|
| A1 | ལི་གོས་དེ།<br>li gos de/ | ལི་ཤིར་དེ།<br>li shir de/ | ལི་ཧིར་བོད།<br>li hir bod/ |
| 2 | ལྷ་གང་ཚར་མ་འཇོ།<br>lha gang tshar ma vjo/ | ལྷ་གང་ཚར་མ་འཇོ།<br>lha gang tshar ma vjo/ | ལྷ་གང་འགུམ་ཏིར།<br>lha gang vgum tir/ |

(二)

A1 ལི་གོས་དེ། ལི་ཤིར་དེ།། ལི་ཧིར་བོད་

2 ལྷ་གང་ཚར་མ་འཇོ། ལྷ་གང་ཚར་མ་འཇོ། ལྷ་གང་འགུམ་ཏིར།

294.  Ⅱ164－1  M. I. iv,005

A1 ༄།། འ་ཏོན། ཁྲོ་བཟང་།

// va ton/ khro bzang/

295.  Ⅱ156－2  M. I. xxviii,0010

A1 ……

2 ……ཀླུ་རྩེ་ཡང་སྤྲིང་སྟེ།

klu rtse yang spring ste/

296.  Ⅱ156－1  M. I. xxviii,0021

A1 ༄།། ཀླུ་རྩེ་ཆུ་མྱིག་གི་ཚུགས་པོན་

// klu rtse chu myig gi tshugs pon

2 རྩང་སྤེ་སྨེ་

rtsang spe sme

B1 བྱན་པོ་བླུ་སྤེ་བུ།

byan po blu spe bu/

297.  Ⅱ344－3  M. I. iv,17

A1 ༄༅།། ཟེ་དའི་ལུག་རིན་དུ་ཁ་བསྟན་པ། ཁྱི་ཅུང་ལ་བྲེ་དོ་ཀྱད་ནག་ལ་བྲེ་གང་

/// ze davi lug rin du kha bstan pa/ khyi cung la bre do/ kyad nag la bre gang

2 ཡང་ཁྱི་ཆུང་བྲེ་གང་། དགེ་བསྙན་ལ་བྲེ་ཕྱེ་དང་གསུམ། འཕན་ལེགས་ལ་བྲེ་ཕྱེ་དང་

yang khyi chung bre gang/ dge bsnyan la bre phye dang gsum/ vphan legs la bre phye dang

B1 དོ་རོང་པོ་བན་དེ་ལ་བྲེ་གང་། སོག་པོ་ལ་བྲེ་ལྔ།

do rong po ban de la bre gang/ sog po la bre lnga/

(1)ཁ་བསྟན། ①ཁལ་ལེན། ②དབྱེ་བ་ཕྱེ། ③ངོ་བསྟན་པའམ མགོ་བདགས་ཞུས་པ།

298. Ⅱ250－1 M. Tāgh. 007

A1 ༄།། ཚེའུ་ཆག་།

// tshevu chag/

299. Ⅱ249－3 M. Tāgh. 0524

A1 ༄། ཏ་ཧ། གཡུ་མོཿ ཚུགསཿ ཉིས། པརཿ བན།། །། །

/ ta ha/ g·yu mo tshugs nyis/ par ban// // /

300. Ⅱ248－1 M. Tāgh. b, i, 002

C1 ……རླང་ཁྱིཿ ཙཿ ངནཿ རྗེཿ ཕོཿ སྟགུཿ གངསསཿ གྲ་མཁནཿ

rlang khyi tsa ngan rje pho stagu gangsas gra mkhan

301. Ⅱ247－2 M. Tāgh, ii, 1

A1 ……

2 ……ལ་།། གྲོས་མངན་གི་འབངས་ཁོ་ལྷོ་

la// gros mngan gi vbangs kho lho

B1 ……ན་སྣང་ཧུ་འ་མཁར་བུ་ན་། བོད་བཞི་ཚུགས་

n snang hu va mkhar bu na/ bod bzhi tshugs

2 འ……[བར་ཙེ་སིར་ཚགས་པོ](ཚུགས་པོན)

v bar tse sir tshags po(tshugs pon)

302. Ⅱ237－1 M. Tāgh. c, iv, 0024

A1 ༄། འབུཿ ཤངཿ པའི་

/ vbu shang pavi

B1 འབུཿ ཤང

vbu shang

303.　Ⅱ235－2　M. Tāgh. a, iii, 0043

A1　༄།:། འབུམ་རྡུགས་སུ་ལི་པུ་གོད། མྱི་འཇིགསན་མཆིས་

// vbum rdugs su li pu god/ myi vjigsna mchis

2　ར་སི། གྱུ་མོ་ན་མཅིས་ཤིང་འདོ་མགོ་འོད་ཅོར་

ra si/ gyu mo na mcis shing vdo mgo vod cor

B1　ལྟག་བཞི་ནའ་མཆིས།།

ltag bzhi nav mchis//

304.　Ⅱ234－3　C. M. Tāgh. b, i, 0069

A1　༄།། དགྲ་ཡི་ཆད་ན།

// dgra yi chad na/

305.　Ⅱ216－2　H4

A1　༄།། འོ་ཏོང་གྱུ་མོར་མཆི།

// vo tong gyu mor mchi/

306.　Ⅱ130－2　M. I. xliii, 003

A1　……ཉིས་ཀྱི་ཆུང་སྐྱེན་དུ་

nyis kyi chung skyen du

2　……གསུམ།

gsum/

B1　……པོན་རེ་རེ། ཁ་དྲོ་རྗེ་ཞིང།

pon re re/ kha dro rje zhing/

307.　Ⅱ178－1　M. Tāgh. a, vi, 0010

A1　༄།:། ཙརད་ཧན་གེ་ཉ་རོ་ཡོ་འི། ལི། ཧི……

// tsard han ge nya ro yo vi/ li/ hi

308. Ⅱ180 M. Tāgh. a, vi, 0030

A1 སྤེ་འི་ལི་སྲང་མ་ཞོ……འི་ལི……

spe vi li srang ma zho vi li

309. Ⅱ231 – 2 M. Tāgh. 005

A1 ༄།། སྟག་སྐུགས།

// stag skugs/

2 བྱེ་རི་རྩེ

bye ri rtse

310. Ⅱ231 – 3 M. Tāgh. a, iii, 0038

A1 ༄།། སྟག་སྐུགས་བྱེ་རི་རྩེ།……ནས

// stag skugs bye ri rtse/ nas

311. Ⅱ230 – 5 M. Tāgh. b, ii, 0032

A1 ༄།། སྟག་རྩེ་ཁྲི་སྐུགས།

// stag rtse khri skugs/

312. Ⅱ228 – 1 M. Tāgh. 004

A1 ༄།། སྣང་དང་འཕྲུལ་གི་

// snang dang vprul gi

2 རྩེ

rtse

313. Ⅱ228 – 2 M. Tāgh. 003

A1 ༄།། སྣང་དང་འཕྲུལ་གྱི་རྩེ་ན་བོད་བཞི་ཚུགས་གཅིག་ལ། ……

// snang dang vphrul gyi rtse na bod bzhi tshugs gcig la/

314. Ⅱ230－1 M. Tāgh. 002

A1 ༄། སྟག་འདུས་དགེས་

// stag vdus dges

2 གི་རྩེ། ནས

gi rtse/ nas

315. Ⅱ229－2 M. Tāgh. 0589

A1 ༄།། སྟག་འདུས་དགེས་།

// stag vdus dges/

2 ཀྱི་རྩེ

kyi rtse

316. Ⅱ230－2 M. Tāgh. 0012

A1 ༄།། སྟག་འདུས་དགྱེས(དགེས)། ནས།

// stag vdus dgyes(dges)/ nas/

2 གི་རྩེ།

gi rtse/

B1 པྱེ

pye

317. Ⅱ230－3 M. Tāgh. i,0018

A1 ༄།: སྟག་སྲས་དགེས།

/ stag sras dges/

2 གྱི་རྩེ

gyi rtse

318. Ⅱ219－1 M. Tāgh. a,ii,0066

A1 །:། ཅང་ལང་ཚེ།

// cang lang tshe/

319. Ⅱ218 – 1 M. Tāgh. 0527

A1 ༄༎ བྱེ་མ་འདོར་ཀྱི་རྩེ

// bye ma vdor kyi rse

320. Ⅱ225 M. Tāgh. b, ii, 0033

A1 ༄། ཁྱུང་ལུང་བྲུང། རམ་ཁྱི་རྩེ་

// khyung lung brung/ ram khyi rtse

A2 བའི་[འ……ལ]།

bavi v l/

321. 73RMF 26:18

A1 ༄༅། བེར་མྱེས་ཀོང་ཁལ་པ་བླ་ནས་ཕོགསྟེ།། བླའི་སྩང་འཏྲེན(འདྲེན)་རུ་བསྐོས་

// ber myes kong khal pa bla nas phogste// blavi stsang vtren(vdren) ru bskos

2 ལས།། ཁལ་པ་རྒ་ཤི་མ། གཉེར་མ་ཁུམས་ནས།། ཁོ་ན་ཉའི་སྔ་མོའི་སྣམ་སས་

las// khal pa rga shi ma/ gnyer ma khums nas// kho na nyavi snga movi snam sas

3 གཏར་ཕུལ་ཏེ།། རྒྱབ་བླའི་རྩང་འདྲེན་དུ་བཏང་བ་ལས།། ནོབ་ཆུ་ངུ་རིས་ཀྱི་རྣ་ནོག་

gtar pul te// rgyab blavi rtsang vdren du btang ba las// nob chu ngu ris kyi rna nog

B1 མྱེས་ཀོང་བསྲོང་སྟེ་བླ་ནར་གཉེར་མ་ཁམས་པ།། ཅད་པ་འོག་ཐུ་གཅིག་གིས་བཅད་པ་

myes kong bsrong ste bla nar gnyer ma khams pa// cad pa vog thu gcig gis bcad pa

2 ལ་།། ནེ་བེར་གསས་བུང་ལ་སྩོགས་པས།། རྔ་མོ་དང་རྒྱབ་ཁལ་གི་ནས་གྱི་རྣམས་སྙད་

la// ne ber gsas bung la stsogs pas// rnga mo dang rgyab khal gi nas gyi rnams snyad

3 བཏགས་ཏེ།། ཕྲོགས་ཞེས་གདའ་བའ།། འདིར་ཐི་པར་རྨས་ན་རྔ་ནོག་གི་སླར་དུ་

btags te// phrogs zhes gdav bav// vdir thi par rmas na rnga nog gi slar du

(1)ཆད་པ་འོག་ཐུ། ཆད་པ་ནན་ཞིང་ངན་པ།

(2)འདིར་ཕྱི་པར་རྣམས་ན། སོང་དུ་ཞུས་པར་བཏང་།

322. 59RMF 第5室 原号6631 分类1364

A1 གདག་ངན་པའི་ཕ་འབྲིང་ཉེན་དཀའ་བློས་འཙའ་འཙལ་བའི་ཅོ་འཕན་

gdag ngan pavṭ pha vbring nyen dkav blos vtsav vtsal bavi co vphan

2 ……ཕིག་ཙམ་ལ་ཐུག་ནས། གུམ་སྟེ་སྒོར་གཞི་ངན་པས་ཉམ་ནོང་པོ་

phig tsam la thug nas/ gum ste sgor gzhi ngan pas nyam nong po

3 … ེ…མཆིས་ནས།། ཞ་འམ་མཐོང་ཁྱབ་སྡེ་རྔན་གི་རྙེང་

e mchis nas// zha vam mthong khyab sde rngan gi rnyeng

B1 ……བཅུ་ཞིག། ཉེས་ནོངས་ཀྱི་རྐྱེན་འབྱུང་སོད་དུ་གསོལ་ཞིང་

bcu zhig/ nyes nongs kyi rkyen vbyung sod du gsol zhing

2 [མཆི]ས་ན། ཐུགས་རྗེས་ཀྱང་གཟིགས།།

mchis na/ thugs rjes kyang gzigs//

(1)གདག་ངན་པ། བདག་ངན་པ།

(2)བློས་འཙའ་འཙལ། སེམས་འཚབ་ཆེན་པོ་ཡོད་པ།

(3)སྒོར་གཞི་ངན་པ། དགྲ་བོས་མཐའ་བསྐོར་བ།

(4)ཉེས་ནོངས། སྡུག་ལ་ཉེན་ཁ་བྱུང་བ།

323. RMF 92(6)

A1 ……[ཁུ]མ་སྟེ་འདིར་མཆིས་ཏེ།

khum ste vdir mchis te/

2 ……བར་དུ། བླ་ནས་ཚེམས……

bar du/ bla nas tshems

3 ……ཟ་མ་ཆོ་བྲངས་ཙམ་ཞིག། བདག

za ma cho brangs tsam zhig/ bdag

B1 ……ང། དེར་ཡང་མྱི།

nga/ der yang myi/

2 ……སྩལད་པར།

stsald par/

(1)ཁུམ་སྟེ། ཤེས་ནས།

(2)ཚོམས(འཚོམས)། ①བརྗེད་པ། ②ལུས་པ།

324. 59RMF 3:001/ 1–3 原号6626 分类1361

A1 ༄། སྩེ་རྒོད་གསར། རྟགི……

/ stse rgod gsar/ rtagi

A2 བསྣན(བསྩན)་པ་ལས། ཆ་ལ……

bsnan(bstsan) pa las/ cha la

B1 འགྱོར་པའ།

vgyor pav/

325. RMF 79

A1 ……

2 དུ: མཆིས: ནའ། རྨ: ཞིང: གཅབ……

du mchṭs nav/ rma zhing gcab

3 བདག: ཅག་རྒོ་ཀར: གཉེན(གཤེས)……

bdag cag rgo kar gnyen(gshes)

326. RMF 131

A1 རྐུག་པར་ལམ་ཕྱུང་སྟེ་མཆིའ་པ་ནི་སྔ་དྲོ་ནི……

rkug par lam phyung ste mchiv pa ni snga dro ni

327. RMF 57

A1 ……

2 བཀྲིན་ཁུམ་ན་ཡུལ་དུ་ཡང་མ་ཕྱིན་དེ་ལས……

bkrin khum na yul du yang ma phyin de las

328. Ⅱ449 M. I. x,3

A1 ༄།། བརྒྱགས་བྱང་མ་མཆིས་འགུམ་ལྟོགས་ལ་ཐུག་པའ།། མངའ་བདག་ཆེན་

// brgyags byang ma mchis vgum ltogs la thug pav// mngav bdag chen

2 པོའི་སྙན་མྱི་སླེབས་པོ་ལ། བླ་འོག་[ན]ས། དབུ་ཡུགས་སླད་ལ་དངངསུ་

povi snyan myi slebs po la/ bla vog nas/ dbu yugs slad la dngangsu

B1 བགྱིད་དེ།། སྣོ་གཟེ་དང་གླན་འཚལ་དག་ཀྱང་མཆིས་ན། སྡུམ་བཏ[བ]་དགྲ་སླ(ཟླ)་……

bgyid de// sno gze dang glan vtshal dag kyang mchis na/ sdum btab dgra sla(zla)

2 [བོ]་བུ་སྨད་[ག]ཅོངས(གཅོམས)་ཀྱི་བར་དུ།། བླ་འོག་[ནས]་སུས་ཀྱང་མྱི་གཙེ་ཞིང་། ཕ་མྱིང་དར།

bo bu smad gcongs(gcoms) kyi bar du// bla vog nas sus kyang myi gtse zhing/ pha mying dar/

3 [སྟོང་སྡེའ་འོ]ག་དུ་མཆིས་སུ་སྩོལ་ཅིག་པར། ནོབ་ཆེད་པོའི། རྩེ་རྗེ་ལ་བཀས་གཏད་པར་ཅི་གནང

stong sdev vog du mchis su stsol cig par/ nob ched povi/ rtse rje la bkas gtad par ci gnang

(1) དབུ་ཡུགས། གོང་རིམ་ལ་ཁ་བཏང་བ།

(2) སྣོ་གཟེ། ང་རྒོལ།

(3) གླན་འཚལ། ①ཇོད་གླིང་། ②ཁ་མཆུ།

(4) དར། ཚང་མ།

329. Ⅱ454 M. Tāgh. 0019

A1 ༄།:། ཇོ་ཅོ་[ཁྲིའི]་བཞེར་དང་ཙ་བོ་ཆུང་ར་དང་ཅུང་འབྲིང་ལ། འཔན་སྐྱེ

// jo co khrivi bzher dang tsa bo chung ra dang cung vbring la/ vpan skye

2 ས་གྱི་མཆིད་གསོ་བ་སྟག་ཅུང་གི་ཙལ་མ་ཙམ་ཞིག་མ

sa gyi mchid gso ba stag cung gi tsal ma tsam zhig ma

3 ར(མར)་མ་སྐུར་ན་ཁོ་ཡང་ལྦེགས་སྐེ(ལྟོགས་སྟེ)་འགུམ་ཞིང་མཆིས་བ་

r(mar) ma skur na kho yang lbegs ske(ltogs ste) vgum zhing mchis ba

B1 དག་ཅག་འི་འཚལ་མ་ལ་ཡང་གནོད་ཅིང་མཆིས་ན་སྐུར་

dag cag vi vtshal ma la yang gnod cing mchis na skur

2 བར་གསོལ་ཡར་གཏང་ཏུ་ནི་མཆི་བའི་རྔོ་མྱི་ཐོག་ཅིང་

bar gsol yar gtang tu ni mchi bavi rngo myi thog cing

3 མཆིས:། ད་ལྟ་ནི་ཙལ་མ་སུ་མནར་ཅིང་མཆིས:ན:།

mchis/ da lta ni tsal ma su mnar cing mchis na/

(1)དག་ཅག་འི། བདག་ཅག་གི།

(2)མནར། དཀའ་ངལ།

330. Ⅱ202 M. Tāgh. a, iii, 0016

A1 ༄། འོ་ཏོང་གཡུ་མོ་ཡན་ཆད་གི་སྟག་སོ་པ་བཞུགས་པ་ལ།། གླིང་རིངས་གི་སོ་པའི་

// vo tong g·yu mo yan chad gi stag so pa bzhugs pa la// gling rings gi so pavi

2 མཆིད་གསོལ་པའ་བདག་ཅག་ཚུགས་པོན་དང་འོག་པོན་གཉིས་ཀའ་རི་ཟུག་པས་

mchid gsol pav bdag cag tshugs pon dang vog pon gnyis kav ri zug pas

B1 ནང་རྗེ་[པོ]་[བློ]ན་སྟང་ལེགས་གི་ཞ་སྔར་ག[སོ]ལ་བའ་

mang rje po blon stang legs gi zha sngar gsol bav

C1 འཚལ་བརྒྱགས་བར་ཆད་དུ་གྱུར་ཞིང་མཆིས་ན་སྔར་གཏང་པར་ཐུགས་རྗེ་ཇིར་

vtshal brgyags bar chad du gyur zhing mchis na sngar gtang par thugs rje jir

2 གཟིགས་དྲུ་གུ་ཅོར་ཏུ་མམཆིས་ན་བྱང་བུ་འདི་ཤིང་ཤན་དུ་གཏང་བར་གསོལ།།

gzigs dru gu cor tu mamchis na byang bu vdi shing shan du gtang bar gsol//

(1)རི་ཟུག་པ། ཟུ་ར་བ། རི་སྟེང་ནས་རྒྱང་སོ་ལྟ་མཁན།

331. Ⅱ133 – 1 M. I. x,7

A1 ༄། ཇོེ(རྗེ་བོ)་ཆོས་ཀྱི་མངའ་བདག་ཆེན་པོ་ལ་[སྐྱོ?]་གསོལན་རྒད(?)་གསོལཏེ་།། བླ་ནས་ནོབ་ཆུ

// rjoe(rje bo) chos kyi mngav bdag chen po la skyo gsolna rgad gsolte// bla nas nob chu

2 ངུའི(ཆུངུའི)་སྐུན་མཁར་གཟུང་བཀའ་གྲོས་འདུས་ནས།། བདག་ཅག་མཐོང་ཁྱབ་དུམ།

nguvi(chunguvi) skun mkhar gzung bkav gros vdus nas// bdag cag mthong khyab dum/

B1 འབུའི་སྟེང་དུ་ཀ་དག་གི་མཁར་བསེལ(སྲུང)་གྱིས་བསྣན་ཏེ་མཆེས་པ་ལ།། དགྲའ་དེ

vbuvi steng du ka dag gi mkhar bsel(srung) gyis bsnan te mches pa la// dgrav de

2 [ཡིན]་པོ་ཆེས།། སྡུམ་ཐབ་ནི་བཀུམ། མ[གོ་དུ]་ནི་རྩས་བཅད།། འཚལ་བརྒྱགས་

yin po ches// sdum thab ni bkum/ mgo du ni rtsas bcad// vtshal brgyags

3 བང་དོང་ཅི་མཆིས་པ་ནི།། དགྲའས་འཚལ།། ད(དེ)་ལྟར་ཉམས་ལ་བད་ཅིང་། འཚལད

bang dong ci mchis pa ni// dgravs vtshal// da(de) ltar nyams la bad cing/ vtshald

(1)དུམ་འབུ། ①ས་ཚུགས། ②ཆ་མ་ཚང་བ།

(2)མཁར་བསེལ། མཁར་སྲུང་མཁན།

(3)སྡུམ་ཐབ། ①ཁྲིམ་ཐབ། ②བཟའ་ཚང་།

(4)བང་དོང་། བང་སྒྲོམ། འབྲུའི་བང་བ།

332. Ⅱ451 M. I. x,2

A1 ༄། དཔེན་བའི་ཞོ་ཤ་འབུལ་འབུལ་བའི་དགྲས་བཀུམ་བའི་

// dpen bavi zho sha vbul vbul bavi dgras bkum bavi

2 བུ་སྨད་འཁོར(ཁོལ)་ཡུལ།། ཆིས་སྐགསུ་ཆང་ཁྱུར་སྤྱན་གྱིས་འཚོལ་

bu smad vkhor ( khol ) yul// chis skagsu chang khyur spyan gyis vtshol

B1 ཅིག་ཅེས་ཞང་ལོན་ཆེད་པོའི་མཆིད་ཀྱིས་ཀྱང་བཅད།། ཁྲི་དཔོན་དང་

cig ces zhang lon ched povi mchid kyis kyang bcad// khri dpon dang

2 སྟོང་པོན་དག་གི[ས]། ཞིག(རྩིགས→གཙིགས)·ལ་[རེ]མ་ཞིང།། ཅི[ས]·གྱ(དགྲ)

stong pon dag gis/ zhig(rtsigs→gtsigs) la rem zhig// cis gya(dgra)

3 འཚལ་བས།། གུམ་ཀྱང་མྱི་གཙི(གཙེ)·བར།། ནོབ་ཆེད་པོའི་རྩེ་རྗེ་བླ་འོག

vtshal bas// gum kyang myi gtsi (gtse) bar// nob ched povi rtse rje bla vog

(1)རེམ། ①རིག་པ་སྨྲིམ་པ། ②མ་བརྗེད།

333. Ⅱ452－1 M. I. xxviii,0023

A1 ……སྤེ།། སྐུན་ཀར་གྱི་སླད་རོལ་ཞིང་ཏོག(ཐོག)·དུ།

spe// skun kar gyi slad rol zhing tog(thog) du/

2 ཡས་གཙེས་ཤིང་གླན་ཀ་བགྱིད་དུ་ཡང་གློ་བ

yas gtses shing glan ka bgyid du yang glo ba

B1 ……[རིངས]·དུ་མཆིས་པ། འཐོལ་ཞིང་མཆིས་ན་

rings du mchis pa/ vthol zhing mchis na

2 ……ིས་མྱི་གཙེས་བར་ཆི་གནང་ཞེས་གསོལ་ཏེ

is myi gtses bar chi gnang zhes gsol te

(1)ཡས། ཡང་ཡང་།

334. Ⅱ272 M. I. iv,71

A1 ༄།། ཡ་ལ(ཡས)·མཆིས་པའི་རྗེས་སླར་མཆིས་པས་ནོན་ཏེ་ལམ་པ་ཆེར་ཞུགསྟེ་སླར་

// ya la(yas) mchis pavṭ rjes slar mchis pas non te lam pa cher zhugste slar

2 མཆིས། དྲུ་གུ་སྔ་མ་དྲོ་དགོངསུ་བཏབ་པའི་བྲང་ས་བརྟགས་ནའ། བྲང་རྡལ་ལྔ་

mchis/ dru gu snga ma dro dgongsu btab pavi brang sa brtags nav/ brang rdal lnga

B1 ཙམ་ མཆིསྟེ། རྟ་ སྣ་ རོལ（སྣོད་ རོ）་གཅིག་ བཀུམ་ ནས།། སྩང་ ཤ་ དག་ ཀྱང་ བསྲེགསྟེ་འཚལ་

tsam mchiste/ rta sna rol（snod ro） gchig bkum nas//
stsang sha dag kyang bsregste vtshal

2 བྲང་ནའ་གླ་དར（གླང་ར）་གཅིག་དང་གྲྀ་ཤུབས་གཅིག་ཀྱང་རྙེདེ། ཆ་མདོའི་ཅེ་ཏི（ཐེ་ཝུ）་སྟེང་དུ་གཏོར（གནན）་

brang nav gla dar（glang ra） gchig dang grṛ shubs gchig kyang rnyede/ cha mdovi ce ti（the vu） steng du gtor（gnan）

3 བཅུག་སྟེ་བྱང་དང་ཁྲམ་བུ་བཞག་སྟེ་ཅེས། གཉེར་འགུམས་གསོལ་བ་ལགས།

bcug ste byang dang khram bu bzhag ste ces/ gnyer vgums gsol ba lags/

（1）བྲང་རྡལ་ལྡུ། ①ཐབ་ཚོ་ལྡུ། ②གྲོང་ཚོ་ལྡུ།

（2）རྟ་སྣོད་རོ། ནས་སྐྱོན་ཡོད་པའི་རྟ།

（3）སྩང་ཤ། ཉིན་ཤ། དེ་རིང་བསད་ནས་དེ་རིང་ཟ་རྒྱུའི་ཤ།

（4）གླང་ར། རྟ་ཤ་མེད་ཞན་པ་དང་དུབ་པ་ལ་མར་ཁུ་སྐྱོམ་བྱེད་ཀྱི་ཡོ་བྱད་གླང་ཁོག་གི་ར་ཅོ་ལས་གྲུབ་པ་ཞིག

（5）ཆ་མདོ། རས་སྒྲིལ།

（6）གཉེར་འགུམས། མངགས་པའི་ལས་འགན་སྒྲུབ་ཟིན་པ།

335. Ⅱ120 M. I. xix,001

A1 ༄།། བློན་སྟག་ བཞེར་ གྱི་ བྲན་ །། ཇེའུ་ ལྷོ་ གཟིགས་ ། བཀའ་ཅད་ཀྱིས་བཅད་ དེ་

// blon stag bzher gyi bran// jevu lho gzigs/ bkav cad kyis bcad de

2 ཚལ་ བྱིའི་ མངན་ གྱི་ འབངསུ་ བསྣན་ནས་ནོབ་ཆུནུ་ ན་མཆིས་ པ་ ། བདག་ཚལ་བྱི་ན་ རྗེ་

tshal byivi mngan gyi vbangsu bsnan nas nob chunu na mchis pa/ bdag tshal byi na rje

B1 བླས་ འཚལ་ བའི་ཚེ་ ། གཡར་པོར་ འཁོལ་ དུ་ གནང་ བའི་ གཏོད་ བྱང་ཡང་ སྐུར་བ་ལགས་ན་ །

blas vtshal bavi tshe/ g·yar por vkhol du gnang bavi gtod

byang yang skur ba lags na/

2 སུག་ལས: ཕོར་དེབ་འཚལ: དུ: སྩོལད: པ། ནོབ་ཆུནུ: ན་ཞུགས: ཤིང་མ་མཆིས་ན: །
ཀ་དག་

sug las phor deb vtshal du stsold pa/ nob chunu na zhugs shing ma mchis na/ ka dag

3 ཏུ་མཆིསྟེ: ཕོར་དེབ་ཐང་བཏབ: པ་བཞིན: དུ: བགྱིད: དུ: སྩལད: །།

tu mchiste phor deb thang btab pa bzhin du bgyid du stsald//

(1) ཕོར་དེབ། ཕོར་བ་ནི་བཟང་བཏུང་ཡོངས་སྤྱོད་པའི་སྣོད་དེ་མི་སུ་དང་ཡང་འབྲལ་མི་ཐུང་བ་ཡིན་ཙ་ན། ཕོར་བའི་གྲངས་ཀྱིས་ཁྱིམ་མིའི་གྲངས་བཅད་བྱས་པའི་བཤད་ལུགས་ཤིག་ཡིན་ངེས་ལགས།

336. Ⅱ455 – 2 M. Tāgh. c, i, 0030

A1 ༄།། ནང་རྗེ་བོ་བློན་ལྷ་བཞེར་གི་ཞ་སྔར།། གྱི་ན་

// nang rje bo blon lha bzher gi zha sngar// gyi na

2 རིང་གི་མཆིད་གསོལ་བ་མརས་ལྷ་རྨ་འི།

ring gi mchid gsol ba maras lha rma vi/

B1 རྐུབ་བཅད་བར་ཅི་གནང་། གྱི་ན་རིང་གྱང་རྐུབ་བཅད་

rkub bcad bar ci gnang/ gyi na ring gyang rkub bcad

2 བར་གསོལ།།

ba gsol//

(1) རྐུབ་བཅད་པ། མཇུག་སྒྲིལ་བའམ་མཇུག་བསྡོམས་བྱས་པ།

337. Ⅱ437 – 1 M. I. vii, 49

A1 ……མ་མྱི་མངོར་དཔོན་སྣ་ལ་མྱི་སྐྱིན་

ma myi mngor dpon sna la myi skyin

2 ……མས་མཆིས་འབྲེལ་མོ་སྐྱེས་ལ(མ)་གཅིག(གན)་

mas mchis vbrel mo skyes la(ma) gcig(gan)

B1 ཡང་[མེད]་ན།། བྲན་མོ་[མང]་རྩེ་རྗེ་

yang med na// bran mo mang rtse rje

2 ……ཕྲལ་དུ་གཏད་[པར]་འཚོལ་ཅིག།

phral du gtad par vtshol cig//

(1) མོ་སྐྱིས་མ། བཟའ་ཟླ་ཤི་ཚར་བའི་བུད་མེད།

338. Ⅱ443 M. I. vii,33

A1 ༄། བདག་ངན་པའ།། སུག་ལས། ཏུ་འཐེབ(ཐེབས)་ཏུ་བསྐོས་པ་ལས།། སུག་རྗེད་ཀྱི་སྲོལ་མ་ཟིན་

// bdag ngan pav// sug las/ tu vtheb(thebs) tu bskos pa las sug rjed kyi srol ma zin

2 ནས།། ད་དུང་གི་བར་དུ། སུག་རྗེད་མ་ཐོབ་པ།། བཀའ་དྲིན་ཡང་ཆུངུ་འཚལད་པར་གྱུར་ན།

nas// da dung gi bar du/ sug rjed ma thob pa// bkav drin yang chungu vtshald par gyur na/

B1 འཛོམ་སྟོད་ཀྱི་སྡེ།། རུ་ཉ་ཅུང། དོ་ཅིག་ཡུལ་འབྲོསུ་མཆི་མཆི་བ་ལས།། སླར་བབས་ནས།

vdzom stod kyi sde// ru nya cung/ do cig yul vbrosu mchi mchi ba las// slar babs nas/

2 གཞི་ལ་མཆིས་པ།། བདགི་སུག་རྗེདུ་སྩལད་པར། བཀས་གཐད(གཏད)་པར་ཐུགས་པགས་ཅི་མཛད།།

gzhi la mchis pa// bdagi sug rjedu stsald par/ bkas gthad(gtad) par thugs pags ci mdzad//

(1) སུག་ལས། ཕྱག་ལས།

(2) འཐེབ(ཐེབས)། འཐོལ་པ། ལྷག་པོའམ་ལྷག་མ།

(3) སུག་རྗེད(སུག་རྗེས)། ལག་རྗེས། ཐུས་རྗེས།

(4) སྲོལ་མ་ཟིན། ལུགས་སྲོལ་ཟིན་མ་ཐུབ་པ།

(5) སུག་ལས་ཏུ་འབེབ། ལས་མི་བྲན་གཡོག

339. Ⅱ123 M. I. iv,49

A1 ༄། སྟོད་ནས་བློན་ལྡོང་བཟང་ལྷ་སྒྲ་གསས……

// stod nas blon ldong bzang lha sgra gsas

2 སྤྲིང་བ་དང་ཉམས་ལས། སྟོད་ཀྱི་དྲུ(རུ)……

spring ba dang nyams las/ stod kyi dru(ru)

B1 ཚལ་བྱིའི་ཐད་ཀར་བསྙེངས་པར་བླ་ནས་ཐུག……

tshal byivi thad kar bsnyengs par bla nas thug

2 ཆད་[ནས]། ནང་པོ་ཅག་གཉིས། ཁོག་པས:

chad nas/ nang po cag gnyis/ khog pas

(1)ཁོག་པ། འཁྲུགས་ཟིང་སྡིང་འཛྭགས་བྱས་པ།

(2)ནང་པོ་ཅག་གཉིས། ང་གཉིས།

340. Ⅱ165 M. I. lviii,003

A1 ཞེས་ཞལ་མཐོང་ནས་སྙན་དུ་གསོལ་ཞིང་མཆིས།། དོར་ཏེ་པའི་ཙང་ནས་

zhes zhal mthong nas snyan du gsol zhing mchis// dor te pavi tsang nas

2 ཀྱང་ཁལ་གྲངས་[དང་སྦྱར]ནའ། མཆིས་པ་འདྲ་ནའ། [ད]དུང་དུ་ཡང་ཐུགས་ཚོད་

kyang khal grangs dang sbyar nav/ mchis pa vdra nav/ da dung du yang thugs tshodu

B1 བཞེས་ནས་ཤེས་ཞིག་སྟེ་ཞིབ་དུ་བཀ་སྤྲིང་བ་གསོལ་ཞིང་མཆིས

bzhes nas shes zhig ste zhib du bka spring ba gsol zhing mchis

341. Ⅱ445 – 1 M. I. xli,0013

A1 ……པན་སྐྱེས་དབང་བགྱིད་པ་ལས་

pan skyes dbang bgyid pa las

2 ……བླས་ཚལ་བྱིའི་རུ་དཔོན་དུ་བསྐོས་

blas tshal byivi ru dpon du bskos

B1 ……འབྲུགི་ལོ་ལ་ནི། ཉ་བཟང་གིས་

vbrugi lo la ni/ nya bzang gis

2 ……རྨོས། སྦྲུལ་གི་ལོ་ལ་ནི། ལང་

rmos/ sbrul gi lo la ni/ lang

342. Ⅱ377 – 1 M. I. viii,3

A1 ༄།། བཅོས་ནས། ཁྲི་གསྩང་གང་མཇིང་། རྐྱང་ཕྱི་བསྐོ། ཁྲི་གོ་

// bcos nas/ khri gstsang gang mjing/ rkyang phyi bsko/ khri go

2 དང་ཁྲི་རྩེ། ཚོགས་ཆེར་བགྱི། ཕྱུག་ཟན་གྱི་རྣམས། རྫིང་དུ་ཆབ་འཚལ་

dang khri rtse/ tshogs cher bgyi/ phyug zan gyi rnams/ rdzing du chab vtshal

B1 དུ་མྱི་གནང་བར། ཕྱུག་རྫི་ལ་ཡང་མཇལ་པར། བསྒོ་ཞིང་། རྫིང་པ་

du myi gnang bar/ phyug rdzi la yang mjal par/ bsgo zhing/ rdzing pa

2 ལ་ཡང་གཡོན་བསྐོར།། བར་ཞིག་ནས། བང་ཕྲུགས་དང་། ཕྱུག་ཟན།……

la yang g·yon bskor// bar zhig nas/ bang phrugs dang/ phyug zan/

(1) ཁྱི་གསྩང་(ཁྲི་གསྩང་)་། ཁྲི་མཚམས།

(2) རྐྱང་ཕྱི། ལྟ་རྟོག་བྱེད་མི།

(3) ཕྱུག་ཟན། ཕྱུགས་ཟོག

343. Ⅱ444 – 1 M. Tāgh. a,iv,0074

A1 ……ལེགས་ཁྲི: འི་མཆིད་གསོལ་བའ་བཀའ་ཡིག་སྤྲིངས་

legs khri vṭ mchid gsol bav bkav yṭg sprṭngs

2 ……ང་བྲོ་རྨས་པ་དགར་འཚལ་དེ་བྲོ་ནི་མ་འཚལ་བར་ཆིས: སོ: རྗོད། ཕྱིས་དེ། འཚལ་

nga bro rmas pa dgar vtshal de bro nṭ ma vtshal bar chṭs so rjod/ phyṭs de/ vtshal

3 ……ཅིང་མཆིས། ལེན་ལེན་དུ་གཏང་བ་ལགསན་དེ་ལས་ན་དེར་སྐུར་བར་ཐུགས་སྤག་

cing mchis/ len len du gtang ba lagsna de las na der skur bar thugs spag

4 ཅིར་མཛད་ན

cir mdzad na

344.  Ⅱ436 – 2  M. Tāgh. c, ii, 001

A1 ༄།། ཞང:སྟག་བཞེར:། ལ། སྐྱིན:ཚེ་ཀྲུང:གྱི(གྱིས):གསོལ་

// zhang stag bzher/ la skyin tshi krung gyi(gyis) gsol

2 བ:ཞལ:……ཀའ:ག[སྩལ]:[བ]:ནི:། སུག:

ba zhal  kav gstsal ba ni/ sug

B1 རྒྱས:བཏབ:སྟེ:ལི་ལ:བསྐུར་ཞིང:མཆིས།

rgyas btab ste li la bskur zhing mchis/

345.  Ⅱ435 – 3  M. Tāgh. b, i, 0019

A1 ༄། བརྒྱའ:ལ་བདག་ཁོར:ཞག:དུ:

/ brgyav la bdag khor zhag du

2 གནང་སྟེ་སྟག་བརྩན་གྱེར་བུ་ཆུང་

gnang ste stag brtsan gyer bu chung

B1 གིས་སྟོན་སླ་ར་བའི:བདགི:སོ:རེས:བགྱིས་

gis ston sla ra bavi bdagi so res bgyis

2 ཏེ:བདག:གིས་གྱེར་བུ་ཆུང་གི་སོ་རེས་

te bdag gis gyer bu chung gi so res

3 བགྱིས:ན:རུང་ངམ་མྱི་རུང་ཆ:སྤྲིང:

bgyis na rung ngam myi rung cha spring

(1)ཆ། ལན།

346.  Ⅱ436 – 3  M. Tāgh. a, iv, 0038

A1 ༄།:། དབྱར་སླ་འབྲིང་ཕོ། ཚེས་བཅོ་བརྒྱད་

// dbyar sla vbring pho/ tshes bco brgyad

2 ལ། སོ་མྱུལ། གཞམས་ཁྱེའུ་ཅུང། སླར་

la/ so myul/ gzhams khyevu cung/ slar

B1 མཆིསྟེ། གཉེར་འགུམ་ལ

mchiste/ gnyer vgum la

347. Ⅱ435－2 M. I. xxvi,1

A1 ……[མྱི]་གསོལ་ན་སུ་ལ་གསོལ་……

myi gsol na su la gsol

2 ……ཆིས་།། དབུས་པ་རུ་ཡང་ལག་པའ་ཁྲོམ་……

chis// dbus pa ru yang lag pav khrom

B1 ……ནོབ་ཆེད་པོ་ན་མཆིས་པའ། རྒོད་གཡུང་[གྱི]་པང་སུ་

nob ched po na mchis pav/ rgod g·yung gyi pang su

2 ……ཕབ་ལ་སྩོལ་ཅིག་བར་བཀའ་[གྱ]……

phab la stsol cig bar bkav gya

(1)པང་སུ། དབྱེ་བ་བྱས།

348. Ⅱ403－2 M. I. xiv,002

A1 བདག་ངན་པ་ཡང་ངོ་སྐྱོན་དང་གློ་བའི་མྱི་དགའ་བའི་བག་

bdag ngan pa yang ngo skyon dang glo bavi myi dgav bavi bag

2 ཚས(མཆིས)་པའ་ལས། སྙིང་དུ་འདྲེ་ཞུགས་སྟེ་། ཡུལ་འདྲུནུ་

tshas ( mchis ) pav las/ snying du vdre zhugs ste/ yul vdrunu

B1 ……འབྲོས་པར་བགྱིས་པའ་ལས་འཕྲལ་དུ་། རྩེ་རྗེ་འོག་པོན་གྱི་

vbros par bgyis pav las vphral du/ rtse rje vog pon gyi

2 ……བ[ཟུ]ང་སྟེ་བཀྲི་བར་བགྱིས་པ་ལས་ཤོར་པས། བྱ་ཐེངས་པྲ(པ)་……

bzung ste bkri bar bgyis pa las shor pas/ bya thengs pra(pa)

(1)བྱ་ཐེངས་པ། གསང་བའི་ལན་མི་གཞན་གྱིས་གོ་བ།

349. Ⅱ436－1 M. Tāgh. a,ii,0017

A1 ……ས་།། བདག་ལྟ་ངན་པས་རྔོ་ཐོགས་

s// bdag lta ngan pas rngo thogs

B1 ……ཁོ་ལ་སོ་རིས(རེས)་བྱང་མྱི་འབན་ཚེགས་གཆིག

kho la so ris(res) byang myi vban tshegs gchig

350. Ⅱ406 – 2 M. I. xiv,18

A1 ༄།:། གསོལ་བ། ཁྱེད་ཀྱིས་རིང་ལུགས་

// gsol ba/ khyed kyis ring lugs

2 གཅད་དུ་གདའ་ན་རྩེ(རྩ)་རྗེས་ཆོད་ཅིག། རག……

gcad du gdav na rtse (rtsa) rjes chod cig/ rag

3 ཁྱོ་ཤིག(ཤུག)།།

khyo shig(shug)//

(1)རྩ་རྗེས་ཆོད་ཅིག རྩ་བ་རྩད་གཅོད་བྱེད་པ།

(2)རིང་ལུགས་གཅད། ཁྲིམས་ལུགས་གཅད།

(3)ཁྱོ་ཤུག བཟའ་ཚང་།

351. Ⅱ389 – 1 M. I. xix,002

A1 ……ན་ཉིན་ཇི་འཆི་གཐོལ་མ་མཆིས་པས་སླར་

n nyin ji vchi gthol ma mchis pas slar

2 ……དག(དགྲ)་དང་ནོབ་ཆེ་ཆུང་ནས་སྟོ(སྟོན)་པོན་གྱི[ས]་

dag ( dgra ) dang nob che chung nas sto ( ston ) pon gyis

3 ……སྟེ་སྟོན་……འབ…སླ་འབྲིང་པོ་ཚེས་ཉི་[ཤུ]་

ste ston vba sla vbring po tshes nyi shu

B1 ……ག་དང་ནོབ་ཆེ་ཆུང་གི་རྩེ་རྒོད་དང་མཁར་

g dang nob che chung gi rtse rgod dang mkhar

2 ……ས་རྩེ་རྗེ་ལ་ལང་སྤྲིང་ན་དེ་ལས་སྟོན་སླ

s rtse rje la lang spring na de las ston sla

3 ……གཏབ་པར་གསོལད།། འབི……

gtab par gsold// vbi

352. Ⅱ380－1 M. Tāgh. a, iv, 0025

A1 ༄།:། ལྷ་གོང་གྱི་ཤིང་སུག་མ་

// lha gong gyi shing sug ma

2 མཆིས།།

mchis//

(1) ཤིང་སུག ཤིང་བཟོ།

353. Ⅱ376－2 M. Tāgh. c, ii, 0047

A1 ༄།:། ཅིབས་རྟ་རླངས་ན་མཅི་བའི་རྔ་ཡང་མྱི་ཐོ[ག]……

// cibs rta rlangs na mci bavi rngs yang myi thog

2 ཅབ་བཟང་པོ་དང་སྦྱོརད་ཏེ་བཞག་པ་ལས་དིའི……

cab bzang po dang sbyord te bzhag pa las divi

B1 བཤོས་ན་གློ་རྒྱས་སྙིང་ཁྲག་རླང་གིས་གང་ཞིང་……

bshos na glo rgyas snying khrag rlang gis gang zhing

2 བགྱིས་སྟེ་སོ་སླུངས་ལ་བཐང་ཞིང་……

bgyis ste so slungs la bthang zhing

(1) ཅིབས་རྟ། ཆིབས་རྟ།

(2) ཅབ། ཆབ།

(3) དིའི་བཤོས། འདི་རྗེས།

(4) སོ་སླུངས། གསོ་བླུངས། ནད་གསོ།

354. Ⅱ372－4 M. Tāgh. 0582

A1 ༄ འིམ་ཀག་རྐང་མགྱགས་

vim kag rkang mgyags

2 སོལ[ད་དབ]……

sold dab

355. Ⅱ353－1 M. I. ix, 15

A1 པའ་ལྡུམ་ར་ལྷུ་བརྒྱད་ཅིག་ནོབ་ཆུ་ངུ་ན་མཅིས་པ། བན་དེ་ཅུང་ཙུབ་སྙིང་པོ་མེད་

pav ldum ra lhu brgyad cig nob chu ngu na mcis pa/

ban de byang cub snying po rmed

B1 རྨེད་པ་ལས།། བན་དེ་ཚེ་འདའས་པ།། བདག་ངན་པའི་སྟོང་སྡེ་དང་ཞང་དྲུང་ཡང་ལགས་ན་

rmed pa las// ban de tshe vdavs pa// bdag ngan pavi stong sde dang zhang drung yang lags na

2 འདི་……

vdi

(1)ཞང་དྲུང་། ཞང་པོ་ཇོ་མ།

356. Ⅱ293 -3 M. Tāgh. c,i,003

A1 ༄།:། ཧོར་ནེ་འུ་ཞུང་གྱི་མཆིད་

// hor ne vu zhung gyi mchid

2 གསོལ་[བའ]

gsol bav

357. Ⅱ239 M. Tāgh. 0552

A1 ༄།། ཙ་བོ་བཙན་བཞེར་དང་འཕན་བཞེར་དང་……ལེགས་ལ་སྩོགས་པ་ལ། རྫི་ལེགས་ཀྱི་གསོལ་བ:། ད……

// tsa bo btsan bzher dang vphan bzher dang legs la stsogs pa la/ rdzi legs kyi gsol ba/ da

2 ཇེག་ཤིང་གི་ལམ་ནའ་འབྱུ[ང་བའི]་ལམ:དུ:བྱ[ང]:སྟེ་[མ]ཆིས། པྱུ[ག]་པོན……[གྱི་སྟེང་དུ]་……

jeg shing gi lam nav vbyung bavi lam du byang ste mchis/ pyug pon gyisteng du

3 སུ་མཆིས་པ་ལས་……གྱ……ལག་མྱི་……པའུ་སྟག་པར་གྱུརད། བདག:ཅག་བརྒག་རྣམ་པ

su mchis pa las gya lag myi pavu stag par gyurd/ bdag cag brgag rnam pa

4 ……རྣམསུ……

rnamsu

358.　Ⅱ140　M. I. xliv,2

A1　……གྱེས་ཏེ།། དབང་ཐང་ཅན་དང་གཏན་ཞིང་གི་རྣམས་

gyes te// dbang thang can dang gtan zhing gi rnams

2　……ལོག་ཞིང་དུ་བགོས་པ་ལོགས། དོ་ཅིག་ནི། སྐུན་

log zhing du bgos pa logs/ do cig ni/ skun

3　……[མཁ]ར། ཆུང(ཆུད)་པ་དག་བཞུགས་པས……

mkhar/ chung(chud) pa dag bshugs pas

B1　……[མཁ]ར་ནོབ་ཆེད་པོ་རིས་ཀྱི་རྗེ་ཞིང།། གི་མགོ་ན་ནྲིང་ནི

mkhar nob ched po ris kyi rje zhing// gi mgo na nring ni

2　ཐེབས་པ་དང། ནོབ་ཆུང་ངུའི་ཡུལ་མྱི་བཞུགས་པ

thebs pa dang/ nob chung nguvi yul myi bshugs pa

(1) ལོག་ཞིང་། གསར་སློལ་ཞིང་ཁ།

(2) བཞུགས། སྐབས་འདིར་སྒོ་ཏུ་བཙུག་པར་གོ་དགོས།

(3) རིས། ཁོངས་གཏོགས།

(4) ནྲིང་ཐེབས(ན་རིང་ཐེབས)། སྤང་ཐང་ཆགས་པ།

359.　Ⅱ134　M. I. xiv,23

A1　༄།། རྗེ་……

// rje

B1　༄།། ཐུགས་བདེ་འམ་མྱི་བདེ་མཆི

// thugs bde vam myi bde mchi

2　ཀ་དག་གི་རྩེ་རྗེ་དང་ཞིང་རྩོད་པ་རྣམས་

ka dag gi rtse rje dang zhing rtsod pa rnams

3　མྱུར་དུ་ནི་འོ་ནིར་མཆི་བའི་རྔོ་མྱི་[ཐོགས]

myur du ni vo nir mchi bavi rngo myi thogs

(1) འོ་ནི། ལ་གི། དེ་ཙ།

360. Ⅱ133 – 2 M. I. xlii, 1

A1 ༄།། སྔོན་གློ……ཞིང་མཆིས་མཆིས་པ་ལས་རྟའི་ལོ་ལ། བན་འདེ་

// sngon glo zhing mchis mchis pa las rtavi lo la/ ban vde

2 མཚོག་གི་བྱིན་[ག]་……།[དྲུ་གུ]་སྦའི……བྲོང་ཞེས་མཆི་ནས་གཚེས

mtshog gi byin ga / dru gu sba vi brong zhes mchi nas gtshes

3 ……དོ་ཅིག་སྟགི་[ལེང་བ(གླེང་བ)་དང]། བྱུང་བའི་འོག་ཏུ། མྱི་འདིའི་ཡུས་

do cig stagi leng ba(gleng ba) dang/ byung bavi vog tu/ myi vdivi yus

B1 ……མཆི་ནས། [འདི]་སྦྱི་སྐྱུགས་(སྤྱི་སྐྱུར)་ལས། བདག་གིས་མཇལད།།

mchi nas/ vdi sbyi skyugs(spyi skyur) las/ bdag gis mjald//

2 དེ་དཔང་ཀྱ(རྒྱ)་གཏན་ཚིགས་ཀྱང་གསང་བ……ལས།། ལྟ……ཉེདེ་……ཡུས་མཇལད་པ་སྐད(?)

de dpang kya(rgya)gtan tshigs kyang gsang ba las// lta nyede yus mjald pa skad

3 ུ་བླར་གསོལ་ཏེ་། གྲ་ཏུས་ཀ་དག་ཏུ་འགུག་པ་ལྟ་ཞིག། བདག་ངན་[པ་ནི]། ནོབ་ཆུངུའི་……ཚལ། ཁ་འཛིནད་དང་ཡན་ལག་ནི་མ་མཆིས།

u blar gsol te/ gra tus ka dag tu vgug pa lta zhig/ bdag ngan pa ni/ nob chunguvi tshal/ kha vdzind dang yan lag ni ma mchis/

(1) སྤྱི་སྐྱུར། རྩོད་གླེང་།

(2) ལྟ་ཉེད། ཀོ་བ་ཀོ་ལོག་རྒྱབ་པ།

(3) གྲ་ཏུས། བླའི་གྲྭ ①ཁྲིམས་ར། ②རྒྱལ་བློན་ཚོགས་འདུ་ཚོགས་ས།

361. Ⅱ64 – 3 M. I. vii, 32

A1 ༄།:། བློན་ལྡོང་བཟང་། གློ་བ་མྱི་བདེ་ནས།། སྤ་ཞར་རིངས་སུ་བརྫང་

// blon ldong bzang/ glo ba myi bde nas// spa zhar rings su brdzang

2 བཏང༎ སླུངས་འོ་མ་བུ་ལུང་དང་། སྙིང་ཚོམ་ཀྱི་འབངས། ཟིང་
btang// slungs vo ma bu lung dang/ snying tsom kyi vbangs/ zing

B1 རིན་ཅེན་དང་། བག(བགུ)་བྲེ་དཔལ་དང་། འཛ་ལྡ་ཨ་ལུམ་གསུམ་
rin cen dang/ bag (bgu) bre dpal dang/ vdza lda a lum gsum

2 ནོབ་ཆེད་པོར་བརྫང་བར༎ སྔ་སླད་ལན་དུ་མ་ཞིག་ཕེད་
nob ched por brdzang bar// snga slad lan du ma zhig phed

3 བ་ལས༎ ཕྲིན་བྱང་ཀྱི་ལན་ཙམ་ཡང་མ་མཆིས
ba las// phrin byang kyi lan tsam yang ma mchis
(1)ཕེད་པ། སྤུར་བ།

362. Ⅱ64－2 M. I. xiv,96

A1 ༄།། འབྲོང་སྟོང་ཅུང་གོང་གི་མཆིད་གསོལ་བ།
// vbrong stong cung gong gi mchid gsol ba/

363. 59RMF 原号 6635 分类 1366

A1 བློན་མཙན་བཞེ་ལ་
blon mtsan bzher la

2 ང་གི་མཆིད་གསྡོ་བ།
nga gṭ mchid gsol ba/

364. 72RMF

A1 ༎ ནང་རྗེ་པོ་སྟག་སྒྲ་ལ༎ སྟག་ཤར་
// nang rje po stag sgra la// stag shar

2 གཡུ་བསྟན་གྱི་མཆིད་གསྡོ་བ༎ སྟག……ཞང……
g·yu bstsan gyi mchid gsol ba// stag zhang

365. 73RMF 2:23

A1 ……ནང་རྗེ་པོ་བློན་གཡུ་སྒྲ་དང་དཔལ་གཡུ་དོག……

nang rje po blon g·yu sgra dang dpal g·yu dog

2 ……ད་གསོལ་བ་ལྷ་དཔལ་འཕྲལ་དང་……

d gsol ba lha dpal vphral dang

B1 ……དམ་བཞེ་དང་ཀླུ་བཟང་དང་བློན་……

dam bzher dang klu bzang dang blon

366. RMF

A1 ……[གཟི]གས་པ་ལ་རྗེསུ་ངོ་ནང་རྗེ་པ་……

gzigs pa la rjesu ngo nang rje pa

2 ……ཐུགས་བདེ་འཾ་མྱི་བདེ་

thugs bde vam myi bde

B1 ……ཕྲིན་དང་སྤྱན་གྱིས་……

phrin dang spyan gyis

2 ……བློན་སྟག་བཞེ་དང་བློན་……

blon stag bzher dang blon

367. RMF

A1 ། མདོ་རྒུའི་གསོལ་བའ

/ mdo rguvi gsol bav

B1 ……[བློ]་བ་དགའ་ཞིང་མཆིས། འདིར་

blo ba dgav zhing mchis/ vdir

2 ……ཕན་ཟིགས་ལ་སྩོགས

phan zigs la stsogs

3 ……[ནོབ་ཆུ]ངུ་དུ་ཡང་ཐག་ཆུད་པ

nob chungu du yang thag chud pa

368. Ⅱ337－1 M. I. vii,2

A1 ༄། མྱི་ཐོགས་པར་བརྫང་བ་དང་། བེ་ཅེ་སྟག་ལེགས་དང་དོལ་པོ་རྨ་སྟོན་ཞང་ལོན་ཆེན་
པོ་བློན་ཀླུ་

// myi thogs par brdzang ba dang/ be ce stag legs dang dol po rma ston zhang lon chen po blon klu

2 སྒྲའི་ལུས་ཀྱི་རིམ་གྲོ་ལ་རབ་ཏུ་རིངས་སྟེ།། འབྲོག་ཡུལ་གང་ན་མཆིས་པ་ག་ཙས(ཙམ)་
དང་སྦྱོར(འབྱར)་ལ་

sgravi lus kyṭ rim gro la rab tu rings ste// vbrog yul gang na mchis pa ga tsas(tsam) dang sbyor(vbyar) la

3 སྡུག(གདུག)་མཚན་སྟོད་ལ་གཅིག་ནས་གཅིག་ཏུ་གཞེན་ཐོབ་ལ་རྫོངས་ཤིག་ཅེས།།
ཞང་བློན་

sdug(gdug)mtshan stod la gcig nas gcig tu gzhen thob la rdzongs shig ces// zhang blon

B1 ཆེན་པོ་ཁྲི་དོག་རྗེ་དང་། བློན་རྒྱལ་གཙུག་སྒྲའི་སྤྲིང་བ་ལས་འབྱུང་བས།། འདི་
བཞིན་མཇལད་

chen po khri dog rje dang/ blon rgyal gtsug sgravi spring ba las vbyung bas// vdi bzhin mjald

2 རྒྱ་བཟུང་གཞེན་བཏབ་ནས།། བརྫང་བར་མཛོད་ཅིག།།

rgya bzung gzhen btab nas// brdzang bar mdzod cig//

(1) གདུག་མཚན་སྟོད་ལ། གདུགས་མཚན་སྟུད་ལ།

(2) གཞེན་ཐོབ་ལ། སྐྱུལ་ལྡག་བཏང་བ།

369. Ⅱ153 M. I. viii,63b

A1 ༄། འབྲུག་གི་ལོའི་དཔྱིད་སླ་འབྲིང་པོའི་ངོ་ལ།། ཞང་ལོན་ཆེན་པོ་བློན་དཔལ་སུམ་

// vbrug gi lovi dpyid sla vbring povi ngo la// zhang lon chen po blon dpal sum

2 ཁྲོམ་ནོབ་ཆུངུར་བཐབ་པའི་ལན་ལ།། རྩིག་གྲའ་ཀླས་གསོལ་པ།། བདག་ངན་བོད་

khrom nob chungur bthab pavi lan la// rtsig grav klas gsol pa// bdag ngan bod

3 ཀྱི་མངའ་རིས་སུ་འཁྲུག་མགོ་བཙང་ནས། སྐུ་མཚལ་གཉེར་བའི་ཡང་འམ་
kyi mngav ris su vkhrug mgo btshang nas/ sku mtshal gnyer bavi yang vam

B1 སྲོག་ལུས་ལ་མ་བཟེམས་ནས་ཞོ་ཤ་ཆེར་བུལ་བའི་ཡོན་གིས།། བཀ་དྲིན་
srog lus la ma bzems nas zho sha cher bul bavi yon gis// bka drin

2 ནོབ་ཆུངུའི་མགོ་རྔོན་དུ་བསྐོས་པའི་དབང་ཐང་མཁར་རིས་ནས། དུད་ཁྲལ་
nob chunguvi mgo rngon du bskos pavi dbang thang mkhar ris nas/ dud khral

3 སྩང་ནས།། ཁྲལ་གསུམ་ནོད་པའི་འབུལ་སྣ་ལྡོང་ཕྲེང་མདོ་གོང་གིས་སྦྱིན(སྒྱི་བར)་
stsang nas// khral gsum nod pavi vbul sna ldong phreng mdo gong gis sbyin( sgyi bar)

4 མཆིད(བགྱིར)་གྱིས་བཅད་རྒྱའ་རྟགས་གི་ཕྱག་རྒྱ་ཕོག་པ།
mchid ( bgyir ) gyis bcad rgyav rtags gi phyag rgya phog pa/

(1)བཅད་རྒྱ། ཞག་བཅད་པའི་བཀའ་ཡིག

(2)སྒྱི་བར་མཆིད། བགྱི་བར་ཁས་ལེན་པ།

370. Ⅱ412 M. Tāgh. a, iv, 0068

A1 ༄། རྗེ་བློན། ཆབ་སྲིད་གྱི། དབང་བདག་ལ། མྱི་གསོལ་ན། སུ་ལ་གསོལ་
// rje blon/ chab srid gyi/ dbang bdag la/ myi gsol na/ su la gsol

2 ན། བདག་ངན་པའི་ཕུ་བོ་རྙིན(རྙེན)་ཆེན། ཡུལ་དུ་མཆི་ན། བདག་ཅག་ངན་
na/ bdag ngan pavi phu bo rnyin( rnyen) chen/ yul du mchi na/ bdag cag ngan

B1 མ་སྤུན་གསོན་གཤིན། འབྲལ་བའ། དང་འདྲ་ཞིང་མཆིས་ན། གཡ……
ma spun gson gshin/ vbral bav/ dang vdra zhing mchis na/ g·y

2 ལྷ་རྗེ…… ོ་གེ་ཚེག་ཅིག། མཆི་འཚལ་ན། རྗེ་བློན་བླ་རིང་ལ་སྙུན་དུ།
lha rje o ge tsheg cig/ mchi vtshal na/ rje blon bla

ring la smond/

(1) རྙེན་ཆེན། ཉེན་ཁ་ཆེན།

(2) ཚེག་ཅིག། ཐེངས་གཅིག

371. Ⅱ396 M. I. i, 13

A1 །:། ལྷ་དཔལ་གྱི་ཞ་སྣང་ནས།། ཐུགས་རྟག་ཏུ་བདེའ་བ་དང་ཞལ་མྱུར་དུ་མཐོང་བར་སྨོན་

// lha dpal gyi zha snang nas// thugs rtag tu bdev ba dang zhal myur du mthong bar smon

2 ལམ་གསོལ་ཞིང་མཆིས།། ཕྱག་ན་སྨྱན་ཏུ་ཅི་མངའ། ཕྱག་ན་མྱི་མངའ་ན་ཡང་རྒྱ་སྐུགས་

lam gsol zhing mchis// phyag na smyan tu ci mngav/ phyag na myi mngav na yang rgya skugs

3 [ཚུན]་ཆད་བཙལ་ཏེ་དཔྱིད་སླ་ར་བ་ལ་བདག་ནོབ་ཆུ་ངུར་མཆིས་པ་ཙམ་ན་བརྙེས་པ་……

tshun chad btsal te dpyid sla ra ba la bdag nob chu ngur mchis pa tsam na brnyes pa

(1) སྨྱན། ①དགོས་མཁོ། ②ཐག་པ་འཐེན་མཁན།

(2) རྒྱ་སྐུགས། ①རྒྱ་ཐོག ②རྒྱན་འཛུག་པའི་དངུལ།

372. Ⅱ402 M. I. 0010

A1 ༄། དཔའ་སྡུ་ལས་སླད་ནས་གསོལ་བའི་བཞིན་དུ་ཇོ་བ་ཟླ་བཞེ་དང་འཕན་ཉེན་གྱིས

// dpav sdu las slad nas gsol bavi bzhin du jo ba zla bzher dang vphan nyen gyis

2 ཐུག་སྤགས་མཛད་དེ་ཁ་བཟུང་གཞིར་ནས་བཞག་པ་ནི་བདག་ངན་པ་ཡང་གློ་བ།

thug spags mdzad de kha bzung gzhir nas bzhag pa ni bdag ngan pa yang glo ba/

B1 དགའ་ཞིང་མཆིས། སྤྱན་ཟིགས་སྣང་འག(འགའ)་ཚམ་བསྐུར་བའ་ངས་ལྷ་ལ་སྙིང་རྟེན་

dgav zhing mchis/ spyan zigs snang vga (vgav) tsham bskur bav ngas lha la snying rten

2 པོ་མ་མཆིས་སྟེ་སླད་ཀྱིས་གསོལ་འདི་ལས་བཀའ་སྤྱི་བབ་པར་གསོལ

po ma mchis ste slad kyis gsol vdi las bkav spyi bab par gsol

(1) ཁ་བཟུང་། ཁ་འཛོན། བདག་དབང་།

(2) སྤྱན་ཟིགས། ལག་རྟགས།

373. Ⅱ351 – 1 M. Tāgh. c, ii, 0017

A1 ༄། དགྱེས: སྡེ: པོ་ཁྲི་མ་རྗེས: ལ: ཡུལ: སྐྱེས: གི་གསོ

// dgyes sde po khri ma rjes la yul skyes gi gso

2 ལ(གསོལ): བ: གཞི: འདིར: མཆྀས་པ་ལྀ: གཞྀ: དང: བོད་གཞི

l(gsol) ba gzhi vdir mchịs pa lị gzhị dang bod gzhi

B1 ར(གཞིར)་རྭ: མྱྀ: འཐུན: ན: ལི་གཞྀ: དུམ་པ: འག: ཞྀག: ཚོལད་

r (gzhir) rwa myị rthun na li gzhị dum pa vga zhịg tshold

2 ཏེ: སྐུར: ཅིག: རྭ་རུང་བ་འག(ཤིག): བཙལ: ཏེ: མ: འོངས: ན་མྱི: རུང

te skur cig rwa rug ba vga(shig) btsal te ma vongs na myi rung

(1) དུམ་པ། སྣུམ་པ། ཁང་པ།

(2) [འབྲོག]་རྭ། འབྲོག་ཐང་།

374. Ⅱ409 – 2 M. Tāgh. 0264

A1 ༄།། ཇོ་ཅོ་མདོ་རྨ་ལ་། ལེགས་ཚན་[གྱི]་

// jo cho mdo rma la/ legs tshan gyi

2 གསོལ་བའ། ཇོ་ཅོ་བརྒྱ་ལ་བཞུད་ན། སྣམ

gsol bav/ jo cho brga ya la bzhud na/ snam

3 བུ་ལ་ཡི་གེ་འདི་བཐགས་སྟེ། སླད་ན་སུ་ལ་གཏད

bu la yi ge vdi bthags ste/ slad na su la gtad

4 པ་ལ། ལྷོ་བྲགི་སྡེ་སླུང་ལེགས་ཚན་ལ་སྩལ།

pa la/ lho bragi sde slung legs tshan la stsal/

(1) བརྒྱ་ལ། གལ་སྲིད།

375. Ⅱ192－1 M. Tāgh. c,ii,0011

A1 ༄།།: ཇོ་ཅོ་སྟོང་བཞེར་ལའ་ཡུལ་ཟིགས་ཀྱི་མཆིད་གསོལ་

// jo co stong bzher lav yul zigs kyi mchid gsol

2 བ་ཐུགས་བདེ་མྱི་བདེ་སྙུན་གསོལ་ཞིང་མཆིས་བདག་

ba thugs bde myi bde snyun gsol zhing mchis bdag

3 ཅག་། ལི་བརྒྱགས། འ་མ་ཆའ་ལ་ལེན་དུ་བཏང་ན་

cag/ li brgyags/ va ma chav la len du btang na

B1 མ་མཆིས་ན་འོ་ནི་ནས་རྒྱའ་བྲེ་ལྔ་སྐུར་བར་

ma mchis na vo ni nas rgyav bre lnga skur bar

2 གསོལ།

gsol/

(1) འོ་ནི། འདི་ནས།

376. Ⅱ384－1 M. Tāgh. a,i,0011

A1 ༄།:། དགྱེ་སྡེ་པོ་ཅུང་བཟང་དང་། སྟག་རྩན་ལ། སྐྱེས་ལེགས་གྱི་མཆིད་གསོལ་བ། བདགྱིས་དྲུལ(འདྲུལ)་

// dgye sde po cung bzang dang/ stag rtsan la/ skyes legs gyi mchid gsol ba/ bdagyis drul(vdrul)

2 བ་ལས་རྨས་ན་ཐུགས་མྱི་བདེ་ཞེས་ཐོསྟེ་རབ་དུ་མྱི་དགའ་ཞིང་མཆིས་། དབགི་ལི་བརྒྱགས་ལེན་……

ba las rmas na thugs myi bde zhes thoste rab du myi dgav zhing mchis/ bdagi li brgyags len

B1 སླར་……ལག་……ུ……རྒྱགསུ་……སྐུར་……ཞིག། དེ་འི་སླད་ན་ནསུ་མྱི་ཐོབ་ན་མྱི་སྨན་པས། ལེགས་

slar lag u rgyagsu skur zhig/ de vi slad na nasu myi thob na myi sman pas/ legs

2 པར་ཞལ་ཏ་མཛདེ་གཏང་པར་གསོལ་། རྒྱགས་སྣོད་ནི་ལིའི་ཕ་ཙ་གཞག་པ་ལགས་པས་

par zhal ta mdzade gtang par gsol/ rgyags snod ni livi pha tsa gzhag pa lags pas

3 དེར་མ(ལ)་སྟུད(ལྡུད)་ཅིག།
der ma(la) stud (ldud) cig
(1)ཏྲུལ་བ(འཏྲུལ་བ)། འགྲུལ་བ།
(2)ས་ཚ། ①སྟོ་སད། ②ཁུར་པོ།

377. Ⅱ254 M. Tāgh. c, ii, 0041

A1 ༄།། སྟག་བརྩན་དང་མདོ་བརྩན་
// stag brtsan dang mdo brtsan
2 ལསྩོགས་སོ(གསོལ)་བའ་ལ:།……
lastsogs so(gsol) bav la/
3 པེའི(དེའི)་ཕྱོགས་སུ་ཐུགས་བདེ་
pevi(devi)phyogs su thugs bde
B1 ཡི་གེ་ལས་སྙུན་གསོལ་ཞིང་མཆིས། གླིང་རིངས་
yi ge las snyun gsol zhing mchis/ gling rings
2 གི་ལི་ལ་ནས་བྲེ་གང་སྐུར་འམ་མ་སྐུར་
gi li la nas bre gang skur vam ma skur
3 སྟག་རྩན་གི་[མོ]ན་ཞུ་སྟགི་སྙ་ལ་སྐུར་ཞིང་……
stag rtsan gi mon zhu stagi snya la skur zhing

378. Ⅱ238 M. Tāgh. a, i, 0012

A1 ༄།། བློན་ཁྲི་བཙན་ལ་ལྷ་མཐོང་གྱི(གྱིས)་སོལ་བ་ཐུགས་བདེ་ཞེས་ཏོས(ཐོས)་ཏེ་
དགའོ། བདག་གྱི་རྒྱགས།
// blon khri btsan la lha mtho nggyi(gyis) sol ba thugs bde zhes tos(thos) te dgavo/ bdag gyi rgyags/
2 གལ་ཐའ་འོ་ནི་མའ་ཁྱུམས(ཁུམས)་པའ་ཞིག་དུ་གདང(ལྡང)་བར་ཐུགས་པག
(དཔགས)་མཚད་ཕར་སོལ།།
gal thav vo ni mav khyums(khums) pav zhig dug dang (ldang) bar thugs pag(dpags) mtsad phar sol//

B1 ཕྱི་མའི་སོ་ཁའ་ཟང་(ཐང་)་ཞིང་ཅི་ལེགས་སུ་མཚད་ཕར་ཅི་གནང་རྒྱགས་དག་གྱང་ཁ་[རངས]།

phyi mavi so khav zang(thang) zhing ci legs su mtsad phar ci gnang rgyags dag gyang kha rangs/

2 ཞིང་……ལེགས་ཕར་རྩང་པར་[སོལ]། དའ་སླན་ཅད། གཡང་བྲོ་མ་ཚལ་པར་སྨོན་ན་གའ།།

zhing legs phar rtsang par sol/ dav slan cad/ g·yang bro ma tshal par smon na gav//

(1) གཡང་། བཀྲ་ཤིས།

(2) བྲོ་མ་ཚལ་པ། ན་ཚ་མེད་པ།

379. Ⅱ452－2 M. Tāgh. 001

A1 ……གསོལ་བ་ཐུགས་བདེ་བར་སྨོན་མཆིད་ཡི་གེ་ལས་སྙུན་གསོལ

gsol ba thugs bde bar smon mchid yi ge las snyun gsol

2 ……ན་སོ་ཉུལ་ལས་གསན་བ་ཙམ་རབས་བདག་ནང་པ་ཡང་……

n so nyul las gsan ba tsam rabs bdag nang pa yang

3 ཆེད་སག་བོའི་རྒྱགས་སྣོད་གལ་དུ་ནང་མཚལ། སྐྲད་འདི་

ched sog bovi rgyags snod gal du nang mtshal/ skrad rdi

4 ……མྱི་ལས་མེས་སླེབས་འུ་ཏེན་[དུ]……

myi las mes slebs vu ten du

B1 ……འཁོར་ཞག་དུ་མཆིས་པ་མཆི[ད]:། ཡང་རི་ཟུག་དག་ནི་མངས་པ

khor zhag du mchis pa mchid/ yang ri zug dag ni mngas pa

2 དང་དགྲ་[ཡན]་ཆད་དུ་མྱི་བགྲང་བས་ཡར་བྱིན་(ཕྱིན)་ན་རུང་བ་འདྲ།། མཆིད་ཡིག་སྔ་ཕི་(ཕྱི)་གསུམ།

dang dgra yan chad du myi bgrang bas yar byin(phyin) na rung ba vdra// mchid yig snga phi(phyi) gsum/

3 ……ན་མཆིས་སམ་མ་མཆིས་ཞལ་མཇལ་གྱི་བར་དུ་ཐུགས་བདེ་ཞིང་ལ་ཞལ་སྔ[་ར་དུ]་

na mchis sam ma mchis zhal mjal gyi bar du thugs

bde zhing la zhal myur du

4 མཇལ་བར་སྨོན་ཅིང་མཆིས།།

mjal bar smon cing mchis//

(1) དགྲ་ཡན་ཆད་དུ་མི་བགྲང་། བསམ་སློའི་ཐོག་དོགས་པ་བྱེད་མི་དགོས་པ་སེམས་སྤྱོད་
ཕོར་སྤྱོད་ཆོག་པ།

380. Ⅱ131 – 2 M. I. xxviii, 2

A1 ༄། རྩེ་རྗེ་མཚོ་གཟིགས་དང་ཀླུ་འཚོ་ལ། མྱེས་རྟོན་གསོལ་བ། བདག་ཀྱང་མར་
མཆི་བར་

// rtse rje mtsho gzigs dang klu vtsho la/ myes rton gsol ba/ bdag kyang mar mchi bar

2 བགྱིས་ཕ་ལས:། བདག་ཆག་རྗེ་བླས་ཀྱང་ཅེར་ཅེན་དུ་ཆད་པ་[བཏུད]་ཀྱང་གདའ་ན་
འདིར་ཡང་བོང་བུ་

bgyis pha las/ bdag chag rje blas kyang cer cen du chad pa btud kyang gdav na vdir yang bong bu

3 ཡང་སླར་ན་ཆུང་མཆིས་ཁྲེ་ནས་ཁམ་ག་ཀྱང་མར་མྱི་ཕྱིན་ན་མཆིས་ན། སླར་དགུང་

yang slar na chung mchis khre nas khan ga kyang mar myi phyin na mchis na/ slar dgung

B1 བཅུ་ཚུན་ཆད་ཚམ་གིས་བཤོལ་ལགས་ན། ཅེར་ཆེན་དུ་མཆི་འཚལ་འམ་མྱི་འཚལ་

bcu tshun chad tsham gis bshol lags na/ cer chen du mchi vtshal vam myi vtshal

2 བ་དྲུལ་བ་ལ་ཞིབ་མོར་རྟོགས་ལ་དྲུལ་གང་སྔ་བ་ལ་མྱུར་དུ་བསྐས(ཆས)་མ་སྤྲིང་ན་རབ་ཏུ་
མྱི་སྨན་

ba drul ba la zhib mor rtogs la drul gang snga ba la myur du bskas(chas) ma spring na rab tu nyi sman

3 སྟེ་མཆི་འཚལ། སླག་པ་གཅིག་སྤུས་མ་བཙལ་ན་གཏན་མྱི་སྨན་ཏེ་རིན་སྤུས་ཅི་
དབབས་བདག

ste mchi vtshal/ slag pa gchig spus ma btsal na gtan myi sman te rin spus ci dbabs bdag

4 མཚལ་དང་དབུལ(འབུལ)་བར་འཚལ
mtshal dang dbul(vbul) bar vtshal
(1)རྗེ་རྗེ། སྤྱི་ཁྱབ་དཔོན་པ། སྤྱི་དཔོན།
(2)བ་དྲུལ་པ(བ་དྲུས་མ)། པ་བཞོན་མ།
(3)ཕྱུས་བཙལ། བཙོང་།
(4)མི་སྨན། མི་ཕན།
(5)ཅི་དབབས། ཅི་ཐོབ།

381. Ⅱ386－2 M. Tāgh. a,vi,0018
A1 ……ལ་བ། དེ་བར་ཐུགས་བདེ་འམ་མྱི་བདེ་མཆིད་ཡི་གེ་ལས།
l ba/ de bar thugs bde vam myi bde mchid yi ge las/
2 ……བཀའ་སྩལད་པར་ཆི་གནང༌།། ནང་པོ་འི་སྣམ་མདའ།། བདགི་
bkav stsald par chi gnang// nang po vi snam mdav// bdagi
B1 ……བགྱིས་པར་བགྱིས་ཏེ་ལགས་ཤིང་མཆིས་ནའ།། འདྲུལ་བརྟན་
bgyis par bgyis te lags shing mchis nav// vdrul brtan
2 ……སྐུར་བར་འཚལ་ཞིང་མཆིས།། དེ་ལས་ཞལ་མཇལད་གྱི་བར་དུ་
skur bar vtshal zhing mchis// de las zhal mjald gyi bar du
3 ……ཞིང༌།། ཆོས་གྱི་ཆབ་སྲིད་མཐོ་བར་ཡི་གེ་ལས་སྨོན་ལམ་གུས་པར་འཚལ་ཞིང་མཆིས།
zhing// chos gyi chab srid mtho bar yi ge las smon lam gus par vtshal zhing mchis/
(1)སྣམ་མདའ། ཚབ།
(2)འདྲུལ་བརྟན(འགྲུལ་རྟེན)། ཚབ་བྱས་པའི་སྙ།

382. Ⅱ376－1 M. Tāgh. a,iv,0018
A1 ……ང་བཞེར་གྱིས།། ཁྱེའུ་ཙུང་ལ་
nga bzher gyis// khyevu cung la

2 སྤྲིངོ།

springo/

B1 ……ོ……། ཐེངས་སྟེ། གུམ་ལ་ཐུག་པ། གུ་[མ་ནའ]་འདི་རྔ་མོ་

o / theng ste/ gum la thug pa/ gu ma nav vdi rnga mo

2 ……རྗེད་བྱང(རྔེད་རྐྱང)་ཟུང་བ། རྔ་མོ་སྒུག་ལ། ནོས་སྟེ། གཉིས……

rjed byang( rnged rkyang) zung ba/ rnga mo sgug la/ nos ste/ gnyis

(1) ཐེངས(འཐེང་)། ཞ་བ།

(2) རྗེད་བྱང(རྔེད་རྐྱང)་། རྔ་མོང་གི་སྦྲུ་གུ་

(3) སྒུལ་ལ་ནོས་སྟེ། སྐོང་པར་འཁྲིད་པ།

383. Ⅱ342 –1 M. I. xiv ,0011

A1 ༄༅། དའ་ལྟར་དགྲའ་བློན་དང་ཞིང་པོན་……བླ་[སྩིསྣ]་ངོ་ཆིག་སྐྱ……ས་འདི་

// dav ltar dgrav blon dang zhing pon o bla stsisna ngo chig skya s vdi

2 ……ཚམ་བསྐོས་པའ་ལས་ཁོང་[སྐྱའི]་མྱི་གསོལད་པའི་སྐ……

tsham bskos pav las khong skyavi myi gsold pavi ska

B1 ……རང་ཁྲི་སྔར་ཡང་ཞིང་པོན་དང་དགྲའ་བློན་འཚལ་འཚལད་ཏོ་

rang khri sngar yang zhing pon dang dgrav blon vtshal vtshald to

2 སུག་ལསུ་བགྱི་བའི་ཉམ་དྲོད་ཀྱང་མ་ཚལ། རྔོ་ཡང་ཐོག་ངུ་གུ……

sug lasu bgyi bavi nyam drod kyang ma tshal/ rngo yang thog ngu gu

(1) ངོ་ཆིག་སྐྱུ། ངོས་གྲོགས་མེད་ཁེར་རྐྱང།

(2) ཉམ་དྲོད་ཀྱང་མ་ཚལ། ཚོད་མ་ཐིག་པ།

(3) རྔོ་ཡང་ཐོགས་ངུ་གུ ཅ་བ་ནས་ཐུབ་པ་མི་འདུག

384. Ⅱ301 －3 M. Tāgh. a, ii, 0011

A1 ༄། གྱི་ཤོ་ སྐྱྚ་སྣང་འོག་པོན་ཚམ་དུ་ཅི་གན

// gyi sho skyṭ snang vog pon tsham du cṭ gna

2 ང(གནང)་འོན(པོན)་ཇོ་ཅོ་ལྷ་དཔལ་པྲུལ(འཕྲུལ)་དང་དྲ་བ

ng(gnang) von(pon) jo cho lha dpal prul(vphrul) dang dra ba

385. Ⅱ206 －1 M. Tāgh. a, vi, 0025

A1 ༄།:། བློན་མཚོ་བཟང་གིས།། རིད་ཁྲོམ་

// blon mtsho bzang gis// rid khrom

2 རྨ་ལ་སྤྲིང་ངོ་།།

rma la spring ngo//

B1 ལང(ལར)་སྤྲིང་ན་མ་མཇལད་པ་ལྟ་ཞིག་སྟེ་སླར་ཡང(ལན)་མ་མཆི[ས]:། ད:ཤིང་ཤན་

lang(lar) spring na ma mjald pa lta zhig ste slar yang (lan) ma mchis/ da shing shan

2 འཚལ་ཀྱིས་འཕྲིན་བྱང་གིས་མཇོལད་མ་ཐག

vtshal kyis vphrin byang gis mjold ma thag

(1)ལར། མ་གཞི།

(2)ལྟ་ཞིག ཡིན་པ་འདྲ། ཡིན་སྲིད།

386. Ⅱ192 －2 M. Tāgh. a, i, 0011

A1 མ་སྤྲིང་། ཉེ་ཆ[ལི]་རྫེ་རྩི་རྗེས(རྗེ་རྩེ་རྗེས)་……ནན་གྱི་ཐུད་མ་སྩལད་པའི་……

ma spring/ nye cha li rdze rtsi rjes(rje rtse rjes) nan gyi thud ma stsald pavi

2 མཆི་ཐོབ་པའི་མར་ཚོ……དེ་མཆིས་ཤིག་། ཁར་ཚན་ཤིང་མཁན་གྱི་[སླད]་

mchi thob pavi mar tsho de mchis shig/ khar tshan shing mkhan gyi slad

B1 ནས་སྤྲིང་བ་ཡང་སྟ་འོན་ཚོལ་ཅིག་། འ་མ་[ཅག]་སྟག་སུམ་རྗེ་ལ་གྱིས(ཀྱིམ)

nas spring ba yang sta von tshol cig/ va ma cag stag

sum rje la gyes(kyem)

2 [གསོལ]་མོ་གཅིག་དང་སྟ་རེ་གཆིག་གྱང་ཞོགས་ཤིག།།

gsol mo gcig dang sta re gchig gyang zhogs shig//

(1) སྟ་འོན། སྟ་གོན། གྲ་སྒྲིག

(2) ཀྱེམ། སྐྱེམས།

387. Ⅱ211 -1 M. Tāgh. b, i, 0012

A1 ……གིས། ། ཤིང་ཤན་གྱི་

gis/ /shing shan gyi

2 རྩེ་རྗེ་དང་མངན་ལ་སྤྲིངོ།

rtse rje dang mngan la springo/

B1 ……ག་ཚག་ཐང་དུ་གསོལ་བ་ཐང་ཡིག་ལ་ཡང་

g tshag thang du gsol ba thang yig la yang

2 ……ལ་གསོལ་བར་ཆད་ཀྱིས།། སྐྱེམས

la gsol bar chad kyis// skyems

388. Ⅱ446 -3 M. I. xxvii, 4

A1 ༄།:། བག་ར་བཞི་འི་མཆིད་གསོལ་བ།

// bag ra bzhi vi mchid gsol ba/

389. Ⅱ306 -4 M. I. 0046

A1 ༄། ཏྲེ་སྨད་གྱི་དཔོན་སྣ[ས་མཆིད་གསོལ་བའ]

// tre smad gyi dpon snas mchid gsol bav

390. RMF 92(8)

A1 བཀུག་སྟེ་རྨར་གསོལད།

bkug ste rmar gsold/

B1 ཐོག་མ་གཉེན་དུ་མི་ལྟ།

thog ma gnyen du mi lta/

391. 59RMF 原号 6638 分类 1367

A1 ……ཀྱི་སྡེ་རྒྱབ་ལྷ་རྨ་ནོབ་ཆུངུའི་སོ་[བློན]་……

kyi sde gyab lha rma nob chunguvi so blon

2 ……པར་བསྐོས་པའི་སྐྱིན་བར།། ནང་……

par bskos pavṭskyin bar// nang

B1 སྟག་སྟག་རྗེས། ། བློ[ན]་

stag stag rjes/ / blon

2 ། དང་བློན་མ་……

/ dang blon ma

392. Ⅱ455 – 1 M. I. vii,46

A1 ༄། བྱི་[བོ]་བགྱིས་པ་ཁྲིམས་ཆེ་ལ་ཐུག་པ་།། དམག་པོན་དང་།

byi bo bgyis pa khrims che la thug pa// dmag pon dang/

2 སྤྱན་གྱིས་དབྱོངས་དཀྱིགས་[ལ]་གསོལ་ཅིག།

spyan gyis dbyongs dkyigs la gsol cig//

(1) བྱི་བོ་བགྱིས། གཞན་གྱི་ཆུང་མར་ལོག་གཡེམ་བྱས་པ།

(2) དབྱོངས་དཀྱིགས(དབྱུངས་དཀྱིགས)། སྐྱེ་ཐག་བསྡོམས་ནས་གསོད་ཅིག

393. Ⅱ403 – 1 M. I. x,6

A1 ༄། སྒོ་གསོལ། སྤྱན་ཆེད་པོས་མཆིད་ཀྱིས་བཅད་དེ།

// sgo gsol/ spyan ched pos mchid kyis bcad de/

B1 ནོབ་ཆེད་པོའི་རྩེ་རྗེ་དང་། ཞང་ལོན་

nob ched povi rtse rje dang/ zhang lon

2 ལ་གཐད་པ།

la gthad pa/

(1) སྒོ་གསོལ། སྒོ་ཡུས། ཁྲིམས་ཁང་གི་སྒོ་འགྲམ་དུ་ཞུ་བ་གསོལ་བ། ཁྲིམས་སར་ཞུ་འདོད་བྱེད་པ།

394.  Ⅱ336 – 3  M. I. xxiv,0030

A1 ༄།། ཞང་ལོན་ཞལ་ཅེ་པ་[བློན]་སྟག་བཞེར་……

// zhang lon zhal ce pa blon stag bzher

(1) ཞལ་ཅེ་པ། ཞལ་ལྕེ་བ། ཁྲིམས་དཔོན།

395.  Ⅱ335 – 1  M. I. viii,90

A1 ༄།ཿ། རྩེ་རྗེ་བློན་གྱི་མཆན་ཀབ་དུ་བསྐོས།

// rtse rje blon gyi mchan kab du bskospa/

396.  Ⅱ235 – 1  M. Tāgh. 0334

A1 ༄།། འབྲོག་ལིག་ཡན་ཅག་ཙ་གྱི་སོ་པ་ལ་སྤྲིང་ངོ་[སོ]གས་……

// vbrog lig yan cag tsa gyi so pa la spring ngo sogs

2 ཡིག་འདི་། ཚེས་བཅུ་དགུའི། ནམ་……ན་ཤིང་

yig vdi/ tshes bcu dguvi/ nam  na shing

B1 ཉིན་ཚོད་མཛན་ཚོད་དམ་། དུ་ཟུང་ཤིག།

nyin tsod mdzan tsod dam/ du zung shig/

(1) ཉིན་ཚོད་མཚན་ཚོད། ཉིནཆོད་མཚན་ཆོད།

397.  Ⅱ184 – 1  M. Tāgh. a,iv,0022

A1 ཕགི་ལོ་ལ་སྐུན་ཀའ་འུ་ཐེན་དུ། དམར་སྲང་

phagi lo la skun kav vu then du/ dmar srang

2 དགུ་གསོགས་བརྣངས་གཚོ་

dgu gsogs brnangs gcho

B1 པ་མཆིས་ནས། དགྲ་ཟུན་གྱི་མཚམས་གྱི་སོན་

pa mchis nas/ dgra zun gyi mtshams gyi son

C1 ཀརཿ། ལྷ་རྩ་……འགུམ་དྲུག་

kar/ lha rtsa  vgum drug

D1 ལྔ་ཁྲམ་འདི་འདི་ལ་མཆིས་པ་དེང་སང

lnga khram vdi vdi la mchis pa deng sang

(1) གཚོ་པ་མཆིས་ནས། ཚོ་ཉ་སླེབས་ནས།

398. Ⅱ166 – 1 M. I. xxviii,0024

A1 ༄༅། མ་ཐག་ཏུ་ཤོད་ཏུ་མཆིས་ན་དེ་ལས་ཆ་མྱུར་དུ་སྤྲིང་བར་གསོལ།

// ma thag tu shod tu mchis na de las cha myur du spring bar gsol/

(1)ཆ་མྱུར་དུ་སྤྲིང་། ལན་མྱུར་དུ་བསྐུར་བ།

399. Ⅱ335 – 2 M. I. xl,15

A1 ༄། བློན་མདོ་བཟངས། བློན་པོ་གཆིག(གཆུག)།

/ blon mdo bzangs/ blon po gchig(gchug)/

400. Ⅱ125 – 1 M. I. xli,0013

A1 ……

2 ……ཚལ་བྱི་འི་རུ་དཔོན་བསྐོས།

tshal byi vi ru dpon bskos/

401. Ⅱ335 – 3 M. I. xiv,0017

A1 ༄༅། རྩེ་རྗེ་དང་དགྲ་བློན་ལ་གཏད་པའ།།

// rtse rje dang dgra blon la gtad pav//

402. Ⅱ336 – 1 M. I. vii,9

A1 ༄༎ རུ་ཉ་ཆུང་།

// ru nya chung/

2 དགྲ་བློན

dgra blon

403. Ⅱ336 – 2 M. I. iv,38 and 39

A1 ༄༎ དགྲ་དོག་རྗེ(རྫི)་རྨ་སྟང་།། ཙུ་དེ་……

// dgra dog rji(rdzi) rma stang// cu de

2 ཕྱི་བློན་དུ་བསྐོས

phyi blon du bskos

(1)རྗེ། ཞུལ་ཞིབ། ཆོད་ཐིག་པ།

404. Ⅱ389 -2 M. I. vii,3

A1 ༄། དྲོ་ཆོས་ཕན་ཅད། བཏོལ(གཏོལ)་གྱི་མྱི་འདུས་གི་ལྕམ་སྐྱོ་ལ་

// dro chos phan cad/ btol(gtol) gyi myi vdus gi lcam skyo la

2 ཐུག་པ་ཚུན་ཆད་ཆུས་པ་དཔོན་གཡོག་གིས་འདྲེན་པའི།:།

thug pa tshun chad chus pa dpon g·yog gis vdren pavi//

(1)དྲོ་ཆོས(དྲོ་ཆས)། ཞོགས་ཟས།

(2)བཏོལ(གཏོལ)། སྒོ་བུར།

(3)ལྕམ་སྐྱོ། དགོང་མོའི་ཐུག་པ།

(4)ཆུས་པ། ཚོགས་དཔོན།

405. Ⅱ445 -4 M. I. xiv,0012

A1 ༄། ངོས་པོན་མཐོང་ཁྱབ་གྱི་སྡེ། བག་ངུ་སྔའ་མ་རོ་ཉ་པྲ་མོ་ཡན་

// ngos pon mthong khyab gyi sde/ bag ngu sngav ma ro nya pra mo yan

2 ཆད་། སོ་ཉུལ་དུ་མཆི་བ་སུག་ལས་བགྱི་བའྀ་རྩིས་མགོ

chad/ so nyul du mchi ba sug las bgyi bavṭ rtsis mgo

(1)རྩིས་མགོ། ཐོ།

406. Ⅱ156 -3 M. I. viii,44 and 43

A1 ༄། དཔྱིད་སླ་ཐ་ཆུངས་ཚེས་ཉི་ཤུ་ལྔའི་དགུང་སངས་ནས།། ཤུལ་ཏུ་

// dpyid sla tha chungs tshes nyi shu lngavi dgung sangs nas// shul tu

2 ཞུགས་ཏེ།། དྲོས་ཀྱིས་སྐྱེས་ཏང་གཤོར་ཏུ་ཕྱིནད་པར་མཆི་ལ།།

zhugs te// dros kyis skyes tang gshor tu phyind par mchi la//

B1 དེ་ཕན་ཆད་སྔ་ར་དང་ཕྱི་ར་ཡེ་མྱིག་ཆེར་བགྱིས་ནས། ཤུལ་ཕོ་ཆེ་
de phan chad snga ra dang phyi ra ye myig cher bgyis nas/ shul pho che

2 ལས་བྱོལ་ཏེ། ཉིན་ནི་རྡུལ་དང་མགོ་བརྟག། མཚན་ནི་སྒྲ་
las byol te/ nyin ni rdul dang mgo brtag/ mtshan ni sgra

3 མཆོམ་མཉནད་ཏེ། སྣང་སྡང་དང་
mchom mnyand te/ snang sdang dang

C1 སྣང་རྩེ་ཡན་ཆད་སྣ་ཚོད་པས་བསྒུགས་ནས། ཐབས་ས་གར་བདེ་པ་
snang rtse yan chad sna tshod pas bsgugs nas/ thabs sa gar bde pa

2 དོག་ས་མ་འཕམ་བ་ནས། ཐབས་མ་ནོངས་པར་ཟིནད་ཅིང་ཐེབས་པར་
dog sa ma vpham ba nas/ thabs ma nongs par zind cing thebs par

3 འཚོལ་ཅིག།། སྣང་རྩེ་གཞིར་དགུང་ལྔ་བསྡད་དེ་མ་བྱུང་ན་གལ་ཏེ།
vtshol cig// snang rtse gzhir dgung lnga bsdad de ma byung na gal te/

D1 སྡིང་གྲོ་བོ་རྒྱུད་དུ་དོག་ས་བསྒྲངས་ནས། ཕྱུག་མའི་སྟེང་དུ་
sding gro bo rgyud du dog sa bsgrangs nas/ phyug mavi steng du

2 སྔ་ལྷག་ནས་བརྡ་སྒྲོན་ལ་ལྟོར་བོར་ནས། ཐུན་ཚོད་བགྱིད་ཀྱང་
snga lhag nas brda sgron la ltor bor nas/ thun tshod bgyid kyang

3 གདའམ།། མར་མ་ཤོར་མ་ཐལ་ངེས་ན། རྡུད་ཀྱང་དང་སྡིང་གྲོ་བོ……
gdavm// mar ma shor ma thal nges na/ rdud kyang dang sding gro bo

(1) དགུང་སངས་ནས། གནམ་དྲངས་ནས།

(2) སྔ་ར་དང་ཕྱི་ར། སྔ་དྲོ་དང་ཕྱི་དྲོ།

(3) ཕྱུག་མ། གྲོས་སོང་བའི་དགྲ་བོ།

(4) སྔ་ལྷག་ནས། མདུན་བཀག

(5) བརྡ་སྒྲོན། བརྡ་བཏང་།

(6) ཕྱིར་བོར་ནས། མགོ་བསྐོར་བཏང་།

407. Ⅱ401 M. I. vi,1

A1 ༄།། ཅེས་དགའ་བ།། འདི་ལྟར་མད་ནའ།། ཁྱི་མོ་རྩེའི་[སྐོ]་ཡུལ་སྡམས(གཏམ)་ལ་མ་ཆད་པར།། ནང་པོ་

// ces dgav ba// vdi ltar mad nav// khyi mo rtsevi sko yul sdams(gtam) la ma chad par// nang po

2 ཅག་གིས་མཆིད་ནན་ཆེར་སྩོལ་ཏེ། འཕྲལ་དུ་གཉེར་བགུམས་སུ་སོལ་ཅིག།། མ་ལགས་

cag gis mchid nan cher stsol te/ vphral du gnyer bgums su sol cig// ma lags

B1 བ …… སྙད་ངག་འདོགས་ནའ།། འཐོང་མྱིག་དང་བྱོར་བའི་མྱི་ཁྲིམས་བཞིན་གཉེར་སྩོལ་

b snyad ngag vdogs nav// vthong myig dang byor bavi myi khrims bzhin gnyer stsol

2 ལ་དཔང་པོ་གང་ནའ་མཆིས་པའི་སར་ཐུས་ཞིག།།

la dpang po gang nav mchis pavi sar thus zhig//

(1) སྡམས་ལ་མ་ཆད་པ(གཏམ་ལ་མ་མཆེད་པར)། གསང་གཏམ་སྒོ་ཏུ་མ་བཅུག་པ།

(2) ཐུས། འདྲི་ཙད་གྱིས་པ།

408. Ⅱ344 – 1 M. Tāgh. b,i,0010

A1 ༄།། གུ་རིབ་སྣང་ལ་རྒྱུག།

// gu rib snang la rgyug//

2 ◦ ◦

(1) གུ་རིབ(གུ་ཙབ)། ཧ།

409. Ⅱ343 – 3 M. I. xiv,0054

A1 ༄།། བྱ་ནད་རྣང་རོག་བ་

// bya nad rnang rog ba

B1 མྱི་གཉིས།

myi gnyis/

(1) བྱ་ནད་རྣང་། ཡི་གེ་སྐྱེལ་མཁན། བང་ཅན།

410. Ⅱ337－2 M. I. xxvii, 7

A1 ༄། [ནོབ་ཆུ]ངུའི་དགྲ་བློན་དང་ངོས་པོན་བཞི་ལ།

// nob chunguvi dgra blon dang ngos pon bzhi la/

2 མཇལ་བར་བསྒོ་བ།

mjal bar bsgo ba/

411. Ⅱ338－2 M. I. x, 5

A1 ……གཅན་ཁྱིར་འཚོལ་ཅིག

gcan khyir vtshol cig

(1) གཅན་ཁྱིར་འཚོལ། ཤ་ཁྱི་བྱེད་རྒྱའི་ཆེད་དུ་སྟེར།

412. Ⅱ338－1 M. I. xiv, 7

A1 ༄། ངོས་བཞི་ངོས་པོན་རྣམས་ལ་

// ngos bzhi ngos pon rnams la

2 གན་རེ་རེ།

gan re re/

(1) གན(རྒྱ)། འགན་ལེན་ཡི་གེ

413. Ⅱ338－3 M. I. xii, 3

A1 ༄: ཚར་(ཚེར་) དཔོན། པང་ཀུའ: ཚན་།

tshar(tsher)dpon/ pang kuv tshan/

414. Ⅱ338－4 M. Tāgh. c, iii, 0074

A1 ༄།: བདེ་གམས་གྱི་འདུན་ཙ་ནས……

// bde gams gyi vdun tsa nas

415. Ⅱ135 –2 M. I. iii,005

B1 ……

2. ནོབ་ཆུ་ངུར་ཁྲེ་ཁལ་གཉིས་དྲངས། ཀ་དག་ཁྲེ་ལས་ལྷ་ཆུང་རྟ་རིང་དུ་ཁལ་……

mob chu ngur khre khal gnyis drangs/ ka dag khre las lha chung rta ring du khal

416. Ⅱ135 –1 M. I. iv,101

A1 ༄།། ནོབ་ཆེན་པོ་ན། བློན་ནུ……

// nob chen po na/ blon nu

2 བསྟུས་པ་དང་ཀ་དག་ནས་

bstus pa dang ka dag nas

B1 གཏིང་ནོན་བཞིན་ནས། ནུབ་

gting non bzhi n nas/ nub

2 ཁ་ཉི་ཤུ་གཉིས་……། ནོབ་ ུ

kha nyi shu gnyis / nob u

3 ཆེ་བྲོས(གྲོས)་བཏོན་བའི་[རི]ང་སུ།

che bros(gros) bton bavi ring su/

417. Ⅱ374 M. I. viii,92

A1 ༄།། སྟོང་བོང་སྦྲུམ་གཅིག་ལ་སྲང་བཞི། ཕོ་བོང་གཅིག་ལ།

// stong bong sbrum gcig la srang bzhi/ pho bong gcig la/

2 སྲང་གསུམ། དགྱེའུཿ བོར་གཅིག་ལ་སྲང་གཉིས། གླ་ནི་འཕྲལ་ཞག་

srang gsum/ dgyevu bor gcig la srang gnyis/ gla ni vphral zhag

B1 དུ་ཐོགས་པ་ལས། ཉིན་རེ་བྲེ་རེའི་ཐང་དུ་དུད་ཀྲལ་ལས་བཀྲལ་

du thogs pa las/ nyin re bre revi thang du dud kral las bkral

2 ཏེ་སྩལ་ཏོ། རྒྱང་རྩེར་བ་བོང་མཆི་བ་སྟོང་གོང་མ་དང་འདྲ། གླན་གླ་ཕྱེད།

te stsal to/ rgyang rtser ba bong mchi ba stong gong ma

dang vdra/ gla na khal phyed/

(1) མཆེ་བ། འཆེ་བ།

418. Ⅱ390－2 M. I. vii,55

A1 ༄།། ཐུགས(ཞུགས)་གྲལ་རྣམ་གཉིས་ལ་བོན་པོ་བདུན་དང་། བོན་རྗེ་གཉིས་

// thugs (zhugs) gral rnam gnyis la bon po bdun dang/ bon rje gnyis

2 དང་དགུ་ཐང་བཉམ་སྟེ། ལྕམ་སྐྱོ་ལ་ཐུགས་གི་བར་དུ། གདུག་གཆིག་

dang dgu thang bnyam ste/ lcam skyo la thugs gi bar du/ gdug gchig

B1 ལ་མྱི་ཆིག་ཀྱང་དྲུག(དགུ)་[ཐུལ]་གྱི་རབ་ལས་སྐྱོགས་ཡམས་བཅུ་

la myi chig kyang drug (dgu) thul gyi rab las skyogs yams bcu

2 བཅུ་སྩལད་པའི་སྡོམ། སྐྱེམས་ཐུལ་གསུམ།།

bcu stsald pavi sdom/ skyems thul gsum//

(1) ཐང་བཉམ། ཆ་མཉམ།

(2) ལྕམ་སྐྱོ་ལ་ཐུག་གི་བར། དགོང་མོའི་ཐུག་པ་བཏང་མ་ཚར་བར་དུ།

(3) གདུག་གཅིག(གདུགས་གཅིག)། ཉིན་གཅིག

(4) དགུ་ཐུལ་གྱི་རབ། ཆང་བསྐོས་དང་པོ།

(5) ཡམས། ①ཟེ། ②སྣོད་ཁེངས་པ།

(6) ཐུལ། ཆང་རབ་སྐྱོགས་གསུམ་ཙུ་ཐམ་པ་ལ་ཐུལ་གཅིག ཕལ་ཆེར་ཁལ་ཕྱེད་ཀའི་ཚོད་ཙམ།

419. Ⅱ393－2 M. I. viii,39

A1 ༄།། ཚོས་ཁུར་སྣ་སྤུམ་ལས་སྣ་བཅོ་ལྔ་བཅོ་ལྔ།

// tshos khur sna spum las sna bco lnga bco lnga/

2 ཁུར་སྐྱ་དང་འོ་པེང་སྣ་ཅིག་ཀྱང་ཉི་ཤུ་རྩ་ལྔ་ལྔ། ཁམ་ལྒན་

khur skya dang vo peng sna cig kyang nyi shu rtsa lnga lnga/ kham lgan

B1 ཕུལ་གསུམ་གསུམ། ཕྱེ་མར་སྲང་གསུམ་གསུམ། [ཞོ]་ཕུལ་རེ་རེ།

phul gsum gsum/ phye mar srang gsum gsum/ zho phul re re/

2 སྩང་ཕྱེ་བྲེ་ཕྱེ་དང་དྲུག།

stsang phye bre phye dang drug//

(1)ཚོས་ཁུར་སྣ། སྣུམ་འཚོས་འཁུར་བ།

(2)ཐུམ(ཐམ)། མི་ཏན་སྣ་མཆོག།

(3)ཁམ་སླུན(ཁམ་རྒུན)། ཁམ་བུ་དང་རྒུན་འབྲུམ།

(4)ཁུར་སྐྱ། གྲོ་ཞིབ་ཐུས་ཞན་ལས་བཟོས་པའི་འཁུར་བ།

(5)འོ་པེང་། ཆེས་མིན་བླུགས་པའི་བག་ལེབ།

420. Ⅱ393 – 1 M. I. xxiv,0017

A1 ༄།། ག[ཏོ]ར་མ……ཆ……གསུམ་། ཐང་མཉམ་སྟེ་གཅི[ག]་……

// gtor ma cha gsum/ thang mnyam ste gcig

2 ཁུར་སྐྱ་འོ་པེང། བོག་རན། གླང་རྣ། པང་གི་གྲོ(ཕུད་ཀྱི་གྲོ)་……

khur skya vo peng/ bog ran/ glang rna/ pang gi gro (phud kyi gro)

(1)བོག་རན། བསང་ཤིང་།

(2)གླང་རྣ། དར་ཤིང་།

421. Ⅱ392 – 1 M. I. vi,2a

A1 ༄།། ནས།། ཐུགས་ཀླུད་ཀྱི་བཤོས་ཆ་གཅིག་གིས་སྲོད(སྲོལ)་

// nas// thugs klud kyi bshos cha gcig gis srod(srol)

2 ག་ཐུགས་དབབ།། དེ་ནས་ཐུགས་ཕེབས་ཀྱི་ཡམས་བཙལ་

ga thugs dbab// de nas thugs phebs gyi yams btsal

B1 ཏེ། གདུགས་ཚོད་ནར་མ་དང་། ནས། སྩང་ནན་ཡམས་གསུམ་ག[སོ]ལ།

te/ gdugs tshod nar ma dang/ nas/ stsang nan yams gsum gsol/

2 ཉམ་པག་ཡམས་གཅིག་བཙུག་བཙུགས་ནས། གོར་བུ་ཡལ་སར་

nyam pag yams gcig btsug btsug nas/ gor bu yal sar

3 དྲངས་ཏེ་གཡལ་སྤྱི་ནས།། དོ་མའི་ཆོ(ཆ)་སྨོས་ཏེ་འཇོལ།

drangs te g·yal spyi nas// do mavi cho(cha) smos te vjol/

(1) ཐུགས་གླུད། ཐུགས་སླུད། སྟོན་སླུད།

(2) བསྔོས་ཆ། གཏོར་མ་གཉིས།

(3) ཉམ་པག ཆད་ཐོར།

(4) ཐུགས་ཕེབས་ཀྱི་ཡམས། སྤྱན་འདྲེན་གྱི་ཆང་། ཕེབས་ཆང་།

(5) གཡལ་སྤྱི། བོན་པོའི་སློབ་དཔོན།

(6) དོ་མ། ཐོག་མ།

(7) ཆ། ①ལོ་རྒྱུས། ②ལན།

422. Ⅱ394 M. I. iv,60

A1 ༄། རྩེ་བླ་རྩེ་སྨན་དང་གཡང་གསོལ་བའི་ཞལ་ཏ་པ་དཔོན་གཡོག་ཏུ་

// rtse bla rtse sman dang g·yang gsol bavi zhal ta pa dpon g·yog tu

B1 བསྐོས་པ། རྒྱབ་སྟག་རྟན་ཞལ་ཏ་པ། ཡ་སྟོད་འདྲེན་ལྷ་བོན་པོ།

bskos ba/ rgyab stag rtan zhal ta pa/ ya stod vdren lha bon po/

C1 ཕྱི་མཐོང་མངོན་པ། གསས་ལ་བརྩན་རྩུ་མུ(གྱུ)་འཛུད། མྱེས་ཀོང་ཕྱག་ཚང་

phyi mthong mngon pa/ gsas la brtsan rtshu mu(gyu) vdzud/ myes kong phyag tshang

D1 དྲོ་བརྩན་སུག་ཟུངས(བཟུངས)། རྩེ་བླ་རྩེ་སྨན་དང་གཡང་གུ་དང་སྣ་ཚོ་

dro brtsan sug zungs(bzungs)/ rtse bla rtse sman dang g·yang gu dang sna tsho

2 སྟག་བཟང་སྤྱོ་རང་། སྟག་ཁྲི་གདས་དང་ཙོ་ལྷ་དཔལ(ཚེ་སྣ་པལ)་བཞེར

stag bzang spyo rang/ stag khri gdas dang tso lha dpal (tshe sna pal) bzher

(1) རྩེ་བླ་རྩེ་སྨན། སྐྱེ་ལྷ། མི་སོ་སོ་ཚེས་གྲངས་གང་ལ་སྐྱེ་དུས་སུ་འཁྲིལ་བའི་ཡུལ་གྱི་ལྷ

དང་ལྷ་མོ།
(2) རྒྱབ (རྒྱབ་རྗེན)། ཞོར་ལ་རོགས་རམ་བྱེད་མཁན།
(3) སུག་ཟུངས (སུག་བཟུངས)། མཆོད་པ་ཕུལ་མཁན།

423. Ⅱ395 - 1 M. I. iv, 121

A1 ༄། ཡུལ་ལྷ་ཡུལ་བདག་དང༌། སྨན་[གསོལ]་བའི་ཞལ་ཏ་པ། སྐུ་གཤེན་
// yul lha yul bdag dang/ sman gsol bavi zhal ta pa/ sku gshen

B1 ལས་མྱིང་བསྒྲོམ་པ། གྱད་[སད]་ཞལ་ཏ་པ། གསས་ཆུང་ལྷ་བོན་པོ། བློ་[ཙོ་ཚེལ་ངོ]།
las myíng bsgrom pa/ gyad sad zhal ta pa/ gsas chung lha bon po/ blo co tshel ngo/

C1 [ཅེས]་སྤེ་རྩང་སུག་ཟུངས(བཟུངས)། ལ་ཏང་རྩོལ་སུག་ཟུངས(བཟུངས)།།
. ces spe rtsang sug zungs (bzungs)/ la tang rtsol sug zungs (bzungs)//

424. Ⅱ395 - 2 M. I. xxvii, 15

A1 ༄།:། ཡུལ་ལྷ་ཡུལ་བདག་དང་སྨན་
// yul lha yul bdag dang sman

2 གསོལ་བའི་ཞལ་ཏ་པ། དང་སྐུ་གཤེན་
gsol bavi zhal ta pa/ dang sku gshen

B1 དཔོན་ཡོག། བློན་མང་གཟིགས་
dpon yog/ blon mang gzigs

2 བློན་མདོ་བཟང་།།
blon mdo bzang//

425. Ⅱ441 - 2 M. I. lviii, 007

A1 ༄། [གྱི]་ལྷ་འི་མངན་སྲུང་ར་སྐྱེས་བཞིན་བཟངས་གཅིག། སྐྱེམ[ས]་
// gyi lha vi mngan srung ra skyes bzhin bzangs gcig/ skyems

2 རྫི(རྫེ)་ཝུ་གང་ཅོ་ག་སྐྱེམས་རྫེ་ཝུ་གང་ཕྱེ་བྲེ་གང་མར་སྲང་གཅིག་

rdzi(rdze) vu gang co ga skyems rdze vu gang phye bre gang mar srang gcig

B1 ཤིང་རིས་གཅིག་མདའ་དར་སྣ་ཅན་གཅིག

shing ris gcig mdav dar sna can gcig

(1) མངན་སྲང་། གསོལ་མཆོད།

(2) ར་སྐྱེས། ར་ཞོ།

(3) རྫེ་ཝུ། ཆང་སྣོད་རྫ་མ་ཆུང་བ།

(4) ཅོ་ག ཆོ་ག

(5) ཤིང་རིས། བསངས་ཤིང་།

426. Ⅱ387 M. I. ix,4

A1 ༄།ཿ། སྤྲེའུ་ལོ་ལ། སྐུ་བླ་གསོལ་བ་འི། ལྷ་ཕུག(ཕུད)་རིན་དང། སྟ་དཀའ(རྟ་དཀར)་གླ་[ལ་སྩོ]གས་པ།།

// sprevu lo la/ sku bla gsol ba vi/ lha phug(phud) rin dang/ sta dkav(rta dkar) gla la stso gs pa//

B1 བཀལ་པའི་གཞི།།

bkal pavi gzhi//

(1) ལྷ་ཕུག(ལྷ་ཕུད)། ལྷ་ཆང་།

427. Ⅱ152 - 1 M. I. iv,138

A1 ༄། ནོབ་ཅུ་ངུ་འི་རྩེ་བླ་དང་རྩེ་སྨན་ལ།། ཡོས་བུ་ལོའི་

// nob cu ngu vi rtse bla dang rtse sman la// yos ba lovi

2 སྤྱིད་སླ་ར་བ་ལ།། སྐུ་བླའི་བྲེས། སྙིང་བཞིན་བཟངས་

spyid sla ra ba la// sku blavi bres/ snying bzhin bzangs

B1 གསོལ་ཏེ། ལག་དགྲ་དང་། སྲོག་མཅིན་ལ་

gsol te/ lag dgra dang/ srog mcin la

2 [སྨོ]ན་བྲིས་པའི་གཉེར་འསུས(འབུལ)།།

smon bris pavi gnyer vsus(vbul)//

(1) བྲིས་སྙིང་། སྐུ་ལྷ་གསོལ་བའི་ཡོ་བྱད།

(2) ལག་དགྲ། ①མདའ་གྲི་མདུང་གསུམ། ②དགྲ་ཆས།

(3) སྲོག་མཆིན། དར་ལྕོག

(4) གཉེར་འབུལ། རྩིས་སྲིད་པ།

428. Ⅱ391 M. I. vi, 12

A1 ༄།:། དགེ་འདུན་ཉི་ཤུ་རྩ་གཅིག་ཐང་བཉམ་སྟེ་མྱི་ཅིག་ཀྱང་……

// dge vdun nyi shu rtsa gcig thang bnyam ste myi cig kyang

2 བསྡོམས་ན། སྐྱེམས་ཐུལ་ཕྱེད་དང་བཞི། ཕངས་དབུ་[གཏུས]་ལ་སྐྱེམས་……

bsdoms na/ skyems thul phyed dang bzhi/ phangs dbu gtus la skyems

B1 ཆད་ཞལ་ཏ་པ་སྟོད་རིམས་ཉི་ཤུ་རྩ་བཞིའ། ཐང་བཉམ་སྟེ། མྱི་ཅིག་ཀྱང་……

chad zhal ta pa stod rims nyi shu rtsa bzhiv/ thang bnyam ste/ myi cig kyang

2 ཡམས་བཅུ་བཅུ་གསོལ་[བར]། བསྡོམས་ན། ཐུལ་སྐྱེམས་ཐུལ་བརྒྱ་……

yams bcu bcu gsul bar/ bsdoms na/ thul skyems thul brgya

(1) སྟོད་རིམས། ན་གཞོན།

429. Ⅱ390 – 3 M. I. vii, 2

A1 ……ཤུ་རྩ་བདུན།། ཐང་བཉམ་སྟེ། མྱི་ཆིག་ཀྱང་སྐྱོགས་ཡམས། ལྔ་

shu rtsa bdun// thang bnyam ste/ myi chig kyang skyogs yams/ lnga

2 ལྔ་ཞིམ(ཉིམ)་བའ། དྲུག་ཐུལ་གྱི་འབྲིང་ཐུལ་ཕྱེ་དང་ལྔ། ལས་མྱི་བརྒྱ་རྩ་གཉིས་

lnga zhim nyim bav/ drug thul gyi vbring thul phye dang lnga/ las myi brgya rtsa gnyis

B1 ཆལ་ནན་ཡ་སྐྱོགས་ཡམས་གསུམ་གསུམ་སྩལད་པའ། སྤྱིར་སྡོམས་……

chal nan ya skyogs yams gsum gsum stsald pav/ spyir sdoms

2 གྱི་ཁ་ཆབ་ལས་ཐུལ་བཅུ་དང་ཕྱེད་དོ་འདྲེན།།
gyi kha chab las thul bcu dang phyed do vdren//
(1) ཁ་ཆབ། ཆང་བསྐོལ་གསུམ་པ།

430. Ⅱ392－2 M. I. xxiv,003

A1 …… ི་སྟོད་རིམས་དང་གྲལ་ཉི་ཤུ། ཐང་མཉམ་སྟེ་གཅིགི་ཐང་ལ། བཤོས་
i stod rims dang gral nyi shu/ thang mnyam ste gchigi thang la/ bshos

2 ……[བཞི]་ཁུར་སྐྱ་འོ་པེང། སྔོ་ཚལ། སྐྱུ་རུམ་ཞལ་བུ།
bzhi khur skya vo peng/ sngo tshal/ skyu rum zhal bu/
(1) སྐྱུ་རུམ། ཚོ་ནང་དུ་བསྐོལ་བའི་གྲང་ཚལ།
(2) ཞལ་བུ། སྐེར་མའམ། ཐོར་པ།

431. Ⅱ381－1 M. I. xxviii,3

A1 ༄།། སྐུ་བླ་སྤྱན་དབྱེའ་བའི་རྐྱེན་སོ་སོར་བབ་སྟེ། སྦྱོར་བ་ལ།། བློན་ཁྲི་རྨ……
// sku bla spyan dbyev bavi rkyen so sor bab ste/ sbyor ba la// blon khri rma

2 ལ་ཀ་ཤའི་རིན་ནས་བྲེ་བཞི༑ བློན་མཚོ་བཞེར་མུ་ཏིག་འབྲུ་བྲེ་གཅིག༑ བློ……
la ka shavi rin nas bre bzhi/ blon mtsho bzher mu tig vbru bre gcig/ blo

3 སྟག་བཟང་སྨན་སྣ་ཚོགས་ཟངས་ལྟགས(སྣོད)།། མདོ་བཞེ་ད་དུ……
stag bzang sman sna tshogs zangs ltags ( snod )// mdo bzher da du

B1 ཅིག། རྒྱལ་ཟིགས་ལ་བྱུ་རུ་གཅིག༑ ལྷ་བཞེ་ལ་གཡུ་སར་ཅིག……
chig/ rgyal zigs la byu ru gchig/ lha bzher la g·yu sar chig

2 [མགར]་བུ་སྟོ་ལ་གསེར་གྱི་དང་ཁང་མཆིས་པའང་བླང་
mgar bu sto la gser gyi dang khang mchis pavang blang

3　འཚུག་སྣང་(སྟང)་ལ་དར་……

vtshug snang(stang) la dar

(1) སྨན་དབྱིའ། རབ་གནས།

(2) དང་ཁང་། རྟམ་ཁ།

432.　Ⅱ398　M. I. 0018

A1　༄།། ཡུལ་སྨན་གྱི་མང་(མདོ)་ཐང་[མ་སྙིང]་བཞིན་གཅིག། ཕྱེ་དང་མར་

// yul sman gyi mang(mdo) thang ma snying bzhin gcig/ phye dang mar

2　སྲང་ཕྱེད། གཆེངས(གཙང་ས→གཙེང་མ)་རྫུའུ་གང་། སུག་རྒོད་དར་སྣི་ཆང་གཅིག་

srang phyed/ gchengs(gstsang→gtsheng ma) rdzuvu gang/ sug rgod dar sni chang gchig

B1　ག[ཞི]་ནས་ཁྱོར་གང་། ཅོག་སྐྱེམས་རྫུའུ(རྫེའུ)་གང་། འདྲིང་སྐྱོག་ལྔ

gzhi nas khyor gang/ cog skyems rdzuvu(rdzevu) gang/ vdring skyog lnga

(1) མདོ་ཐང་། སྟོག་ཚབ།

(2) གཞི་ནས། ལྷ་ཐབ་པ་དང་རབ་གནས་བྱེད་སྐབས་ལྷ་ལ་གཏོར་རྒྱུའི་འབྲུ།

(3) ཅོག་སྐྱེམས། ལྷ་ལ་ཕུལ་རྒྱུའི་ཆང་།

433.　73RMF　1:27

A1　། བོན

/　bon

434.　Ⅱ343 - 6　M. Tāgh. a, vi, 0015

A1　༄།། ཡུལ་ཙན། གཅིག།

// yul tsan/ gcig/

435.　Ⅱ444 - 3　M. Tāgh. c, iii, 0048

A1　༄།: སྲོ: དགྱེར: སྟོ།

// sro dgyer sto/

436. Ⅱ346－2 M. I. xiv,43

A1 ༄༅། ཙེ་སེ་བ་སྤོན(སྩེ་སྫེ་བ་བོན)

// ce se ba spon(stse sje ba bon)

437. 73RMF 25:16

A1 ༄༅:། སོགསྤ་འདྀ་ལ་མོ་བཟང་ན……ལྷ་སྒོ་ནི་ཕྱེ

// sogspa vdṭ la mo bzang na lha sgo ni phye

2 ཤྀག་འདྲེ་སྒོ་ནྀ་ཟུམ་ཤིད(ཤིག)་པའྀ……

shṭg vdre sgo nṭ zum shid(shig) pavṭ

3 ཤོགས་ཤྀག་མོ་ངན་ན་སོགསྤ་ཁྱོད་ཁོ

shogs shṭg mo ngan na sogspa khyod kho

4 ན་ནྀ་མྱི་ཡི་[སྲོ]ག

na nṭ myi yi srog

438. Ⅱ399－1 M. I. xv,0016

A1 ༄༅། ཡུལ་སྨན་ལ་མ་སྙིང་བཞིན་བཟངས་གཅིག

// yul sman la ma snying bzhin bzangs gchig

2 གིས་གསོལ་སྟེ་ལག་དགྲ་ལ་ཞལ་གཞེན་ཏམ་མྱི

gis gsol ste lag dgra la zhal gzhen tam myi

3 བཞེན་སོམས……ཡོས་བུ

bzhen soms yos bu

B1 ལོ་འི་སྟོན། དཀར་གནག་གི་གྲོ་སྲུལ

lo vi ston/ dkar gnag gi gro srul

2 འཙོངས་སམ་མྱི་[འཙོངས]

vcongs sam myi vcongs

(1)ཞལ་གཞེན། གདོང་དམའ་བ། གདོང་དམའ་བ་ནི་མགོ་གྱེན་དུ་བཏེག་མི་ཕོད་པ། སྲོག་ལ་ཉེན་ཁ་ཡོད་པ།

(2)གྲོ་སྲུལ། འབྲུའི་སྐྱེ་མ།

(3)འཙོངས(འཚོངས→འཛོངས)། ལས་འགན་འགྲུབ་པ།

439. Ⅱ400 - 1 M. I. iv,79

A1 ༄།:། སོགས་པ་གཡས་ལ།

// sogs pa g·yas la/

2 ན་ཆུ་སྲིད(ཆུང་སྲིད)་ཡོད་དམ་མྱེད་ཤ་ནད་འོང་ངམ་མྱི་[འོང]་

na chu srid(chung srid) yod dam myed sha nad vong ngam myi vong

B1 མཆིན་པ་ལ་སྲིད་པྱ་(ཕྱ། རྩ)།། སྲིད་མནོས་བཟང། སོ་ཕྱོགས་

mchin pa la srid pya(phya/ rtsa)// srid mnos bzang/ so phyogs

2 ནས་སྨང་སྲི་དང། ……ུར་སྲིན་གི་ངོ་ཆེ།

nas smang sri dang/ ur srin gi ngo che/

(1) སྲིད་ཕྱ། ཁྱིམ་ཚང་དེར་བུ་རྒྱུད་ཡོང་དང་མི་ཡོང་བརྟག་པའི་མོ་ཞིག

(2) སྨང་སྲི། ཤི་ཁར་རྐྱེན་པན་པ་བྱུང་ནས་ཤི་བ།

(3) ……ངོ་ཆེ། ……ངོ་འདུག དཔེར་ན། ནད་ངོ་འདུག ཁྲག་ངོ་འདུག དམར་ངོ་འདུག

440. Ⅱ400 - 2 M. I. iv,35

A1 ༄། སོགས་པ་གཡས་ལ་། གཤིན་ད(དྲ)་མ་བརྩན་

// sogs pa g·yas la/ gshin da(dra) ma brtsan

2 གཆགས་དང་བྲལ་ལམ་མ་བྲལ།། གདོན་གཆགསུ།

gchags dang bral lam ma bral// gdon gchagsu/

B1 ཚ་ཆེ།

tsha che/

(1) ……ཚ་ཆེ། ……ངོ་ཆེ། ……ངོ་འདུག

441. Ⅱ399 - 2 M. I. iii,7

A1 ……[དང་རྩེ]་སྨན་དང་གཡང་ལ། ལུ……

dang rtse sman dang g·yang la/ lu

2 ……འུ་དགྲ་ལ་ཞལ་བཞེན་ཏམ་མ(མྱི)་བཞེན།

vu dgra la zhal bzhen tam ma(myi) bzhen/

3 མཁར་ནོབ་ཆུ་ངུ་ཡུལ་རིསུ། སླད་ནང་[དགྲ]་
mkhar nob chu ngu yul risu/ slad nang dgra

B1 མྱི་མཆི། ལོ་གྱང་འབབས་སམ་མྱི་……
myi mchi/ lo gyang vbabs sam myi

2 ……ཆི་འམ་མྱི་མཆི།།།
chi vam myi mchi///

(1) ཞལ་བཞིན། ཞལ་གཞིན། “339”

(2) གྱང་འབབས་སམ། གྱང་འགྱུགས་ཡོད་དམ་མེད།

442. Ⅱ400 – 3 M. I. iv, 3

A1 ……སྨན་ལ། བཤན་ལུག་བཞིན(བཞི)་
sman la/ bshan lug bzhin(bzhi)

2 ……གིས་གསོལ་ཏེ། ལག་དགྲ་ལ་ཞལ
gis gsol te/ lag dgra la zhal

3 ……ན། སོགས་གཡོན་དང་
na/ sogs g·yon dang

B1 ……ནོབ་ཆུ་ངུ་ན་ཕྱི་དགྲ་མཆི་འམ་
nob chu ngu na phyi dgra mchi vam

2 ……ེ་ལེ་མྱི་[ཆིན]……
e le myi chin

443. Ⅱ343 – 2 M. I. ix, 1

A1 ༄། ཟོང་ཀླུ་འཏུས།
// zong klu vtus/

444. Ⅱ306 – 3 M. I. xxi, 8

A1 ༄།:། སྲེག:ཀླུ་
/// sreg klu

2 ལེགས།།
legs//

445. Ⅱ446 – 1 M. I. xiv,0062

A1 ༄། བག་ངོ་སྔྭ་གཡོན་།

bag ngo sngwa g·yon/

446. Ⅱ237 – 3 M. Tāgh. 0575

A1 ༄།:། སྤང་རྗེ་རྒོང་ཀོང་ཡང་། ི……

// spang rje rgong kong yang/ i

2 བཏང་གིས།། འོ་ནིར་མཆིས་སམ……

btang gis// vo nir mchis sam

447. Ⅱ303 – 1 M. Tāgh. c,iii,008

A1 ༄།:། གཉི། བ: ལྷ་སྦྱིན་གི་ཕ་ཙ་།།

// gnyi/ ba lha sbyin gi pha tsa//

448. Ⅱ356 M. Tāgh. 0252

A1 ༄།། དགེ་བཟང་གིས་དྲངས……

// dge bzang gis drangs

2 ཡང་ཁ……

yang kha

449. Ⅱ193 – 1 M. Tāgh. c,iv,0021

A1 ༄།། གླུ་མྱི་འཕན་ཆུང་།

// glu myi vphan chung/

B1 འ་མ་ཆ་སེན་དོའི་མཚལ་མོ་ལ་

va ma cha sen dovi mtshal mo la

2 ……འ་ཙྪལ།

v tsal/

(1)མཚལ་མོ། ཟ་མ།

450. Ⅱ183 - 2 M. Tāgh. a, vi, 0023

A1 ༄།:། སོ་མ: ཉོ་བེ་དེ། ཇོ: གྱི། ཞོ: ད:

// so ma nyo be de/ jo gyi/ zho da

B1 ཀ་ཁ་ག། ང་ཙ་ཚ་ཇ་ཉ་ད་བ་ན

ka kha ga/ nga ca cha ja mya da ba na

451. RMF

A1 ༄། ནང: རྗེ: བོ: རྒྱལ: གཟིགས: དང: བཙན: བཞེ་……

// nang rje bo rgyal gzigs dang btsan bzher

2 ……ཀླུ་དང།། ཚལ་བྱི་རལ་ཀྱི་……

klu dang// tshal byṭ ral kyṭ

452. 73RMF 18:16

A1 བུ་མོ

bu mo

453. Ⅱ457 - 2 M. Tāgh. a, 4

| | | | |
|---|---|---|---|
| A1 | གད་སྲམ་<br>gad sram | གཏད་མྱེས་<br>gtad myes | འབྲེའུ་གཟིག་<br>vbrevu gzig |
| 2 | སྡེ་ལ<br>sde la | [ཚྭབ]་……<br>stshab | ཅད<br>cad |

454. 73RMF 26:35

A1 ནང་རྗེ་པོ་བློན་……

nang rje bo blon

2 ……

B1 བཀྭ་གསུང་ནི་རེ་རེ་གོ……དང་མ་ནི་རེ་རེ་དགུན་མདང་ནི

bkav gsung ni re re go dang ma nṭ re re dgun mdang nṭ

2 བཀའ་གསུང་ནྀ་……

bkav gsung nṭ

455. 59RMF 原号 6642 分类 1369

A1 ༄། ངོ་སྩོ་མེས་སླེབས

/ ngo stso mes slebs

456. Ⅱ191 – 1 M. Tāgh. b, i, 0088

A1 ༄། འམ་ཆ་ཤིར་དེ་ཚན

/ vam cha shir de tshan

457. Ⅱ191 – 2 M. Tāgh. i, 0021

A1 འ་མཆ: སི: བིར: ཙ་བདད(རྡད?)

va mchi si bir tsa bdad(rdad)

(1) འམཙ་སི་བིར་ཙ་བདད་ཅི་རྡད།

458. Ⅱ380 – 3 M. I. xiv, 31

A1 ཙང།

cang/

459.

A1 ༄:། ནའུ: ས་མས: མཆིས: ཕ: ལ: མཆིད: གྱིས: རྨསན: ।। ཐུགས: བདེ། སྙུན: མ: བཞེངས། ཤེས་

/ navu sa mas mchis pha la mchid gyis rmasna// thugs bde/ snyun ma bzhengs/ shes

2 རད(ངན)་ཕ: གཡུ(གཡུལ): རུ: ཐོས: ཏེ: གློ: བ: རབ: དུ: དགའ: ཞིང: མཆིས། དི …… ིག: ལེགས: གོང་ལ་བཀའ་

rad(ngan) pha g·yu(g·yul) ru thos te glo ba rab du dgav zhing mchis/ di ig legs gong la bkav

B1 སྩལད་དེ། ཞེས: བུ: གཅིག: བཞེད་དོ: ཞེས། བཀའ་སྩལད་པ: ། ནི: ནེའུ: ས: ལ:
སྐུར: ཞིང་མཆིས་ས་

stsald de/ zhes bu gcig bzhed do zhes/ bkav stsald pa/ nṭ nevu sa la skur zhing mchis sa

2 ཟིགས: ཀྱི: མཚན: མ་ཞིག: གྱང: སུག: རྒྱས་བཏབ: སྟེ: སྐུར་ཞིང: མཅིས: ། ན: བཞེས་སུ་
ཇི་གན(གནང)

zigs gyi mtshan ma zhig gyang sug rgyas btab ste skur zhing mcis/ na bzhes su ji gan(gnang)

(1)ཟིགས་ཀྱི་མཚན་མ། གཟིགས་རྟེན།

460.

A1 ༄།: ཇོ: བོ: རྒྱལ: སྒྲའ: ལ: པ: ཤེས: སྤྲིངོ། ངན: བུ: ནི: ལམ་བགྱིས: པའི: ཤུལ: དུ: ཐལ་

/ jo bo rgyal sgrav la pa shes springo/ ngan bu ni lam bgyis pavi shul du thal

2 བྱུང: ཡར: མཅིས: འོ: སྐྱིལ: གྱི: བརྒྱགས: ལོང: ཡང: མས: མཅིས: ཤེས། ནི: འདའ་

byung yar mcis vo skyil gyi brgyags long yang mas mcis shes/ ni vdav

3 ས: སུ: སུ: ལ: ཅི: མཅིས།

sa su su la ci mcis/

B1 མ: རིག: ཁུལ: སྦྱིན: མས: མཅིས: སམ་མ་མཅིས་པ་ནི་སླད་གྱིས: ཡི་གེ: སྤྲིངོ

ma rig khul sbyin mas mcis sam ma mcis pa ni slad gyis yi ge springo

2 ཁྱེད: གྱི: ནས: ནི: བས: པར: སྔོལ་ཅས(ཅེས): འཙལད: བྲེ: བརྒྱེད(བརྒྱད):
མ: ཏེག: སྟེ: ནོབ: ཅུངུ་

khyed gyi nas ni bas par sngol cas(ces) vtsald bre brgyed(brgyad) ma teg ste nob cungu

3 ལསོ(ལུསོ)།། ལས།

laso(luso)// las/

(1)ལམ་བགྱིས་པ། ས་མཁན།

(2)འོ་སྐྱིལ། ང་ཚོ།

(3)བས་པར་སྟོལ། ཟད་པར་བཟོས། ཟད་པར་ཉེ།

461.

A1 ༄:། བྲིང: བཟང: དང: སྟག: སྙ: གཉིས: ལ: ། ཁོང་ཙས་

// bring bzang dang stag snya gnyis la/ khong tsas

2 [སྤྲི]ངའོ: ། ངན: བུ: ཐོབ: ཐང: ཁལ: ཕྱེ: དང་

springvo/ ngan bu thob thang khal phye dang

གསུམ: འོ: ནྀར(ནིར): ནོབ: ཅེན: ཕོར: བྱང(ཁྱོད): གུ: དོང་

gsum vo nṭr(nir) nob cen phor byang(khyod) gu dong

གཅིག: ནང: དུ: གཅིག: ལ: སལ(སྩལ)་……ཞོག

gcig nang du gcig la sal(stsal) zhog

462.

A1 ༄། ནང: རྗེ: བོ: གྲོ: རྨ: འཞསྔར།། ཉ: གསེང: གྱིམཆྀད: གསོལབ

/ nang rje bo gro rma vizhasngar// nya gseng gyimchṭd gsolba

463.

A1 ༄། པའ: ཙབ་སྟག: རྨ་

/ pav tsab stag rma

2 ཡུལ: གཟིགས: ལ་

yul gzigs la

3 མོ…… ོ……ཀྱིས: སྤྲིངོ།

mo o kyis springo/

464.

A1 ༄: དར་མྱ: གཉིང་ཁང། ོ……

dar mya gning khang/ o

2 [མྱི: གནང]

myi gnang

# 汉文译文及考释

## 一、经　济

**土地：**

共31简。

土地简牍中反映出当时的经营、管理制度，与吐蕃本部有明显的差别。研究藏族史的同志们绝大多数认为：当时，吐蕃本部实行奴隶主所有制，土地归奴隶主所有，由奴隶主的代理人统一组织耕作，奴隶承担全部的劳动任务。而这里却有不同，如经营、管理上经常出现的一个词 nod，尽管我们把它解读为“领受、承受”，但实际上我们还弄不清是一种租赁的方式，还是一种封授的方式。似乎是在当地任职的官员，都有一份定额的土地——俸田，有使用权。而这些土地又交与劳动者去耕作，他们之间如何分配收获物，至今还不清楚。另外，我们还知道有一种叫做“农田官”的官员，无疑是专门主管土地事务的长官。在各级政府中都有这种官员设置，说明土地经营已很繁杂。土地的计算面积单位“突”（dor），与西藏本部一致，并一直沿用至今。关于突（dor）的含义，已详于下文注释中。当地种植作物的名称，从简牍中可见的有青稞、小麦、粟米等。当地耕作是采用一种土地轮休以养地力的方法。

若干年来，许多学者致力于探讨敦煌、吐鲁番乃至西部地区的经济制度，有很大的成绩。唐长孺、王永兴、韩国磐、汪篯、仁井田陞、池田温，西嶋定生、堀敏一、西村之佑、杨联陞和D. Twitechctt 等人的论著，都有新的进展。结合吐蕃占领时期来看，池田温的文章提到："敦煌从8世纪末开始，被吐蕃占领几十年，在那里按照基准单位'突'（一突等于10亩）进行土地丈量、分配、课税。影响所及，一直到以后归义军时代的文献，还不断出现的关于土地区划畦的记载，反映了敦煌土地制度的特殊性。"原载《东洋史研究》，题作《探讨敦煌、吐鲁番的古代土地制度》就这一点来说，吐蕃占领期的经济制度的特殊性，已引起人们的注意。

但是，我们对简牍中所反映的材料的重要性是逐步认识到的。吐蕃与突厥—回纥、唐廷争夺安西四镇及整个西域的控制权，长时期地进行较量。第一次，是在公元7世纪后半叶，也就是公元670年前后，主要是噶尔家族父子兄弟在那里与突厥周旋，但是并未能站住脚跟。第二次，也就是8世纪前半叶，公元722年左右又形成一次高峰，由于唐廷重兵扼守，将帅调度有方，更主要是由于开元、天宝之间，国力极盛，吐蕃的军事行动虽取得一定进展，也未能长治久安。第三次，即8世纪后半叶到9世纪前半叶，可以说是吐蕃在西域取得成功的时期，唐廷由于安史之乱，元气大伤，无暇西顾，吐蕃乘机得手，实现了长期以来的欲望。我们把简牍中出现的经济材料，看做是这一时期的吉光片羽，关心唐史、西域史、中西交通史和西域民族史的同道定会有同感吧！

1. **译文：**

……论本二人领受：零星农田①一突②，通颊③……好田一块，右茹茹本④田一突，门笃……田一突，茹玛达一突田附近，茹本农田主渠对面，田一突一并领受。平坝田一突由益西乔……

承受。

**注：**

①田与地（zhing 与 sa）：在木牍上看出来是有区别的。田是已经经营日久的熟田，按敦煌惯例，垦荒五年的地土即可称为田；反之，新垦荒或垦荒后不足五年的地土，称为地。这种区别，反映出吐蕃人依照当地沿用的唐人习惯来奖励垦荒的政策。

②突：dor 或作 dor ka。作为田亩的计量单位，在藏区至今还在使用，即二牛抬杠一天所耕的面积。《格西曲札藏文辞典》第 409 页，将这一词训释为“一具”，即一犋。《达斯字典》第 645 页，将这一词训释为 a pair of draught cattle，glang dor，a yake of oxen（一对耕畜，如黄牛之突，牦牛之突……），仍然是这个意思。但在敦煌文献中另有解释：敦煌汉文写卷 S. 2103 号《酉年沙州灌进渠百姓李进评等牒》，其第 1 行有“……空地两段共叁突”，第 5 行“……地壹突用水，……是行人突地”等字样。看出来空地用“突”来计量。S. 4661 号字卷卷首有“八突”。P. 3410 号《崇恩析产牒》写卷第 4—5 行，有“无穷地两突、延康地两突”。均可说明“突”是用以计量地亩的。据 S. 9156 号《沙州诸户口数地亩簿》写卷所列的明细表推算出亩与突的换算比例：一突等于唐制 10 亩，半突等于唐制 5 亩。

关键在于 dor 与突的关系。日本池田温在《丑年十二月僧龙藏牒——9 世纪敦煌分家诉讼文书介绍》（《山本博士还历纪念东洋史论丛》，1972 年，第 25—38 页）一文中，将“突”字认定就是藏语的 dor，并推定当时吐蕃人把 dor 计量制度推行于沙州一带。在此之前，山本达郎刊布斯坦因汉文卷子《敦煌发见户制田制有关文书十五种》（《东洋文化研究所纪要》第 10 号，1965 年），其中“突”字写作“突”。池田温认为“突”字即是“突”字。这样一来，再参照藏文卷子 dor ［ka］ 的意义已经基本弄清。同时还有助于了解从“突”字派生出来的一系列语词，这些词在敦煌汉文卷子里是屡见不鲜的。如：

突田：经过丈量清楚，清查登记了的土地。

突税：经过丈量后，按地亩征收的税赋。

突田仓：专门储运突税的仓廪。

纳突：交纳突税的负担。

突田历：清查丈量土地的登记表。

突课：私家奴户所交纳的田课。因为是公田，经过丈量的突田，交私人耕种所纳。（中山大学姜伯勤君撰有《突地考》一文，蒙他将未刊稿寄赠。此文后载《敦煌学辑刊》1984 年第 1 期。这里所引，大都是姜君的观点，对他的盛情深表谢意。）

③通颊：mthong khyab，吐蕃军事行政区划中的一级机构。据《贤者喜宴》ja 卷第 19 页所载，“通颊”设于边境，东道节度所辖设十通颊，东西两侧各五。

这一语词的实际含义，一直困扰着许多学者。日本佐藤长在《西藏古代史》一书中把它解释为“张台”，即瞭望哨所；匈牙利乌瑞在《〈贤者喜宴〉分析研究》中认为是一个具体地名；托玛斯在《关于新疆的藏文文献集》第 2 卷中解释为烽火瞭望边哨。日本山口瑞凤在 1980 年谈《吐蕃支配时期的敦煌》一文时（《讲座敦煌 2：敦煌的历史》，大东出版社，1980 年），注意到这是吐蕃人占领了唐廷属地以后，在蕃汉杂居地区设置的新机构，相当于一个千夫长、一个千户（东岱），他采用了“通颊”译音。其涵义见于《贤者喜宴》所记：通颊设于边境，东道节度所辖有十通颊，东西各五。这里的通颊当属西翼。此一语词在吐蕃时期的手卷和木牍中都已出现。由于过去人们弄不清它的涵义产生许多误解。有时合体字缩写成 mthyong，我们过去把它意译为“节度使”，见《敦煌本吐蕃历史文书》译文。

按通颊一词在敦煌文书中有 mtong khyab，stong khyab，mthong khyab 等不同变体，《贤者喜宴》ja 卷 19 页还说：“孙波（苏毗）一茹连同通颊汉户十一东岱”、“一切通颊辖部”，都是指这一机构。《敦煌本吐蕃历史文书》赞普传记第 8 节记墀松德赞之时：“韦·赞热咄陆等，引军攻小城以上各部，连克一十八城，守城官员均收归编氓，国威远震，陇山山脉以上各部，均入于掌握矣！乃设置五部通颊（五道节度使），新增一安抚大使管辖之大区。”巴黎出版的影印本《敦煌藏文写本选集》第449页P. T. 113号载：“论恐热（blon khrom bzher）致安抚大使，决定于沙州建新编通颊武士东岱。”第429页P. T. 1083号，亦记有通颊一词。

现在，我们把汉文文献中所记载的吐蕃东鄙（境）五道节度使一词跟通颊五千户所联系起来考虑。《资治通鉴》卷236贞元十八年（802年）正月：“吐蕃遣其大相兼东鄙五道节度使论莽热将兵十万解维州之围。”《旧唐书》卷140《韦皋传》有：“赞普遣论莽热以内大相兼东境五道节度兵马都群牧大使。”均可说明藏、汉文义相合。而且在敦煌汉文写卷P. 4083号《唐清奴买牛契》中有：

> 丁巳年正月十一日通颊百姓唐清奴，为缘家中欠少牛畜，遂于同乡百姓杨忽律元面上，买伍岁耕牛壹头，断作价值生绢一匹，长三丈柒尺。其牛及价当日交相分讫为定，用
>
> 为后凭，其绢限至□午年 时限不还者□□生利<br>十日利□□还□□
>
> 买牛人唐清奴（押）
>
> 买牛人男定山（押）
>
> 知见人宋介子（押）

足可证明“通颊”就是mthong kbyab的音译，通颊百姓即为吐蕃官员管辖下的汉蕃杂处的部落人民。

④右茹茹本：吐蕃的行政区划分为四茹（或五茹），即：伍茹、腰茹、右茹、左茹（或称伍茹、腰茹、叶茹、茹拉），苏毗被征服后，就其故地立为一茹称孙波茹，合称五茹。见《贤者喜宴》ja卷第19页，《五部遗教》德格版第60页。茹本身是一种军事组织，茹之下设千户所（stog sde），每一茹辖9个千户所。《新唐书·吐蕃传》云“（吐蕃）胜兵数十万”，大致是符合事实的。吐蕃即依靠这一军事组织，把它的人民组织在这个系

统之中，而这一组织实际上兼管军、民和生产。茹本即掌管一茹军、政事务的长官，例由贵族、外戚担任。

右茹为一大茹，分为上右茹、下右茹。按《五部遗教》所载，上右茹茹本为琼波氏，下右茹茹本为管氏，这两大家族都是吐蕃王朝的勋臣。见《敦煌本吐蕃历史文书》赞普传记第4节记载，琼保邦色叛离藏蕃小王马尔门，割其首级，投归悉补野，以功得任吐蕃大相，后又因谋叛事发自刎。管氏领军兼有政治谋略者为管·支桑雅卜拉，曾任大相。按《贤者喜宴》所载一段关于噶尔·东赞域宋（即禄东赞）受命划分茹的区域时，如何遇到困难，无法确定各茹周界，乃入民间进行调查，由聪俊小儿达延莽布支协助而完成，甚为有趣。书中所记各茹四至，已经译成汉文，载于《敦煌本吐蕃历史文书》附录。根据这一记载可以确定，右茹的驻地原为“以襄·雄巴园为中心；东至扎·朗玛古尔普；南至聂拉木牙保那；西至介玛拉古；北至迷地曲那”。今天来看，其大致范围是后藏偏北，即以雅鲁藏布江以北的象河流域为中心，南抵聂拉木，北到黑河迷地，西至拉古（似在仲巴境内），东至玛江之境。

在新疆地区出现右茹茹本的木牍，说明吐蕃的军旅驻扎在新占领区仍保有原来的番号。

2. **译文：**

……之农田一突，邦布小王（莽布支）① 农田一突，资悉波②农田一突半，悉斯赞新垦荒地在通颊者两突，零星散地一突。

**注：**

①邦布小王（莽布支）：按读音 bam(mang) bu rje，依唐代习惯译为莽布支。这是吐蕃人喜欢习用的名字，本意为“众人所举之王”，后逐渐变为对贵族的尊称，又演变为人名的一个组成部分。如《资治通鉴》卷207久视元年（700年）闰七月条：“丁酉，吐蕃将麴·莽布支寇松州，围昌松。”可见莽布支已成

为人名之一部分。同书圣历二年（699年）二月条：“赞婆帅所部千余人来降。”《考异》曰：“赞婆及其兄子莽布支等来降，以莽布支为左羽林卫员外大将军，封安国公。”这一段记载，可以从《敦煌本吐蕃历史文书》赞普传记第10节得到证实，赞婆之侄即钦陵之子，名莽布支，投唐后，汉名为论弓仁。《张说之文集》卷17《拨川郡王碑》云：“拨川王论弓仁者，源出于疋末城，吐蕃赞普之王族也。曾祖赞、祖尊、父陵，代相蕃国，号为东赞。戎言谓宰曰论，因而氏焉。公有由余之深识，日磾之先见，陋偏荒之韦毳，慕上国之衣冠。圣历二年，以所统吐浑七千帐归于我。是岁吐蕃大下，公勒兵境上，纵谍招之。其吐浑以论家世恩，又曰：‘仁人东矣’，从之者七千。朝嘉大勋，授左玉钤卫将军，封酒泉郡开国公，食邑二千户。”

②资悉波：吐蕃财务官员。这一职官名称，又见《唐蕃会盟碑》北侧藏文第36行，载参与会盟的蕃官名单中有“资悉波折逋额论悉诺昔乾窟”，即为此等官员的最高者。汉字对音译为“资悉波”（折逋，大也），在吐蕃政府中相当于“户部”的官员。这一职务，一直延伸到近代，西藏地方政府中的“孜本”(rtsis dpon)，还是属于这一类职守。

3. **译文：**

门穹俸禄田①一突。

**注：**

①俸禄田：用以酬劳军、政官员的薪俸土地。吐蕃军旅占据了瓜沙、河湟以及西域一带之后，土地经营的政策原则上是维持原有的制度和所有权不变。但也以一部分土地分配给有军功的勋臣，用以酬赏。具体办法尚有待查考。这里所谓俸禄田，似即为一种表现形式。

又这种俸禄田的计算面积也是以种籽量为单位。这是人类历史进程中共有的现象。在古代希腊的迈锡尼时代，派罗斯的土地统计单位就是如此：“土地的计算法是以一定容量的小麦（或大麦）种籽为一单位（译为麦籽），表意符号‘干’，凡120公升。据估计，每50公升约合1公顷，故每单位的‘干’约合2.4公顷。”引自周一良等主编《世界通史资料选辑》上古部分（商务印书馆，1962年）第235页。

4. **译文：**

班丹领受：资悉波之田地三突，军官俸田一突，茹本之新垦荒地一突，副先锋官[①]田一突……。

**注：**

①副先锋官：dgra blon chu ngu。这是吐蕃军队中比较重要的军将，其正职为先锋官 dgra blon，下一简中即有此职。这一类官员例由部落上层充任。托玛斯将这职务解释为“战将”（war councillor），见《关于新疆的藏文文献集》第2卷第336—337页，似乎也是同样的意思。

5. **译文：**

博玛（蕃人）[①]领受：茹本达萨结之农田一突。

**注：**

①以民族作为人名。博玛（bod ma）意为“老蕃子”，可能是早期吐蕃人留寓汉区的后裔。这是其他民族对他们称呼，久之遂成人名。在蕃汉杂处的地区，吐蕃人与汉人同样领种土地，承担义务。这是当地社会稳定、生产发展、人民和平相处的一个重要因素。

6. **译文：**

论玉协尔青稞[①]田两突半。允奈青稞田三突。……阿彭青稞田……突。

**注：**

①青稞：gnag，意译为黑，即 nas。小麦（dkar），意译为白，即 gro，形成对文。这两种作物，是当时主要的粮食作物。

《新唐书·吐蕃传》："其稼有小麦、青稞麦、荞麦、豋豆……"正合。而吐蕃俗称青稞为黑粮，小麦为白粮。以 gnag（黑）、dkar（白）两字以代，这一习惯一直沿用至今。

7. **译文：**

格来领受：先锋官之农田两突。

**按：**

前第4简下已注出，先锋官职有正副，为吐蕃军旅中重要将领。但至今不明其级别，是否在各级团队或更高一级编伍中均设此职，尚待查考。

8. **译文：**

……俄的……鲁茂零星田……突。老总[①]之农田一突，……之农田……突。

**注：**

①老总：似为对军人出身而后专业务农的"退伍军人"的称号。

9. **译文：**

班金领受军官[①]田一突。

**注：**

①军官：dmag pon，泛指各级军职的指挥员。《唐蕃会盟碑》记载参加会盟的蕃官名单中，把 dmag pon 对译为"元帅"。可以看做是最高的一级军阶。

10. **译文：**

粟特[①]处军官良田一突。

**注：**

①粟特：藏语中 sog po 一词，在13世纪以后指蒙古人。王静如先生曾云其为"阻卜"的对音。见其所著《论阻卜与鞑

鞀》,《中央研究院历史语言研究所集刊》第2本第3分,1930年。但在唐代文献中,若以 sog po 对译“阻卜”似失之太晚。李方桂教授有鉴于此,撰《释藏语中的 sog》一文,同意蒲立本(E. G. Pulleblank)的见解,认为在唐代藏文文献中 sog po 系指粟特人。我们见到 P. T. 1263 号卷子《藏汉对译词汇》中将 sog po 译为“胡”,恐怕就是唐代汉译中常用的“西胡”。

我们还知道,当时敦煌文献中颇多粟特人的记载。如《敦煌遗书总目录索引》一书所刊即有:

P. 3511 号,粟特文经。

P. 3512 号,粟特文陀罗尼咒。

P. 3515 号,粟特文佛经。按该号下另有粟特文卷 18 种。

P. 3516、P. 3518、P. 3520、P. 3521 诸号,皆是有关粟特的文书。

池田温《8世纪中叶敦煌一带的粟特人聚落研究》一文,颇为详尽地探讨了粟特人的活动。当地康姓、安姓、石姓、曹姓、何姓、米姓、史姓、罗姓、贺姓等巨族,可能都是粟特人的苗裔。在《天宝十载敦煌县差科簿》中出现的一批粟特人的姓名,如康逸斤、贺吐屯、罗特懃、何莫贺咄、安达汉、安乌苏密等都是明证。

粟特又作粟弋,属伊朗语族,其首邑马拉坎达(今撒马尔罕),隋唐时文献中所记康国即是其地。按粟特人在西域一带聚居,与吐蕃人早有往来,《粟特与格萨尔王之战》一书,也反映了粟特与吐蕃关系的一个侧面。

11. **译文:**

……的一……。鲁茂之零星田……突。总领受田一突。……之农田……突。

**按:**

此简与上引第8简形制全同,可能是同一简的正副两本。

12. **译文：**

农田使官[①]拉罗领受属桂[②]之田一突。

**注：**

①农田使：吐蕃在新占领原属唐廷的地区沿用唐制，设屯田、营田的官吏，译为“农田使”或“营田使”。

②桂：原为吐蕃武士阶层，据《贤者喜宴》ja 卷第 16 页所载：“桂者人民中优秀而参加军伍人员之谓也。”对这类军人武士，颁赏土地，用以酬勋也是意中之事。“属”似为家族名，“属卢”（cog ro）氏的省称。

13. **译文：**

扎热[①]领受信使[②]田一突。

**注：**

①扎热：dgra bzher，吐蕃军旅中先锋官之下的郎将。热，吐蕃职称，《通鉴考异》云“热者，例皆言之，如中华呼郎”，今从之。

②信使：吐蕃驿传制度较为严密。《新唐书·吐蕃传》曰：“其举兵，以七寸金箭为契。百里一驿，有急兵，驿人臆前加银鹘，甚急，鹘益多，告寇举烽。”传递信息的信使地位逐步提高，由于这种驿站初建时仅供传递军情，后来凡宣布政令、使节往来都利用驿站，形成蛛网式的驿传系统。此处信使名称，可能就是唐人称之为“飞鸟使”的一种。

14. **译文：**

鲁拉措领受田一突。

15. **译文：**

那松之农田佣奴[①]三人……[领受]农田三突。

**注：**

①农田佣奴：chun pa，可能是专门从事农田生产的佣奴。

16. **译文：**

论赞[1]之农田佣奴领受聂拉木[2]以上查茹拉（地方）农田四突。

**注：**

①论赞：吐蕃官员名。

②聂拉木：nya lam，地名。在今后藏西鄙，珠穆朗玛峰下。此处似为吐蕃军旅占有西域以后之侨郡。

17. **译文：**

超铺领受噶尔都孜高之良田一突。

18. **译文：**

洛卓有中等田一突。

19. **译文：**

鲁昂错领受丘噶之农田一突。

**按：**

此简文字与第12、14简参照阅读。“鲁昂错”与“鲁拉错”（klu lnga mtsho，klu la mtsho）、“属桂”与“丘噶”（gco rgod，gcor rga），可能都是同一类文契，书写略呈差异而已。

20. **译文：**

……已交与证明人，在诺赤的……，我之田款[1]……。

**注：**

①田款：zhing rin，不知何所指？是租金、典当金，还是出卖，有待今后研究中进一步考查。按藏区土地买卖的记录，最早的见于《米拉日巴传》，米拉日巴（1040—1123年）的母亲将自己的陪嫁田售出，为儿子筹集学费。《萨迦世系史》亦载昆·贡曲结布到萨迦地方购地之事。这都是指11—12世纪的事。希望能有更进一步的材料，说明敦煌—于阗一线吐蕃对土地的经营

管理制度的细节。这里出现的“田款”一事值得注意。

21. **译文：**

地一块[①]……。

**注：**

①块：glings，不是度量单位，也不是专指地亩面积的单位，而是计算块数时的地块。当然，其大小宽仄面积各有不同。这一词的主要意义在于表明，当时有按地块统计土地的方法。其每一块的面积大小仍然是以种籽来计算，与以耕牛耕地的多少来计算的方法互为补充。

22. **译文：**

库穷及库登芒巴，[领受]小铜告身[①]者之农田三突。一名耕田人……。

**注：**

①告身：据藏文史书《贤者喜宴》载，告身共六种，各分大小，为十二级，最上为玉、金，次为银、颇罗弥，又次为铜、铁。大银字告身授予经院法师，御前咒师，上下权论等。《新唐书·吐蕃传》曰：“其官之章饰，最上瑟瑟，金次之，金涂银又次之，银又次之，最下至铜止，差大小缀臂前以辨贵贱。”《册府元龟》卷987外臣部载：“贞元十二年（796年）三月，韦皋奏收降蛮七千户，得吐蕃所赐金字告身五十五片。”足以证明唐廷曾获有此实物，惜已佚失。

23. **译文：**

保超地方新开荒四突。

24. **译文：**

……一，上部等地之田一突，其中半突由悉诺穷耕种。那雪[①]部落……两突地，内有茹本农田一突和零星地一突，为军帐[②]长官耕种。

**注：**

①那雪：孙波（苏毗）旧地，吐蕃征服孙波后，编其地为孙波茹。而“那雪”则编为一直属的小东岱。事见《贤者喜宴》ja卷第4页。参见《敦煌本吐蕃历史文书》附录吐蕃六十一东岱表。又，吐蕃时期往往以河流作为军队的番号。如：畿曲河流域，名为畿雪，该地军队即名畿雪军；索河流域名为索雪，其军名为索雪军；那雪即为那曲河流域，而军队名为那雪军。“雪”shod，指河之所经，又多分为上下两部。如：畿曲河流域上部则名为“畿堆”，下部名为“畿迈”。

②军帐：系根据khrom一词的特殊含义译出。按khrom是研究吐蕃史的学者们最感兴趣的论题之一。托玛斯先生沿用字典中的释义，解释为“市场”、“市镇”，在许多文书中难以贯通。乌瑞（G. Uary）在1979年英国牛津大学举行的藏学会上，发表了一篇著名的论文：《释khrom，7—9世纪吐蕃帝国的行政单位》（Khrom，Administrative Units of the Tibetan Empire in the 7th—9th Centuries）文中即认为khrom系一行政单位。

检查P. T. 1217号敦煌藏文手卷，卷首即标明：“大尚论将军会议。”而在P. T. 1083号卷子尾端有一印章，作飞犬座兽形，下有一行藏文，标明“发白将军”。因此，我们把它译为“将军”，是根据吐蕃当时组织的实际情况出发的，与乌瑞先生所说的意思基本一致。

在藏文文献中，常常把khrom跟格萨尔王连在一起，合称khrom ge sar。见于《贤者喜宴》、《五部遗教·大臣遗教》、《西藏王臣记》等书。似乎在这里还保留了“大将军”的含义，与格萨尔王的身份相称。

也有人希望把khrom作为一具体地名来解释：过去我们就曾把它作为哈密—高昌—khrom来考虑，因khrom与现代维吾尔语称高昌之地为khram相近，因之拟定khrom可能即是高昌。看来，这也许是khrom的含义之一。又如法国藏学家石泰安认为，

khrom 是 phrom 的异体，即“拂林”的对音，因而推断“格萨尔”即为罗马的“凯撒大帝”。不过在我们国内，很少有人接受这种推测。

关于 khrom 一词的内涵，大致可包括以下几种：（1）市场、市镇、集镇；（2）地名，高昌的藏文形式；（3）吐蕃时期军政机构之一；（4）将军或大将军。

**25. 译文：**

悉诺萨尔钵列，从朗辛城领受熟地三突。

**26. 译文：**

在彭[①]地，有则屯之待垦荒地一突半（一个半突）[②]。

**注：**

①彭：又作彭域。苏毗（孙波）故地，被吐蕃悉补野部落征服后，即编为吐蕃所辖一茹，而其要地原名“岩波”改为“彭域”。见《敦煌本吐蕃历史文书》赞普传记第 4 节：“赞普墀伦赞乃发布命令，改岩波之地名为彭域。”又有歌曰：

> 彭域成了洛、埃的附邑，
> 攻下彭域的却是色穷。
> ……
> 将岩波（彭域）征服了，
> 并归雅砻地方。
> ……
> 彭域成了洛、埃的附邑，
> 攻下彭域的乃是董、东。

彭域在今拉萨市以北，通称“彭保”。

②一个半：藏文作 phye dang gnyis，即“半与二”，与 gnyis dang phye（二与半）完全不同。前者为一又二分之一，后者为二又二分之一。现代藏语仍用此计算法。

27. **译文：**

玉屯之新开荒地。则屯之田一突，［耕田］一突半。

28. **译文：**

农田长官多贡之佣奴农户，专种蔬菜[1]的零星地……突。税吏[2]开桑和则屯有差地[3]一突。

**注：**

①此简文中表明，当时已有专营蔬菜种植的行当。可能是吐蕃占领瓜沙、河湟一带以后，保留了当地的生产特点。经营这项生产事业，很有意义。

②税吏：khral pon，专门从事税收的官吏，这也与当地原有的税赋制度有关。吐蕃当局增设这一种官员，征收税赋。

③差地：khral ［zhing］，专门应付差税任务的土地。这种土地上生产所得支应差税，与上文税吏的业务相一致。或作为劳役地租形式的报酬，谓之差地。

29. **译文：**

则屯之王田六突，杂堵贡顿耕种两突。

30. **译文：**

……［那］雪之田三突。岸本文书[1]之田一突。……那雪水中草坪之田两突。都护[2]之田七突。

**注：**

①岸本文书：吐蕃官制中一官名，岸本为专司财务长官，译作“度支官”。此名又见于《唐蕃会盟碑》北侧蕃官题名第32—33行，藏文之汉译文为：“岸奔（岸本）榼苏户属劼罗末论矩立藏名摩”，即是此类最高一级长官。“文书”，在各级机构中充任文字缮写及案牍工作的技术人员。这里岸本文书，即是在度支机关中服务的文牍人员。

②都护：《新唐书·吐蕃传》云：“都护一人，曰悉编掣

逋。”这里的“都护”，应指其下属“营田观察等使”的译名。又见于《唐蕃会盟碑》东侧碑文第68行，译为“观察使”。

**31. 译文：**

交付萨毗①军官与负责营田之人。

**注：**

①萨毗：tshal byi，吐蕃统治敦煌—于阗一线时所指一大行政区划的名称。《旧唐书·地理志》载：“北庭都护府：……至上元元年（760年）陷吐蕃。……咸亨元年（670）四月，吐蕃陷安西都护府。……上元元年，河西军镇多为吐蕃所陷。……吐蕃急攻沙陀、回鹘部落，北庭、安西无援，贞元三年（787年），竟陷吐蕃。”又，“毗沙都督府，本于阗国”，“疏勒都督府，本疏勒国”。这里的萨毗 tshal byi 可能就是疏勒（tshal）和毗（byi）沙的合并简称。按当时情况，其地已陷入吐蕃手中，故在这一地区设立合并以后的军镇，名为 tshal byi（萨毗）。

又，敦煌所出晋天福十年（945年）写本《寿昌县地境》内，即有“萨毗城在镇城东南四百八十里。其城康艳典置筑，近萨毗城泽，险，恒有土蕃、土谷贼往来。”卷末有“已前城镇并落土蕃，亦是胡戎之地也”跋语（转引自向达：《唐代长安与西域文明》，第441—442页）。森安孝夫指为新疆东南部与青海接壤的芒崖，又是一说。

**粮食：**

共25简。

粮食计量单位的准确含义，我们还弄不清楚。比如：khal（蕃斗）这一单位名称，含量多少？是否等于现代用法的数量？bre（蕃升）恐怕绝不可能与目前所用的单位相等，否则就不可理解了，看来应该是比今天升大的量器。计数法，如“四十加五蕃斗缺半蕃斗”，即等于四十四蕃斗半，这种方法是值得注意的。

粮食种类方面，已出现有小麦、大麦、青稞、谷子，说明当时的生产门类和生产水平。

32. **译文：**

虎年，佣奴农户脱都……四十四蕃斗半[①]，蕃斗……青稞四蕃斗……，鲁囊交青稞四十蕃斗，鲁登秋收青稞……，二十一蕃斗，彭布靴钱[②]青稞四蕃斗和……，皮张之钱[③]青稞一蕃斗。

**注：**

①四十四蕃斗半：藏文 bzhi cu rtsa phyed lnga，直译为四十加五蕃斗缺半蕃斗，即 44.5 蕃斗。这是吐蕃时期的计数法。当时，四十之间的垫音为 rtsa 尚未分化为 zhe。参见王尧《藏语数词中的“垫音”》，载《少数民族语文论集》第 2 集，中华书局，1958 年。

khal，在敦煌汉文卷子中又作“番㪷”。与汉斗相对。见 P. 3730 号背面《未年纥骨萨部落百姓吴琼岳、龙华子便粟契》。P. 4686 号《悉董萨部落百姓孙清便粟契》。

②③靴、皮张等手工业生产，在当时已有交换市场并有交换价值。

33. **译文：**

青稞十六蕃斗半又三蕃升……白谷子一蕃斗半又四蕃升四蕃合（四捧）两掬。

**按：**

二十进位法，是藏族计量法的一大特点。二十两为一斤；二十升为一克；二十是四乘以五的积数。最初，人们以一手之数即“五”为进位，后以二手二脚合起来的总数转为二十以进位。这就是人们认识上的进步过程。这种二十进位法，一直保持到晚近才统一到十进位法上来。

蕃斗、蕃升、蕃合、掬四级是容量的单位。

**34. 译文：**

……突……狗年，大麦……圆升。

**35. 译文：**

麦子一蕃斗。

**36. 译文：**

龙年，从种子及农户口粮麦子中匀出半蕃斗……鲁古，口粮半蕃斗，种子一蕃斗四蕃升，糌粑二蕃升。分与拉列，……价八蕃升，后又十二蕃升。从新谷中给觉卧赞桑青稞三蕃斗……送往婼羌[①]谷子二蕃斗。从过去的谷子中拿出……作为拉贡马价……。

**注：**

婼羌：西域地名。藏语中采用的 nob chung 就是汉语婼羌的音译。后来，又以“纳职”对译 nob ched。而纳职，在《旧唐书·地理志》中云：“纳职，贞观四年，于鄯善胡所筑之城置纳职县。”因为藏语中 ched、chung 有大小之意，故随后又用大鄯善、小鄯善来称呼他们。nob，在 11—12 世纪之间转化为 lob，就是今天所谓的“罗布泊”的由来。而《沙州图经》所指的大鄯善、小鄯善地望，正与 nob ched，nob chung 相符。婼羌的名称相沿至今，为新疆维吾尔自治区县级行政单位。

**37. 译文：**

尔当等人之口粮已领。

**按：**

看来这是一份支付口粮的记录。吐蕃军士的粮秣供应、生产驮运，在简中多有反映。

**38. 译文：**

沙州[①]使者十名……按一头毛驴能驮够三人吃一个月之口粮

计算，糌粑……蕃斗……蕃升，二十二日使者动身……。

**注：**

①沙州：《旧唐书·地理志》云："沙州下，隋敦煌郡贞观七年（633年）[置]天宝元年（742年）改为敦煌郡。乾元元年（758年），复为沙州。旧领县二，户四千二百六十五，口一万六千二百五十。在京师西北三千六百五十里，至东都四千三百九里。"因县东南有鸣沙山，故名沙州。此时，公元787年已为吐蕃占领。此处所云沙州使者，或系沙州往于阗通聘的使节。

39. **译文：**

一个月口粮为麦子六[蕃升]，青稞四蕃升。五个半月食物合计，麦子一蕃斗十七蕃升，青稞十八蕃升，其中有我口粮二蕃升，祭神用麦子九蕃升，青稞三蕃升。羊价麦子三蕃升，大米小圆升三蕃升给邦羌白（信使名）……。

40. **译文：**

……有无，可问送粮吐谷浑[①]人。

**注：**

①吐谷浑：又作吐浑或退浑。原为鲜卑一支，游牧于东北一带，公元4世纪时南下，西迁入甘、青境内。唐代已建一小王国，唐廷嫁弘化公主与其王诺曷钵，后被吐蕃侵并，藏人呼之为va zha，是沿用其一部落阿柴（或作阿豺）的名称。P. T. 1263号《汉藏对照词汇》中将va zha译为退浑，va zha rje译为退浑王。

吐蕃吞并吐谷浑花了很大力气，目的是打通与唐廷直接来往的通道。《新唐书·吐蕃传》曰："吐谷浑内附，禄东赞怨忿，率锐兵击之。而吐谷浑大臣素和贵奔吐蕃，惎以虚实，故吐蕃能破其国。"《资治通鉴》卷201龙朔三年（663年）五月条："吐蕃与吐谷浑互相攻，各遣使上表论曲直，更来求援，上皆不许。"咸亨元年（670年）安西四镇尽入吐蕃之手。"王师败绩，

（吐蕃）遂灭吐谷浑而尽有其地。”这时，吐谷浑已并入吐蕃，其军队亦随吐蕃调遣，成为吐蕃别部。《吕叔和文集》卷2《蕃中答退浑词二首》序云：“退浑种落尽在，而为吐蕃所鞭挞，有译者诉情于予，故以此答之，其诗有句云：万群铁马从奴虏，强弱由人莫叹时。”木牍中进一步证明吐谷浑人编在军中远戍西域，这符合当时实情。

**41. 译文：**

大夏[①]人……蕃升及……。

**注：**

①大夏：可能是吐蕃人沿用党项人的自称。据吴天墀《西夏史稿》及李范文《西夏研究论集》诸书所引《宋史·夏国传》、王静如《〈金光明最胜王经〉卷一夏藏汉合璧考释》，均表明党项人在隋唐时期自称“大夏”。

党项人长期与吐蕃交往，时有征战，其地数为吐蕃侵渔。《新唐书·党项传》曰：“后吐蕃浸盛，拓跋畏逼，请内徙，始诏庆州，置静边等州处之，地乃入吐蕃，其处者皆为吐蕃役属，更号弭药。”更号弭药一事，征于藏文材料正合，盖吐蕃称党项为myi nyag，或mye nyag。此一事实，可从西夏人自己的著作《文海》中得到证明。参见李范文《试论西夏党项族的来源与变迁》。所以，这一简文的出现，可以推知党项人（大夏人）在吐蕃军旅中服役（即所谓“役属吐蕃”）确实可信。

**42. 译文：**

给森木恰（守捉）送大刀。埃彭部落[①]若彭惹取走糌粑二蕃升半。其后……。

**注：**

①埃彭部落：吐蕃部落之一，似与彭波部有关。吐蕃占有瓜沙、河煌及西域之后曾以部落制编组民户，有悉东萨、纥骨斯、擘三、上、下、丝绵、行人、僧尼等部落名称出现。参见藤枝晃

《吐蕃支配时期的敦煌》（《东方学报》，1961 年，第 212—215 页）、山口瑞凤《吐蕃支配时期的敦煌》（《讲座敦煌 2：敦煌的历史》，大东出版社，1980 年，第 219 页）。

**43. 译文：**

给孳乌与垓介、喀增六……粮饷四大圆升。

**44. 译文：**

达古之六蕃升青稞未领，留待以后领取。

**45. 译文：**

两蕃升面粉存放于达孜墀古啜尔处。

**46. 译文：**

甲尔根之属民①罗汁野，私下去僧伽孜，夏季六月份的口粮三蕃升青稞。三蕃升面粉不要发给。

**注：**

①属民：藏语称为 vbangs，吐蕃时期奴隶社会中的第三等级，相当于“自由民”或译为“庶民”。这是由上升的奴隶或下降的贵族所组成。《敦煌本吐蕃历史文书》、《谐拉康碑甲》藏文第 21 行、《噶迥寺建寺碑》藏文第 38 行等均有此词语出现。

**47. 译文：**

从领属地区①城子（堡寨）②里领取青稞四蕃升［之收条］。

万户府之设。

**注：**

①领属地区：原为通称，元代以后即专指阿里地区，即所谓“额里斯”。

②堡寨：藏文 rtse 一词，原为山巅，山峰，盖古制牙帐每建于山上，后逐渐以 rtse 代表当地政府。在吐蕃占领瓜沙西域以

后，仍以 rtse 代表政府，rtse rje 即所谓“节儿”，指负责官员，类似汉族中的节度使、刺史。

48. **译文：**

门城子（堡寨）口粮，斥候……。

49. **译文：**

《灵异宝鉴》[1]：衮囊堡寨之鲁岗领取一蕃斗四蕃升糌粑，还剩有半蕃升。

**注：**

①《灵异宝鉴》：指木简本身，即简牍的编册，是这类备忘性质文件的又一名称。因为作为记事的备忘册，清楚如镜，一览便知。

50. **译文：**

《宝鉴》：堡寨中之口粮，巴……。

51. **译文：**

……若通禀，向何人禀报？……不能定夺，……余下的夏季……，在夷琼堡寨军帐[1]中，何人……正在……，有……，请可怜发给斥候饷粮。

**注：**

①军帐：系藏语 khrom 一词的对译。我们对 khrom 的理解：按现代藏语为“市场”、“集市”、“集会之处”。在吐蕃时期，在若干文献中出现这一语词如：

kwa cu khrom chen po 即瓜州军帐，g·yar mo thang khrom chen po 即野摩川军帐，都不能作“市场”解。因而根据当时的建制参酌汉籍，译作“军帐”或“将军牙帐”，用以与汉文敦煌卷子出现的“大行军衙”对应。乌瑞在 1979 年发表专门论文《释 khrom，7—9 世纪吐蕃帝国的行政单位》，载《第二届国际藏学会议文集》。他也是把 khrom 当作行政单位处理，同时在文中把“夷琼堡寨军帐”推断在于阗境内，也值得注意。请参考第 24 简注 2。

52. **译文：**

所辖领属地区夷琼堡寨之口粮。

53. **译文：**

河东菊慕之口粮；吐谷浑军坐哨之干粮连一顿也没有。

54. **译文：**

……在河东菊慕……坐哨之……干粮……

55. **译文：**

……没有得到干粮，要延期，仍住在河东关口。

56. **译文：**

过新年用面粉及酒①……短缺，先后将所缺酒、面粉写在木牍上，交与“布羊羊巴萨”。

**注：**

①酒：在藏区分两种，一种是 a rag，这是酒精纯度较高的二次蒸馏的白酒。制酒之方，来自阿拉伯民族，约在 13 世纪传入。另一种是藏人自己早已会酿造的青稞酒，叫做 chang。我们认为，这就是“鬯酒”的藏语形式。鬯酒在商代已有记载。

中国什么时候开始有蒸馏酒（烧酒），古书里没有明确记载。李时珍《本草纲目》说：“烧酒非古法也，自元间始创其法。”汉代已开始栽葡萄，大约到了东汉或三国时，已能自造葡萄酒了。魏文帝曹丕在写给吴监的一封信中，有这样的话：“中国珍果甚多，且复为说葡萄……酿以为酒，甘于曲蘖，善醉而易醒。”到了唐代，葡萄酿酒在我国就逐渐通行了。葡萄酒的新技术传自高昌。《南部新苑》丙卷："太宗破高昌，将马乳蒲桃，种于苑，并得酒法，仍自损益，造酒成绿色，芳香酷烈，味兼醍醐，长安始识其味也。"说明在初唐太宗时有了葡萄酒。

而藏人在墀祖德赞（815—836 年在位）时已有了葡萄酒。墀祖德赞本人就是饮葡萄酒过量，醉卧宫中，被逆臣达那金等人杀害的。此说见于《贤者喜宴》、《西藏王统世系明鉴》等书。又《敦煌本吐蕃历史文书》大事纪年："及至马年（唐永淳元年，682 年），赞普驻于辗噶尔。……仲巴洛·没陵波野松色至辗噶尔贡奉酒浆。"这一记载，虽未标明酒的品种，但就当时的条件来推断，应该是指 chang。

**赋税：**

共 13 简。

赋税见于木简中的有三种情况：（一）农业生产品的地租：zhing zhun 实际是地租，一般是缴纳实物，如青稞、小米。（二）一种税收：khral，按人口计征的税收，也是以实物缴纳。（三）劳役地租：以服役的形式完成纳税的任务。所有这三种情况，都是研究这一地区的经济、政治制度的重要资料。

57. **译文：**

差役。

58. **译文：**

论努罗之奴仆已在婼羌……冬季田租之对半分成于兔年……。

59. **译文：**

此人于马年派去，此人谓……派，属民马年之［差税］……未完成，属民的年成不好，上等农户一［突］农田只交五蕃斗青稞、五蕃斗麦子，此人头……。

60. **译文：**

论赉冲木热（良相军帐郎官）等，前往婼羌，交纳赋税：岸钟悦青稞二蕃斗，麦子三蕃斗，麦子……。

61. **译文：**

吐谷浑上部万人部落[①]，凡属唐所辖者……，每户征收五蕃升[青稞]；万人部落田赋以六成计所征，征青稞混合堆置一处，一部分[青稞]如以羊驮运不完，可派牛运。

**注：**

①万人部落：khri sde。吐蕃军中，将吐谷浑、羊同等部抚服后，编入军旅，组成万人部落。实际上还是以原来的部落为基础编成的团队。其指挥官唐代译为“乞利本”或译“万人将”。见《新唐书·吐蕃传》中，吐蕃令囊骨委书塞下言：“论莽热、论泣热皆万人将，以赞普命，谢都督刺史……。”敦煌写卷S.1000号有“一万人将”条。《贤者喜宴》、《五部遗教》均有此职的记载。元代更有十三万户府之设。

62. **译文：**

兔年秋，统计尚论所属民户从事农事者，哪些田赋已经交纳，哪些未交，逋欠者唱名登记。

63. **译文：**

回收计筹时（或因逋欠田赋，加一倍计算时），唱“谢云兰”之名字。

64. **译文：**

征收年赋者，赋税簿中……已有名字。加桑……计算法虽然一样，但应交纳数与过去不同。在论芒息处，……鲁勒将谈军帐有何指令，……。

65. **译文：**

几乌郁之应征贡赋四……半。扎钟木结之税赋……。

66. **译文：**

使者于阗[①]银代向阿玛加（地方）之拉松哲部分交纳青稞。

**注：**

①于阗：吐蕃称于阗为 li yul，又称和阗 vo then。自咸亨元年（670 年）起，吐蕃已占领了安西四镇，在于阗、疏勒地区设萨毗（tshal byi）军帐，于阗人被编入军旅。关于于阗的历史，见藏文本敦煌手卷 P. T. 960 号《于阗教法史》与《于阗国授记》。后者又名《释迦牟尼如来像法灭尽之记》，载羽田亨《敦煌遗书》第 1 集、托玛斯《关于新疆的藏文文献集》第 1 卷、埃默瑞克《关于于阗的藏文文献集》等。

67. **译文：**

关卡官长拉加和哲蚌。

68. **译文：**

税吏（或征税）。

69. **译文：**

……计征税赋之文书朗[①]·让茹之田两突。

**注：**

①朗：吐蕃时已有此家族，后即兴旺发达，在 13—14 世纪形成帕木竹巴家族。参见《朗氏家族史·灵犀宝卷》。

**借贷：**

共 16 简。

吐蕃时期的借贷关系，与后来的孳生利息的借贷不同。以此时的材料来看，大概是属于人民内部互通有无、调剂生活用度的一种方法。借贷的手段主要是粮食，有时也有牲畜、用具。在所有的借贷简文中，看不到后来借贷中常见的应付的利息。但是，归还日期在简文中定得很严格，过期不还，处置是很严厉的。

**70. 译文：**

萨贝之妻门婆[①]领取一蕃升，色吉、约尔诺、布穷三人领取三蕃升。突厥[②]人芒顿之妻领取谷子六蕃升。

**注：**

①门：mon，吐蕃人对南方边鄙地区居民的蔑称。在《唐蕃会盟碑》东侧盟辞中，即有："此威德无比雍仲之王威严煊赫，是故，南若门巴、天竺，西若大食，北若突厥、拔悉蜜等，……莫不畏服俯首"之句。mon pa，蛮子；mon mo，门婆。

②突厥：drug，又作 dru gu，有时是吐蕃对北方民族的总称。敦煌卷子 P. T. 1283（2）号《北方若干国君之王统叙记》，是关于突厥的最早藏文记载。国内外有多篇文章讨论、研究，颇关重要。

（1）巴考（J. Bacot，1877—1965）：《8 世纪回鹘五人使团北部亚洲腹地侦查报告》（载法国《亚细亚学报》，1956 年）。他认为，这是一个处于历史故事和传奇故事之间的写本，并且推断是从突厥文本翻译成藏文的真实游记。

（2）克洛松（G. Clauson）：《关于伯希和收藏品第 1283 号藏文写本》（载法国《亚细亚学报》，1957 年）。他不同意巴考的见解，认为这份文书是先有了汉文译文，然后再从汉文转译成藏文的，并非直接从突厥文译成藏文。同时，他认为藏文内容的真实性是无可怀疑的。

（3）聪果尔（B. Csongor）：《敦煌藏文写本中一些汉文原文》（载《匈牙利东方学报》，1960 年）。他的工作是把这份卷子中涉及的突厥民族的汉文史料查引出来，进行对勘、比较，使这方面的讨论深入了一步。

（4）韩伯诗（L. Hambis）：《Kasdim 和 ges dum》（载法国

《亚细亚学报》，1958 年）。他认为，这份藏文卷子里第 63 行所提到的拔悉蜜境内的 ges dum 部族，就是《通典》卷 200“鬼国”条所记唐永徽中遣使朝贡的“可史襜”，也就是伯希和所推断的 Kasdim（或据《圣武亲征录》，叫做“客失的迷”）。

（5）李盖提（L. Liget）：《论关于北方国王的报告》（载《拉露女士纪念文集》，巴黎，1971 年）。他认为，这份卷子并非作者根据亲眼所见而写成的报告，而是流传的有关北方居民的资料汇集。他又认为，无论如何这是一篇非常重要的历史资料，因为它说明了当时吐蕃人同邻近地区的关系和他们的观点。

（6）森安孝夫：《藏文文献中出现的北方民族：突厥与霍尔》（载《亚非语言文化研究》第 14 期，1977 年）。他在山口瑞凤、祖南洋（索南坚错）和桑木旦・噶尔迈等人的帮助下，逐字逐句研读了藏文原文，并利用汉文史料加以查证。他的研究很受人们重视。

我们在研读了藏文原文之后，综合上述诸家成果，深感这是一份珍贵的历史文献，从中可以看出 8—9 世纪之间吐蕃人的文化和史学水平，可补汉文史料之不足，借以弄清当时北方民族的面貌。请参阅拙文《P. T. 1283（2）号〈北方若干国君之王统叙记〉译解》，《敦煌学辑刊》1982 年第 2 期。

71. **译文：**

和……。付与开那（借）麦一蕃斗五蕃升；拉贡鲁祖麦五蕃升、青稞五蕃升；尚穷麦一蕃斗；古穷青稞三蕃升、麦五蕃升；用三份俸田合王田一突。付岸[本]悉斯禄哞经费麦一蕃斗半。依主母之命，借给部落使，悉斯之子麦一蕃斗半，孔息兄弟麦两蕃斗半。

72. **译文：**

……所交付之中，优质青稞……蕃斗。……青稞一蕃斗半，秋季还清。彼时……所给，以记录本上写有文字和盖有印章……

秋季还清。青稞……，六个部落。

73. **译文：**

……三，偿还借欠债务，以牲畜……。

74. **译文：**

大尚论……一满升……夏达囊噶青稞……三，每蕃斗按四蕃升……。

75. **译文：**

论“派孙”严令：由此处派悉诺包尔征收[积欠农田贡赋]。梅志欠麦子七蕃斗半。迥东一次欠粮一蕃斗半。茹筑欠粮两蕃斗半。朗鲁以往所欠甚多，去年下半年时……。

76. **译文：**

若不便于办理，可让保人在上面捺指印。寻一借口，你能借多少就借多少，照口粮标准借给。恩穷和卓赞所交之若干赋税粮食，往牧区送七蕃斗[粮食]，作割草费。余下的[粮食]有小米都换成小米，没有小米，……交与可靠人登记，妥为保存。毛绳之价钱银子二两，请慎重交与列列，此次请捎来给我。

77. **译文：**

两头毛驴和一头借来黄牛（共三头），已向城子堡寨几个人讲情，赶快绕左道送去，并有报告。我也与准祖桑等同来，务请下令让老弱劳力割草。

78. **译文：**

向棚洛[借]垫子一张。

79. **译文：**

向保森[借]垫子[五张]。

80. **译文：**

向超拉顿[借]美哲缎子①一匹。

**注：**

①美哲缎子：men thri，缎子的一种名称，可能是来自汉语的借词。又见于第86简B1。

81. **译文：**

巴尔阔部落之朗吉尔布穷欠[粮]四十五蕃斗。

82. **译文：**

债务登记木牍①。

**注：**

①木牍：khram，即thang khram，其含义有二：（1）册、簿、木牍、札。（2）笔记，随记备忘。关于khram一词见于《敦煌本吐蕃历史文书》，大事纪年中多处提到册、红册、军丁红册、木牍等。看来，此简是关于债务的简牍的标题。

83. **译文：**

请求租农田，借种子，信中未允，并说“以去年所借走种子延期归还，作为当年所借”。捎给“呈婼”之工钱收到没有？

84. **译文：**

桑俄尔部落①之斯古局穹，从章村部落②囊玛家，借马去巡察农田分布情况及界标。

**注：**

①桑俄尔部落：可能是叶茹松岱东岱所属，为叶茹第八东岱。见《敦煌本吐蕃历史文书》附录吐蕃六十一东岱表。

②章村部落：伍茹、叶茹所辖各有一东岱均名“章村”。见吐蕃六十一东岱表。此处章村部落不知所属，可能是原章村部落进驻西域后所置的侨郡。

85. **译文：**

倭奈、和阗[①]之斥候察枕聂李格曲，从汉属突厥列乞利……借五蕃升青稞。倭东关口斥候察噶道西聂李鄯……从俄呷泽借二蕃升青稞。

**注：**

①和阗：古代于阗境内一主要城镇。在吐蕃人眼中，于阗是西域安西四镇的总名，而和阗则指于阗国（今和阗）地而言。

**物品：**

共20简。

物品的种类繁多，以衣服、食品、用品为主，可以看出当时的生活水平。仅衣服一项，就出现了汉地披风、山羊披风、披肩、裘袍、上衣、缎裙、头巾、丝带等名目。毛线，在当时已作为一种交换的物质，可以推测毛纺和编织工艺的情况。

86. **译文：**

交付哲蔑悉腊衣着：汉地织成披风一件、白山羊皮披风一件，羚羊皮短披肩两件，锦缎裘袍一件，羚羊皮上衣一件，美哲缎裙一条，新旧头巾两块，丝带五条等……。

87. **译文：**

节儿[①]之羊群晚间死亡……小罗布（婼羌）……

**注：**

①节儿：藏语称为 rtse rje，是节度使一词译为藏语以后的省称。当时，吐蕃在沙州、河西和于阗一线都设有此官，称为“守城节儿”。据敦煌汉文写卷《杨谦让契文》有“经节儿断”

字样，说明节儿有司法上的裁判权，今举例如下：

S. 5816（G. 7556）号《杨谦让契文》："寅年八月十九日，杨谦让共李条顺相诤，遂打损胫，……经节儿断，令杨谦让当家将息……。"此寅年当为822—834年之间。

在汉文卷子中，还有有关节儿的卷子，如S. 2146号：节儿尚论、节儿部落使；S. 6101号：节儿；S. 6172号：节儿；S. 2807号：圣神赞普……节儿，部落使。此外P. 3633号文书中，有"吐蕃节儿镇守沙州"的记载。可以证明节儿的身份和职权。P. 3633号文书全名为《沙州百姓上回鹘天可汗书》中有这么一段，云："且太保弃蕃归化，当尔之时，见有吐蕃节儿镇守沙州，太保见南蕃离乱，乘势共沙州百姓，同心同意穴白趁却节儿。"

王重民先生在《金山国坠事零拾》一文中有详尽的分析，对张义潮举旗起事，推翻吐蕃统治的历史经过，说得至为透彻。姜伯勤君在《唐敦煌"书仪"写本中所见的沙州玉关驿户起义》一文中，又有新的发挥，均可参考。王文载《国立北平图书馆馆刊》第9卷第6期，1953年；姜文载《中华文史论丛》1981年第2期。

**88. 译文：**

羊羔。

**89. 译文：**

青稞未曾分得。每人得腿肉一条，酥油十两……

**90. 译文：**

野息将种驴送往……纳职①……悉猎与交岱、多岱充使，畜费当面议价……。

**注：**

①纳职：nob ched可意译为大罗布（泊），与nob chung小

罗布（婼羌）相对而言。唐代已设置纳职县。参见第36简注。

91. **译文：**

朝加有奶牛四头。

92. **译文：**

这团毛线已在“乞力德”前过秤，有十五两多，我按了指印交与“乞力德”。证人拉乡部落之……等盖章。“乞力德”也特地按了指印。

93. **译文：**

乍夷切（地方）之青稞。

94. **译文：**

葭芒园……马料……。

95. **译文：**

在达古之工地以上，褐子五……四，一捆四庹长……，在天［山］……以下，六千四……，二千……。

96. **译文：**

将年内种子捎往沙石峪之堡寨。

97. **译文：**

野拉顿之黄牛一头，交给梅巴尔及梅通颊。

98. **译文：**

尺岱将吃一条黄牛腿之人唱名登记如下：悉诺赞若绮没陵、夏彭没陵、悉诺热结列、梅策巾芒赞，这些人每人交四捧谷物。

99. **译文：**

野马皮带头者五张，小野马皮一张，野马皮不带头者九张。

100. **译文：**

青稞七十五蕃斗，绢缯千匹，白银九百两，金子六百两、酥油……，“念”之花朵、氆氇。

节儿总管助理等官员授以告身铜牌。朗·绮力杂恩小王在悉诺古岗官廨，军帐朗官其族姓为曲梅。向导野息其名为聂悉猎，其种姓为扎倭。随从朗结其名为迈顿，其种姓为哲民……。随从哲达多……松·兰……色·胡鲁、东·达来拉班，他西·加沙、兰·巴买、班·波玛沙里、玛·罗朗那那、玛……。

狗年，驯化回鹘部落温列肯。派去鄯善谈判时，桑囊高尔和则高尔……。

101. **译文：**

马、麦、酒录入木牍中，……有北路驿传马匹。

102. **译文：**

从尚论及当地住户处借坐垫集中。

103. **译文：**

……现，外部牧户……，得六百三十……纳［职］……价格九百三十余［蕃升粮］相等……这……［牧民］生活不会有亏。

104. **译文：**

尚经商赚盈利，以盐换酥油，挣二……。

105. **译文：**

来往之人……与牛毛帐篷。

## 二、军 事

共65简。

吐蕃军队在西域的军事行动，最早的记载是公元662年，《资治通鉴》卷201唐高龙朔二年十二月条：“𫗋海道总管苏海政受诏讨龟兹，敕兴昔亡、继往绝二可汗发兵与之俱。……军还，至疏勒南，弓月部复引吐蕃之众来，欲与唐兵战；海政以师老不敢战，以军资赂吐蕃，约和而还。由是诸部落皆以兴昔亡为冤，各有离心。继往绝寻卒，十姓无主，有阿史那都支及李遮匐收其余众附于吐蕃。”这时吐蕃人已驰骋在西域疆场，在安西四镇及“丝绸之路”上十分活跃。公元665年，《资治通鉴》卷201又记：“疏勒、弓月引吐蕃侵于阗，敕西州都督崔知辩、左武卫将军唐继叔将兵救之。”大概未能救得下来，所以《新唐书·吐蕃传》明白记着：(吐蕃)“咸亨元年(670年)，入残羁縻十八州，率于阗取龟兹拨换城，于是安西四镇并废。”

我们在木牍中，见到当时吐蕃军旅在西域一线活动的记载，证明了文献记录的真实性。军事内容的65简中，内分军队、战争、兵器、巡哨、坐哨等五个门类。大规模的军事行动，是安西四镇的争夺。战事之后，随之而来的是驻守，所以安置哨所，实行坐哨和巡哨的制度，说明吐蕃军队在天山南线的军事安排。这一组材料对于了解当时军事实力对比、吐蕃军队的具体行动非常重要。

还应该指出，公元789—792年之间吐蕃与回鹘在北庭的争夺。740年间，回鹘人灭了东突厥第三汗国，崛起于风沙大漠之中，成为当时北庭的主导力量，雄踞丝绸之路以北，与吐蕃对峙。755年以后，唐王朝已疲于“安史之乱”，驻军东撤，失去对丝绸之路和西域的控制。斯坦因、田阪光道、霍夫曼、托玛斯、佐藤长、萨莫林、埃塞迪、伊濑、葛玛丽等人，认为在这次争夺战中吐蕃是胜利者，占有了北庭。埃塞迪曾总结性地指出："这些地方陷入吐蕃人之手。……尽管是暂时的成功，但吐蕃人是无法维持长久的。在几十年之后，他们终于在黠戛斯军队的压力下，撤走了。"可是，也有人持相反的意见。安部健夫《西回鹘国史之研究》一文，可以说是代表作。他认为："自从789—792年吐蕃与回鹘的冲突之后，天山东部地区仍处于回鹘人的控制之下。这种控制有时是严密的，有时是松散的。"现在，我们公布的这些木牍中关于吐蕃军队的文字记载，可能有助于澄清这种长期以来的分歧。

请参考如下论著：斯坦因：《古于阗考》第1卷，1907年，第65页。田阪光道：《中唐的西北边界形势》，载《东方学报》第11卷2期，1940年，第175—176页。霍夫曼：《西藏文献中的葛逻禄人》，载《莱顿东方文献丛刊》第3卷，1950年，第199页。托玛斯：《关于新疆的藏文文献集》第2卷，1951年，第283—284页。佐藤长：《吐蕃史研究》第2卷，1959年，第702页和注25。萨莫林：《12世纪的东突厥斯坦》，1964年，第69页。埃塞迪：《790—791年北庭的回鹘与吐蕃》，载《匈牙利学院东方文献》第17卷，1964年，第83—104页。伊濑：《中国经营西域史研究》，1968年，第469、475—476、481页。葛玛丽：《唐代回鹘的精神及其经典》第3卷，第139—230页。以上引文，均见于森安孝夫的一篇著名论文：《回鹘吐蕃789—792年的北庭之战》，载《亚细亚学报》第269卷，1981年，第1—2期。

106. **译文：**

春季二月初新增守城军共……。

107. **译文：**

龙年仲秋八月，下令"东岱"要往"岛"境开发，没陵帕尼、岑木、于阗及……。

**108. 译文：**

军粮。

**109. 译文：**

酉年春，沙州……萨毗[①]地区，作阻击敌军之军事准备……军队和……，此时，遵照命令，立即给以奖赏……。

**注：**

①萨毗城：见于敦煌出土文书，S. 367 号光启元年（885 年）《沙州、伊州地志》残卷："萨毗城，西北去石城镇四百八十里，康艳典所筑。其城近萨毗泽，山险阻。恒有吐蕃及土谷浑来往不绝。"又晋天福十年（945 年）写本《寿昌县地境》："萨毗城，在镇城（指石城镇）东南四百八十里。其城康艳典置筑。近萨毗泽，险。恒有土蕃、土谷贼往来。"参见向达《唐代长安与西域文明》所收《记敦煌石室出晋天福十年写本寿昌县地境》一文，第 441 页。参阅第 31 简注 1。

**110. 译文：**

快！（火急——不得阻挡，或优先供应马匹。）

**按：**

看来，这是吐蕃急递驿使所送信函的"封面"。《新唐书·吐蕃传》曰："其举兵，以七寸金箭为契。百里一驿，有急兵，驿人臆前加银鹘，甚急，鹘益多。"亦可证明吐蕃传递紧急军情时，有加快传递的办法及措施。

**111. 译文：**

注意！（有情况。警惕。）

**112. 译文：**

勿分散！

113. **译文：**

寺庙财产有十二屯半[①]。去年以来发生战乱，属民……僧众生活无有收入，让我等六人（僧众代表）前去申请费用……现寺属民户官长，应由寺属民户之僧众……。

**注：**

①二岗为一屯，每岗为两户，即共有 50 户可征收劳役或财物。

114. **译文：**

让来犯之敌逃脱者，治罪。

115. **译文：**

虾蟆山增加斥候聂顿，于冬季十一月十三日派去，作战……[由他]指挥。

116. **译文：**

没卢[①]村绮部落全体集会商议，若替代你等往征和阗给与饷银否？

**注：**

①或为仲孜（vbrong rtse），江孜与日喀则之间一地名。

117. **译文：**

……筹集僚属官员等人之行军所需牌票[①]，与婼羌……之军官加野悉诺迁战，吐谷浑军……。

**注：**

①行军牌票：khrom sbyang，指“大行军衙”一类军事指挥机关颁发的令牌。

118. **译文：**

……后也领七蕃升口粮，在凉包抚服突然入境之汉人及突厥人。玉巴山有敌情……。

119. **译文：**

闰年第二个初八日，一到达日查俄山就点交了。

120. **译文：**

犯人。

121. **译文：**

辗噶尔[①]部落之岱噶拉吉为勤王事，交还物件记录：盾、刀、刀鞘、箭一把、弓和护腕、装石袋、抛石兜、箭筒。

**注：**

①辗噶尔：吐蕃一重要地名，既为赞普牙帐所在，又作该地一东岱的专名。《敦煌本吐蕃历史文书》大事纪年第 2 条："及至猪年（高宗永徽二年，辛亥，651 年），赞普驻于辗噶尔。于琼瓦为祖墀松赞赞普举行葬礼，是为一年。"以下各年中有多次记载："赞普驻于辗噶尔。"这一地方究竟在何处？佐藤长在其《西藏历史地理研究》中推测在山南唐波且附近，但未提供证明材料。而《贤者喜宴》所载吐蕃六十一东岱之名目中，辗噶尔属于叶茹，那么似乎应该在后藏的北部地区，不在腰茹（即今山南地区）。尚有待进一步探讨。

**按：**

与影印件核对后，我们认为原文应该照藏文录文（一）释读才可理解，而托玛斯是照（二）认读过录的。这两组不同的录文，是由于行次划分不同而产生的，其不同之处请读者比较。

122. **译文：**

付与论祖桑铠甲三副，论扎热铠甲两副，悉诺祖桑铠甲两副，工甲列铠甲两副，论悉诺扎铠甲一副，悉诺悉诺赞铠甲一副，巴尔热铠甲一副，……。

123. **译文：**

唐人矛十支。

124. **译文：**

唐人中等大小铠甲[有九眼的]三套。

125. **译文：**

锁子铠甲（柳叶甲）。

126. **译文：**

短箭弓一张。

127. **译文：**

把箭、弓、箭袋、刀、盾交与下桂仓[①]部落之细木鲁贝……。

**注：**

①下桂仓：桂仓上下二部，是吐蕃在孙波茹中设立的两个东岱，应该是在苏毗故地，见《敦煌本吐蕃历史文书》附录吐蕃六十一东岱表。

128. **译文：**

下桂仓部落，箭、弓……腰带、盔甲、铠甲，[发给？交来？]。

129. **译文：**

系有彩缯之箭三支。

130. **译文：**

从“巴”保管人处取出折断无用者、短箭、弓两张，于阗轻弓三张。

131. **译文：**

派遣囊孜[①]斥候兵员。

**注：**

①囊孜：即山南浪卡子，属于羊卓雍湖地方。该地之军旅进入西域后，仍以原番号称呼。

132. **译文：**

吐谷浑人户有多少？长住户若干？根据所计住户之数，决定派来边隅斥候人数。

133. **译文：**

下谢恰（部落）十二个于阗人之交接牌交与下于阗，在恰西若饶地方。上谢恰七个于阗人之交接牌交与于阗人本达迈，在察尔海晓聂地方。中谢恰九个于阗人之交接牌于下午交与中间人若聂里西，在李加家穹尼地方。卡尔巴六个[斥候]的交接牌交与于阗人冲木桑，在商瓦晓聂地方。

134. **译文：**

给巴本以下和突厥啜尔以上斥候之木牍：新增的[斥候木牍]不能遗失，专门送往鄯善，不得怠惰，夜以继日，偷懒怠惰而延误者严予惩罚。

135. **译文：**

毕当及多赞森木抱于兔年夏季六月二十二日从和阗往鄯善城驿站驿传：

增加斥候之木牍急速递送，抓紧时间，不得延误（晚间住宿有定），如耽误或不送，将从严处罚。

136. **译文：**

作萨众驿吏，应去各自汛地。近来，有些地方，有情况，望勿懈惰，每日不忘查看驻地，马嘶和敌人踪迹……。抓紧夜间巡逻，来敌……。

137. **译文：**

……夏季六月三日……赶上砌……［瞭望哨］。勿忘：白天到高处放哨，察看烟尘方向。晚上注意响声。白天、晚上……放哨时，看见、听见可疑情况，向阿木茹巴……报告。

138. **译文：**

详细统计数字，如前所颁。彼此多［日来］日夜巡逻，午前、午后均十分警惕。去时，如发现可疑足迹，即在该地竖立标记，务使清晰可见。首先，别碰掉足迹，到跟前立标记。如在萨毗地面发现可疑足迹，由吐谷浑［军］负责……。

139. **译文：**

乍夏志以上，甲仓慕堡以下，在南茹[①]，有三名斥候，一名逃散，由士兵至各处设法搜捕。

**注：**

①南茹：nam ru，为吐蕃人称呼南凉小王国之名。吐谷浑之别部，后为吐蕃抚服，编入军旅，成为“南茹”，派驻于阗一线，事见两《唐书·吐谷浑传》。托玛斯著有《南国考》（nam），1948 年伦敦出版。《贤者喜宴》指为吐蕃四邻邦之一。

140. **译文：**

卑职杂萨弥在鄯善以下巡逻，为何官长长期遗忘？至今，我仍未收到［发给之］衣衫。往后，完成两个月［巡逻］任务后，请准予返家数日。

141. **译文：**

派倭措巴部落之倭茹期策布去当斥候，由于有病，不能前往，需延期，与东部落之聂秀悉诺达对换，轮到当值时，由期策布前去。

142. **译文：**

悉诺谢之驿吏向大兄赞巴报告，于阗山一名坐哨于十一日夜逃跑，哨口空阒，无人防守。

143. **译文：**

……往拉阿派斥候……，派斥候，曲干木……。

144. **译文：**

虾蟆山四名斥候一个驿站，龙年夏季五月初六日派出斥候之木牍。

145. **译文：**

牛年秋季七月二十三日辰，斥候……新来函称妻室妇女和……于阗索尔代……，证人哲保冲木列盖印，索尔代按指印。

146. **译文：**

武乡坝子，此侧潜伏有回鹘[①]人斥候一名……，乌囊赞曾为敌军所败，困难……，以前曾寻过一次。鄯善以远之斥候在鄯善会集……，乌囊赞之妹……在未寻到乌囊赞时留下。

**注：**

①回鹘：hor，吐蕃人称回鹘为 hor，与后来称蒙古人为 hor 有所不同。P. T. 1283（2）号《北方若干国君之王统叙记》中，对 hor 的叙述比较明确。据多数学者意见，hor 是 ho yo hor 一

词（即韦纥、回纥）的简化，是公元8—9世纪之间表示对北方游牧民族的统称。可参看森安孝夫《敦煌藏语史料中出现的北方民族 dru gu 与 hor》，《亚非语言文化研究》第14期，1977年。

147. **译文：**

决定增加斥候名额，由此处增派为是，以前驻扎马家湖嘴之斥候，搬到森木哈去。贝乌新堡塞……。

148. **译文：**

所发口粮够吃到引穷（地方）。我所写木牍信件，江朗孜以上之斥候速往鄯善递送。

149. **译文：**

在林仁之慕堡园，有两名吐蕃[斥候]，两名于阗[斥候]。桑倭儿部落驿站长官年几胡。朗米部落夷恰列……。

150. **译文：**

孳乌恰之斥候。

151. **译文：**

派往鄯善城斥候之木牍。

152. **译文：**

达古之斥候。

153. **译文：**

墀古啜尔之斥候缺于阗人一名。

154. **译文：**

贾玛故尔有两名吐蕃[斥候]。

155. **译文：**

久吉家族之父子，主仆担任斥候时死亡，特此呈报。

156. **译文：**

阿木茹巴之后备斥候即河边的斥候。

157. **译文：**

曲都河边有阿木茹巴之后备斥候。

158. **译文：**

托巴尔梅策布之斥候，请将北方旷原玛巴之属民汉人杜结留下。

159. **译文：**

二十七户应派斥候。

160. **译文：**

“兹派囊则吾扎（地方）之拉吉，于龙年春季三月六日当斥候”之木牍。

161. **译文：**

悉诺固（地方）聂秀邦才称：山上坐哨之口粮，派换哨人赶快送来。

162. **译文：**

甲玛古尔之坐哨口粮，已由名为当若保者领走。

163. **译文：**

乍夷切洒马（地方）坐哨之口粮，已由名为容若者领走。

164. **译文：**

李斯尔及悉诺古坐哨……。

165. **译文：**

大兄赞瓦芒孜……，于阗山上坐哨之口粮一口袋已带走，……担任斥候。到岔路口相会……。

166. **译文：**

朗部落之布薄绒噶（地方）坐哨在鄯善之廓拉。……。

167. **译文：**

登录《灵异宝鉴》之上：速派出斥候。火速分驿站传送塘报[1]，按顺序先后，不要错乱，若仍送不完，另派他人接替。

**注：**

①塘报：驿邮，递送的公文。

168. **译文：**

塘报驿传之背子，约有满满十七背。

169. **译文：**

从甲玛往悉那都交付之塘报驿传大小木牍，交与住在悉诺都之驿吏。

170. **译文：**

四匹马一组交与斥候牧养，与政事关系极大，诏令谓以后要交与军队，因此要尽全力放牧好。

171. **译文：**

牧马官[1]管·交约高。

**注：**

①牧马官：mchibs dpon，是吐蕃时期所设的官员之一。见于《敦煌本吐蕃历史文书》大事纪年。

## 三、氏族、部落、地名

**氏族：**

共11简。

吐蕃氏族如没卢氏、属卢氏、那囊氏均为当时贵族。白兰，又作白狼，羌人之一支。昆氏，即萨迦人款氏。娘若，吐蕃六十一东岱之一。娘氏、努布氏、韦氏，均为与悉补野赞普盟誓之古老家族。可见这些古老氏族均作为军人被派遣到西域一线。

172. **译文：**

在大萨毗所辖地面，通颊北边驻有个别守边斥候。根据旧令及新建万人部落之令，不可像盗匪般使庶民不信任，不可抢劫。但所属地区发生内乱，萨毗属地之内没卢氏[1]、属卢氏[2]等家族叛离，做尽坏事……。

**注：**

①没卢氏：vbro，吐蕃大姓，原为羊同小邦氏族，归顺吐蕃，吐蕃大相尚婢婢即出其族，并与王室通婚。见《新唐书·吐蕃传》："婢婢姓没卢，名赞心牙，羊同国人。"见《唐蕃会盟碑》北侧蕃官题名，"纰论没卢尚劫楼勃藏他谱赞"，即出于该族。

②属卢氏：chog [ro]，吐蕃大姓巨族，世代为相，为吐蕃五大家族之一，其采邑在今止贡一带。亦见于《唐蕃会盟碑》北侧蕃官题名，"纰伦伽罗笃波属卢论赞热土公"，即是其族。

173. **译文：**

没卢氏戎岭宇桑。

174. **译文：**

埃巴木列有没卢氏女子一名……。

175. **译文：**

［属］卢和属卢·藏热绮，白兰[1]王悉诺桑曲……和马……萨东象赞。

**注：**

①白兰：羌人之别部，又作白狼羌，其地在今青海境内。《贤者喜宴》将这一部落定为叶茹一东岱。

176. **译文：**

木[1]·孔索城堡的料敌官。

**注：**

①木氏：smu 是 dmu、rmu、dmuv 的不同写法，古代四大氏族之一，所谓色、木、董、东四大古姓。见《吐蕃古史说库》（bshad mdzod）。此书以手抄本传世，16 世纪顿登玛俄森格著，1969 年在印度新德里出版。

177. **译文：**

悉高尔……驽田三突。昆[1]氏之水中干地田……突。

**注：**

①昆：吐蕃一大家族。昆·鲁易旺布，为墀松德赞时七觉士之一，后世即为萨迦昆氏也。《元史·释老传》云："帝师八思巴者，土番萨斯迦人，族款氏也。相传自其祖朵栗赤，以其法佐国主霸西海者十余世。"款氏即昆氏，译法不同而已。《萨迦世系史》、《西藏王臣记》均有记载。

178. **译文：**

那囊[①]·绮垄。

**注：**

①那囊：吐蕃一古老家族，与王室通婚，为一最重要的外戚贵族。《敦煌本吐蕃历史文书》赞普传记第2节载：那囊真道杰任大相。其后，那囊·尚颊村拉囊又任大相。墀松德赞一妃那囊氏，擅权专政，毒毙亲子牟迪赞普，是历史上著名人物。

179. **译文：**

……娘若[①]，……

**注：**

①娘若：属于六十一东岱之一，《贤者喜宴》ja卷第19页："娘若东岱属于后藏之茹拉。"所谓"娘若、墀塘二东岱"。

180. **译文：**

娘氏[①]索安之属民德吕。

**注：**

①娘氏（myang）：唐代译作明氏，吐蕃古老家族之一。《唐蕃会盟碑》北侧蕃官题名中"刑部尚书明论结研历赞"，即是这一家族的成员。又有名悉腊者曾留学长安，精通汉文，为吐蕃著名才子。《谐拉康碑》甲、乙二碑所记，娘·定埃增是赞普幼年师保，后任钵阐布，权重一时，亦出于该家族。

181. **译文：**

属卢·董列因古崩之王事献青稞十蕃斗。

182. **译文：**

努布[①]列息驻扎于阿高之色茹。

**注：**

①努布：吐蕃一古老家族，其采邑在羊卓雍湖一带。羊卓雍

湖又称“努布海子”，见《贤者喜宴》ja 卷第 19 页；努布家族在吐蕃早期掌握政权，有四人出任大相，见于《敦煌本吐蕃历史文书》赞普传记第 2 节所载。

183. **译文：**

喀若之税吏韦[①]·农朗鲁顿。

**注：**

①韦：dbas，吐蕃古老家族之一，最著名者为韦·义策，与娘·曾古共同盟誓投奔悉补野赞普达布聂色，为建立吐蕃王朝颇立功勋。这里指韦氏家族一官员名。可参看《敦煌本吐蕃历史文书》赞普传记第 3、4 节。

**部落：**

共 73 简。

吐蕃部落是当时社会的基础，我们习惯地称吐蕃为奴隶主军事部落联盟，也就是说部落是吐蕃政体中的基本细胞。这些部落各有驻牧之地。在军事行动中，特别在重大的需要联合作战的行动中，以部落的名义参加。因而部落的名称随战争的进展而移动，就是这个道理。安西四镇的地区出现吐蕃的部落称谓，如那雪部落原驻地为那曲地区，管仓部落原驻地为后藏，现都在木简中出现。

184. **译文：**

小南部之碉楼。

185. **译文：**

大必力中游的部落，驿站长包巴鲁穹。

186. **译文：**

驿吏为喀若部落之朗鲁顿（人名）。僚属为管仓部落之萨东鲁道。男伙夫为那雪部落之拆通玛。伙夫之仆役为恰拉部落之甲木萨肖。

**按：**

托玛斯在《关于新疆的藏文文献集》第2卷第129—130页中，照藏文录文（二）释读。我们检校原件照片，发现可能是（一）的顺序较为稳妥，故重录并汉译。

187. **译文：**

下宗木部落，塑匠俄奈。

188. **译文：**

下宗木部落虽已去倭那尔堡寨，隘口有斥候，及……十人。

189. **译文：**

上宗木部落之岱充翥地方之珠赞（人名）。

190. **译文：**

上宗木部落之蔡邦[①]·通究。

**注：**

①蔡邦：吐蕃古老家族之一，见《敦煌本吐蕃历史文书》赞普传记第3、4节。

191. **译文：**

上宗木部落之都茂尔杂。

192. **译文：**

倭措巴部落派聂扎木拉赞（人名）。

193. **译文：**

倭措巴部落之琼保[①]·囊岗担任助理。

**注：**

①琼保：吐蕃古老家族之一，见《敦煌本吐蕃历史文书》赞普传记第2、4、6节。

194. **译文：**

倭措巴部落之尼洛聂息（人名）。

195. **译文：**

墀邦木部落之引彭拉顿（人名）。

196. **译文：**

乞力塘部落之支·彭列。

197. **译文：**

乞力塘部落之线·计巴。

198. **译文：**

墀邦木部落之倭尔桂江桑（人名）居于中间[地带]，不计在斥候人数之中。

199. **译文：**

朗迷[①]部落之牧鲁勒囊继续充当斥候……。

**注：**

①朗迷：见《敦煌本吐蕃历史文书》附录吐蕃六十一东岱表，属于叶茹所辖。

200. **译文：**

朗迷部落郭悉介担任助理。

**201. 译文：**

朗迷部落之细木悉诺顿（人名）。

**202. 译文：**

洛扎[1]部落之罗部尔启请。

**注：**

①洛扎：lho brag，见于《敦煌本吐蕃历史文书》附录吐蕃六十一东岱表，属于腰茹所辖。

**203. 译文：**

洛扎部落之祚三贡桑（人名）。

**204. 译文：**

向芒噶[1]部落……。

**注：**

①芒噶：见《敦煌本吐蕃历史文书》附录吐蕃六十一东岱表，属于茹拉所辖。

**205. 译文：**

向喀尔萨部落之门穷禀报。

**206. 译文：**

聂[1]巴部落之托巴尔孜勤。

**注：**

①聂：mnyal，又作 gnyal，今山南列麦即其地之下部。见《敦煌本吐蕃历史文书》附录吐蕃六十一东岱表，属于腰茹所辖。

**207. 译文：**

向畿堆[1]部落之色顿……禀报。聂巴部落的尼·千粗。

**注：**

①畿堆：见《敦煌本吐蕃历史文书》附录吐蕃六十一东岱表，属于伍茹，在今拉萨河上游至达孜以上一段。

208. **译文：**

畿堆部落之阔安切息（人名）。

209. **译文：**

绮力拓拔向俄东菊慕两名吐蕃斥候和两名于阗斥候交代……。畿堆部落之助理嘘律藏在于阗……。

210. **译文：**

那赤部落的加布·悉惹热之禀报。

211. **译文：**

那雪部落之阿郭包尔赞（人名）。

212. **译文：**

交与叶若布[①]部落之洛列松（人名）。

**注：**

①吐若布：yel rab，见于《敦煌本吐蕃历史文书》附录吐蕃六十一东岱表，属于伍茹，地在今拉萨之东郊。

213. **译文：**

留下德宗木部落线·彭列之厚皮袄。

214. **译文：**

计藏[①]部落之斯古赞巴（人名）。

**注：**

①计藏：见《敦煌本吐蕃历史文书》附录吐蕃六十一东岱

表，属于羊同所辖。

215. **译文：**

雅藏①部落贵如黄金般黄色骠马死去。

**注：**

①雅藏：见于《敦煌本吐蕃历史文书》附录吐蕃六十一东岱表，属于羊同所辖。

**按：**

托玛斯的藏文录文（二）可能有误，我们照改正后的录文（一）汉译。

216. **译文：**

雅藏部落之交尔梅悉猎在雅藏部落向内大论报告。

217. **译文：**

雅尔江部落之布巴宇通（人名）。

218. **译文：**

雅尔江部落之本珠列（人名）。

219. **译文：**

松木部落……。

220. **译文：**

通颊部落所属之巴若墀（人名）。

221. **译文：**

孔巴部落之果恩彭列（人名）。

222. **译文：**

孔巴部落之普巴牟尼当（人名）。

223. **译文：**

章赞部落之悉诺迟……宁年、卓介明彭及……。

224. **译文：**

章赞部落之介尔孔（人名）……。

225. **译文：**

书札致……拉琼及卓擦部落之唐人哲堡，没卢甲……康之部落卓列息及开扎木部落之唐……热，江保拉贡……墀。

226. **译文：**

吉部落之保穷若及囊热谓：您贵体安泰……。

227. **译文：**

岛岱[①]部落之……。

**注：**

①岛岱：见于《敦煌本吐蕃历史文书》附录吐蕃六十一东岱表，属于伍茹，地在今拉萨北郊。

228. **译文：**

……恩南·门列。开扎木部落之卓才通阿领糌粑三蕃升。

229. **译文：**

达布[①]部落之斯库尔顿（人名）。

**注：**

①达布：吐蕃古老一小邦，被悉补野家族征服，事见于《敦煌本吐蕃历史文书》赞普传记第 4 节，“后，于达布地方，

有已入编氓之民户谋叛。赞普与诸大论相聚而议降服达布王……。”下面引出参哥米钦毛遂自荐的故事，被“授以征讨达布、抚绥编氓之将军之职。米钦乃克达布王，收抚达布全境”。民间乃流传歌谣：

参哥米钦者，
征达布森堡寨，
以长矛一刺，
获得全部牧场，
曲岩松赞独自一人，
成出类拔萃之英勇好汉，
一日之中，
能杀达布百人。

达布被编入吐蕃之腰茹，成为一东岱，见《敦煌本吐蕃历史文书》附录吐蕃六十一东岱表。

230. **译文：**

峡地部落之寡妇巴萨南木……请求。

231. **译文：**

许垓冲木道穷吐谷浑武士之部……。

232. **译文：**

筑部落长……埃巴木列列。

233. **译文：**

那雪部落二十名汉属突厥人及零星小部之埭乌玛桑和门结穷二人派往布拉林去替换。

234. **译文：**

波噶部落之噶瓦鲁（人名）。

235. **译文：**

倭祖巴部落之奈耳回鹘聂息。

236. **译文：**

派尼木巴部落之希栗俄肯一人担任助理。

237. **译文：**

略才部落之阿木尔勒（人名）。

238. **译文：**

略才部落之甲尔鲁思及日斯部落之阿脱代，……部落之阿脱绮洛巴去鄯善。

239. **译文：**

恩木茹巴部落之谢乌鲁登。

240. **译文：**

辗噶尔部落之阔阿木那列，担任小节儿总管职务后去往军镇。

241. **译文：**

辗噶尔部落之渎格拉吉。

242. **译文：**

辗噶尔部落之哇·喀迷。

243. **译文：**

材茂巴部落之聂秀于悉诺山外侧之山顶。

**244. 译文：**

象[①]部落之哇·梅斯策布。

**注：**

①象：shang 或 zhangs，在日喀则谢通门、南木林一线，吐蕃时代古象郡也。见《敦煌本吐蕃历史文书》附录吐蕃六十一东岱表，属于叶茹所辖，为一小东岱。

**245. 译文：**

大必力下部之岛巴芒金之[地、房]契约。

**246. 译文：**

驿吏系悉诺雪部落之孜宇容玛，僚属为下桂仓部落……之尼道岛固北方管丁部落之松西晓，君育悉诺雪部落之慕容卡尔。

**247. 译文：**

上桂仓部落东木江地方之拉珠赞（人名）。

**248. 译文：**

亲为换工。下桂仓千户之田，三突。

**249. 译文：**

下桂仓杂俄冲木列部落。

**250. 译文：**

下桂仓之小千户所……田一突，又三突。

**251. 译文：**

下桂仓向导之田三突。

252. **译文：**

那雪部落之江保冲木玛。

253. **译文：**

那雪部落之野拉顿。

254. **译文：**

仲昝部落之色聂布簪（地方）。

255. **译文：**

已归化回鹘部落之江玛支，象部落之支列蒙，仲杂木部落白那地方之埃彭木象东，已归化回鹘部落之江玛支……。

256. **译文：**

管丁要求四突王田，位于大将军论祖热之狭长青稞地块之前端。

257. **译文：**

北方管丁部浇……期扎驿事则玛杂。

**地名：**

共63简。

地名最有意义的是记录站程，由它可以测定距离。此外，地名的变化也是很有意义的研究项目。例如，纳职、婼羌（大小罗布）、于阗、和阗、鄯善，都是古老的称呼，沿用至今。从木简上的记录，可以唤起人们的记忆，也反映出吐蕃当时活动的范围。

258. **译文：**

岛儿公姐妹两人死。

259. **译文：**

从婼羌派出骆驼与其余［牲畜配伍］一起赶往大行军衙。

260. **译文：**

巴姜加（地方）。

261. **译文：**

鲁堆（地方）。

262. **译文：**

贪通向甲垄以上及突厥君门以下之驿吏悉诺等禀报：请继续担任甲吾地方之驿吏。

263. **译文：**

甲垄缺于阗［斥候］一名。

264. **译文：**

甲垄默朗（地方）。

265. **译文：**

此木牍上所载及以下……首领，鄯善之青稞二百蕃斗四蕃升……已交托于阗布多，彼往鄯善，收到青稞后木牍仍交与布多［捎回］。

266. **译文：**

从和阗驿站发给鄯善岸本书信：一天一夜要行五个驿站，此木牍迅速紧急送往高齐巴。木牍不能按时到达或有失误，依法惩办，从和阗……日……。

267. **译文：**

马年春季三月，鄯善河流域之源头，悉诺藏热……。

268. **译文：**

交与使者沙弥。于阗人布鸟寄往鄯善之青稞与木牍……。

269. **译文：**

突厥啜尔（地方）。

270. **译文：**

默木都之墀古、啜尔（地方）。

271. **译文：**

在新巴尔本……此侧……增设一所驿站……颁令于部落。

272. **译文：**

在巴尔本对河，岸边关卡由南茹巴充任地方长官。

273. **译文：**

萨东乡美（地方）。

274. **译文：**

巴多东（地方）。

275. **译文：**

邦策布毕穷（地方）。

276. **译文：**

邦策布彭拉结（地方）。

277. **译文：**

琼其杂措工（地方）。

278. **译文：**

线·凡拉日驻扎于阿高之小林。

279. **译文：**

倭尔门之茂穷与井都。

280. **译文：**

门之绮古穷。

281. **译文：**

……致垄部倭玛垄之总管。

282. **译文：**

……董桑拉扎悉之住地……，上部突厥军丁……，年……，大小六个……。

283. **译文：**

交与林仁之线·彭列。

284. **译文：**

林仁慕保园。

285. **译文：**

约保人古穷。

286. **译文：**

……答应派两名邦岱之守城人，……一起前往，对尚论言及……在门玛以下吐谷浑……。

287. **译文：**

察登热年的于阗札多……于阗人热索卓则旦、察德热年夏。

288. **译文：**

我派于阗人李杂和谢岱二人去和阗听取高见，一人已返回，另一人尚未归，另派夏日玛等前去。

289. **译文：**

……向于阗王方面……引兵，汉属突厥人向于阗……。

290. **译文：**

拉岗地方的高刚才，汉人三都。

291. **译文：**

拉岗地方勃律人牛和于阗人古七死亡。

292. **译文：**

拉岗地方之古贤多和于阗人萨东。

293. **译文：**

于阗人古德，拉岗察玛久人。于阗人西德，拉岗察玛久人。于阗人黑吾，拉岗古姆地人。

**按：**

本简的录文，我们与托玛斯不同，主要的分歧是在行次的划分上。我们在按我们的录文（一）释读之后，附有托氏录文（二），请读者比较。

294. **译文：**

和阗之超桑（人名）。

295. **译文：**

……往鲁则也寄了。

296. **译文：**

鲁则泉之驿吏藏白海，炊事人庐白布。

297. **译文：**

答应交与色达村之羊款：交绮穷二蕃升粮，吉那一蕃升，绮穷又一蕃升，居士二蕃升半，彭列半蕃升，多荣保沙弥一蕃升，粟特人五蕃升。

298. **译文：**

孳乌恰（地方）。

299. **译文：**

大夏和玉慕两驿站，在巴尔本……。

300. **译文：**

……朗（地方）之绮杂安节、帕悉诺古、刚真堪。

301. **译文：**

……卓安之属民阔洛……在胡阿小堡，四吐蕃人驻……一驿站……驿吏在巴尔孜斯。

302. **译文：**

慕乡人之……慕乡。

303. **译文：**

在默木都地方：李护国在尼吉，逻色在菊木，努俄吾郊在诸西。

304. **译文：**

在乍夷切。

305. **译文：**

驻于倭东菊慕。

306. **译文：**

……在尼之穷金……三。……每一官长，喀若王田……。

307. **译文：**

……于阗……。

308. **译文：**

……于阗的两、钱（衡器量度）……于阗……。

309. **译文：**

达古沙山堡塞。

310. **译文：**

达古沙山堡塞……青稞。

311. **译文：**

达孜塀古（地方）。

312. **译文：**

囊与处之堡塞。

313. **译文：**

囊与处之堡塞有四名吐蕃人在一个驿站……。

314. **译文：**

悉诺笒结之堡寨，青稞……。

315. **译文：**

悉诺笒结之堡寨。

316. **译文：**

悉诺笒结之堡塞之青稞、糌粑。

317. **译文：**

悉诺厮啰结之堡塞。

318. **译文：**

江朗孜（堡塞）。

319. **译文：**

沙石峪之堡塞。

320. **译文：**

琼垄仲巴[1]然木绮堡塞之……。

**注：**

①仲巴：brung pa，边防守捉官员，驻守总管，有指挥军队、提调财政、参与政权的权力。见《敦煌本吐蕃历史文书》大事纪年。

# 四、文　书

共97简。

内分报告、禀帖、指令，都是吐蕃统治四镇以后上下行的文书。既有各地机构或长官向上级的报告，地方民户的禀帖，也有上级向下发出的指令，内容也很丰富；对于驻守的军队、粮秣的运输、逃亡的缉捕，都有所涉及。文书的格式、体裁也值得注意。文字一般都很简练，是由于木简本身容量小而决定的。

321. **译文：**

上峰令毕尔迈公将驮畜驮运粮食，[另一名]赶驮人噶西玛无暇前往，其骆驼如数作为质物交与[毕尔迈公]运送粮食。婼羌辖境全部骆驼均由迈公调集。噶西玛无暇前往，上峰决定予以严惩。尼毕悉斯彭等人借口寻事，[站在噶西玛一方]，谓“要将骆驼、驮子抢回”。[毕尔迈公]谓“此事要回报上峰”。骆驼再……。

322. **译文：**

卑职之父没陵岩茹噶，心情急躁，遇[敌人]属彭辟咎，被杀。我已四面被围，别无他法……，请从吐谷浑部或通颊派援兵……十人，消除危险，乞予垂怜！

323. **译文：**

……知悉于此方，……之间，上峰忘记……粮食够饱肚，……我……，那里也不……，……交给。

324. **译文：**

新编管部常……来侵害，来函收悉。

325. **译文：**

……说去而悄悄……，回家探亲……。

326. **译文：**

等候道路清除[积雪]后前往，是上午……。

327. **译文：**

……感激恩情，连家中也没去，就……。

328. **译文：**

口粮已尽，濒临死亡，长官不知详情，下面对上不满，我颇为惧悸。如有反抗及争吵之事应作调解，方能彻底消灭敌人（将妇幼皆消灭），下面人谁也不会做损害之事；伊等父兄也会归顺在东岱之下，请对大罗布之节儿总管下令。

329. **译文：**

彭吉……向大兄迟乌热及杂倭穷苦、穷没陵报告：悉诺穷之口粮仅剩一点……再不寄来他会饿死……危及我们口粮，[因要互相支援]，请快寄来。不可能派人往上去取，如今谁的口粮都紧张。

330. **译文：**

驻在倭东玉慕以上之斥候——林仁之斥候禀报：山上斥候请我驿吏及僚属助理二人向论当列大人报告，口粮已尽，烦驾请先送来，如不去突厥啜尔，请将此木牍送往鄯善。

331. **译文：**

向大王主子禀报：上面在小罗布二城议会时，我等在通颊一段加入当初的守城军。敌部斥候军，杀我眷属，割下头颅，粮筒中所有食粮悉为敌部抢尽，[我等]遭受残害如此。

332. **译文：**

……忠心耿耿，尽忠效劳，为敌所杀，奴隶、土地由其子孙后代领有，大尚论已下令，万夫长及千夫长……别忘写入盟约，为不使敌前为杀戮，请大罗布节儿总管向下下令[保护]。

333. **译文：**

……拜城外庄稼地内，常来糟踏，寻衅，心生叛离……如能坦白，请勿加害。

334. **译文：**

顺着往上行走之足迹，寻获营地，沿官道稍停，复又前行，查看突厥人昨夜住处：约有五个灶膛；杀死了一匹受伤之马，将鲜肉烤炙而食。在住地还拾到牛角一个（给乏马灌酥油用），刀鞘一个。已将此等物件包好盖印，上交，并存有收据（木牍），[斥候]报告完成任务经过。

335. **译文：**

论悉诺热之奴隶周洛息，已下令将其并作萨毗地方岸本之属民，现在在小罗布地面。余在萨毗为王室公干时，乞将周洛息借余使唤，已寄去文书，命彼从事整理户册。如其不在小罗布，即在当初住地，照户册规定行事可也。

336. **译文：**

吉那仁向内大论拉热禀报：玛尔斯、拉玛之官司请结案。吉那仁之官司也请结案。

337. **译文：**

……玛迷俄（地方）之官……，代替者……，单身妇女一个也没有，立即将单身女奴名芒者交给节儿总管。

338. **译文：**

所派卑职额外差事，由于未照规矩行事，至今未做出成绩，贡献甚微。宗堆部落之如聂穷，一次逃亡他乡，返回后，住在家中，请下令赏我为佣奴。

339. **译文：**

论董桑拉扎色由上部来信云：由于上峰信任，可直接追击上部茹萨毗之乱贼，命我二人前去平乱。

340. **译文：**

……会见时亲自禀报，道岱巴交来青稞粮食数字[与规定]似乎相符。还需要多少请来信明细写出。

341. **译文：**

……担任本结长官又派去当王室所属萨毗之茹本，……龙年，聂桑……种，蛇年，朗……。

342. **译文：**

[草场]划分定界后，选了征人乞力郭和乞力则。部落不让牧畜去水池饮水，并责备放牧人，欺骗守池人。一次，驴驹及牧畜……。

343. **译文：**

勒赤报告，上峰来示：……我说是病了，别人说没病……以后你会知道，让他前来取回信，请考虑将信交他捎来。

344. **译文：**

金册钟向尚悉诺热报告：已盖印送往于阗。

345. **译文：**

如若记我回家探亲，请让悉诺赞、格尔布穷于孟秋七月换我巡逻，我以后换格尔布穷巡逻可否？请回示。

346. **译文：**

仲夏五月十八日，侦探夏木绮穷回来，任务完成。

347. **译文：**

……不求向谁求……。……伍茹之军帐……驻于大罗布，……请下令区分桂、庸①。

**注：**

①桂、庸：rgod g·yung。吐蕃时期社会等级划分为“桂”，即武士阶级，参加军旅之战斗人员；“庸”为奴隶，随军的后勤人员，专门从事生产的奴隶。此说见《贤者喜宴》。参见《敦煌本吐蕃历史文书》大事纪年：“及至虎年（654 年），……大论东赞于蒙布赛拉宗集会。区分桂、庸。”是为最早记载，此处所记内容可证史书。《新唐书·吐蕃传》载：“虏法，出师必发豪室，皆以奴从。”《资治通鉴》卷 250 咸通三年（862 年）条：“吐蕃每发兵，其富室多以奴从，往往一家至十数人，由是吐蕃之众多。”皆可参照。

348. **译文：**

小人略有畏惧，不悦，如鬼迷心窍，准备逃亡。此时，付节儿总管助理……虽将我们抓住捆绑，被我挣脱，但此事又为他人知道……。

349. **译文：**

……小人能够担任……其木牍不全（有损）。

350. **译文：**

谓：若由你审判，节儿总管先把事由、物证弄清，惹……夫妇。

351. **译文：**

要走几天没把握，我与大小罗布之秋收监使……，于秋季八月廿日秋收……，大小罗布之军曹及节儿总管来函称：请付秋收费用……。

352. **译文：**

拉贡之木匠未到。

353. **译文：**

坐骑刚能站立，却也无用……虽以上等料、水等喂饮，但后来咳嗽，心血上涌……，现正在疗疴……。

354. **译文：**

骑马送信人引木噶报告。

355. **译文：**

在小罗布有八畦菜园子，沙弥菩提藏正在耕种时突然命终，他与卑职同一东岱，又是卑职亲舅，这……。

356. **译文：**

回鹘内乌雄报告。

357. **译文：**

兹列向杂乌赞热、彭热……列等禀报：行于……吉鄯途中，司牧长官……之上中间，有人……［对我等］起疑心，我等受阻……。

**358. 译文：**

……分后，有权者和有永业田者诸人……，……分配去开荒地。一次，将城中住户迁出……。大罗布范围王田之上方地，长满青草（无人耕种），迁出小罗布之住户……。

**359. 译文：**

……王，贵体安否？归节儿总管与争议田地者，不能迅速到达。

**360. 译文：**

往昔……去田间……，马年，小沙弥圣施……叫……在柯茨……一次，与悉诺发生口角，此人诬告……此人撒野……，我见其将官契藏匿，向上面颠倒是非，当时召我上法庭，卑职在小罗布……文契（权利）及其他全部丧尽。

**361. 译文：**

论董桑心中不安，速遣巴夏尔将垄倭玛布鲁及宁宗木之属民，名谓森仁钦、巴哲贝及杂达阿隆三人送往大罗布。曾多次邮传[询问此事]，但毫无音讯回复。

**362. 译文：**

仲·东穷贡之禀报。

**363. 译文：**

谨向论参热禀报。

**364. 译文：**

悉诺夏玉赞向城子官长悉诺罗禀告：悉诺……。

365. **译文：**

玉扎与贝玉道向城子长官禀告：拉贝柴与……达木热，与鲁布桑及论……。

366. **译文：**

……以后我向官长……，……贵体安泰否，……打发书信和使者……论悉诺热和论……。

367. **译文：**

多古禀报：……感到欣慰，这里……彭息等，……婼羌也包括在内。

368. **译文：**

大尚论墀岛支和论野祖扎来示："速派，速派白几悉诺列和都波玛顿去医治大尚论论鲁扎之病，他在牧区何地就去那里见他，夜以继日前往，相互鼓励。"故另书一封相同内容、盖章信札鼓励，令人送出。

369. **译文：**

龙年春季二月，孜扎鲁为向婼羌（小罗布）用兵事向大尚论钵心禀报：我吐蕃部之辖区发生叛乱，不异身家性命，忠心耿耿，以己之所能报恩，为王报仇。蒙颁诏恩赏，令余为小罗布之长官，管辖该地房屋、田地。董·呈岛贡答应给我送三蕃斗青稞之"户税"来，命令上盖有印章。

370. **译文：**

[此事]不向政务主宰大论禀报向谁禀报，小人兄长若派往危险之地，我们母子兄弟如生离死别，恳求大王……一次，祈求王者大论应允。

371. **译文**：

腊钵大人阁下：祝愿贵体安泰，能速谒见，手头需要何物？如不需其他之物，备有一批唐朝货物，于春季一月我去小罗布会见时[献上]……。

372. **译文**：

巴杜雷所禀如下：由于大小达热及彭年关心做主，仍留本人担任地方官，卑职很高兴，捎上礼物少许，我对王坚信不移，有何指示，请下令。

373. **译文**：

宇结向部落酋长乞力玛吉禀报：住在此地之于阗住户及吐蕃住户，他们在草场方面，如若不和，请于阗人找些牧地，不另找一合适牧地不行。

374. **译文**：

列村向大兄多玛请求：大兄您如若前往，请在氆氇上盖印，以后无论通过何人，请交与拉扎部落的龙列村。

375. **译文**：

宇息启禀东协大兄之前：贵体安否？我等于阗人之口粮已往阿玛卡去取，该地如无有，请由此捎五汉升青稞来。

376. **译文**：

结列向吉部头人穷桑及悉诺赞禀报：我听过往之人谓：贵体欠佳，心中非常不安，我派人来取于阗人之口粮……回时……运来。以后，口粮要青稞，请[对下边人]详为叙说，装粮所用之于阗粮袋已留下，倒入即可。

377. **译文：**

悉诺赞与多赞等禀报：……已在函札中请安问好……，给林仁之于阗人有否送去青稞一蕃升。悉诺赞之毡帽交悉诺聂捎来，且……。

378. **译文：**

贪通致书论墀赞：

闻贵体安泰极为喜悦。本人口粮如在那面，勿忘在皮囊中装够吃用。以后，巡逻斥候，以短期为好，口粮也……,[派差]亦请妥善，祝愿今后吉祥安泰。

379. **译文：**

函中请安……你听说巡逻情况，我也[听说]……粟特人之口粮在袋里，……佣奴梅悉猎去和阗探亲，回来时见山上有许多坐哨，……以上[情况]不好，还是往上走为好。先后写过三函……收到否？祝愿未相见前安泰，并能很快相会。

380. **译文：**

梅顿禀呈总管（节儿）措息、鲁措大人座前：我等虽愿前往下方，但所派王室内差繁重频频；恕直言，此地毛驴有病，粟米、青稞颗粒也无，缺充饥之粮，已恳求宽限十天，为此大事，是否妥当？再者：要细致照料奶牛，无论哪头先产，若不很好喂食，将会死去。请售予羊皮袄，要价多少照数献上。

381. **译文：**

……谨启：近来贵体安否？请来函告知。我已答应担任代理芒布支之职。代理饷银业已寄来，在未见面前，……于信中祝愿您政业昌隆。

382. **译文：**

……阿协致绮穷函件：……［骆驼］足乏将殆，如死，这匹骆驼……两匹小骆驼，牵着空驮子骆驼，二……。

383. **译文：**

如今上峰指派［我一人］兼任镇将及农田官……，［我］不敢推辞……责任；过去，［我］虽曾任农田官及镇将，但工作无把握，力不胜任。

384. **译文：**

圣明长官、腊钵：请派我担任几休畿囊之助理属官。

385. **译文：**

论措桑致日冲木玛函件：本有信给你，想是未曾收悉，不见回音。送往鄯善之函件收到后即复。

386. **译文：**

……之信。近日，于阗王节儿总管下紧急令：将酥油取来，准备把小堡之木工找来。给阿玛卡之悉诺心儿留下酒与斧头。

387. **译文：**

……致鄯善总管节儿及岸本：……要求任职，诏令上已决定。……应允光临，酒……。

388. **译文：**

巴若谢之禀帖。

389. **译文：**

哲下部地方长官之禀告。

390. **译文：**

[指逃亡之斥候]已追回送走，先勿作自己人对待。

391. **译文：**

……部落之甲拉玛去婼羌充任守捉官，其职由……达达支，论……和论玛……。

392. **译文：**

淫人妻女，触及刑律大法①，元帅及悉编掣逋（观察使、御史）应将犯人处以绞刑。

**注：**

①大法：根本法。《敦煌本吐蕃历史文书》大事纪年第6条："及至兔年（高宗永徽六年，乙卯，655年），赞普驻于美尔盖。大论东赞于高尔地，写定法律条文。是为一年。"这是吐蕃的第一部法典，它在奴隶制社会里所具有的约束力和权威，从此简中得到证实。

393. **译文：**

此案为悉编掣逋（观察使）所判，交付大罗布节儿总管及尚论。

394. **译文：**

任命尚论悉诺热为法官。

395. **译文：**

论节儿总管之批示如下。

396. **译文：**

给牧区利因甲杂斥候函件内称……。此函十九日午夜……每日白天黑夜抓紧送去。

397. **译文：**

猪年，于和阗城备鲜肉银九两。使者到达，[命我]去敌人边界，走时将五片木牍交与拉赞……古朱。

398. **译文：**

若火速有事相告，请从该处速捎信来。

399. **译文：**

委派论多布桑担任“论”之职。

400. **译文：**

……委派作萨毗之茹本。

401. **译文：**

交与节儿总管及镇将大论。

402. **译文：**

镇将大论茹聂穷。

403. **译文：**

任命侦探敌情之玛当久岱……为纰论（外相）。

404. **译文：**

早餐至晚餐前，过往之人由驿吏接应。

405. **译文：**

茹本通颊所属村落，小巴乌玛若聂地方以上一带，去该处侦查探明后将经过（工作）记录汇总。……

**406. 译文：**

春季三月二十五日，天晴后上路，为追捕逃亡者。此前早晚注视[敌情]，越大道，白昼注意尘埃及刺探，夜晚留心响动。在囊当及囊孜以上侦察、等候，想尽办法找一隘口驻下，切勿失误！万一在囊孜等五天仍未来，在丁卓巴避隘口阻拦，挡在逃敌之前，吹嗯哨，以蒙骗敌人，要有值勤……，如确实未逃脱越过，在多江和丁卓保……。

**407. 译文：**

……很高兴，若是如此，绮慕则家到官府上诉之事秘不与闻，待我等问清后，很快将事办成，事未办成前若借口发生斗殴，将复仇人及仇家依法看管，到居中证明人处问事。

**408. 译文：**

在畦上跑马……。

**409. 译文：**

[派]两名送信伙伴[来]。

**410. 译文：**

召[小罗布]地之镇将大论及茹本四人前来见我。

**411. 译文：**

……把一只犬驯为猎犬。

**412. 译文：**

让四方面长官，各交契书。

**413. 译文：**

牧场长官邦古参。

414. **译文：**

岱康木会议[1]［令］……。

①岱康木会议：吐蕃占有河西、陇右一带广大地区之后，将这一新占领区命名为岱康木（bde khams）意为“幸福之境”。各地军政头领组成的会议，为最高决策机构。

415. **译文：**

往小罗布送去粟米两蕃斗，从过去的粟米中给拉穷达仁……蕃斗……。

416. **译文：**

在大罗布（纳职），论……集会，重申照往昔所谕去做，定于二十二日晚，在大罗布商议时……。

417. **译文：**

赔偿一头怀孕母驴银四两，一头公驴银三两，一头小驴银二两；雇佣一天，付粮食一蕃升，［如不付粮］，也可折作户差。江则地方之赔偿费与上相同，雇毛驴脚钱为半蕃斗。

## 五、宗　教

共25简。

这些木简反映了吐蕃人当时对宗教的态度，看来苯教是吐蕃人的主要信仰。其中，卜辞中反映的也是对自然物的崇拜。

418. **译文：**

苯教师七人及苯教主二人，共九人，分坐两排，食物供奉相同。晚餐毕，每人每日供头遍酒十瓢，合计三吐[1]。

**注：**

①吐：thul，吐蕃人计算蒸煮酒浆的量。每吐合30瓢，大致相当半蕃斗粮食所酿之量。

**419. 译文：**

［每组］油炸薄饼和果子各十五个，饼和发面饼各二十五份，杏干、葡萄干各三捧，切玛（用酥油、奶渣、酸奶揉成的糌粑）各三两，酸奶一勺，上好糌粑五蕃升半。

**420. 译文：**

三份多玛供（中祭三宝，左祭神，右祭鬼），各堆前置圆饼、发面饼、煨桑树枝、旗杆、新麦……。

**421. 译文：**

……多玛供品。然后，献降神酒。午餐，连续献上迎宾青稞酒三瓢，置一盛酒大碗，顺序饮之。苯教主讲述往昔历史。

**422. 译文：**

派出为祭降生时命宫守护神和祈求保佑的男女值日福德正神之苯教巫觋师徒，助手悉诺登，苯波雅堆，引神人期同温巴，小苯波赞粗慕阻，厨子梅贡，供养人卓赞，并带上祭降生男女命宫守护神、祈求福佑之各色彩幡、大虫皮勇士桑矫让、大虫皮勇士乞力，以及筑腊钵热。

**423. 译文：**

祭地方神、乡神和女神之巫觋、苯教主名准木巴［杰］，徒弟洛卓才俄，供养人巴兰和供养人拉当祖。

**424. 译文：**

祭祀地方神、乡神和女神之苯教师徒：论芒息、论多桑。

425. **译文：**

……的祭神用良种公山羊一只，饮用酒一扁壶，摆设酒一扁壶，糌粑一蕃升，酥油一两，煨桑树枝一根，带彩缯之箭一支。

426. **译文：**

猴年，祭神之酒及雇白马费用（谷物）运至……。

427. **译文：**

兔年春正月，祭祀小罗布之降生命宫男女守护神，献上美好祀品，点交兵器和写有祈祷文之经旗作为供品。

428. **译文：**

二十一名僧人每人平均酒三吐半，放置中间。酒浆……罗（筛）给二十四名年轻服侍人，每人平均头遍酒十满瓢，合计酒一百吐……。

429. **译文：**

……二十七名［苯教师］每人平均五瓢酒。二遍酒四瓢半。一百二十二个雇工每人三满瓢酒。合计三遍酒十一吐半。

430. **译文：**

……青年及同行的二十人，平均每人食品……（四个）圆饼、发面饼、青菜、腌菜、碗。

431. **译文：**

为异引灵神之财物，按各人相应职务地位摊派，所献如下：论乞力摩……噶夏花之价青稞四蕃升。论措热珍珠之价粮食一蕃升。论悉诺桑各种药一满钵。多热……一……。野息珊瑚一支。拉热新松耳石一块。噶尔道金币一枚。粗囊绸……。

**432. 译文：**

祭祀女神之美貌少女一名。糌粑及酥油半斤，满一小罐，一只系有彩绸之羊右腿，一把撒向天空之青稞，一小满罐祭神之酒，二遍酒五瓢。

**433. 译文：**

苯波。

**434. 译文：**

宇赞（地方神祇）一尊。

**435. 译文：**

念苯经。

**436. 译文：**

苯教总管。

**437. 译文：**

在此灵骨上占卜：吉，祈求神门启开，鬼门闭合；凶，人有生命危险。

**按：**

上为书于羊胛骨上之卜辞。

**438. 译文：**

祭女神之美貌少女一名。以兵器卜有无危险等……。兔年秋收之麦子和青稞年成可佳?

**439. 译文：**

[羊之]右肩胛骨卜询产男孩否？有无病痛？肝卜询有无麟

儿？齿卜询是否恶死……墓中有无死鬼迹象？

**440. 译文：**

右肩胛骨，可卜问死者鬼魂是否仍强留家中？是否离去？有无鬼魂留下之迹象？

**441. 译文：**

……祭降生时命宫守护男女值日神祇及福德正神时……以兵器卜有无危险？小罗布城范围内，以后有无敌人？年成好否？……有无……？

**442. 译文：**

……祭女神，宰四头羊，用兵器卜问……，右肩胛骨和……。小罗布有无外敌。于阗米钦（地方）……。

## 六、其　他

共22简。

最后6枚（第459—464简）为俄国收藏的木简。

**443. 译文：**

松鲁都。

**444. 译文：**

色鲁列。

**445. 译文：**

巴俄昂云。

446. **译文：**

……邦支贡恭也……派遣。以后可能有……。

447. **译文：**

尼瓦·拉金之后代。

448. **译文：**

由格桑送……又……。

449. **译文：**

鲁米彭穷为阿玛卡森道之饮食……给……。

450. **译文：**

（藏文字母表中 ka、kha、ga、nga、ca、cha、ja、nya、da、ba、na 等 11 个字母。）

**按：**

此简似为练习书法之用。

451. **译文：**

城子长官野息和赞热……鲁及萨毗……。

452. **译文：**

少女。

453. **译文：**

向克呈木部落交……（阙译）

454. **译文：**

城子长官，论……每一谕令……（阙译），谕令……。

**455. 译文：**

俄佐美已到。

**456. 译文：**

（阙译）

**457. 译文：**

（阙译）

**458. 译文：**

（阙译）

**459. 译文：**

与那吾沙麦谓：贵体安泰无恙，卑职在军中闻后大喜。与勒贡谓，吾要一名男仆，指令已带往尼纳吾沙（地方）。薄礼盖章寄出，笑纳！

**460. 译文：**

巴肖给觉吾杰札禀帖：卑职正担任向导，突调往上面（山上），闻下面（山下）可领我等饷粮，不知向谁去取。鲁金麦在否？以后写信奉告。听说你的青稞也快[吃]完，有八蕃升携带不动，留在小罗布。

**461. 译文：**

空乍写给哲桑和悉诺压二人之函件：于大罗布该处，卑职得粮二蕃斗半，请你倒在口袋里存放起来。

**462. 译文：**

牙桑向囊杰吾卓玛阁下禀报……。

**463. 译文：**

致巴策布·悉诺玛玉息……之信。

**464. 译文：**

（阙译）

# 后 记

公元7世纪中叶，吐蕃王朝创制了藏文以后，广泛加以推广使用，一时，藏族文化呈现十分繁荣和活跃的景象。吐蕃王廷派出大批青年学者，向内地和印度、于阗等周边的民族学习。从残存的材料中看到，当时表现出来的学习热情，给人留下深刻的印象。当时留传下来的文献，有镌刻在石碑上的碑文、铸造在铜钟上的铭文、写在纸卷上的经文和状文，还有书写在木片上的简牍文字，构成吐蕃文献三大部类。

关于简牍，当时叫做 khram，或直接以俗名称之为 shing gi byang bu，简称 shing byang。

这类简牍最初见于吐蕃历史文书中的记载。20世纪初，在新疆米兰故城多所发现。由于我国当时政府的腐败，致使大部分简牍流落海外。直到新中国成立后1959—1973年间新疆维吾尔自治区博物馆的同志们进行了田野考古发掘，续有发现，并在刊物上先后做了报道，引起了国内外人士的广泛注意。

1979年夏，王尧应邀在乌鲁木齐摹写、研读原件，并拍摄全部照片，回京后我们把这些新资料连同流落在海外的部分资料汇在一起重新分类、解读、油印成册，征求意见。

1983年，王尧又去伦敦，亲自检验斯坦因所劫原件。

这几年中，我们将油印稿重新进行一次修订。现在的本子，收录了原文并转写为拉丁代字。这样，吐蕃的金石、手卷和简牍都有了初步的成果，提供给关心吐蕃历史和文化的同志参考、研究。

在完成这一册《综录》书稿时，我们向东噶·洛桑赤列教授表示深深的感谢。在我们进行解读的过程中，得到他热心的帮助，使我们克服了解读中的不少困难。新疆维吾尔自治区博物馆沙比提、穆舜英两位同志的真诚帮助，无私地提供了全部简牍原件并允予拍照，更是不能忘却的，在这里向他们表示衷心的谢意。

王尧　陈践

1984 年 8 月

# 附　篇

## 青海吐蕃简牍考释

### 一、概　述

青海省境内几件考古学上的大发现，曾引起学术界普遍的注意。而最为轰动者，如下两件即在其中：一是“舞蹈新陶盆”：1973 年，青海省大通县上孙家寨马家窑类型墓葬中出土，画面上表现 5 人一组的氏族成员正在举行狩猎舞。① 二是“唐蕃古道考察报告”：记录了沿唐蕃古道的居民生活、历史文物、河川走向，以及唐宋以来的历史遗迹。② 从以上的考古发现中不难看出青海地区在中国历史上的地位，同时也反映出青海古文化的发达水平。

1985 年，青海省文物局考古工作队在都兰县热水斜外草场地方对两座古墓进行科学发掘。墓形为梯形石砌，墓内有马、牛、狗等殉葬品骨骸。墓主尸身附近有大量的绸缎、织锦、羊

---

① 关于此次发现的重大文化价值，参见汤池：《谈舞蹈新陶盆纹饰》，《美术研究》1979 年第 2 期；金维诺：《中国美术史论集》，人民美术出版社，1981 年，第 13 页，附录 20—22。

② 载《青海地方史略》，青海人民出版社，1985 年。

皮、牛皮、鹿皮靴。靴为高筒，皮质柔软，有光泽，黑色；有的织锦上有索特文字，似为中亚一带进口物品。另有铜镜、铜钱，方孔开元通宝。大致可看出，墓主身份及入葬时代不会早于8世纪。第10号墓中尤为引人注目的随葬品，有吐蕃文木质简牍11支。关于墓葬的发掘报告，将由青海省文物局考古工作队发表，其丰硕成果当公之于世。承蒙许国新同志雅意，将随葬的吐蕃简牍交给我们来研究，这使我们受到很大鼓舞。因为1979年新疆维吾尔自治区博物馆沙比提馆长和穆舜英所长二位友人，曾约我去新疆研究他们发掘、收藏的吐墓简牍；1983年我又到伦敦印度事务部图书馆去核对托玛斯生前研究、发表过的散简；后来，在此基础上出版了《吐蕃简牍综录》（文物出版社，1986年），共收录吐蕃简牍464支。从那以后，我们心中一直希望能在藏区见到吐蕃简牍出现。因为从理论上讲，简牍是吐蕃时期重要的文献，在藏区不应该完全灭绝。这一次，青海都兰热水的吐蕃简牍出现，可以说弥补了这一段空白，也极大地满足了我们个人的愿望。

这一批简牍共11支，均为短简，最长不超过10.5厘米，宽2.3厘米。字迹均为吐蕃简牍中常见的行书体，介于草书（དབུ་མེད）和楷书（དབུ་ཅན）之间，流畅而气韵生动，清晰可读，与新疆出土的简牍无甚差异。我们乃费旬日之功，进行摹写、转写、翻译和考索。兹将有关材料，先行公布，以飨读者。

## 二、录文及译文

M10:4－1

A 1　༄:།　རྨ་གུར: པོ: ཆེའི: གོས: བུ: ཤེ: ང: འོག་

　2　དར: ལྷང་ཀུ: ཟ: སྲུར་མ: །　ཡས་གི།

B 1　སྣ་ཉིག: གྱི: ཁྲུད་ཀོར་: ཤལ: དམར: ཁྲག་

　2　ཟ: ཟློགས་སག: ཏི: ནག་པོའི: ཡུ་རིངས་ཟ་སྲུཾ: །

此木简长10.5厘米，宽2厘米，厚0.2—0.3厘米。右侧有小孔。正反面各 2 行，藏文行书体，潇洒，接近正楷，字迹清晰。

译文：黄河大帐产之普兴缎面，绿绸里夹衣及悉诺涅缎红镶边衣，黑漆长筒靴共三件。

M10:4 -2

A 1　ཀུ་རིབ་ཙ་ཁུ་དགེས་

2　ཀྱིས་གསོལ་པ།

B 1　གཙོས་ཟ་འོག་ཅན

此木简右有小孔。长 8. 7 厘米，宽 1. 8 厘米，厚 0. 2—0. 3—0. 2 厘米。正面有 2 行字，背面有 1 行字，字体与其余木简迥异，水平低，字迹基本清晰。

译文：古日家客奉赠：羚羊皮，边镶锦缎之衣。

M10:4 -3

A 1　༄།　ཤེའུ་རགདུང་

2　གཅིག

B　（无字）

此木简长 6. 3 厘米，宽 2. 2 厘米，厚 0. 3 厘米，右有小孔，正面有 2 行字，背面无，简右略残，有一字模糊。

译文：秀乌地产黄铜号一把。

M10:4 -4

A 1　༄།　ཐར: ཐར: ལེ: བ……

2　དང་རས: ལྗང་ཀུ: རྫ: སྒྱུ

3　ར: མ: གཅིག

B　（无字）

此木简长 6. 5 厘米，宽 2. 2 厘米，厚 0. 3 厘米。右有小孔，正面有 3 行字，字迹一半清晰，反面无字。

译文：镶边……绿绒夹衣一件。

M10:4 -5

A 1 ༄:། གདད:[ཕྱིང་ང་ཅན]:གཅིག

B (无字)

此木简长 8 厘米，宽 1. 3 厘米，厚 0. 3 厘米。右有小孔。正面有 1 行字，字迹模糊，仅前后二字隐约可辨。

译文：毛毡铺垫一块。

M10:4 -6

A 1 ༄:། ན:རོས་ཀྱི་གདུབ་

2 གཅིག

B (无字)

此木简长 6. 5 厘米，宽 2. 2 厘米，厚 0. 4—0. 6—0. 5 厘米。右有小孔。正面有 2 行字，背面无。正面有一字模糊。

译文：“纳乳”宝石之钏一件。

M10:4 -7

A 1 ༄:། ན་རོས་ཀྱི:[ཐུར་བ]:གཅིག

B (无字)

此木简长 8. 1 厘米，宽 1. 5 厘米，厚 0. 2 厘米。右有小孔。正面有字 1 行，字迹一半清晰。背面无字。

译文：“纳乳”宝石之杯（?）一件。

M10:4 -8

A 1 ༄:། དར:ཟླའི:གུ[ར:པོ:ཆེའི]་

2 ནོག:དར:ལྷང:ཀུ:དང:སྦྲུར་

3 [མ]:གོས:བུ:ཤི:ང། [དཔྱང]་

B 1 ལག་ཟ་ཐོག:སྣ:ཞིག:ཅན་།

2 གོས:བུ:འབྲིའ་ཟླའོ:[ཕོང་

3　ཨོང]:ཅག:གཆིག

此木简长 7.5 厘米，宽 2.3 厘米，厚 0.3 厘米。右边有孔。正反面各 3 行，右角略残，缺字，其余部分字迹清晰，藏文行书体，接近正楷。

译文：黄河大帐产之普兴缎面，绿绸里，衣袖镶悉诺涅缎，价值一头母牦牛之缎夹衣一件。

M10:4 – 9

A 1　༄:།　ས:གོ:དར:གྱི:……

2　མ:ཅན:དང:[སྤྲལ]་

B 1　ཨའི:གོས་……དྲིག་

2　ས:ཅན:ཕྲུགས:ཤིག

此木简长 8 厘米，宽 1.5—1.8 厘米，厚 0.4 厘米。正面左侧字清晰，右侧略有模糊。背面第 1 行字迹难辨，第 2 行清晰可读。

译文：萨郭绸之……衣里，吾缎……衣一套。

M10:4 – 10

A 1　༄:།　ཐར:ཐར:དམར:པོའ:

2　དཔྱང་ལག:ཏང་གོང:

3　མ(ཟ):ཐོག:སྟ:ཞིག་

B 1　ཅན:།　ལུ:གུ:སླག:ཏང་

2　སྦྲུར:མ:གཅིག

此木简长 6.5 厘米，宽 2—2.2 厘米，厚 0.4—0.5 厘米。右有小孔，正面 3 行，背面 2 行，字迹大部清晰。

译文：衣袖为红镶边，衣领为悉诺涅锦缎之羔皮衣一件。

M10:4 – 11

A 1　༄:།　དར:ལྷ[ང་ཀུ]……མེའུ:ཅེ:

2　ཟ:ཐོག:[དུ:ཀིམ:གྱི]སླས་པའི:

B 1　ཅན་……[བུ་ནག་པོ]དར་ཀྱི་

　2　……སྟགས་ཤིག

此木简长7.5厘米，宽2厘米，厚0.4—0.6厘米。右有小孔，正反面各2行，正面字迹约半数清晰，反面字迹模糊。

译文：绿绸……寿字缎，金线……[衣及]黑绸之……衣一套。

木牍藏文摹写：

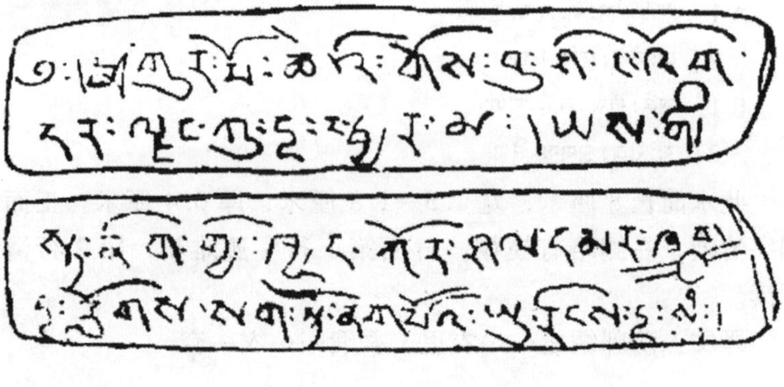

M10：4－1

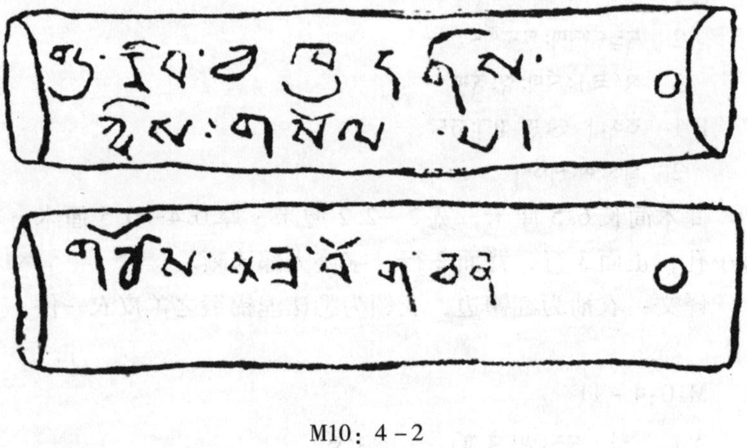

M10：4－2

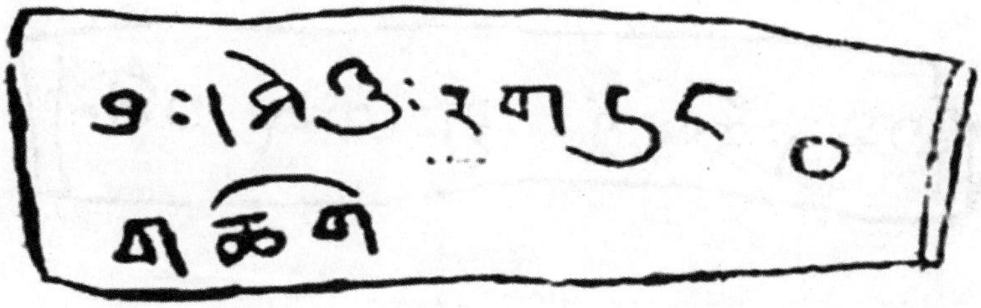

M10：4－3

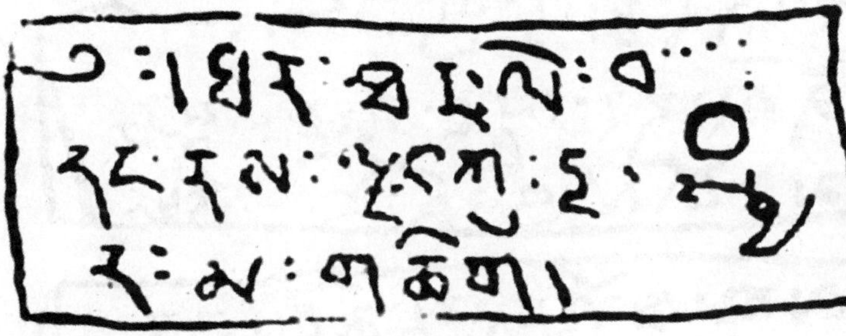

M10：4－4

M10：4－5

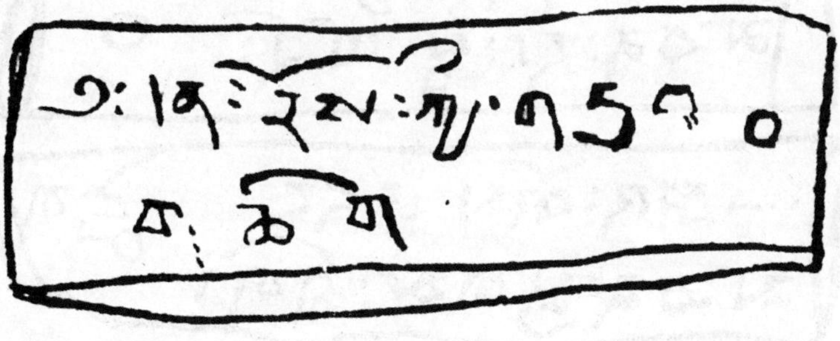

M10：4－6

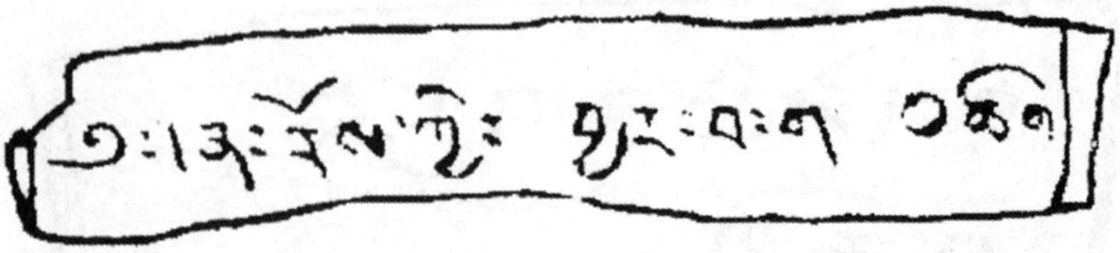

M10：4－7

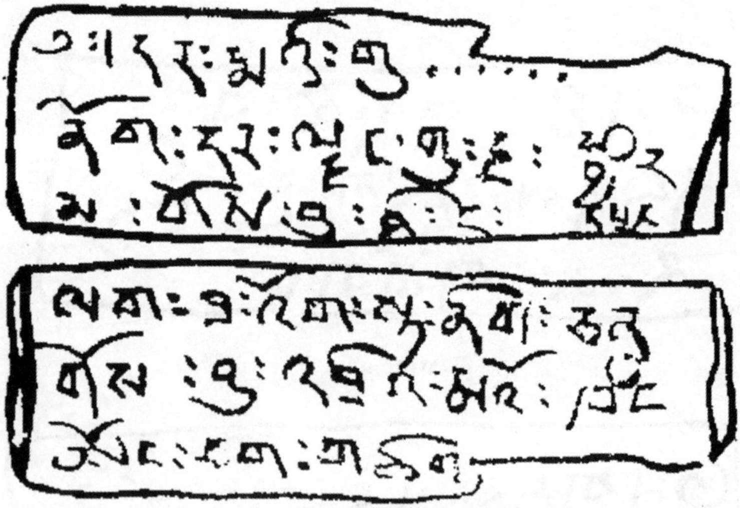

M10：4－8

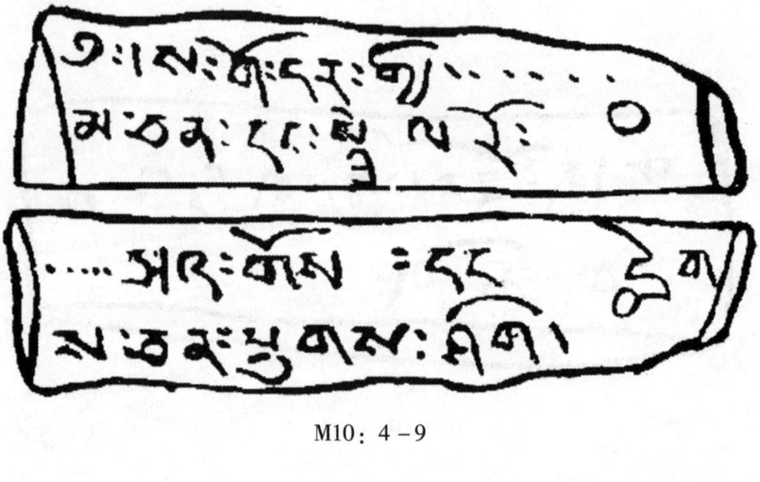

M10：4－9

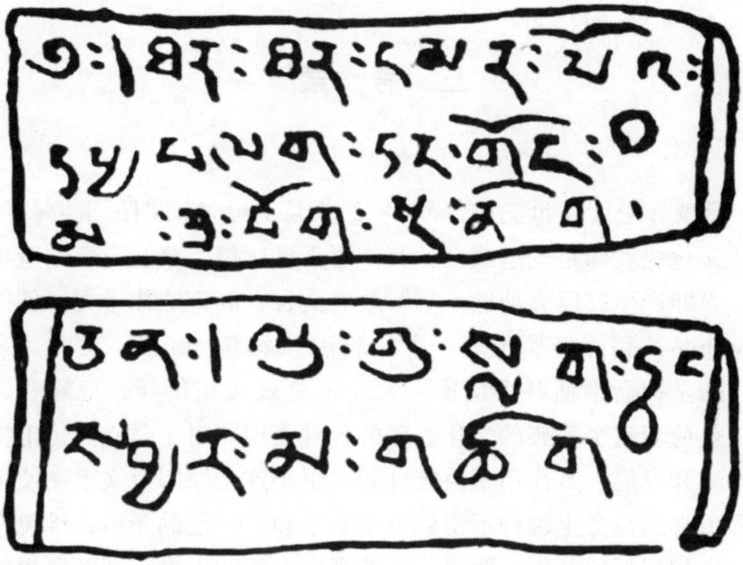

M10：4－10

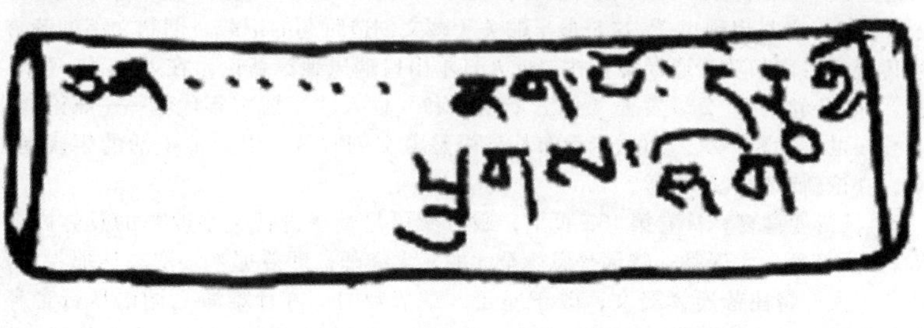

M10：4－11

# 三、考　索

藏文于公元7世纪初草创,[①] 后人认为吐蕃时期最重要的历史性文化成就即是创造藏文，其作用无可比拟。藏文一经创造出来，立即产生其巨大功能：书写政府文告，制订法律条文，创作文学作品，翻译经典论著，举凡政治、军事、经济、文化、宗教，乃至社会生活各个层面，无一不是藏文在传导、记录和运载、负荷着整个藏族的文化心理的各种表现。对于藏族文化传统的延续和发展，其作用是决定性的。由于这个原因，文字在使用过程中必然会产生种种不协调、不顺手和不规范的矛盾，难免产生这样和那样的差别、距离。新的观念、新的事物、新的思想的出现也会要求文字来适应，要求文字能有所表达。所以，文字也在不断地丰富、修整，到了一定阶段，就会产生“文字改革”[②]，改革前后的文字有明显的分界线。我们今天常见到的文字大都是改革后的产物，改革前的藏文文献极为少见。我们注意搜寻、排比、研究，大致摸清了现存的改革前也就是公元9世纪前的藏文

---

① 《敦煌本吐蕃历史文书》赞普传记第8节：“吐蕃古昔并无文字，乃于此王（松赞干布）之时出现也。”这是最早的关于藏文创造时期的记载。创制文字的荣誉，一般传统说法均归功于通米桑布札。近人日本山口瑞凤独标新论，在1976年《东洋学报》第57卷第1、2号发表《〈三十颂〉和〈性入法〉成书年代考——兼论通米桑布札在世年代》一文。对通米桑布札是否是藏文创制者，以及他生活的年代提出质疑，立论新奇，值得注意。

② 《贤者喜宴》ja卷第132页下，载可黎可足赞普进行文字改革的具体内容：“依止诸大经师、大译师，特别是恩德至大的三大译师，即兹那米多罗、达那锡罗及益西岱三人，将往昔所译经文，改正厘定，章节判明。古昔难懂之词语尽行舍弃，以合于地区、时代及通俗易懂者为准则。为减少字母缀音将ཡ、དདག及单体后加字小འ，三者尽行取消。”这一改革影响巨大，基本上定下今天流行的藏文规模构架，其功不可没也。

文献的面貌（包括它的分类、内容、特点）。[1] 青海出土的这批木简反映出几个令人注意的特点：

其一，当时纸张缺乏，是靠内地运来的，保存不易，价格较贵。人们就地取材，选择了木质的材料，削成薄片，用以书写，是最方便、简单、经济的。这一点与新疆出土的简牍完全一致，都是利用木质材料，没有发现竹简，可能因竹子产于南方，僻处西北一隅的吐蕃人还不易获得，未能利用。

其二，它作为随葬衣物疏，只记墓主有关的服饰等品，不及其他，因而其内容比较集中，反映出墓主服饰的特点。绸缎之类在当时吐蕃贵族生活中已普遍使用，生前穿着光彩耀目，死后随葬，仍享有昔日的威风。

其三，木简的形制与新疆出土的木简几乎可以认同，都在右面留有一孔，或在右侧刻有凹槽，备捆扎或编集之用。

我们可以回顾一下：吐蕃时期木简使用较为普遍，在《敦煌本吐蕃历史文书》中称之为ཁམ（册），民间口语则称为བྱང་བུ（片，版），或ཤིང་གི་བྱང་བུ（木片、木简），简称ཤིང་བྱང。这里，青海出土的木简是随同墓主陪葬物的登录，不妨称作དུར་ཁམ（墓中木简）。

现在再比较青海木简与新疆木简之间的异同。从文字上看：在字体、书写风格和文字结构上两者都属于同一类型，也可说是同一时期的产物。请比较：

新疆木简第 86 号

A1　༄།།　འདྲི་སྦྱུས་གསས་ལེགས་ལ་གཏད།　པའ།　ནབ་ཟ་རྒྱ་དགས་ཀྱི་རལ་ག་

2　གཅིག།　རེའུ་ཀར་ཀྱི་རལ་ག་གཅིག་།　གཙོས་ཀྱི་སྟོད་ཀོར་གཉིས།

B1　ཟ་འོག་གི་སླག་པ་གཅིག་།　གཙོས་ཀྱི་སྟོད་སྣམ་གཅིག་།　མེན་ཏྲི་

2　ཤམ་གཅིག།　དབུ་ཐོད་གསར་སྙིང་གཉིས།　སི་ལེག་ལྷ།　སོགས

译文：交付哲蔑悉腊衣著：汉地织成披风一件，白山羊皮披风一件，羚羊皮短披肩两件，锦缎裘袍一件，羚羊皮上衣一件，

① 参见拙文：《吐蕃文献学概述》，载《吐蕃金石录》代序。

美哲缎裙一条，新旧头巾两块，丝带五条等……。

青海木简第 M10：4 -6（见前）。

两者同异之处：

（1）使用反写的元音符号ṭ（ˆ），这是吐蕃时期文献的一大特点。根据《吐蕃文献学概述》：元音 i 的反书是一个十分醒目的标记，几乎成为吐蕃文献的共同特征。两者相同。

（2）གཆིག，这种不合现代藏文规范的拼写法，在吐蕃时期，经常出现。这里，我们根据新疆木简和青海木简共同出现这一拼写法做一解释：本来，藏文拼写规则中，清音吐气字母之前不可能出现前加字ག，只能出现མ 或འ；但是，根据现代藏语来推断，吐气音在一个词第二音节时，即转化为不吐气，如：སྟོན་ཁ，དབྱར་ཁ经常读为སྟོན་ག，དབྱར་ག。དཀོན་མཆོག，ཨ་མཆོག 也经常读为དཀོན་ཅོག，ཨ་ཅོག。那末，在古代一个词中，如果承认其复辅音存在的话，其第二复音吐气也相应转化为不吐气。即是说：གཆིག 实际上应该为གཅིག，就与规范的正字法一致。这一问题，牵涉很大，在吐蕃文献中经常碰到，待另撰《吐蕃文献读音考》来说明我们的观点。

（3）双点音节号，在青海木简中使用双点“:”，新疆木简中极为少见。但在吐蕃另一重要文献，即《桑耶寺兴佛证盟碑》（779 年后立）中一律使用双点音节号。据我们所知，唐代几通突厥文古碑，如《阙特勒碑》、《毗伽可汗碑》，都是使用双点音节号，这两者有何种联系，尚须进一步研讨。

现在，可以做一简单结论：

（1）青海出土木简与新疆出土木简大致属于同一时期，即 9 世纪藏文改革前的作品，统称为ཁྲམ，口语作ཤིང་གི་བྱང་བུ。

（2）青海木简出土于墓葬之中，为随葬品的登录文献，可称为དུར་ཁྲམ。

（3）墓主似为一吐蕃贵族，衣着绸缎，生活豪华。生前器用物品，死后陪葬，供死者继续享用，反映出当时的灵魂观念。

（4）当时在吐蕃实行墓葬制，与刘元鼎出使吐蕃时所见略同。"……曰闷惧庐川，直逻娑川之南百里，臧河之所流也。河之西南地如砥，原野秀沃，夹河多柽柳，山多柏，坡皆丘墓，旁作屋，赭涂之，绘白虎，皆夷贵人有战功者，生衣其皮，死以旌勇。殉死者瘗其旁。"①

（原载《西藏研究》1991年第3期；与陈践合撰。）

① 刘元鼎：《使吐蕃经见记略》，载《全唐文》卷716。

# 青海都兰新出吐蕃文汇释

1999年7—9月，北京大学考古文博院与青海省文物考古研究所在青海都兰联合发掘吐蕃大墓，工作重点在都兰县热水乡血渭草场，以前曾译作“斜外草场”，音近而译法不同。他们在热水沟南岸一共发掘了四座大、中型吐蕃时期的墓葬。

此前，1985年青海省文物局考古工作队（青海省文物考古研究所的前身）曾在同一地区发掘过两座吐蕃古墓，应该是同一地区的同一墓群。1985年的发掘地点在热水沟北岸，命名为“一号大墓”，两组墓葬群，隔河相望。

1985年青海考古工作者对吐蕃大墓的发掘收获不小。我本人的兴趣在古文字，墓中出土了11支吐蕃简牍，确实令人兴奋不已。因为，我以前接触过吐蕃简牍，而且于1986年出版了《吐蕃简牍综录》。书中素材，都是在新疆出土的。许多材料现已流散海外。为此，我不得不到巴黎和伦敦追踪探索一番。

从理论上讲，藏区亦流行古文字简牍，可惜一直未见。1985年，青海都兰一号大墓发现11支吐蕃简牍，解决了这个问题。为此，我写过一篇文字考释，发表在《西藏研究》1991年第3

期上。[①] 现在我们已经明确知道，吐蕃时期的简牍一共发现了大约440多支，分别藏于伦敦英国图书馆东方部（原属印度事务部图书馆）、俄罗斯圣彼得堡埃米塔什博物馆东方部、新疆博物馆和青海省文物考古研究所。

1999年这次发掘，收获巨大，陪葬器物、衣饰、用具极其华贵，而且品级很高。虽然历经盗墓者多次扰乱、破坏，但从出土物仍可了解这几座大墓的墓主人身份非同一般。今仅就文字方面的问题说明如下。

## 一、大相（blon）墓石

此墓石字迹十分清晰，从残留的金箔痕迹看，阴刻文字内原来贴有金箔。所谓blon，汉字译为“论”，正是《新唐书·吐蕃传》所云：

> 其官有大相曰论茝，副相曰论茝扈莽，各一人，亦号大论、小论。……总号曰尚论掣逋突瞿。[②]

“论”就是部长一级的长官，可译为“相”；“论茝”是“大论”，也就是大相、首相。吐蕃职官还设有内大相、外大相、小相……所谓“总号曰尚论掣逋突瞿”，意思是“所有大尚论”。“尚”是与王室通婚的外戚家族，出任官员，称为“尚论”，更握有一定实权。

这方墓石标明墓主人的身份是blon（论），当属于政府高级官员无疑，否则也不可能有如此豪华的陪葬品，更不可能有此墓石的树立。

---

① 王尧、陈践：《青海吐蕃简牍考释》，《西藏研究》1991年第3期。

② 《新唐书》，中华书局，1975年，第6071—6072页。

## 二、尚思结木简

在这次发掘出土木简中，有一简编号为 RBll5. Ki22（99DRNM1：36）。简文写有 vdzong/ zhang skyes 一词，似乎这就是墓主人的名字，可译作“为尚思结送葬”。前文说过，“尚”是与王室通婚的家族。在吐蕃时期，和王室通婚的有四大家族。它们是：

vbro，汉文译作“没卢氏”；

sna nam，汉文译作“那囊氏”；

mtshims，汉文译作“琛氏”；

tshe spom，汉文译作“蔡邦氏”。

这四大家族成员往往以后党身份，由外戚入主大政，专任“尚论”一职，左右吐蕃政教事务。

## 三、尚思结与《敦煌本吐蕃历史文书》中记载的“论·［思］结桑”

值得注意的是，墓主人名曰“尚思结”。我怀疑此人就是《敦煌本吐蕃历史文书》提到的“结桑”，按照古代发音，应读“思结桑”。兹将相关记载摘录如下：

(1) “及至猴年（玄宗天宝三年，甲申，744 年），……由大论穷桑、论·［思］结桑二人集冬会议盟，进行征兵点兵大料集。”

(2)“及至狗年（玄宗天宝五年，丙戌，746 年）……由大论穷桑、论·［思］结桑顿则布二人集冬会议盟。征四茹牧场草料之大料集。”

(3) “及至猴年（肃宗至德元年，丙申，756 年），……于

‘洛之布琼’由论·[思]结桑甲贡集会议盟。清查朗氏、末氏之财产结束。……冬季会盟事于‘畿’之‘期蔡’由[思]结桑甲贡与甲达墀贡二人召集之。”

(4)“及至鸡年(肃宗至德二年,丁酉,757年),……论[思]结桑甲贡任副大相多年,逝。”

从上述引文看,这位尚论思结桑,名叫“甲贡”,一直参与并主持会盟重典,权力很大,在757年死于任上。这个发现提示我们,是否因为那时吐蕃已经攻陷一系列青海、河西一带城池,军事攻略的军帐就设在吐谷浑旧地,而都兰一带属于吐蕃后方,故葬于此地。此类问题均有待于进一步考察。

(原载北京大学考古文博学院、青海省文物考古研究所编著:《都兰吐蕃墓》,科学出版社,2005年。)

# 藏语文研究

# 藏　文

## 一

藏文是藏语的书面形式。用它著录而流传下来的文献典籍汪洋浩瀚，成为藏族文化的一大特色。

依照藏族传统的说法，认为藏文是公元7世纪时吐蕃赞普松赞干布（？—649年）的文臣通米桑布札参照梵文的某种字体创制的。[①]近若干年来，虽然有人对此提出怀疑，但并没有得出普遍

① 最早提出这一说法的可能是11—12世纪之间出世的几种伪书。如：

《松赞干布宝训集》(ma ṇi bkav vbum)："在通村(通米桑布札的家乡)庐日卡地方，有通米阿努惹达之子，名通米桑布札者，少年聪俊，乃派往天竺，携带黄金一升，习学梵天文字，返藏，乃创藏文。"

《译师·大班智达遗教》(lo paṇ bkav thang，《五部遗教》之一)："吐蕃通氏牦牛部落家族，阿努之子，精通梵文，乃取梵文五十字母，并为三十，复迎请迦湿弥罗王子阿难陀，共同翻译《白莲经》等为藏文。"

在这两种书问世之后，又有《布顿佛教史》(1322年)加以系统宣传："往昔，吐蕃并无文字，[于松赞干布时]乃派遣通米阿努之子，偕同随行人员一十六人，往天竺习学文字。先从大班智达天种狮子习学声明之学，参据蕃语实际，乃创三十字母及四元音，字体乃仿迦湿弥罗文字也。"

《吐蕃王统世系明鉴》(1388年)对于传播这一说法也起了很大作用："以吐蕃无文字，乃派遣通米阿努之子，名通米桑布札者，心性渊懿，根器锐利，具足无量才能，使携多量黄金，前往印度习学文字。……以那伽惹(天城体)及伽搭等部类繁多，为使在蕃

认可的结论。②

就文字体系来说，藏文的特点表现在：

(1)30 个字母都与元音 a 相结合而存在（当然，另外还有表示其他元音的符号）。

(2)30 个字母本身都是可以独立的音节，而且有很多就是单音节的词。如：nga（我），nya（鱼），tsha（热），sha（肉）……。

(3)尽管如此，字母主要作用还是表达辅音音素，当它们与其他元音符号拼合时就只表示辅音，不带元音 a 了。

根据这三个特点，我们认为藏文是一种音节—音素类型的文字。

---

土不致变易，创立依兰查天字、瓦尔都龙字，制定天然完美之西藏文字。"

上面这四种文献可以作为宣传这一说法的代表作。但他们之间也有歧异，比如究竟藏文仿照迦湿弥罗文或是仿照了兰查、瓦尔都文，说法是很不一致的。

仔细检查文献所载，上述这一说法也不是凭空而起的，可能很早就有创造藏文的传说，比如在《敦煌本吐蕃历史文书》赞普传记第 8 节里透露出一点消息："往昔吐蕃无有文字，乃于此赞普（松赞干布）时创出。"说明 9 世纪的藏文文献中对这一传说的态度。

在拉萨布达拉宫、大昭寺都立有通米桑布札塑像。西藏尼木县境内有通村，相传就是通米桑布札故家所在地。而贵族世家之一的"通巴"，据称是通米桑布札的后裔。看来，历史上确有过通米桑布札其人。创造藏文之说虽属难以稽考，但从以他的名字流传的文法书籍来看，通米桑布札可能是对于藏文规范化、系统化做过贡献的历史人物。

② 自 20 世纪 40 年代迄今，对藏文字母起源问题发表论文不下 20 余家：A. Georgi；P. S. Pallas；J. Klaproth；J. P. Abel - Rémuset；I. J. Schmide；A. Csoma de Körös；T. de. Lacouperie；S. Ch. Das；A. H. Francke；J. Ph. Vogel；A. F. R. Hoernle；B. Laufer。劳佛尔《论藏文字母的起源》（B. Laufer, Origin of Tibetan Alphabet, JAOS, XXXVIII, 1918）具有代表性，在文中有详细目录，可资参考。此外还有托玛斯《论藏文字母》（F. W. Thomas, The Tibetan Alphabet, 1951），乌瑞《论藏文字母 Ba 和 Wa——兼论藏文字母起源史》（G. Uray, On Tibetan Letters Ba and Wa——Contribution to the Origin and History of the Tibetan Alphabet, 1955）。以上几家，都怀疑通米桑布札创造藏文的可能性，提出藏文仿自于阗文、迦湿弥罗文、婆罗米文和尼婆罗文等几种说法。但都未能为藏学界普遍接受。

## 二

藏文字母表,每四个字母为一组,共七组半(参见附表)。

字母依据在拼音时所起的作用和在文字结构中的地位,分别称为"基字"(ming gzhi),"前加字"(sngon vjug)g-、d-、b-、m-、v-,"上加字"(mgo can)r-、l-、s-,"下加字"(vdogs can)r-、y-、l-、w-,"后加字"(rjes vjug)-g、-ng、-d、-n、-b、-m、-v、-r、-l、-s,和"再后加字"(yang vjug)-s、-d。基字、上加字、前加字和下加字结合起来表达辅音声母,后加字基本上表达辅音韵尾。再后加字原来也是表达复辅音韵尾的成分,由于历史的演变,今天已经看不出这种作用了。一般说来,在藏语的历史上曾经有过极为丰富的复辅音阶段,藏文中的前加字、上加字、下加字正是反映了当时语言的实际情况。随着语言的演变,原来表示复辅音的这些成分逐渐转化为区别声调或者区别同音词的符号。因为藏文具有这样的特点,所以通过藏文来追溯藏语7世纪以来的历史演变过程就成为可能。就这个意义来讲,还应该说明两个事实:

(1) 藏文文字读音和口语语音还有某些距离,就是"文白异读"的问题。比方 mig(眼睛)、zhabs bro(舞蹈)这样的词,文字读音跟口头讲话就有差别。试比较下表:

| 例　字 | 汉　义 | 文字读音 | 口语语音 | 说　明 |
|---|---|---|---|---|
| mig | 眼　睛 | mig ˥˩ | miʔ ˥˧ | 表中文字读音与口语语音都以拉萨话为准 |
| zhabs bro | 舞　蹈 | ɕab ˩˧ tʂo ˩˧ ˧ | ɕab ˩˧ ʐo ˩˧ ˧ | |
| vbri | 母牦牛 | dʐi ˩˧ | bi ˩˧ | |

(2) 藏文的读音在各方言中是因地而异的,实际上藏文的读音都是依照各自方音读出来的,并不存在一个统一的、通用于全藏区的"标准读音"。因之,人们往往把藏文说成是超方言的

书面语。请比较下面的例子：①

| 例　字 | 汉　义 | 卫藏方言（拉萨） | 安多方言（刚察） | 康方言（德格） |
|---|---|---|---|---|
| gro | 小　麦 | ʈʂʻo˩˧ | tɕo | ʈʂo˩˧ |
| slob | 学　习 | lop˥˧ | sɬop | tsop˥˧ |
| skyid po | 快　乐 | ȶi˧ po˧ | stɕi po | ɕi˧ po˧ |

藏文自左向右横写，以音节为单位，音节之间用小点（˙）作为分音节的符号（tshag）。书题开头、篇章开头用༄༅།།作起始符号。句子的末尾用།号，章节的末尾用།།号，段落和文章的末尾用།། །།号。

藏文书写形式分两类：

（1）有头字（dbu can）相当于正楷，也就是印刷体，从木板印刷到铅字排印都使用这种字体。

（2）无头字（dbu med）相当于行书，使用在各种文件缮抄工作中。一些抄本书籍也用这种字体。还可细分为“珠杂”（vbrug rtsa）、“粗仁”（tshug ring）、“粗同”（tshug thung）等差别。从无头字中又衍化出一种最为常用的字体“草书”（vkhyug，这个字的本义是“闪电”，可能是草书书写方便，迅如闪电，因而得名）。

公元13世纪，藏族学者八思巴（1235—1280年）曾经以藏文字母为基础，为蒙古语设计一套“蒙古新字”。1269年，忽必烈下诏颁布推行。这一套“蒙古新字”藏人称为“霍尔文字”（vkhor yig），意思就是“篆字”。直到现在，人们还把这种篆体藏文使用在印章上，或者作为艺术字母来装饰建筑物。

① 在国内，藏语研究者把藏语划为三大方言，即卫藏方言、康方言和安多方言。参见《中国语文》1963年第6期《藏语概况》和中央民族学院编印的《藏语方言概要》。国外以日本人西田龙雄为代表则划分为五大方言，即中部方言（相当于卫藏方言），东部方言（相当于康方言），东北部方言（相当于安多方言），西部方言和南部方言。我们这里按三大方言分法举例。

## 三

面对丰富多彩的藏文文献，研究者首要的任务就是要严格地按照历史观点对它们进行甄别、分类，弄清产生的年代，然后才有可能进行分析研究。

我们把吐蕃时期的文献列为最早期的代表。这一时期的古藏文又可分为三类：

第一类：吐蕃时期的金石铭刻。这一时期的吐蕃奴隶制社会已经发展到全盛阶段，由于会盟、纪功、述德、祭祀、颁赏、封诰的需要树立了一批石碑，也铸造了一批有铭文的铜器。已经搜集到的有下列几种：

| 编号 | 名　称 | 内　容 | 时　代 | 地　点 |
|---|---|---|---|---|
| 1 | 唐蕃会盟碑 | 会盟 | 823年 | 拉萨大昭寺前 |
| 2 | 恩兰·达札路恭纪功碑 | 纪功 | 763年后 | 拉萨布达拉宫前 |
| 3 | 第穆萨摩崖刻石 | 颁赏 | 798—815年之间 | 林芝广久 |
| 4 | 谐拉康碑(甲) | 述德 | 798—815年之间 | 墨竹止贡 |
| 5 | 谐拉康碑(乙) | 述德 | 812年 | 墨竹止贡 |
| 6 | 谐拉康刻石 | 祭祀 | 798—815年之间 | 墨竹止贡 |
| 7 | 墀德松赞墓碑 | 述德 | 815—838年之间 | 琼结 |
| 8 | 噶迥寺建寺碑 | 授封、立盟 | 798—815年之间 | 若玛岗 |
| 9 | 桑耶寺兴佛证盟碑 | 授封、证盟 | 779年后 | 扎囊桑耶 |
| 10 | 楚布江浦建寺碑 | 祭祀、证盟 | 815—838年之间 | 堆龙楚布 |
| 11 | 桑耶寺钟 | 祭祀 | 779年后 | 扎囊桑耶 |
| 12 | 昌珠寺钟 | 祭祀 | 798—815年之间 | 乃东昌珠 |
| 13 | 叶尔巴寺钟 | 祭祀 | 779年后 | 拉萨札叶尔巴 |

第二类：敦煌石室的藏文手卷。这一批吐蕃时期文献在1906—1907年间被英国人斯坦因和法国人伯希和先后劫运国外，分别藏于伦敦大英博物馆图书馆和巴黎法国国家图书馆，总数在5000卷以上。根据这些材料进行分析、研究，出版的专书值得从事藏文研究者注意。①

第三类：敦煌和新疆南部出土的古藏文木牍，藏语称为khram。670年以后吐蕃军旅长期驻在南疆，进行屯戍。在婼羌、且末，直至于阗一线有吐蕃古堡淹没在流沙之中。20世纪初一批探险家就曾在南疆盗掘出若干吐蕃木牍。② 1959年和1973年新疆维吾尔自治区博物馆考古队在婼羌米兰古堡进行科学发掘，又发现一大批木牍。③ 这些木牍上的藏文具有吐蕃时期的特征，引起国内外藏学界的重视。

按照一些文献的记载，几乎在创造藏文的同时，就开始了翻译工作。通米桑布札本人就参加过早期的翻译活动。现在看来，最早的大规模、有组织的译场是在墀松德赞（755—797年）时期成立的，说明藏文在早期最大的用途是翻译。通过藏文引进其他民族的宗教哲学思想，大大地丰富了自己的词汇。当时，从印度、迦湿弥罗、尼婆罗、于阗和汉地分别介绍了许多佛教经典到西藏来。当时为了避免翻译上的重复和为了翻译体例上的统一，

---

① 其中最重要的著作如下：

巴考、杜散、托玛斯合著：《敦煌古藏文历史文书》（J. Bacot, Ch. Toussaint and F. W. Thomas, Documents de Touen-houang Relatifs á l'Histoire du Tibet, Paris, 1940）；

托玛斯：《关于新疆的藏文文献集》（F. W. Thomas, Tibetan Literary Texts and Document concerning Chinese Turkestan, Ⅰ, Ⅱ, Ⅲ, London, 1935, 1951, 1954）；

图齐：《吐蕃赞普陵墓考》（G. Tucci: The Tombs of the Tibetan Kings, Roma, 1950）。

② A. I. 伏斯契可夫：《藏文历史文献》（Tibetan Historical Literature, Calcutta, 1970）。原为俄文，1962年列宁格勒出版。

③ 《新疆出土文物》，文物出版社，1975年。该书第70页即为吐蕃木牍样张。《文物》1960年第8—9期合刊，有发掘中获藏文木牍225支的报导，并附有照片。文中所谓“古民族文字”云云，即藏文。

把已经译成藏文的经典分别编成三个目录，就是著名的《秦浦目录》、《庞塘目录》和《登迦目录》（这是用贮藏这些译文的三所宫殿的名称命名的）。前两个目录已经佚失，仅从后一个目录来看，从汉文译成藏文的经典就有21种之多。最著名的噶、交、尚三大翻译家中（他们的全名是：噶瓦·白则、交饶·路易江村和尚·益西岱），噶瓦·白则就是精通汉语汉文的译师。应该指出，早期的译品当中还包括了从汉文翻译的医药、天文、历算等作品。译师萨拉君是付出辛勤劳动的重要成员。[①] 在敦煌—甘州一线从事翻译工作的藏族译师管·法成是杰出的俊彦，他曾把圆测（高丽人）撰的《解深密经疏》译成藏文。现在这本书的汉文本已经佚失，所幸藏文译本保存在藏文大藏经《丹珠尔》里。人们通过藏本可以窥见原著的本来面目，这在汉藏文化交流史上堪称一段佳话。[②]

由于翻译作品大量出现，新的语汇大批地涌进藏语之中，出现了语汇歧异、正字法混乱、表达上纷繁的现象。于是，藏语规范化为中心课题的“文字改革”，就成了亟待解决的任务。826—827年之间的“文字改革运动”，就是在这样历史背景下产生的。从《贤者喜宴》所描写的那一次藏文改革的主要内容来看，今天我们通用的藏文，基本上就是那一次改革中定下来的。[③]

① 参见藏文本德格版《五部遗教》(bkav thang sde lnga) kha卷第60页下。

② 圆测（613—696年），玄奘弟子，西明寺唯识派巨匠，高丽人。玄奘译出《解深密经》后，圆测即造此疏。管·法成的藏译本，载藏文大藏经北京版方册本第106函。第349页尾跋：“圣解深密经疏，汉大论师圆测造。奉吉祥天赞普之诏命，大校阅翻译师比丘管·法成据汉本译出，并校阅勘定。”

③ 《贤者喜宴》ja卷第132页下，载墀祖德赞（热巴巾，815—836年）文字改革的具体内容，今译如次：“依止诸大经师、大译师、特别是恩德至大的三大译师，即兹那米多罗、达那锡罗及益西岱三人。将往昔所译经文，改正厘定，章节判明。古昔难懂之词语尽行舍弃，以合于地区、时代及通俗易懂者为准。为减少字母缀音，乃将ma mya，da drag及单体垫音小va三者尽行取消。”根据吐蕃时期文字特点，人们就可以鉴别其年代。至于以后的作家及作品均大致可考，系年、断代就容易得多了。

## 附表：藏文字母表

| 藏文字母 | | 拉丁 | 国际 | 藏文字母 | | 拉丁 | 国际 | 说明 |
|---|---|---|---|---|---|---|---|---|
| 有头字 | 无头字 | 转写 | 音标 | 有头字 | 无头字 | 转写 | 音标 | |
| ཀ་ | ཀ་ | ka | ka˧ | ཙ་ | ཙ་ | tsa | tsa˧ | 1. 30个字母以外，有4个元音符号 ི ུ ེ ོ 代表元音 i、u、e、o，以 ྀ 代表元音 ɿ。<br>2. 拉丁转写规则是根据于道泉教授设计的方案。此外，གཡར 和 གྱར 分别以 g·yar 和 gyar 来区别。<br>3. 国际音标是以卫藏方言拉萨话标音的。<br>4. 另有 ཊ་ཋ་ཌ་ཎ་4个反写字母用来译借词。 |
| ཁ་ | ཁ་ | kha | k‘a˧ | ཚ་ | ཚ་ | tsha | ts‘a˧ | |
| ག་ | ག་ | ga | k‘a˩˥ | ཛ་ | ཛ་ | dza | ts‘a˩˥ | |
| ང་ | ང་ | nga | ŋa˩˥ | ཝ་ | ཝ་ | wa | wa˩˥ | |
| ཅ་ | ཅ་ | ca | tɕa˧ | ཞ་ | ཞ་ | zha | ɕa˩˥ | |
| ཆ་ | ཆ་ | cha | tɕ‘a˧ | ཟ་ | ཟ་ | za | sa˩˥ | |
| ཇ་ | ཇ་ | ja | tɕ‘a˩˥ | འ་ | འ་ | va | ɦa˩˥ | |
| ཉ་ | ཉ་ | nya | ɳa˩˥ | ཡ་ | ཡ་ | ya | ja˩˥ | |
| ཏ་ | ཏ་ | ta | ta˧ | ར་ | ར་ | ra | ʐa˩˥ | |
| ཐ་ | ཐ་ | tha | t‘a˧ | ལ་ | ལ་ | la | la˩˥ | |
| ད་ | ད་ | da | t‘a˩˥ | ཤ་ | ཤ་ | sha | ɕa˧ | |
| ན་ | ན་ | na | na˩˥ | ས་ | ས་ | sa | sa˧ | |
| པ་ | པ་ | pa | pa˧ | ཧ་ | ཧ་ | ha | ha˧ | |
| ཕ་ | ཕ་ | pha | p‘a˧ | ཨ་ | ཨ་ | a | ʔa˧ | |
| བ་ | བ་ | ba | p‘a˩˥ | | | | | |
| མ་ | མ་ | ma | ma˩˥ | | | | | |

（原载《民族语文》1979年第1期。）

# 古藏文概述

藏文是公元7世纪吐蕃赞普松赞干布派遣文臣通米桑布札赴天竺学习，参照梵文的一种字体，结合藏语的实际情况创制而成的。至今已有1300年的历史。

它虽然经历了改革和规范化，但基本特点未变。藏文30个字母都与元音a相结合，其他元音另有符号表示。30个字母本身都可以是独立的音节，而且有的字母就是有意义的单位——单音节词。尽管如此，字母的主要作用还是用来表达辅音音素，当它们与其他元音拼合时，附着在字母上的元音a被其他元音取代。所以可以说，藏文是一种音节—音素文字。

藏文的拼合方法分为基字和加字（前加、上加、下加、后加和再后加）的组合，再加上元音符号，构成音节，音节单独或连缀而成词。

从历史上看，藏文文献可分五个时期：

（1）上古时期：指6世纪以前，时间很长，文献绝少，只能靠后人的推断与构拟。

（2）中古时期：指7世纪到9世纪末的300年，或称吐蕃时期，留下文献不少，并有专门研究的论著。

（3）近古时期：指10世纪至12世纪，约300年，各地豪强割据称雄，教派林立。伪书纷纷出世，学术思想颇为活跃，学者著书立说，蔚然成风。

（4）近代时期：指 13 世纪中叶一直到 19 世纪末，政教合一政体形成，与内地关系密切，正式归入中国行政管辖。哲学、史学、文学著述很多。印刷术传入，文化事业发展。

（5）现代时期：指 20 世纪以来语文、文化、教育、出版各项事业有长足进步。

吐蕃时期的文献，除了翻译的佛教经典以外，目前得到确认的有三类，即藏文手卷写本、金石铭刻、简牍。

## 一、藏文手卷写本

大部分出自敦煌石室，一小部分出土于新疆婼羌米兰故城旧堡，总数约在 5000 卷左右。流落海外的分别收藏在英国伦敦印度事务部图书馆、巴黎国家图书馆手稿部和列宁格勒东方学研究所图书馆中。中国则有一部分收藏在敦煌研究院和敦煌文化馆内。

在英国的藏文文献，由比利时人威利布散（1869—1938 年）编成目录，1962 年出版。名为《印度事务部图书馆藏敦煌藏文写本目录，附榎一雄补汉文目录》。

在法国的部分，由拉露（1890—1969 年）女士编成三册目录，分别在 1939、1950 和 1961 年出版。名为《巴黎国家图书馆藏伯希和搜集的敦煌藏文写本目录》。

此外，列宁格勒也藏有少量的古藏文卷子。

藏文写卷的译解、研究有很大进展。20 世纪初叶劳费尔以 P. T. 1045 号卷子为基础，写出一著名论文《吐蕃的鸟卜——对伯希和藏文第 3530 号写卷的诠释及 9 世纪藏语语音学研究》，对学术界产生极大的推动。

20 世纪 30 年代，有托玛斯利用敦煌藏文卷子写出《论沙州》、《论和阗》、《罗布泊地区》、《突厥考》、《吐蕃的军队》等系列论文，最后汇成一本《关于新疆的古藏文文献集》第2卷。此外，还有巴考、拉露参加这个行列。40年代最重要的成就，是巴考与托玛斯、杜散三人通力合作对P. T. 1286、1287、1288、1247诸号写卷的译解，编著出版了《敦煌本吐蕃历史文书》一书。关于这几个卷号藏文研究工作不断深入，麦克唐纳夫人、张琨、佐藤长、山口瑞凤及笔者都有新的论著进行讨论。

此外，P. T. 1283号写卷《北方若干国君之王统叙记》，是描写、记录突厥及其他北方民族情况的实地调查报告。此卷引起了藏学界、中亚学界广泛的兴趣，先后有巴考、克洛松、聪果尔、韩伯诗、李盖提、森安孝夫和王尧撰文讨论。P. T. 986号《尚书》藏译文残卷和P.　T. 1291号《战国策》（或指为《春秋后语》）藏译文残卷的还译、诠释，是此后的新成就。同时，还有P. T. 992、P. T. 1284和I. O. 729号三个卷号都是《孔子项托相问书》的藏译文，也是后来取得的新收获。

## 二、金石铭刻

这是古藏文中最能反映时代面貌的文献。20世纪50年代初至70年代末，一共发现并经过研讨得到承认的大致有13件，它们是：

| 编号 | 名称 | 内容 | 时代 | 地点 |
|---|---|---|---|---|
| 1 | 唐蕃会盟碑 | 会盟 | 823年 | 拉萨大昭寺前 |
| 2 | 恩兰·达札路恭纪功碑 | 纪功 | 763年后 | 拉萨布达拉宫前 |
| 3 | 第穆萨摩崖刻石 | 颁赏 | 798—815年之间 | 林芝广久 |
| 4 | 谐拉康碑（甲） | 述德 | 798—815年之间 | 墨竹止贡 |
| 5 | 谐拉康碑（乙） | 述德 | 812年 | 墨竹止贡 |

续表

| 编号 | 名称 | 内容 | 时代 | 地点 |
|---|---|---|---|---|
| 6 | 谐拉康刻石 | 祭祀 | 798—815 年之间 | 墨竹止贡 |
| 7 | 墀德松赞墓碑 | 述德 | 815—838 年之间 | 琼结 |
| 8 | 噶迥寺建寺碑 | 授封、立盟 | 798—815 年之间 | 若玛岗 |
| 9 | 桑耶寺兴佛证盟碑 | 授封、证盟 | 779 年后 | 扎囊桑耶 |
| 10 | 楚布江浦建寺碑 | 祭祀、证盟 | 815—838 年之间 | 堆龙楚布 |
| 11 | 桑耶寺钟 | 祭祀 | 779 年后 | 扎囊桑耶 |
| 12 | 昌珠寺钟 | 祭祀 | 798—815 年之间 | 乃东昌珠 |
| 13 | 叶尔巴寺钟 | 祭祀 | 779 年后 | 拉萨札叶尔巴 |

最近几年，又有新的发现：

1. 洛扎摩崖刻石：在西藏山南洛扎县城东洛扎其曲河与门当河汇流之处的石壁之上。同一内容又有一处，在洛扎县城西北五公里的多穷村右侧石崖上。有藏文 150 多个。见巴桑旺堆文。

2. 热扎寺碑：在拉萨西郊堆龙德庆县东嘎区尼达公社瑶地方的热扎寺旁，正面刻藏文 39 行。见仁欧罗桑文。

3. 不丹廷布钟：为 8 世纪之遗物，上有藏文三行，环行，与昌珠、桑耶寺钟大致相同。现存于不丹廷布的三宝寺。见于马可的《不丹——喜马拉雅山麓小王国的古代史》，1979 年。

另外，在四川西昌地区、宁夏银川地区、云南（丽江）地区和青海都兰地区，也有零星的吐蕃时期刻石发现。

从事金石文字研究者有意大利图齐、英国人瑞查逊和美籍华人学者李方桂、日本学者佐藤长等。

## 三、吐蕃简牍

绝大部分出土于婼羌县米兰的吐蕃军事古堡遗址，斯坦因、科兹洛夫各有所得，分别藏于伦敦及列宁格勒。1959 年以后，特别是 1973 年，中国新疆博物馆考古队又组织科学发掘，获得大量古藏文简牍。这一类文献所反映的语言、文字、历史、经济、社会、军事等情况，与上述两类文献正可相互补充、相互发明。托玛斯曾译解伦敦所藏，载于他的专着《关于新疆的古藏文文献集》中。王尧、陈践汇辑《吐蕃简牍综录》一书，共收简牍 464 支。

以上的三大类文献，代表了吐蕃时期古藏文的绝大部分，他们的时代特点相当一致。

## 四、古藏文的主要特点

### （1）从文字形式上看

1. 保持元音 i 的反写形式，它的发音至今不清楚。有的学者认为可能是长元音 i。

2. 保持了在后加字母 da，即所谓强音 da，俗称 da drag。

3. 单音字母不能自成音节，必须加上 va，叫做单字母垫音。

4. 在复辅音群中，或者在同一个词的第二个音节中，清音的吐气与不吐气经常互换，不影响其意义，可能反映了当时的实际语音。

5. m 作为辅音与高元音 i、e 拼合时，颚化现象（即 mi > myi；me > mye）比较明显，与今安多方言一致。

6. 后加辅音 da 与 na，在一定条件下可以互换。

7. 前加辅音 ra 与 da，在一定条件下可以互换。

8. 若干正字法例字与现代不同。

9. 有大量缩体字（如 mthong khyab，即所谓“通颊”，缩成为 mthyong 等）是约定俗成的简化趋势。

10. 隔音符号用“:“与今天“˙”不同。

**（2）从文章风格上看**

1. 一般不用长句，短小精练。

2. 绝少使用藻饰语词，开门见山，朴素无华。

3. 敬语已在使用，对于国君、大臣、长上及佛、菩萨等已有专用的敬称语词。

4. 诗歌采自天籁，比兴手法，排比偶句。

5. 绝少署作家名。

**（3）从思想和精神状态上看**

1. 对原始的自然神灵崇拜气味甚浓，人与神之间的界限不大严格。

2. 佛教的基本思想并未占统治地位，在文献中可看出斗争的起伏。

3. 阶级观念逐渐形成并明朗化，可从誓约、盟词中看出其社会阶级的分解。

（原载《水晶宝鬘——藏学文史论集》，台北：佛光文化事业有限公司，2000 年。）

# 藏文古代历史文献述略

## 绪 说

藏文文献的历史应该从文字的历史说起。按照通常的说法，藏文是在公元7世纪中叶松赞干布的文臣通米桑布札创造的。①过去已经有不少人对这一说法表示怀疑。我们也觉得一种文字的创造、流传、使用以至完善化都得有个过程。不可设想在创造文字的当时就能写出“大块文章”，翻译成部的经典，何况还有些难以解释的疑点。② 总之，我们觉得藏文的历史应该更早一些，文献的历史相应地也应该向上推。不过，目前还没有更早的资料可以应用，我们讲藏文古代历史文献这个题目，只好姑且从7世

---

① 最早宣传这一说法的，大概是《松赞干布宝训集》（མ་ཎི་བཀའ་འབུམ）《译师·班智达遗教》（ལོ་པཎ་བཀའ་ཐང）等伪书，《布顿佛教史》（1322年）、《吐蕃王统世系明鉴》（1388年）都沿袭这一说法。其实，在《敦煌本吐蕃历史文书》中即透露出这一消息，不过没有提出通米桑布札的名字。参见《民族语文》1979年第1期拙文《藏文》。

② 历史上认为苯教从象雄译成藏语，传到藏区，远在古代即有苯教护政的说法，如《吐蕃王统世系明鉴》说：“自聂墀赞普起至拉脱脱日年赞之间，凡二十六代均以苯教护持国政。”又在论日松赞和达布聂西赞普之时，即与臣下立盟，写有盟书誓词，都说明藏文早已在使用。但是怎样的形态、结构，都不清楚。

纪中叶讲起。

这里专讲有关历史方面的文献。藏文中有关语言、文艺、哲学、医药、工巧等方面浩如烟海的卷帙都不能提到，有关佛教的典籍也只是在牵涉到历史的地方才简单地叙及一点。好在这方面有专门的文章可以参考。

我们所讲的历史文献包括三大部类：

（1）金石铭刻：其中有碑文、摩崖刻石和金属铭文。

（2）书籍卷册：其中有编年史、王统史、家族史、教派史、教法史、传记等史传和圣迹志、寺庙志等志书，以及年表、大事记等书。这些书籍有木本的，也有手抄本的，有梵夹式的，也有手卷式的。

（3）文契简牍：其中有封文、令旨、契约、书翰，以及地下出土的文件残页。

在介绍上述这三类文献的时候，是按历史顺序归纳在几个历史时期内讲的。这样，大体上可以看出历史文献沿着社会发展的道路而形成的脉络，也可以体现出历史文献本身丰富、充实的历史过程。根据目前治藏族史同志们的意见：7 世纪中叶到 9 世纪末是军事联盟的奴隶社会，我们把这一阶段的历史文献称为奴隶制时期的历史文献。9 世纪末到 13 世纪初叶是奴隶制全面崩溃、封建农奴制孕育成长的时期，各地方势力雄踞一方，我们把这一时期的历史文献叫做分裂割据时期的历史文献。13 世纪初叶直至鸦片战争，是封建农奴社会形成、兴盛以至没落的时期，我们把这一时期的历史文献称为封建统一时期的历史文献。至于自鸦片战争直至西藏和平解放以后的文献最为丰富，最能说明藏族人民反帝斗争和阶级斗争的情况，那属于近代史范围，当另有专文叙述。

为了眉目清楚起见，不妨把上面绪说的内容列成下表来表示：

- 藏文古代历史文献
  - 奴隶制时期
  - 分裂割据时期
  - 封建统一时期
    - 第一类：金石铭刻：
      - 刻石（石柱碑、摩崖）
      - 铭文（钟铭、告身刻辞、铜牒书、印鉴）
    - 第二类：书籍卷册：
      - 史（编年史、王统史、家族史、宗教史、教法史）
      - 传（自传、合传、秘传）
      - 志（圣迹志、寺庙志、旅游志）
      - 表（年表、大事记、题名录）
    - 第三类：文契简牍：
      - 封文、令旨、契约、书翰
      - 文件残页

# 一、奴隶制时期的历史文献

吐蕃王朝在公元7世纪中叶已形成一个军事部落联盟的奴隶主统治的政权。雅陇（悉补野）部落兼并了苏毗、羊同、勃律等小邦，开拓疆域，经营农牧，在发展生产的基础上建立了一整套的典章制度。这时候，农业、牧业和手工业有了明显的分工，奴隶主强迫大批的奴隶从事各种劳动，一批脱离了生产的贵族，有可能从事精神文化的活动，于是有了知识分子；大臣里边也有了“知书”与“不知书”的分野；诗歌创作活跃起来，有些达到相当高的水平。

原始的部落联盟的仪式——会盟宣誓，一直保留下来。使用的范围进一步扩大了，不仅仅是部落之间，而且在王室与勋戚贵族之间都经常应用。到8—9世纪之交墀松德赞以后，王室对佛教势力集团的权利也以宣誓的方式去保证。这些誓词有的刻碑勒石，便是现在我们发现的某些吐蕃时代碑文的由来。根据目前已知有下列11通碑文，2面摩崖，它们是：

1. 桑耶（བསམ་ཡས）寺碑：即兴佛证盟碑，坐落在山南桑耶寺门前，碑身方柱形，正面刻字，碑文 21 列。树于墀松德赞赞普时（755—780 年）。碑文在巴俄祖拉（དཔའ་བོ་གཙུག་ལག）所著史书《贤者喜宴》ཛ卷第 103b—110a—111b 页有著录。

2. 拉萨雪（ཞོལ）碑：即达札路恭纪功碑，坐落于拉萨市布达拉宫山脚雪宗之外，方柱形，三面刻字，碑文藏文东侧 16 列，南侧 74 列，北侧 68 列。树于墀松德赞之时。

3. 噶迥（ཀ་ཆུང）寺碑：坐落于拉萨西南四公里处之桑结寺（སངས་རྒྱས་དགོན་པ），现碑在拉萨西南之若玛岗（ར་མ་སྒང）地方金刚界寺（多吉英寺，རྡོ་རྗེ་དབྱིངས）。方柱形，碑文藏文 56 列，树于墀德松赞之时（800—815 年）《贤者喜宴》ཛ卷第 128b/2—130b/5 页有著录。名为 བྲག་ དམར་ ཀྱི་ ཀ་ ཆུང་ གཙུག་ ལག་ ཁང་ བརྩིགས་ ཀྱི་ བཀའ་ཡིག。

4. 谐拉康碑（ཞྭའི་ལྷ་ཁང་རྡོ་རིངས）：谐拉康寺坐落在墨竹工卡东北尼玛江热乡宗雪，寺之前院有东、西二碑，西碑先树，东碑在后，方柱形，碑文藏文西碑 62 列，东碑 49 列。今寺已毁废，西碑尚存，东碑断裂为三块，堆置仓库门口。在寺外山后尚有一圆石，摩刻藏文 12 列，尚存。

5. 琼结赞普墓碑（འཕྱོང་རྒྱས་བང་སོ་རྡོ་རིངས）：即墀德松赞纪功碑，别称外碑，又称大碑。坐落于山南琼结县吐蕃赞普墓群中墀德松赞墓侧，方柱形，碑文藏文地面部分有 47 列。

6. 琼结残碑：坐落在今琼结河之中央，形制与上碑同，剥蚀过甚，漫漶无文，唯期地下部分或能有文字可寻。

7. 堆龙江浦（སྟོད་ལུང་ཅང་བུར）寺碑：坐落于堆龙德庆县之楚布寺内。原江浦寺已荡然无存，估计可能系江浦寺被毁后移入楚布者。系墀祖德赞之时（815—838 年）所树，方柱形，碑文藏文 68 列。

8. 大昭寺碑：即唐蕃会盟碑，又称甥舅和盟碑，俗称大碑，坐落于拉萨大昭寺门前，树于唐长庆三年，吐蕃彝泰（སྐྱིད་རྟག）九年（823 年，癸卯）二月十四日。扁柱形，四面刻字，碑文西、北、南三面为汉藏合刊。东侧仅为藏文 71 列；西侧藏文 77

列，汉字 6 行；南侧藏文 21 列（唐官题名），北侧藏文 20 列（蕃官题名），均有汉字对音。此碑名气最大，早为研究者所重。笔者录有研究目录，评见另文。

9. 张宗大碑：坐落于山南扎期红教大寺敏珠林扎仓附近，为苯教徒所树，方柱形，正面刻文，碑文存 12 列。残破太甚，已不可通读。

10. 张宗小碑：与上碑同在一处，方柱形，已残，三面刻字，面南碑文 16 列（下残），面东者已剥蚀。

11. 拉萨无字碑：在布达拉宫山下，中央偏下甬道旁，南北向，方柱形，无字，似系原来无字之碑。

12. 工布（ཀོང་པོ）摩崖碑：坐落于林芝第穆，今米瑞乡广久（ཉིང་ཁྲི་དེ་མོ）本日山（བོན་རི）主峰北麓的达雍仲增地方（སྣག་གཡུང་དྲུང་འཛིན），面临雅鲁藏布江，青岩石面，平正略呈长方形，下方刻成碑座，有卐纹 10 个。复顶，碑文 21 列。为墀松德赞与墀德松赞父子封工布王两盟书。中国科学院民族研究所藏有碑文拓片及照片。

13. 彭多（ཕོད་མདོ）碑：立于彭布地区甲拉康（རྒྱལ་ལྷ་ཁང）东侧，藏文存 14 列，南侧藏文存 1 列。似晚于以上各碑。

以上是目前已知的吐蕃时代藏文碑刻的目录，根据历史的记载来看应该远不止此数，例如桑耶寺碑现仅一见，《吐蕃王统世系明鉴》记有4通，有待于今后努力搜求。①

吐蕃时代盛行着一种颁发“告身”的制度，《五部遗教》明白地说：“勋绩卓著者颁赏告身”，这原是沿用唐朝的制度。据《贤者喜宴》记载有6种12级，其中包括金、瑟瑟、银、颇罗弥（即所谓金银间）、铜、铁6种，又各分大小。分别颁给任职的官员，告身上都刻有文辞。拉萨雪碑上载达札路恭就以囊论的身份获有银制告身。在《南诏德化碑》上更详细地记载“告身”又传入南诏的内容，足可印证。可惜，告身的实物，至今尚未见到，以待将来访求。吐蕃时代还有把赞普诏令刻在铜版上的习惯，这便是铜牒。据《桑耶寺志》载：墀德祖赞得一铜牒，上有：“自余之后五世，有名为‘墀’、‘德’者出，圣教弘传，有人出家，光头跣足，身著黄衣，为人天所供奉，遂有解脱自他与今世来生之乐，余之后世子孙永受其益，获致安乐，其盍供养之”字样，信为松赞干布之遗物。看来，可能是当时一种伪制品，不过可以说明这种铭刻已经流行。

在冶炼、铸造技术提高以后，出现了一批铸钟，钟上铸有文辞，已知的有下面三口：

1. 叶尔巴（ཡེར་པ）钟：在拉萨东郊约二公里处，叶尔巴山

① 关于上述碑刻的史料价值毋庸置疑，最能提供信实的史料，引起国内外研究者和其他目的的人们注意，已发表于国外的论著有：

意大利藏学家图齐有《吐蕃赞普陵墓考》（G. Tucci，The Tombs of the Tibetan Kings，Roma，1950），书中对“桑耶寺碑”、“堆龙江浦碑”、“墀德松赞墓碑”、“噶迥寺碑”等均有考证，附有英文解读。

美籍华人李方桂有《唐蕃会盟碑考》（Fang kuei li，The Tibetan Inscription of the Sion-Tibetan Treaty of 821-822，T. P.，1956）。

日本佐藤长亦有《唐蕃会盟碑研究》一文，载于《东洋史研究》第10卷第4期，1949。1958—1959出版《西藏古代史研究》一书时，又收入该书作为附录。

英国驻拉萨的商务代办英人瑞查逊，继承了荣赫鹏侵略军的军医大佐华德和贝尔等人的衣钵，在西藏搜罗了古代碑刻，前后写出《西藏古碑考》（H. E. Richardson，Three Ancient Inscriptions from Tibet，JRAS，1949）、《工布9世纪石刻》（A Ninth Century Inscription from rKong po，JRAS，1952）、《拉萨的古代文诰》（Ancient Historical Edicts at Lhasa，1952）、《谐拉康的藏文石刻》（Tibetan Inscription at Zhwavi lha khang，JRAS，1952）。

寺（ཡེར་པའི་རི་ཁྲོད）之内，或系墀松德赞赞普所铸，钟上藏文四句，分段铸出，自左向右，段与段之间顺序为由右向左。钟已毁。

2. 昌珠（ཁྲ་འབྲུག）钟：在山南乃东昌珠寺（ཁྲ་འབྲུག་ལྷ་ཁང）内，墀松德赞赞普时铸造，由汉僧大宝（宝真?）监造，藏文铭文共12句，分内外两层，每层6句，自左向右排列。《贤者喜宴》指为墀祖德赞时铸钟人之献礼。钟已毁。

3. 桑耶（བསམ་ཡས）寺钟：在山南桑耶寺内，为墀松德赞王妃与王子墀德松赞所铸，藏文铭文12句，分内外两层，层各6句，体制与上钟同。现尚存。

除了上述的铭刻以外，据《贤者喜宴》和《五部遗教》记载，吐蕃时代王室有六种不同的印信，使用在诏令、箧、地域、宫室、殿堂、表彰等六个不同方面。它们的文字和图案都是各不相同的，这些应该是最古的印章。根敦群培的《白史》中摹了两颗古印，似即为本时期之物。

从历史记载上看，文成公主入蕃时带去大量纸张和纸墨工匠，已说明吐蕃在文化上的需求，松赞干布“遣诸酋豪子弟入国学，习诗书，又请儒者典书疏”。这种学习先进民族文化的精神，促进了吐蕃的文化发展。开元二十一年（734年）吐蕃遣宰相论纥野赞等来朝，从吐蕃赞普献书的译文来看，当时文字表达力已到相当高度。《册府元龟》卷99外臣部和亲二记载：“且汉与吐蕃俱是大国，又复先帝宿亲，自合同和，天下苍生，悉皆快活，赞扬盛德，当无尽期，及至久长，亦无改变。”在此之前，唐太宗伐辽东还，松赞干布遣禄东赞来贺，《旧唐书·吐蕃传》记载奉表曰：“圣天子平定四方，日月所照之国，并为臣妾，而高丽恃远，阙于臣礼。天子自领百万，度辽致讨，隳城陷阵，指日凯旋。夷狄才闻陛下发驾，少进之间，已闻归国，雁飞迅越，不及陛下速疾。奴忝预子婿，喜百常夷！夫鹅犹雁也，故作金鹅奉献。”这两封书信的藏文原文已不可见，但是从译文里完全可以看见藏文书翰的文采。

当《毛诗》、《礼记》、《左传》、《文选》传入吐蕃以后，在赞普宫廷里建立了修史的制度，颁历授时，于是第一批的官修史书便出现了。以后，似乎又出现过若干副本，在敦煌石室里发现的古代吐蕃历史文书和南疆发现的吐蕃文书，是至今见到最早的用纸笔记录下来的历史文献。这些宝贵的文献，大部分被斯坦因、伯希和等先后劫运到国外，分别藏在英国伦敦印度事务部图书馆和巴黎国立图书馆。后来，由巴黎大学巴考教授与杜散及牛津大学教授托玛斯等编译出版了《敦煌本吐蕃历史文书》[①] 一书，托玛斯又印了三卷本《关于新疆的藏史史献集》[②]和《东北藏古代民间文学》[③]。藏族学者根敦群佩曾对这一批材料进行过缜密的研究，在他的著作《白史》中曾引用过，并且留下一份名为《遗稿》的藏文抄本。此外，在斯坦因的《古代和阗考》和托玛斯与翟理斯合写的《藏汉字书》里，都引用过一些古藏文材料。古藏文的写本流失国外的究竟有多少，目前还没有一个确切的数字，单就拉露编纂的伯希和劫至巴黎的藏文写本三册目录中，已包括2216种，还未录完。再加上斯坦因窃运至伦敦部分，恐怕至少在5000件以上。

在巴考等人的《敦煌本吐蕃历史文书》一书里，藏文部分共分三篇

第1篇：纪年

第2篇：世系：赞普世系，论尚世系

第3篇：传略：聂墀赞普

止贡赞普及诸相

达布聂斯与囊日论赞

会盟与松赞干布

墀都松——墀德祖赞

---

① Document de Touen-houang Relatifs à l'Histoire du Tibet, Paris, 1940.

② Tibetan Literary Texts and Documents concerning Chinese Turkestan, London, 1935—1963.

③ Ancient Folk-literature from North-eastern Tibet, Berlin, 1957.

墀松德赞

墀都松庆功

论钦陵与墀都松的对歌

（共10节）

托玛斯的《关于新疆的藏文文献集》一书里包括这几部分：

1. 阿豺　　2. 沙州地区

3. 罗布泊地区　　4. 和阗地区

5. 突厥　　6. 政府和社会条件

7. 吐蕃军人

托玛斯的《东北藏古代民间文学》一书里，藏文包括六个部分：

1. 美好时代的结束与马和牦牛的悲剧，父亲登根聂巴的葬礼与金保牙砦新娘的故事。

2. 金保牙砦新娘的故事。

3. 美好时代的没落。

4. 没落的年代，“几”王朝及其宗教。

5. 苏毗母亲的教谕。

6. 巫师——“摩”（占卜）。

此外在敦煌石室发现的藏文史料，还有一些佛经和字书，也有书写在汉文本纸背和夹缝中的零星材料，至今还没有人统一爬梳过，亟待我们整理。

依总的情况看起来，吐蕃时期似乎是金石铭刻较为慎重、文字整饰，用纸笔书写稍为自由，铭刻文句受条件限制不可能过长，到了用纸笔的时候就有了较长篇幅的作品。不过，这一段时期似乎还没有作家署名的作品。也许，正在经历着集体创造的过程。（丹珠尔内的有《正语量略摄》，署为墀松德赞的作品，通帙306“CO”。有人指为伪书。）

古藏文的木牍和文契残页，新中国成立后在新疆南部地区因建设工程破土，纷纷问世。据新疆维吾尔自治区博物馆的报导，已有两三百件之多。在此之前，俄国人曾搜集去一部分，由沃罗比耶夫—捷夏托夫斯基写了《马罗夫收藏的藏文木片文献》和《罗布淖尔地区的藏文木片书文献》两篇文章，分别在《东方学研究所学报》和《东方碑铭学》上发表。

1976年新疆博物馆和文物出版社合编的《新疆出土文物》一书中，收有吐蕃木简四枚（八面）非常可贵，值得注意。

这一时期的书翰保留不多，在丹珠尔ང帙里收有《致吐蕃赞普臣民书》，是印度法师佛密（སངས་རྒྱས་གསང་བ）的作品，涉及历史不多。倒是“桑耶大誓”，“第二诏书”和“墀松德赞建立噶迴寺诏书”，收在《贤者喜宴》中，可以看作吐蕃时代的诏文。

在新疆南部婼羌县米芝故城一座吐蕃古堡的档案室中，发现了一大批吐蕃文书，其中有几件是向上峰请示的呈文，也有下达的通知，颇有兴味，将在《新疆出土吐蕃文献汇编》中介绍。

吐蕃时代的历史文献有哪些特点呢？这是大家关心的问题。现在从三方面来探索：

1. 文字形态上：

①保持了反（ྀ）的元音符号。

②保持了再后加字ད（da）即所谓强音ད（da），俗称ད་དྲག（da drag）。

③保持了单字母基字下的འ（a），即所谓རྐྱང་པའི་འ་བརྟེན（rkyang pavi va brten）的拼写法。

④表明了清音吐气与不吐气之间音位演变的痕迹，如：པུལ（pul）——ཕུལ（phul）；དཀོན་ཅོག（dkon cog）——དཀོན་མཆོག（dkon mchog）；རིན་ཅེན（rin cen）——རིན་ཆེན（rin chen）。

⑤表明了下加字ྱ（ཡ ya）在མ（ma）字后，在古藏语中的使用情况，如：མྱི（མི）、མྱེད（མེད）、མྱིང（མིང），证明了安多方言的古老性。

⑥后加字ན（na）与后加字ད（da）的互换关系，如：བཙད་པོ（btsad po）——བཙན་པོ（btsan po）；ཆེད་པོ（ched po）——ཆེན་པོ（chen po）。

⑦某些语词的古读与现代藏语某些方言暗合，如：རྒུ（rgu）——དགུ（dgu）；སླ་བ（sla ba）——ཟླ་བ（zla ba）。

⑧表明某些晚期字母脱落以前的情况，如：ལས་སྟོགས་པ（las

stsogs pa)——ལས་སོགས་པ(las sogs pa);སྩེལ་བ(stsel ba)——སེལ་བ(sel ba)。

⑨顿词ནི的使用情况特殊。

⑩某些古语词已经在后期文献中失踪,但是此时文献资料里表明当时还在使用。

⑪语法上最显著的特点是,不完全合于所谓“通米文法”的规范。这一点也足以令人怀疑通米文法是否真是通米的作品,或者通米本人的年代究竟在什么时代。

⑫隔音符号(音节号)与后期有所不同。如有:号。

以上几点正反映出吐蕃时期所进行的文字规范化的必要性,正如《贤者喜宴》所记载的826—827年之间所实行的厘定译语,具体措施是“古昔难懂之词语尽行舍弃,以合于地区、时代及通俗易懂者为准”。(见该书藏文木刻本,ང卷第132页。)

2. 从文章风格上看:

①一般不用长句,以短小、精炼取胜,不像晚期那样缠绵的句式。

②绝少藻饰语,开门见山,看来的确可以说明早期朴素质实的文风。

③敬语已在使用,但不是像后期那么广泛,使用的对象也有限。

④受内地治史方法的影响显著,如纪、传、志、表的体例分列,纪年叙事各有安排等。

3. 从思想和精神面貌来看:

①对原始神祇的崇拜很浓厚,天神与人之间的关系不像后期那样界线分明。

②佛教思想的影响在一般民间不深,从盟誓上看,只是赞普王室在提倡、推行。文献里没有后期那么浓厚的佛教观念。

③君、臣、民、奴的界线已经明朗了,阶级的壁垒逐步形成,宣传和保护这种阶级壁垒的文献越来越多。文献里提倡སྣོ་བ་ཉེ(忠),就是这种思想的反映。

## 二、分裂割据时期的历史文献

吐蕃王朝统治时期里，存在着奴隶与奴隶主之间的斗争，奴隶主与自由民之间的斗争，还有奴隶主之间的倾轧纷争。这些斗争有时交织在一起，形成剧烈的社会变革，有时又以宗教纷争的外衣掩盖其实质。例如：所谓“达玛（དར་མ）灭佛”的运动，尽管表现为佛教和苯教的争夺，实际上反映了奴隶主势力之间争权夺利的火并。以上这些斗争逐步深化，根本动摇了吐蕃王朝的统治基础。

达玛死后，吐蕃王室分裂成两个集团，各自拥有一派自己的地域、子民和贵族，彼此间进行争战，人民痛苦达于极点，终于在 869 年（己丑）爆发了以韦·镐西列登（དབའས་ཁོ་བཞེར་ལེགས་སྟེང）为首的奴隶大起义。最初在康区发难起事，后来，巧妙地利用了当时伍如（དབུ་རུ）地区两个大奴隶主没庐氏与巴氏（འབྲོ་སྦས）之间的战争的空隙，得以掩袭前藏各地，以韦·罗泊罗穷（དབའས་ལོ་ཚོ་ལོ་ཆུང）为首的伍如地区的奴隶起义队伍风起云涌。接着，山南地区的奴隶主的虐政也激起了秦浦和工布地区六位领袖（མཆིམས་ཀོང་མི་དྲུག）统帅的起义队伍来举旗响应，他们以伪装的节日活动掩护了自己的行动计划，夺取城堡。当时打着为被迫害死去的奴隶阶级代表人物——陈卡贝云（ཟན་ཁ་དཔལ་ཡོན）复仇的旗号，激动士气，全藏各地纷纷响应，声势之大，威力之猛，使当时统治阶级惊呼“一乌翔空，百乌影从”。

奴隶起义的战争进行了九年，到 877 年（丁酉）时，起义军领袖许布岱则（ཞུད་པུ་སྟེག་ཙེ）等夺下了秦瓦达则（琼结）——吐蕃王朝的故都。愤怒的群众发掘历代赞普的陵墓，这时候有一些奴隶主已看风使舵混进起义队伍进行投机，他们也参加掘墓，借此大发横财。在众叛亲离的情况下，吐蕃王朝覆灭了。当达玛的曾孙、微松（འོད་སྲུང）之孙贝阔赞（དཔལ་འཁོར་བཙན）之子吉岱尼玛衮（སྐྱིད་ལྡེ་ཉི་མ་མགོན）逃亡阿里时，仅仅只身与百骑护卫而已。

吐蕃王室和贵族想以佛教的教义来麻痹人民的斗志，他们直言不讳地说："红脸罗刹吐蕃人，是猕猴与罗刹之后裔，极为傲桀难驯，必须内熏染慈悲之念，外慑镇严酷王法。"他们大力提倡佛教，发展到每一僧人由七户供养的定制。据《贤者喜宴》所载，当时每一僧人每年靡费青稞75克（约折合2100斤），氆氇1疋，车马各1头，酥油1100两，纸张4本，墨3锭。这还是规定以内的供养，额外索求可想而知。统治者残酷的剥削与压迫，破坏了生产，佛教也救不了他们的政治生命，终于导致吐蕃王朝的灭亡。这是统治者当初意料不到的。

由于推行提倡佛教，不得不放松对文化知识的垄断，选拔一些平民子弟出家为僧，僧侣集团不再是贵族所包办的情况了，一批平民阶级出身的僧侣——知识分子出现了。这些人不可避免地带有本阶级的意识，他们彷徨于奴隶主与奴隶之间，观望形势而依违，当一些新贵族攫取了奴隶起义的胜利果实而成了新的统治势力的时候，他们便毫不迟疑地为新的统治阶级服务了。而新的统治集团目击身经刚刚过去的奴隶起义的风暴，犹有余悸，为了巩固自己的统治，不得不采取较为有利于奴隶的经济措施，来缓和阶级矛盾。这样，在边鄙地区先后出现了向农奴制度过渡的经济变革；另一方面，吸收平民出身的僧侣参加统治集团，继续利用宗教来麻醉人民。

由于当时政治上是各地方势力各自为政，宗教上也相应地分成若干部派。各派里先后出现了一批佛教理论家和实践家，出现了一批译经大师，从事宗教上的各种活动。这时期把佛教的主要经典大致已经翻译完备，转入了注疏工作。就在这时候，统治者为了想把自己打扮成唯一的正统，是"上应天命、下顺人心"的真主，于是，经过这些宗教家之手，伪造历史来欺骗人民，所谓"掘藏"（གཏེར་མ）就应运而生了。伪造的历史尽管能轰动一时，但是那些宗教大师们心里是明白的，你能造，我也能造：相互比赛造假，看谁造得像。佛教徒在造，苯教徒也在造，大批的伪书纷纷问世，形成一股掘藏出土的热潮。其中最著名的有：

1.《玛尼全集》(མ་ཎི་བཀའ་འབུམ):又名《松赞干布宝训集》和《大史册》(ལོ་རྒྱུས་ཆེན་པོ)。分上下两卷,上卷377页,下卷331页,以拉萨版本刻本传世。书中标榜为松赞干布一生作为,由支塞乳恭顿写成。上卷185页以前为观世音菩萨的历次化现,全属妄诞无稽之神话,而所谓“松赞干布二十一行”也多是后人附会之说。

2.《五部遗教》(བཀའ་ཐང་སྡེ་ལྔ):内分为《神鬼遗教》53页,《赞普遗教》95页,《赞蒙遗教》48页,《译师法师遗教》81页,《大臣遗教》78页。全书共355页,以拉萨木刻本传世。书中标榜为牟尼赞普时著作,埋藏于桑耶寺地下者。实际上有一部分14世纪的人物、故事出现其中,是明显的伪造。

3.《巴协》(སྦ་བཞེད):标为墀松德赞赞普时大臣巴·塞朗所著,民族文化宫图书馆藏手抄本,共31页。另有法人斯坦因得一抄本名为《巴协补编》,共92页,按其65页之前与民族宫藏本同,65页之后则为增补者。又中国社会科学院民族研究所藏有一油印本,文字略有不同。与《巴协》同时另有《赞协》、《拉协》云,未见。西藏档案局藏有精抄本五种,看来都在12世纪左右的作品。

4.《黑白花龙全集》(ཀླུ་འབུམ་དཀར་ནག་ཁྲ་གསུམ):苯教徒指为根本经典,以德格木刻本459页传世。

5.《赞普遗训》(བཀའ་ཆེམས་བཀའ་ཁོལ་མ་དང་མཐོང་མཐིང་མ):有甲、乙两种抄本,指为松赞干布对其大王孙及众臣民所留遗诏。

6.《桑耶大柱记》(བསམ་ཡས་ཀ་ཆེག་ཆེན་མོ):据《贤者喜宴》及《安多政教史》云,即《巴协》一书之又名。但《巴协》书中未见此名,似应为他书,有待访求。

7.《掘藏库》(གཏེར་མཛོད):这是一部极为庞杂的大书,苯教和红教徒所撰,是综合了许多伪书,集其大成者,约60余包。

以上这些伪书,人们都知道并不是吐蕃时代的作品,比如,《五部遗教》ཁ第82页里,居然能提到朗达玛出世、灭法,允丹与微松的分裂;在ར第58页里,连萨迦本钦的名字都出现了。虽然它是用预言授记的形式写下来的,我们可以肯定是后人的伪造。又如,《巴协》里也出现阿底峡大师入藏弘法等等这一类的可笑的漏洞。

但是,还应该承认这些伪书的成书较早,距吐蕃时代较近,伪书作者都是“高僧大德”,有机会阅览古代文献资料,所以书中毕竟还有不少宝贵的史料。如《五部遗教》里对吐蕃兵制的记载,对奴隶起义的描述,都是比较可信的。因此,对这一批伪书还需要用辨析的眼光去鉴别,取其精华,弃其糟粕。

这一时期有一些著名的书翰文献,值得注意,其中,已见于著录的有:

1. 智光大师致阿底峡大师书和智光大师致西蕃信士书。
2. 菩提光大师致蕃地咒师书。
3. 仲敦巴致蕃地人士书。
4. 蒙古阔端汗致萨迦班智达书。
5. 萨迦班智达致蕃地人士书。
6. 萨迦班智达致临洮僧众书。

以上这几封书信,分别收在《珠巴白莲教史》和《萨迦世系史》等书中,保留了有关当时政治、宗教方面的资料。

分裂割据时代的末期,也有个别的作家从事历史的著述。如:库顿·尊珠雍仲有《大事记》;萨迦三祖(名称幢)曾著有《吐蕃王统世系明鉴》等书,但均未收入全集,已佚。

这一时期,瓜、沙、河、湟一带有唃厮啰(རྒྱལ་སྲས)雄踞一方,他曾与宋朝发生纳贡受封、茶马互市的关系,并接受过宋廷封号。在《宋大诏令集》中有不少关于这方面情况的汉文记载,在藏文里也应该有相应的文献,才合乎当时的情况。

这一时期历史文献的特点表现在:

1. 墀祖德赞时进行文字改革,厘定译语,诸规定已经得到贯彻。尽管吐蕃王朝已经覆灭,没有统一的政令来推行,但是,因为宗教界、翻译界的提倡,势必影响到各个方面。所以,我们今天见到的属于本时期的历史文献,再很少有吐蕃时代的古写、古读,比较合乎规范。

2. 由于几个文化中心分别先后出现,创作活动大大活跃起来,出现了大部头的著作。虽然作家们耽于“托古”,不肯相信自己文字的力量。但是文章的体制、结构、逻辑都远远超越了吐蕃时代。像《五部遗教》那样的作品,在今天我们看来似乎觉得很幼稚,但是吐蕃时代的人们还是不可想象的。

3. 文章风格仍然继承了吐蕃时代的质朴的气势,崇尚明快简练,不事奢靡。唯美主义的宫廷诗体似乎还未发生影响,藻饰性语汇也不甚繁复。

4. 君(རྗེ)、民(འབངས)、奴(བྲན)之间的界限,在奴隶起义的冲击以后,有了变化,特别是“民”的内涵有了新的属性。可以看出来阶级变动是较大的,还可以看出统一的(地方)政府崩溃以后,民间诉讼也只是由习惯法去解决。实际上的“君”已经在历史上消失了,而“君”一词,转变了意义,成为一般首领的意思而使用。

## 三、封建统一时期的历史文献

13世纪60年代蒙古王室完成了全国统一的事业,西藏地方也正式纳入了元朝行政管辖。当时藏族的头面人物,如:蔡(ཚལ)氏家族,噶玛(ཀརྨ)教派,止贡(འབྲི་གུང)教派,萨迦款氏(ས་སྐྱ་འཁོན)家族,都跟蒙元王室发生了联系。藏族人民在长期的分裂之后也渴望统一,萨迦款氏家族的八思巴(འཕགས་པ,藏名慧幢)随同伯父萨班入蒙古王廷,其弟又跟王室联姻,因之深得王室信任和扶持,在内外影响之下成为西藏地方的统一的领导人。这时候,封建农奴社会已经成熟,因势利导,建立了13种职官,分设十三万户府,在他的手下由本钦(དཔོན་ཆེན)领导管理全藏事务,八思巴本人在中央政府里还担任了管理全国释教的事务工作。这一时期进行了一系列的整顿和建树。清查户口、规定税赋、修设驿站等等措施,蓬蓬勃勃地开展起来,虽然还有局部地区的小规模的对抗,但是当时人民显然是乐意于安定的稍有喘息机会的小康局面。因为规定了的差役赋税,总比漫无标准的索求容易应付些。总的说来,统一事业是逐步深入。

到了元朝末年，帕木竹巴（ཕག་མོ་གྲུ་པ）教派的大司徒菩提幢（ཏའི་སི་ཏུ་བྱང་ཆུབ་རྒྱལ་མཚན）崛起于山南，取代了萨迦款氏家族。这时政治中心由后藏萨迦移至山南乃东（སྣེའུ་གདོང），款氏家族的统治为朗（རླངས）氏家族所代替。封建农奴社会的统一，则更进了一步，确立了颁赏世袭的庄园制度，建立了“宗”（རྫོང）一级的行政机构，职官制度又有了充实和加强。

后来，受到噶玛教派拥护支持的仁邦巴（རིན་སྤུངས）取代了帕竹朗氏的统治，政权中心又移到日喀则（གཞིས་ཀ་རྩེ）。再后来，格鲁派取得统治权以后，又把政权中心移到拉萨。这样辗转相沿了近700年，封建农奴制度经历了发展、鼎盛、衰落，以至成为阻滞藏族社会发展的最大的障碍。

这一时期讲究历史的风气特盛，甚至在《朗氏家族史·灵犀宝卷》（རླངས་ཀྱི་པོ་ཏི་བསེ་རུ）中提出：“不知出身历史，犹如林中猕猴；不知家世门阀，犹如虚幻青龙；不知父祖诏告，犹盂地孤儿。”这说明封建农奴主阶级的统治在相对巩固的情况下，腾出手来以祖述先世业绩，夸耀门庭，迷惑人民。

这一时期与汉族、蒙古族、党项族（西夏）、满族、回族之间的接触大大增加了。各民族之间的文化交流日益发展，特别应该提出的是14世纪中叶，由内地传入了印刷术，把藏族文化事业推向一个新的高峰。历史、传记的著作纷纷问世，形成高潮；元、明、清历代朝廷与西藏地方领袖之间的往来诏令、奏牍也很丰富，并且大都保存得很完整，成为极为可贵的史料。至于西藏历届地方政府与各地区贵族之间，贵族与人民之间的文件以及民间的契约，更是汪洋浩瀚。总之，这一时期的历史文献蔚然可观，现特分类略加介绍于后：

**（一）印鉴、封册**

1. 白兰王金印：系元泰定三年（1326年）颁赐帝师之兄琐南藏·卜者。按琐南藏卜以帝师之兄曾尚公主，赐以王爵，领三道宣慰使司。原件藏西藏文管会，民族文化宫、中国历史博物馆均以复制品展出。

2. 圣者宝吉祥之印:藏文原文为འཕགས་པ་རིན་ཆེན་བཀྲ་ཤིས。有人认为是八思巴的官印,误。按八思巴的藏文全名是:འཕགས་པ་བློ་གྲོས་རྒྱལ་མཚན,与此不同,单凭འཕགས་པ(圣者)一词,难以确认。此印系元代颁赐无疑,但不属于"八思巴"。

3. 夏鲁日铺巴玉印(如意纽):元代颁赐。

4. 夏鲁堪布贤者玉印(兽纽):元代颁赐。

5. 大司徒铜印:元皇庆元年(1312 年)中书礼部选,为八思巴文,藏日喀则扎什伦布寺。

6. 达赖喇嘛金印:文为汉、藏、满、蒙四体,如意纽。文曰:"西天大善自在佛所领天下释教普通瓦赤喇怛喇达赖喇嘛之印"。藏文为楷体正书,直行。"瓦赤喇怛喇"一词用梵文译音。为清顺治帝九年(1653 年)所赐之物。民族文化宫藏有复制品,中国历史博物馆亦以复制品展出。

7. 班禅金印:印文藏、满、汉三体,文曰:"敕封班禅额尔德尼之印"。藏文楷体正书、直行,如意纽。

8. 拉加里王金印:藏文,镂花盘纽。

9. 敕封班禅金册:系道光二十五年(1845 年)敕赐七世班禅者,册文共 14 版,为满、汉、藏、蒙四体。封面为:敕封第七辈班禅额尔德尼文册。民族文化宫以复制品展出。

西藏自治区文物管理委员会收藏特富,限于条件,莫测其高深,无法绍介于世。唯西藏档案局收藏《噶厦印谱》一册,专录历代官印样品,其中有历辈达赖、固始汗、第巴桑结嘉错、康济鼐、颇罗鼐、多仁班智达等印多方,当有另文介绍。

**(二)至于元、明、清三代藏文碑**

1. 山东长清大灵岩寺大元国师法旨碑:下半为汉文,25 行;上半为藏文,12 列系藏汉对译者,为管着儿咸藏(དཀོན་མཆོག་རྒྱལ་མཚན)国师所颁。据冯承钧考证,当在大德九年(1305 年)树碑。《寰宇访碑录》卷 12 录有此碑目,误西蕃字为梵字,蛇儿年误作无年月。法国人沙畹曾撰文讨论此碑,载《通报》1908 年卷。冯承钧及蔡美彪《元代白话碑》均录有汉文。北京图书馆金石部藏有此碑拓片，清晰可读。

2. 西夏黑水桥碑，碑在甘肃省张掖县（甘州），系西夏仁宗乾祐七年立（1176 年），汉藏两体，汉文 13 行，藏文 21 列。当时西夏建国于西北，拥有河西，当地藏族归其辖下，且西夏王室笃信佛教，以藏文为宗教文字，于甘州树立藏文碑版也是政治上的需要。

3. 大昭寺内杨英碑：在拉萨大昭寺内正殿西南隅，立于大弥勒像之身后。正面已无法认读，碑阴为汉字，有杨英、袁琦、杜通等 120 余人名单，系明永乐—宣德间来藏宣谕王意的使团。此碑向无人知，值得拓墨研究，"边荒碑版常可纠正史书之失"也。

4. 北京白塔寺碑，元大都崇国寺重修碑：藏文漫漶过甚，几不可辨，似为元、明间遗物。

5. 青海乐都瞿昙寺诸碑：青海乐都原为南凉王都，人文荟萃，物产丰饶。明代在此处先后修寺树碑，在瞿昙寺（1392 年建）内有碑四通，均为汉藏两体，永乐十五年（1417 年）皇帝敕谕碑，在前山门室内。瞿昙寺金佛像碑（1418 年），在前山门室内。仁宗御制瞿昙寺碑（1425 年），螭首须弥座，在东碑亭内。宣宗御制瞿昙寺后殿之碑（1427 年），螭首须弥座，在西碑亭内。寺内檐门额悬横匾一方金书"瞿昙寺"，亦附有藏文两列，为明洪武二十六年（1393 年）立。

6. 清御制崇国寺碑：清康熙六十一年（1722 年）立，为汉、满、蒙、藏四体，碑在北京护国寺。《北平金石目》、《顺天府志》录目。藏文 56 列又 1 行，中央民族学院图书馆藏有拓片。

7. 雍和宫四面碑：清乾隆五十七年（1792 年）立，为汉、满、藏、蒙四体，藏文在北侧。汉文题为"喇嘛说"，载《卫藏通志》寺庙门。

8. 清雍和宫满藏文碑：乾隆七年（1742 年）（《顺天府志》作九年）立。为蒙、藏文，与另一满、汉文碑合为四体。

9. 法渊寺碑记：正面汉、满文，背为藏、蒙文，乾隆四十九年（1784 年）立，现存嵩祝寺。

10. 清帝王庙刻石:凡二石,刻汉、满、蒙、藏、托、回六体,未纪年月,在羊市大街帝王庙内。

11. 清妙应寺碑:又名御制重修妙应寺碑,乾隆十八年(1753年)立,汉、满、蒙、藏四体,在羊市大街白塔寺。

12. 御制重修白塔寺碑铭:汉、满、蒙、藏四体,乾隆十八年(1753年)立,在羊市大街白塔寺。

13. 白塔山总记碑:清乾隆三十八年(1773年)立,汉、满、蒙、藏四体。在北海公园(即"西苑引胜亭"内石幢),藏文题为"白塔山史"。

14. 御制雨花阁记:满、汉、蒙、藏四体,乾隆十四年(1749年)立。旧云在故宫。

15. 御制万寿山大报恩延寿寺碑:满、汉、蒙、藏四体,汉文为汪由敦奉敕正书,乾隆十六年(1751年)立,在清漪园。

16. 御制重修弘仁寺碑:满、汉、蒙、藏四体,乾隆二十五年(1760年)立,在皇城本寺。

17. 御制重修弘仁寺敬赞旃檀宝相诗碑:满、汉、蒙、藏四体,乾隆二十五年(1760年)立,在皇城本寺。

18. 御制重修万寿寺碑:汉、满、蒙、藏四体,乾隆二十六年(1761年)立,中央民族学院图书馆藏有拓片。

19. 御制重修正觉寺碑:汉、满、藏、蒙四体,乾隆二十六年(1761年)立,藏文47列又1行,中央民族学院图书馆藏有拓片。

20. 御制回人礼拜寺碑:汉、满、蒙、藏四体,乾隆二十九年(1764年)立,碑在内城礼拜寺。

21. 御制宝相寺碑:汉、满、蒙、藏四体,乾隆三十二年(1767年)立,碑在静宜园。

22. 御制四体书七佛偈:汉、蒙、满、藏四体,并绘有七佛像,乾隆三十八年(1773年)立,在故宫之内。

23. 御题吉祥天母赞:汉、满、蒙、藏四体,下有画像,乾隆四十二年(1777年)立,在故宫内。

24. 御制清净化城塔记碑:汉、满、蒙、藏四体,乾隆四十八年

(1783 年)立,在郊垌。现已佚失。

25. 居庸关石经:以蒙古、畏兀、西夏、梵、汉五体书,按"梵"实指西蕃,《元史》泰定三年(1326 年)遣指挥仆兀都蛮镌西蕃咒语于庸居关,即此石也,始于丙寅(1326 年),成于己酉(1345 年),凡 19 年。中央民族学院图书馆藏有拓片。

26. 御制平定西藏碑:汉、蒙、满、藏四体,康熙六十年(1721 年)立,碑原在拉萨布达拉宫前碑亭(东)内,汉文载《卫藏通志》卷首。后因修筑马路,移到布达拉宫后山胜利公园内。

27. 御制十全记碑:汉、满、蒙、藏四体,乾隆五十七年(1792 年)立,碑在拉萨布达拉宫前碑亭(西)内,后移到布达拉山后胜利公园内,汉文载《卫藏通志》卷首。

28. 劝人恤出痘碑:汉、藏两体,在拉萨大昭寺门前,乾隆五十九年(1794 年)立,汉文载《卫藏通志》卷 14 下。

29. 磨盘山碑:汉、藏两体,在拉萨功德林门前,《卫藏通志》作卫藏永安寺碑,汉文为和宁撰,载于《卫藏通志》卷 6。

30. 关帝庙匾额:在日喀则营官寨关帝庙内,藏文匾额题为"威镇三界勇战之神格萨大王",署为乾隆五十九年(1794 年)立,系木刻阳字,藏文横书。据此,可知清代乾隆时期已有人将关羽误作格萨尔王,至今犹有影响,更有将《格萨尔王传》译名定为"藏三国"者。

31. 御制重修西黄寺碑:汉、蒙、满、藏四体,乾隆三十六年(1771 年)立,在本寺。

32. 承德诸碑:承德密迩京师,有清一代修建避暑山庄,作为离宫,自康熙四十二年(1703 年)兴建,中经雍正,至乾隆五十五年(1790 年)最后建成,凡三朝,87 年之久,成为皇室狩猎休憩、会见蒙藏王公喇嘛及其他民族领袖人物的政治中心之一。该地有藏文碑刻 12 通,目录如下(均与汉、蒙、满合为四体):永佑寺碑(1752 年)、永佑寺舍利塔记(1764 年)、普宁寺碑(1755 年)、平定准噶尔勒铭伊犁之碑(1755 年)、平定准噶尔后勒铭伊犁之碑(1758 年)、安远庙瞻礼书事(有序)碑(1765 年)、普乐寺碑记(1767 年)、普陀宗乘之庙碑记(1771年)、土尔扈特全部归顺记(1771年)、优恤土尔扈特部众记(1771年)、千佛阁碑记(1770年)、普陀宗乘之庙门碑(1771年)。以上诸碑,笔者辑有《承德藏文石刻录》。

33. 江孜宗山驻藏大臣巡边碑:立于乾隆六十年(1795年)时,驻藏大臣松筠、和宁二人巡边,立此碑于江孜,计分四石,汉、藏两体,现已仆卧宗山,且一石断裂,应予保护。

云南剑川一带尚存藏文刻石,系南诏时期遗物,有待访求。

**(三)令旨书翰**

这一时期留下了极为丰富的令旨、书翰和其他各类文契。因为元、明、清各代朝廷,中央政府的官员,驻在西藏的钦差大臣等,每每与西藏地方代表人物发生密切联系;同时,西藏地方政权统治者变更时,也都率先要取得朝廷的认可。这些往返交换信使,都留下了很可贵的文件,其中有朝廷的谕旨、帝师的法旨、皇帝的诏书、地方政府的奏牍、封文等等。现大致按时代的顺序,将本人过目的部分择要介绍:

1.《帝师乞剌斯八斡节儿颁给怙祥之法旨》:按乞剌斯八斡节儿(གྲགས་པ་འོད་ཟེར)为第五任帝师,非萨迦嫡系,属东院,系为八思巴侍从,往来京师,得元室宠。至元三十一年(1294年)嗣帝师位,大德七年(1303年)卒。曾获双龙盘纽白玉"大元帝师统领诸国僧尼中兴释教之印"。[①] 此法旨标明羊儿年,当为元贞元年(1295年,乙未)。

2.《帝师亦摄思连真法旨》:按亦摄思连真(ཡེ་ཤེས་རིན་ཆེན)系八思巴之异母弟,为第四任帝师,至元二十三年(1286年)嗣帝师位,至元三十一年(1294年)卒。此法旨标为虎年,当为至元二十七年(1290年,庚寅)。[②]

3.《帝师辇真监藏法旨》:按辇真监藏(རིན་ཆེན་རྒྱལ་མཚན)为第六

① 印文为八思巴文,自左向右,直书4行,行4字,方形,径11厘米。未见原物,但见于《帝师亦摄思连真法旨》之上。

② 此法旨盖有一印,文曰:"大元帝师统领诸国僧尼中兴释教之印",按《元史·释老传》此印又于元贞元年(1295年)转赐与帝师乞剌斯八斡节儿。

任帝师，据《萨迦世系史》称此人为东院之裔，帝师乞剌斯八斡节儿之侄，非萨迦嫡系，因其叔之故，得于大德八年（1304 年）嗣帝师位，大德九年卒。法旨标明龙年五月，应为大德八年（1304 年，甲辰）。

4.《帝师相儿加思法旨》：按相儿加思（སངས་རྒྱས，法旨中加一དཔལ字，系尊敬之词）为第八任帝师，皇庆二年（1313 年）嗣帝师位，延祐元年（1314 年）卒。此旨标为羊儿年，甚可怪，抑《元史》所载有谀，或此旨标年有误，待考。

5.《帝师公哥罗古罗监藏班藏卜法旨》：此人为第九任帝师，前已说明，此旨标明为龙年，当为延祐三年（1316 年，丙辰）。

6.《帝师公哥罗古罗监藏班藏卜法旨》：标明为鸡年，当为至治元年（1321 年，辛酉）。

7.《帝师公哥罗古罗监藏班藏卜法旨》：标明为牛年，似《元史》记载此人在位年限有误，待考。

8.《帝师公哥（列思八冲纳思）监藏班藏卜法旨》：按公哥监藏班藏卜（ཀུན་དགའ་རྒྱལ་མཚན་དཔལ་བཟང་པོ），或为公哥列思八冲纳思监藏班藏卜之省称。于泰定二年（1325 年）嗣位，同年卒，为第十一任帝师。此旨标明鼠年，不可解，似《元史》中记年有误。

9.《谕布敦宝成善知识旨》：系元王室所颁。按布顿宝成（བུ་སྟོན་རིན་ཆེན་གྲུབ）生于至元二十七年（1290 年，庚寅），卒于至正二十四年（1364 年，甲辰），夏鲁派创始人。朝廷诏征，辞未赴，此旨乃慰留藏土者也。标明为羊儿年，或为至正十五年（1355 年，乙未）。

10.《薛禅皇帝颁赏萨迦巴僧众珍珠诏书》：载《萨迦世系史》第 94—95 页，标明鼠年，文内提到国师八思巴字样，当在中统元年（1260 年）之后，似为至元元年（1264 年，甲子）之物。

11.《忽必烈（大王）颁赐大气力僧伽诏书》：又名蕃字诏书，载于《萨迦世系史》第 97—98 页，标明为木虎年，似应为宪宗四年（1254 年，甲寅），忽必烈尚未登极时之诏。

12.《明太祖敕封元朝世袭乌思加麻万户端朱监藏为信武将军世袭万户府诏书》：汉、藏两种文字对照，洪武十二年（1379

年)颁。

13.《明成祖召宗喀巴赴京书》:永乐十一年(1413 年)颁,文载《宗喀巴全集》པ 字帙,第 175—176 页。

14.《宗喀巴上明成祖书》:载《宗喀巴传》第五品内,有于道泉先生《译注明成祖遣使召宗喀巴纪事及宗喀巴复成祖书》的专著,前国立中央研究院历史语言研究所集刊外编,1933 年北京出版。注释綦详,可以参考。

15.《永乐皇帝颁赐那哩当堪布妙悟普济国师竹巴失剌诏敕》:永乐十七年(1419 年)十月十二日颁,原件原藏于日喀则西那尔塘(即文中的那哩当)寺,系内官中使杨三保在藏访贤返京后所颁。今那尔塘寺已毁,文件不知所归。

16.《永乐皇帝颁赐那哩当堪布妙悟普济国师竹巴失剌诏敕》之二:系上一诏敕之后,又遣内官戴兴等进藏所颁,永乐二十一年(1423 年)四月十七日,现亦不知所归。

17.《明英宗赐朵儿只领占诏文》:此诏系天顺四年(1460 年,庚辰)颁,汉、藏对照。

18.《明宪宗钦赐入贡的乌思藏大宝法王葛里麻巴及国师班着端什二人物件之诏书》:系成化七年(1471 年,辛卯)所颁,汉、藏对照。

19.《清太宗致萨迦法王书》:标为崇德八年(1643 年,癸未),藏文。

20.《敕封班禅额尔德尼诏书》:乾隆三十一年(1766 年)颁,满、汉、蒙、藏四体。

21.《钦定藏内善后章程二十九条》:汉、藏两体对照,乾隆五十八年(1793 年)订,藏文存三大寺内,汉文散见于《卫藏通志》各门,又见《高宗实录》卷 1421。

22.《颇罗鼐颁发拉加里封地文书》。

23.《敕封七世达赖格桑嘉错诏文》:康熙五十九年(1720 年)颁,为满、蒙、藏三体。

24.《策楞奏订西藏善后章程十三条》:乾隆十六年(1751 年)

奏准颁行,汉、藏两体,汉文本刊于《藏事辑要》卷6;藏文本中央民族学院图书馆藏(原件照片)。这是在颇罗鼐死后,其子珠尔默特那木札勒叛乱平息后,清廷改变了西藏管理体制的重要文件。

以上的文件以无可辩驳的实例说明,元、明、清各代一直在西藏行使主权。此外在《五世达赖全集》、《七世达赖全集》、《四世班禅全集》和《多仁班第达传》等书里,收录了与清廷往来的奏折谕旨,极有历史价值,值得我们去搜寻。此外,还有《十三法》、《十六法》、《译仓印谱》、《铁虎清册》等文献,尤其值得注意研究。

**(四)史传著作**

下面我们将要谈谈属于历史类或与历史有关的书籍。这一时期里,封建农奴主阶级特别是其中的僧侣上层,大力进行历史创作,借以宣扬历代赞普、尚、论的"德政",笼络人民,巩固对农奴的统治。还依靠宣扬佛教教义,歪曲历史的真相,顽固地灌输迷信思想愚弄黔首,为当时的政治服务。所以,现在我们见到的历史著作无不贯穿着宗教迷信思想,散布宿命论观点并且丑化历史上劳动人民的形象,污蔑他们正义的起义行为。我们对这些历史著作必须严肃地进行分析。另一方面,这些历史著作在不同程度上记录了一些史实,对认识历史有一定的价值;特别是由于这些作家当时处于优越的条件,有机会接触丰富的史料,在著作中常常征引一些为后人难以见到的材料,比较可贵。总之,对待封建作家们的历史著作,也必须是抱着"去芜存菁","去其糟粕,取其精华"的态度才不致陷入迷途。

下面大致按年代的顺序,分别介绍史、传、志、表著作中比较为人们知道的部分,我们将其归为一类。所见有限,仅列出要籍,参见拙文《西藏访书简记》所作的补充,载《中国史研究动态》1979年第9期。

1.《布顿佛教史》:全名为བདེ་བར་གཤེགས་པའི་བསྟན་པའི་གསལ་བྱེད་ཆོས་ཀྱི་འབྱུང་གནས་གསུང་རབ་རིན་པོ་ཆེའི་མཛོད,为超铺巴 · 布顿宝成(ཁྲོ་ཕུ་པ་བུ་སྟོན་རིན་ཆེན་གྲུབ)著。全书木刻本第212页,收在全书ཡ函,又以单行本传世。本书第122页以前讲佛教在印度、尼泊尔弘传的历史,第

122 页以下讲藏族地区及藏传佛教的历史。最后部分为那塘甘珠尔、丹珠尔总目录。成书于 1322 年(壬戌)。布顿生于 1290 年,卒于 1364 年,为当时著名学者,曾主持那塘大藏经结集编纂工作,是藏传佛教夏鲁派开创人。本书被封建史家目为重要著作。

2.《红史》:全名为དེབ་གཏེར་དམར་པོ་རྣམས་ཀྱི་དང་པོ་ཧུ་ལན་དེབ་གཏེར,蔡巴·庆喜金刚(ཚལ་པ་ཀུན་དགའ་རྡོ་རྗེ)著,以手抄本传世。中国社会科学院民族研究所藏本 104 页,民族文化宫藏本 116 页。全书分四部分,一为印度古代王统及释迦世系,二为汉地历代皇帝朝代,三为蒙古王统,四为吐蕃王朝至萨迦派掌政的藏族史。而以第四部分为重点。书中引用汉文史料较多,也以汉藏关系的叙述最为突出。成书于 1346 年。据记载,另有班钦·福称(པཎ་ཆེན་བསོད་ནམས་གྲགས་པ)于 1538 年修改本书,名为《新红史》(དེབ་ཐེར་དམར་པོ་གསར་པ)传世。

3.《吐蕃王统世系明鉴》:全名为རྒྱལ་རབས་རྣམས་ཀྱི་བྱུང་ཚུལ་གསལ་བའི་མེ་ལོང་ཆོས་བྱུང,后藏萨迦人福幢(ས་སྐྱ་པ་བསོད་ནམས་རྒྱལ་མཚན)著。成书当在 1388 年(戊辰)。全书木刻本 104 页,共 18 品,叙述吐蕃王朝历代赞普史事,尤其详于松赞干布和墀松德赞及热巴巾等"三贤王"的事迹。

4.《彰所知论》:全名为ཤེས་བྱ་རབ་གསལ,八思巴(1235—1299 年)著。全书分为 5 品:器世界、情世界、道法、果法与无为法。于情世界品内述及吐蕃王统传承。汉文为沙罗巴译,于大德丙午(1306 年)刊印成本,后收在大藏经论部印度小乘论,藏字帙(频伽精舍本)。序中云:"《彰所知论》者,为菩萨真金皇太子求请故。法王上师萨迦大班弥达足尘顶授比丘发思巴慧幢吉祥贤。时壬寅仲秋下旬有三鬼宿直日,于大吉祥萨思迦法席集竟,持经律论妙音并智狮子笔授。"此壬寅不可能为 1242 年与 1302 年二者,似为戊寅(1278 年)之误。

5.《雅陇觉卧教史》:全名为ཡར་ལུང་ཇོ་བོ་ཤཱཀྱ་རིན་ཆེན་བདེས་མཛད་པའི་ཆོས་འབྱུང,为雅陇小王子释迦宝泰(ཇོ་བོ་ཤཱཀྱ་རིན་ཆེན་བདེ)著。成书于丙辰年,似应定在 1378 年为妥。全书手抄本 116 页。书中主要叙吐

蕃王统并引用《唐书·吐蕃传》材料，末尾叙述翱(རྔོག)译师法统、萨迦派法统等。

6.《青史》：全名为དེབ་གཏེར་སྔོན་པོ，管译师童祥(འགོས་ལོ་གཞོན་ནུ་དཔལ，1392—1481年)所著。成书于1476—1478年之间。木刻本原藏版于羊八井(ཡངས་པ་ཅན)噶举派红帽系寺院，后因舍玛尔巴之乱，移归拉萨功德林寺。全书共分15品：

ཀ　王统及前弘期　共28页

ཁ　后弘期　共19页

ང　新密法，道果及随行者(萨迦派)　共19页

ག　密咒旧译期(宁玛派)　共46页

ཅ　阿底峡及其传承(噶当派)　共38页

ཆ　翱译师及其传承，中观，因明，弥勒诸学弘传　共10页

ཇ　怛特罗教法发生期　共20页

ཉ　玛尔巴大师所传塔布噶举期(噶举派)　共142页

ཏ　郭扎巴与尼古期　共13页

ཐ　时轮教法期　共41页

ད　大手印期　共13页

ན　能寂灭派(希结派)后期　共50页

པ　断境派(觉宇派)及喀惹巴期　共12页

ཕ　大悲观音法及金刚鬘期　共25页

བ　雪域西藏圣法源流期　共14页

此书对历史人物年代考索最详，一向被推崇为信实史籍。1947—1953年由罗列赫(G. N. Roerich)译为英文，译书时曾得更敦群培帮助。

7.《珠巴教史》：全名为ཆོས་འབྱུང་བསྟན་པའི་པད་མ་རྒྱས་པའི་ཉིན་བྱེད，珠巴活佛白莲(འབྲུག་པའི་སྤྲུལ་སྐུ་པད་མ་དཀར་པོ，1526—1592年)著。成书于1580年(庚辰)，拉萨木刻本310页。书内记载后弘初期一些大译师的事迹最详，并收录了一些书翰信札。第157页以前为佛教一般历史，与藏土佛教关系不大。

8.《贤者喜宴》：全名为དམ་པའི་ཆོས་ཀྱི་འཁོར་ལོ་བསྒྱུར་བ་རྣམས་ཀྱི་བྱུང་བ་

གསལ་བར་བྱེད་པ་མཁས་པའི་དགའ་སྟོན,巴俄祖拉陈瓦(དཔའ་བོ་གཙུག་ལག་འཕྲེང་བ,1504—1566年)著。成书于1564年(甲子),全书木刻本791页。藏版于山南洛扎岱瓦宗拉陇寺,故又名《洛扎教史》(ལྷོ་བྲག་ཆོས་འབྱུང)。巴俄祖拉,本名顿珠,系八世噶玛巴不动金刚之弟子,属噶举派。这本历史以征引广博,较忠于史实见称于世,其他封建史家对它倍加攻斥,指为异端。以今天眼光来看,倒是本书较有史料价值。全书共分17大章(ཀ་ཙ),目次如下:

ཀ—ཅ 世间成因,印度古代史,释迦佛所行,佛经结集,修建三宝所依及印度王统等 共51页。

ཆ 大慈观音利益蕃土史 共24页

ཇ 吐蕃王统史 共155页

ཉ 律学源流史 共22页

ཏ 译师、论师史 共14页

ཐ 金刚乘旧译史 共65页

ད 噶当教史 共45页

ན 噶举派共史 共61页

པ 成就续部噶玛派教史 共253页

ཕ 止贡噶举派解脱心要 共12页

བ 各派教史 共13页

མ 于阗、汉地古昔、西夏、蒙古、汉地晚近等王统及教法史 共25页

ཙ 五明之学源流史 共51页

9.《萨迦世系史》:全名为འཛམ་གླིང་བྱང་ཕྱོགས་ཀྱི་ཐུབ་པའི་རྒྱལ་ཚབ་ཆེན་པོ་དཔལ་ལྡན་ས་སྐྱ་པའི་གདུང་རབས་རིན་པོ་ཆེ་ཇི་ལྟར་བྱོན་པའི་ཚུལ་གྱི་རྣམ་པར་ཐར་པ་ངོ་མཚར་རིན་པོ་ཆེའི་བང་མཛོད་དགོས་འདོད་ཀུན་འབྱུང,为持咒语自在庆喜福称幢吉祥贤所著,成书于1629年(己巳)。全书德格木刻本334页,是专门叙述一个家族(萨迦款氏)的历史著作。成书较晚,得以参考了四、五种关于萨迦世系的著作。主要以智主宝天成所著《萨迦世系史口饰》为根据而吸收了若干史料编成,是研究萨迦派地方势力成长、鼎盛以至衰落过程的重要资料。其中收录的重要诏文、书

翰前已介绍,兹不再述。

10.《达陇教史》:全名为ཆོས་བྱུང་ངོ་མཚར་རྒྱ་མཚོ,系达陇巴·语自在教胜贤(སྟག་ལུང་པ་ངག་དབང་བསྟན་མཆོག་བཟང་པོ)著,亦有谓系达陇语自在分别胜著。成书于1648年(戊子),亦有谓成书于1669年(己酉)者。全书木刻本447页,另有增补篇53页,共为500页。藏版于达陇吉祥咒盛寺(སྟག་ལུང་དཔལ་ལྡན་སྔགས་འཕེལ),本书以大部分篇幅叙述噶举派达陇支系的历史,可以作为研究这一支系的史料。

11.《西藏王臣记》:全名为གངས་ཅན་ཡུལ་གྱི་ས་ལ་སྤྱོད་པའི་མཐོ་རིས་རྒྱལ་བློན་གཙོ་བོར་བརྗོད་པའི་དེབ་ཐེར་རྫོགས་ལྡན་གཞོན་ནུའི་དགའ་སྟོན་དཔྱིད་ཀྱི་རྒྱལ་མོའི་གླུ་དབྱངས,为五世达赖喇嘛阿旺·罗桑嘉错所著,成书于1643年(癸未),收在全集ཛ帙内,木刻本113页。本书特点是详于今而略于古,详于政而略于教,对帕木竹巴政权的兴起及其衰落记述最详。书中数数攻讦巴俄祖拉的《贤者喜宴》、《巴协》和班钦·福称的《噶当教史》,往往都是派系之间的偏见。本书在1957年由民族出版社排印,铅印本271页,流传颇广。

12.《宝天成教史》:全名为དམ་པའི་ཆོས་ཀྱི་བྱུང་ཚུལ་བསྟན་པའི་རྒྱ་མཚོར་འཇུག་པའི་གྲུ་ཆེན,为萨迦派宝天成(དཀོན་མཆོག་ལྷུན་གྲུབ)著,并由佛满(བྱ་བྲལ་པ་སངས་རྒྱས་ཕུན་ཚོགས)增补成书。全书木刻本228页,其中第116页以前为印度、尼泊尔等地佛教弘传历史,第116页以下为西藏佛教史特别详于萨迦派的传承,对历史大事的年代考订下过功夫。约成书于1692年(壬申)。

13.《大业噶当教史》:全名为བཀའ་གདམས་ཀྱི་རྣམ་པར་ཐར་པ་བཀའ་གདམས་ཆོས་འབྱུང་གསལ་བའི་སྒྲོལ་བ,为泽当巴大业·庆喜幢(ལས་ཆེན་ཀུན་རྒྱལ་བ)所著,这是专讲噶当派弘传法统的历史。全书木刻本417页,成书于1512年。

14.《福称噶当教史》:全名为བཀའ་གདམས་གསར་རྙིང་གི་ཆོས་འབྱུང་ཡིད་ཀྱི་མཛེས་རྒྱན,为班钦·福称(པཎ་ཆེན་བསོད་ནམས་གྲགས་པ,1478—1554年)所著,成书于1529年(己丑)。全书木刻本103页,因旧版漫漶过甚,于1642年(壬午)重雕新版,版藏于布达拉宫,可见封建史家对之重视。作者为第十五任甘丹池巴(法台)。

15.《格鲁教史黄琉璃镜》：全名为དཔལ་མཉམ་མེད་རི་བོ་དགའ་ལྡན་པའི་བསྟན་པ་ཞ་སེར་ཅོད་པན་འཆང་བའི་རིང་ལུགས་ཆོས་ཐམས་ཅད་ཀྱི་ཆ་བ་གསལ་བར་བྱེད་པ་བཻཌཱུརྻ་སེར་པོའི་མེ་ལོང,第巴桑结嘉错（觉海,1653—1705 年）所著,成书于 1692—1698 年（壬申—戊寅）之间。本书拉萨木刻本 419 页,叙述黄教——格鲁派的兴起经过,并记录了当时卫藏朵康各地黄教寺庙的分布及这些寺庙的兴建和沿革。作者为五世达赖的弟子,曾受封为土伯特王,以与准噶尔部噶尔丹交通一事,忤清廷且与蒙古和硕特部构兵,后为拉藏汗所害,事在 1705 年。藏人对之怀念不已。

16.《宗派源流晶镜史》：全名为གྲུབ་མཐའ་ཐམས་ཅད་ཀྱི་ཁུངས་དང་འདོད་ཚུལ་སྟོན་པ་ལེགས་བཤད་ཤེལ་གྱི་མེ་ལོང,为土观罗桑却吉尼玛（善慧法日,ཐུའུ་ཀྭན་བློ་བཟང་ཆོས་ཀྱི་ཉི་མ,1737—1802 年）著,成书于 1801 年（辛酉）。德格木刻本全书 209 页,因成书较晚,又因作者通晓汉、满、蒙诸语文,得以阅览较多的资料,故书中叙事较为翔实。书分以下章节：

| | 拉萨版 | 德格版 |
|---|---|---|
| ①佛教总的历史 | 25 页 | 1—21 |
| ②藏土前弘、后弘及旧密时期 | 18 页 | 24a—35a |
| ③噶当派史 | 15 页 | 35b—46a |
| ④噶举派史 | 28 页 | 46b—69a |
| ⑤寂灭派（希结）史 | 9 页 | 69b—75a |
| ⑥萨迦派史 | 20 页 | 75b—91a |
| ⑦觉朗派史 | 13 页 | 91b—100a |
| ⑧尼采派史 | 1 页 | 100b—101a |
| ⑨格鲁派史 | 73 页 | 101b—163a |
| ⑩苯教史 | 7 页 | 164b—169a |
| ⑪汉地孔教、道教史 | 15 页 | 169B—181A |
| ⑫汉地佛教史 | 16 页 | 181B—194A |
| ⑬蒙古、于阗、香巴拉等地教史 | 19 页 | 194B—208A |

又,中国社会科学院民族研究所有汉文译本,油印。

17.《拉达克王统史》：全名为ལ་དྭགས་རྒྱལ་རབས,成书年代不详。

从书中述及拉达克王统与《颇罗鼐传》中有关材料比照来看,不会早于 18 世纪,当在 18 世纪中叶、末叶之际。现有弗兰克(A. H. Francke)翻印本流传,原书未见,因其中除述及一般吐蕃史及元、明之际藏族史以外,着重叙述拉达克王统史,为其他史书所不及,颇受重视。

18.《如意宝树史》:全名为དཔག་བསམ་ལྗོན་བཟང,为松巴堪布益西班觉(སུམ་པ་མཁན་པོ་ཡེ་ཤེས་དཔལ་འབྱོར,1704—1788 年)著,成书于 1748 年(戊辰)。1908 年由达斯(S. C. Das)译成英文并加以注释印行,藏文部分共 430 页,题名为དཔག་བསམ་ལྗོན་བཟང་ཞེས་བྱ་བའི་འཕགས་ཡུལ་རྒྱ་ནག་ཆེན་པོ་བོད་དང་སོག་ཡུལ་དུ་དམ་པའི་ཆོས་བྱུང་ཚུལ。第 146 页以前为印度古代王统及佛教创始、弘传经过,第 147 页以后为中国汉地、藏地、蒙古地方佛教历史。

19.《安多政教史书志海》:全名为དེབ་ཐེར་རྒྱ་མཚོ,又名མདོ་སྨད་ཆོས་འབྱུང,为札贡巴 · 丹巴若杰(བྲག་དགོན་པ་བསྟན་པ་རབ་རྒྱས)著,成书于 1865 年(乙丑)。全书分三卷,拉卜楞木刻本 900 页,专述安多地区佛教史,对该地区主要寺院的历史、佛教各派的重要人物都有介绍,书前列有史传目录 600 余条,尤为可贵。西北民族学院(今西北民族大学)油印本亦分三卷,署为《安多政教史》。

20.《白史》:全名为བོད་ཆེན་པོའི་སྲིད་ལུགས་དང་འབྲེལ་བའི་རྒྱལ་རབས་དེབ་ཐེར་དཀར་པོ,为根敦群培(དགེ་འདུན་ཆོས་འཕེལ)著。全书拉萨木刻本 46 页,为未完成稿,藏版拉萨霍康家。这是一本近代学者运用古藏文资料写成的史书,若能批判其中流露出来的地方民族主义情绪,不失为一本有价值的专著。作者于 1950 年为西藏封建贵族反动分子迫害而死,据云尚留有遗稿若干。因书中涉及古代史较多,故收录在此。

21.《米拉日巴传》:全名为རྣལ་འབྱོར་གྱི་དབང་ཕྱུག་དམ་པ་རྗེ་བཙུན་མི་ལ་རས་པའི་རྣམ་པར་ཐར་པ་དང་ཐམས་ཅད་མཁྱེན་པའི་ལམ་སྟོན,后藏疯僧饮血者(གཙང་སྨྱོན་ཧེ་རུ་ཀ)著。作者本名觉幢(སངས་རྒྱས་རྒྱལ་མཚན),法号具骨饰者(རུས་པའི་རྒྱན་ཅན),生于 1452 年,死于 1507 年。本书成书于 15 世纪末之 1488 年(戊申),系根据口头流传的关于米拉日巴的传说

和前人所写散篇材料写成。书有定日、拉萨、德格等三种木刻本。定日版 149 页,德格版 102 页。全书 9 大章,叙述米拉日巴的一生遭遇。汉译本题名《西藏圣者米拉日巴的一生》,王沂暖译。

22.《萨迦班智达传》:全名为འཇམ་དཔལ་དབྱངས་དངོས་སྐྱ་བའི་མགོན་པོ་ས་སྐྱ་པཎྜི་ཏ་ཀུན་དགའ་རྒྱལ་མཚན་དཔལ་བཟང་པོའི་རྣམ་པར་ཐར་པ་བསྐལ་བ་བཟང་པོའི་ལེགས་ལམ,为仁邦巴王子、语自在世间自在称(ངག་དབང་འཇིག་རྟེན་དབང་ཕྱུག་གྲགས་པ)著,成书于 1639 年(己卯)。全书德格木刻本 78 页。通篇为诗歌偈赞体写成。按萨迦班智达传另有八思巴著本及萨班亲炙弟子南人宝吉祥(ལྷོ་པ་རིན་ཆེན་དཔལ)著本两种。

23.《唐东杰布传》:全名为དཔལ་གྲུབ་པའི་དབང་ཕྱུག་བརྩོན་འགྲུས་བཟང་པོའི་རྣམ་པར་ཐར་པ་ཀུན་གསལ་ནོར་བུའི་མེ་ལོང,为无变大乐(འགྱུར་མེད་བདེ་ཆེན)著,成书于唐东逝世后 125 年之己酉,即 1609 年。原有后藏类乌齐木刻本(唐东杰布之故居),已不可见。现以德格木刻本传世,全书 174 页。书中叙铁桥师(又被指为藏戏祖师)唐东杰布神奇之一生,并奉之为珞瑜地区之王。

24.《珠巴庆喜妙传》:此书共有四卷。题名分别为:རྣལ་འབྱོར་བའི་མིང་ཅན་ཀུན་དགའ་ལེགས་པའི་རྣམ་ཐར་བྱུང་ཚུལ་ལྷུག་པར་བྲིས་པ་ཞིབ་མོའི་རྡོ་རྗེ་སྟེང་མོ་ཏ་ལེ་ཧོ་ལེ་སྣ་ཟིན་སྤུ་ཟིན་ནས་བཀོད་པ,此为第 1 卷,共 169 页。རྣལ་འབྱོར་གྱི་དབང་ཕྱུག་ཆེན་པོ་ཀུན་དགའ་ལེགས་པའི་རྣམ་ཐར་གསུང་འབུམ་རྒྱ་མཚོ་ལས་དད་པའི་ཀུ་ཤ་ཆུ་ཐིགས་ཙམ་བླངས་པ་ངོ་མཚར་བདུད་རྩིའི་ཐིགས་མངར,此为第 2 卷,共 81 页。རྣལ་འབྱོར་བའི་མིང་ཅན་ཀུན་དགའ་ལེགས་པའི་ཉམས་ལ་ཤར་བའི་ཐལ་གྱི་ཆོས་སྤྱོད་འདྲ་དང་ཉམས་འཆར་ཅི་བྱུང་མ་བྱུང་བྲིས་པ་སྐྱུག་གཏད་གང་ཡང་མེད་པ་འགའ་ཞིག,此为第 3 卷,共 74 页。རྣལ་འབྱོར་གྱི་དབང་ཕྱུག་ཀུན་དགའ་ལེགས་པའི་གསུང་འབུམ་ཐོར་བ,此为第 4 卷,共 29 页。以上四卷共 353 页。以木刻本传世,藏版处不详。书中叙述颇有传奇意味的疯僧珠巴庆喜妙之一生怪诞行径。均为自传。

25.《颇罗鼐传》:全名为དཔལ་མིའི་དབང་པོའི་རྟོགས་བརྗོད་འཇིག་རྟེན་ཀུན་ཏུ་དགའ་བའི་གཏམ,为朵喀夏仲·才仁旺阶所作,成书于 1733 年(癸丑)。拉萨木刻版本全 395 页。书中通过颇罗鼐的生平,记述了 16—18 世纪之间西藏地方的重大事件。由于作者采用了传奇式

(རྟོགས་བརྗོད)的体裁,写得颇有文学情趣。作者肯定了颇罗鼐坚持统一、反对分裂的立场,是很有眼光的,值得注意。拉萨木刻本中错别字很多,并有若干补雕版,字迹很不一致。版藏布达拉宫内。另有精抄本传世。

26.《多仁班智达传》:全名为དགའ་བཞི་བའི་ཡབ་མེས་གོང་མ་རྣམས་ཀྱི་ལེགས་མཛད་རང་སྣོར་གཏོགས་པ་ཕྱོགས་སྒྲིགས་སུ་བཀོད་པའི་འཛུག་འབྱུད་དུ་རང་གི་བྱུང་བ་ཉུང་ཟད་ཙམ་བརྗོད་པ་ཟོལ་མེད་གཏམ་གྱི་རོལ་མོ,为多仁班智达·南木结才登著,成书于18世纪中叶。以手抄本传世,全书406页。书中收录了大量皇帝谕旨与多仁家族奏折,颇有价值。

27.《噶伦传》:全名为དིར་གཏ་ཡུ་རིནྡུ་ཌི་ནའི་བྱུང་བ་བརྗོད་པ་ཟོལ་མེད་ངག་གི་རོལ་མོ,又名བཀའ་བློན་རྟོགས་བརྗོད,系朵喀夏仲·才仁旺阶所著自传,书成于1662年(壬午)。拉萨木刻本69页,版藏于拉藏雪康家。书中叙述阿尔布巴叛乱与珠尔墨特叛乱事件颇详,均系作者目击身经之事,能补充汉文史料记载之不足处。

28.《德格土司传》:全名为དཔལ་ས་སྐྱོང་སྡེ་དགེ་ཆོས་ཀྱི་རྒྱལ་པོ་རིམ་བྱོན་གྱི་རྣམ་ཐར་དགེ་ལེགས་ནོར་བུའི་ཕྲེང་བ་འདོད་དགུ་རབ་འཕེལ,为强巴·庆喜幢(བྱམས་པ་ཀུན་དགའ་རྒྱལ་མཚན)著,成书于1828年(?,戊子)。德格木刻本56页,是专门记述地区性统治者家史的著作。

29.《桑耶寺志》:全名为རབ་འབྱམས་དམ་པའི་ཞིང་གི་ཡོན་ཏན་ཀུན་ཚང་དཔལ་ལུགས་གསུམ་མི་འགྱུར་ལྷུན་གྱིས་གྲུབ་པའི་གཙུག་ལག་ཁང་ཆེན་དང་བརྟེན་པར་བཅས་པ་ལེགས་གསོའི་སྒོ་ཞུ་ཇི་ལྟར་བསྒྲུབས་པའི་ཚུལ་གྱི་ཁྱད་པའི་བརྗོད་པའི་དཀར་ཆག་སྐལ་བཟང་དད་པའི་སྒོ་འབྱེད་ངོ་མཚར་རྒྱ་མཚོའི་རིའུ་མིག,简名为བསམ་ཡས་དཀར་ཆག,为公·噶伦夏扎·旺秋杰伯(གུང་བཀའ་བློན་བཤད་སྒྲ་དབང་ཕྱུག་རྒྱལ་པོ)著。成书于1854年(甲寅)。拉萨木刻本全247页。书中叙述桑耶寺兴建的历史,及该寺各主要建筑修造的经过等。

30.《大昭寺志》:全名为ལྷ་ལྡན་སྤྲུལ་པའི་གཙུག་ལག་ཁང་གི་དཀར་ཆག་ཤེལ་དཀར་མེ་ལོང,为五世达赖阿旺罗桑嘉措著。全书有木刻本传世,收在全集之内。成书于1644年。是记述大昭寺的历史较为完备的一种。

31.《南瞻部洲总志》:全名为འཛམ་གླིང་སྤྱི་བཤད་ངོ་མཚར་གཏམ་སྙན,松

巴堪布著,成书于1777年。

32.《卫藏道场圣迹志》:全名为དབུས་གཙང་གི་གནས་རྟེན་ཐོ་ཡིག་ལྟར་ན་ ལྷ་ལྡན་སོགས་དབུས་འགྱུར་ཆོས་སྡེ་ཁག་དང་ཡར་ལུང་སྣེ་རྒྱུད་གཙང་སྟོད་བྱང་ར་སྒྲེང་རྒྱལ་བའི་འབྱུང་གནས་སོགས་ཀྱི་རྟེན་གནས་མང་པོའི་གནས་ཡིག་ངོ་མཚར་ལུང་སྟོན་མེ་ལོང,为钦则旺保(མཁྱེན་བརྩེའི་དབང་པོ,1820—1892年)著,成书于1840年以后。全书拉萨木刻本40页(短版),实际上第28页以前为圣迹志,第29页以下为一祈祷文。本书为一游记体,记述前后藏各地寺院、古迹的所在,兼及一些历史由来,通俗畅晓,别具一格。近有英文译注本出版。

33.《佛历表》:全名为བསྟན་རྩིས་རེའུ་མིག,为嘉木样协巴·语自在精进(ངག་དབང་བརྩོན་འགྲུས,1648—1722年)著,成书于1716年(丙申)。上起藏历第一个丁卯(1027年),下至成书之前一年。按年记载佛教大事,诸如高僧大德出生、灭化,重要著作之辑成,重要寺院之修建等均有著录。并收录同一事件的不同记载备考,颇合研究佛教史者之需。全书26页,系安多拉卜楞寺刻本。同样性质的佛历表还有几种,一为松巴堪布所著,一为章嘉呼图克图所著,各有所长。

34.《佛教名人表》:全名为བསྟན་འཛིན་གྱི་སྐྱེས་བུ་རྒྱ་བོད་དུ་བྱོན་པའི་མིང་གི་གྲངས,为隆睹喇嘛语自在善慧(ངག་དབང་བློ་བཟང)著。全书北京木刻本31页,收在全集ཟ字帙内。另有拉萨版、德格版传世。成书于1779年(?,己亥)。书中专述藏土佛教名人的身世及法统传承,尤详于格鲁及噶当两派。

35.《佛教施主名人表》:全名为བསྟན་པའི་སྦྱིན་བདག་བྱུང་ཚུལ་གྱི་མིང་གྱི་གྲངས,亦为隆睹喇嘛语自在善慧所著,成书于1777年(丁酉)。拉萨木刻本全20页,收在全集ཨ字帙内。本书为上书之补充,专述西藏政治舞台上的人物,也记录一些有关历史事件的资料。如在卫藏十三万户目下,就转录了《五世达赖传》中有关各个万户的户数材料。

以上仅仅是史、传、志、表文献经眼的一小部分举例,很不全面。应该指出,像各地方历史,各辈达赖、班禅、萨迦法王、噶玛法王等人的传记,都是重要的历史文献。这里不能一一介绍。现在有必要介绍一下涉及历史文献的几本藏文目录书，以供参考：

1.《罕见书目》（དཔེ་རྒྱུན་དཀོན་པ་འགའ་ཞིག་གི་ཐོ་ཡིག་དོན་གཉེར་ཡོད་ཀྱི་ཀུན་དུ་བཞད་པའི་ནྲ་འོད་འདུམ་ཀྱི་སྙེ་མ），系安多喇嘛甲哲巴・慧海（བྲ་བྲལ་པ་ཤེས་རབ་རྒྱ་མཚོ）所著。全书拉萨木刻本 60 页，氏为嘉木样之仲译（秘书），得以阅览拉卜楞寺藏书，录为此目，其中第 1—8 页即为历史类。

2.《噶当・格鲁派高僧著述简目》（བཀའ་གདམས་པ་དང་དགེ་ལུགས་པའི་བླ་མ་རགས་རིམ་གྱི་གསུམ་འབུམ་མཚན་ཐོ），为隆睹喇嘛著。全书北京木刻本 60 页，收在全集ར字帙内。书内除历史文献专有一类之外，在各大师全集内还录有历史类著作目录。

3.《藏土经版目录》（གངས་ཅན་གྱི་ལྗོངས་སུ་བཀའ་གདམས་བསྟན་བཅོས་སོགས་ཀྱི་གློགས་བམ་སྤར་གཞི་ཇི་ལྟར་ཡོད་པ་རྣམ་ནས་དཀར་ཆག་སྤར་ཐོར་ཕྱོགས་ཙམ་དུ་དཀོད་པ་ཕན་བདེའི་པད་ཚལ་འབྱེད་པའི་ཉིན་བྱེད），为东噶・罗桑赤列（དུང་དཀར་བློ་བཟང་འཕྲིན་ལས）所著。全书拉萨木刻本共 38 页，内有历史专栏，除记明版页外并记明藏版处，甚为方便。

4.《安多政教书志海》，前已介绍，此书开头印录有过眼历史文献 612 种。其中颇多有价值的文献，可以参考。

这一时期的历史文献里表现出来的特点：（1）工细诗体——“年阿”在藏族作家中逐渐流传，这种体裁是 13 世纪中叶由萨迦派译师雄顿・金刚幢首先介绍进来的，以至形成一种繁琐的奢靡的文体。竞相追求浮艳，相应的藻词饰语也空前地泛滥。历史著作中尤其是传记里，抛掉古昔朴实的文风，崇尚骈骊。固然文章的技巧，捕捉形象有很大的进展，但是也带来新的问题，刻意为文，往往脱离广大群众。（2）佛教思想占据了统治的地位，以佛教的观点去描写历史，解释历史，因而在整个藏族历史上厚厚地蒙上一层宗教迷雾。（3）对其他民族的情况发生了兴趣，有一些叙述其他民族历史的著述出现，也有了专门记叙地理的书籍。（4）政治性的文献里，大都有相应的汉文可资印证。元代已开其端，明代继之，到了清代更有满、蒙古、汉、藏的四体合璧的文献。说明兄弟民族间的亲密关系日益增长。

## 结 语

历史文献跟整个文化史一样，是随着社会生产的逐步发展，随着社会的逐步进步而发展起来的。它由简单的刻石、盟词到大部头的著作的出现，经历着整个历史的进程。藏文历史文献归根到底，还是藏族劳动人民辛勤劳动，创造了物质文明的基础上的结果。当然历代的知识分子、作家作出了杰出的贡献，丰富了文化宝库。藏文历史文献里贯穿着一条汉藏友谊的红线，它是历史的见证，生动地说明藏族人民在伟大祖国缔造的过程中作出的贡献，说明了自有历史记载以来两族人民血肉不可分割的联系。

1980 年元月于北京

（1964 年讲稿，原载《西藏民族学院学报》1980 年第 2 期。）

# 藏族的史学和藏文史籍

## 一、藏族史学发展的过程

藏族的历史源远流长，早在石器时代，藏族的先民就已在“世界屋脊”青藏高原上繁衍生息。在西藏历史上第一个统一政权——吐蕃王朝建立以前，有一个漫长的神话传说时代。据传说，在松赞干布以前，就已经传承了30代赞普，而吐蕃王朝的建立，则标志着这一神话传说时代的终结。受松赞干布派遣，吐蕃大臣通米桑布札从印度取回梵天文字，并结合本民族的语言特点，创制了藏族自己的文字——西藏文。从此藏族进入了有文字记载的信史时代，藏族史学发展的序幕也因此而揭开了。

藏族先民最初对文字的使用，并不是有意识地记载历史，而是将其作为在雪域蕃地传播佛教的工具。那些最早精通藏文，又曾去过印度和汉地镀金的莘莘学子，大都皓首穷经，将他们的文字知识用于翻译或注疏佛经。及至8世纪末，墀松德赞在位时，仅桑耶寺一处就有翻译的经、论六七百种，但尚没有任何记载历史的书籍面世。他们并没有对记载人的行为、事实表现出任何特殊的爱好，这大概是因为对人类行为、事件等历史内容的记载，是一种对人类活动的欣赏和一种使事物凝固化的意识，而这与佛教的万物皆空思想相悖。佛教宣扬生命只是稍纵即逝的影子，或者是一种变化着的幻象，因而对人类的行为、对人世间的兴替表现出较多的热心，是完全不必要的，犯不着费心去将其记载下来。正因为如此，在古代印度没有出现什么著名的历史著作。在印度佛教文化冲击古老的西藏时，这种思想观念也深深地影响了藏族的知识分子，他们将全部精力投入了佛教事业，故而最早出现的藏文著作几乎全都是佛教文献。

自吐蕃王朝中、后期开始出现的记史风尚，显然是受了汉族文化的影响。在吐蕃王朝崛起的时候，汉族已经过了近 4000 年有文字记载的文明历史，形成了丰富多彩的历史编纂学理论和实践。随着公主经行之路的开辟，汉藏之间的文化交流日趋繁荣。吐蕃赞普“遣酋豪子弟请入国学，以习诗书。又请中国识文之人典其表疏”。[①] 有些在唐朝廷供职的吐蕃人，已“服改毡裘，语兼中夏，明习汉法，睹衣冠之仪，目击朝章，知经国之要，窥成败于国史，察安危于古今”。[②] 在吐蕃本地也颇有一些能联句赋诗、很有才辩的大臣，吐蕃官府中常设有汉藏两种文字执掌文书的人。汉文典籍《史记》、《尚书》、《战国策》、《礼记》、《左传》、《毛诗》、《文选》等相继传入吐蕃，有的已有藏文译本。通过种种媒介，汉族的历史学传统源源地影响了吐蕃的上层统治者和知识分子，使他们不至于完全无视人世间的活动，而开始慢慢地习惯于将他们的军国大事，如颁赏、封赠、会盟、祭祀等活动，或刻勒于碑石、或录于简牍，以传示后人。在吐蕃赞普左右和军队中，也有了专门的记事官（yig tshang pa）。在宫廷中有了专职史官，记载朝廷大事及户籍、军队数目、地亩赋税等内容，将这些记载个别历史内容的简牍汇编、整理，便是吐蕃王朝后期出现的官修史书的基础和雏形。

现存于世的吐蕃时期的历史文献有三类：第一类是金石铭刻

① 《旧唐书》卷 196，《吐蕃传》。

② 《册府元龟》卷 544，谏诤部。

(rdo ring dang dril buvi dkav gtsgs)，主要有《唐蕃会盟碑》、《恩兰·达札路恭纪功碑》、《第穆萨摩崖刻石》、《谐拉康碑》(甲、乙)、《谐拉康刻石》、《墀德松赞墓碑》、《噶迥寺建寺碑》、《桑耶寺兴佛证盟碑》、《楚布江浦建寺碑》、《桑耶寺钟》、《昌珠寺钟》、《叶尔巴寺钟》等10余通。其为吐蕃王朝官方为会盟、纪功、述德、祭祀、颁赏、封赠的需要而树立的石碑（石柱），以及铸造的铜钟，上面均有古藏文刻辞。

第二类是竹木简牍（khram，或称 byang bu），这些简牍大部分出土于新疆南部罗布泊南岸的米兰遗址，另有小部分出土于于阗以北的慕士塔克，至今已发现的有400余支。其主要记载吐蕃占领下之西域地区（中亚）的土地、粮食、赋税、借贷、物品、军事、氏族、部落、地名、宗教以及报告、禀帖、指令等文书。以上这两类文献，都是研究吐蕃王朝历史的最信实可靠的史料，但严格说来，都不能算是历史著作。

第三类文献是写本手卷（shog dril yig rigs），它在藏族历史编纂学上占据突出的地位，代表了吐蕃时代达到的史学水平。这部分文献主要包括三个部分。最重要的部分是《大事纪年》，它起自狗年，即唐高宗永徽元年（650 年），终于猪年，即玄宗天宝元年（747 年），共计98年。在体例上，它类似于汉文纪传体史书中的本纪，逐年记载了吐蕃王国日常生活中的大事。《大事纪年》既代表了一批特殊的古藏文官方文献，同时也是一种特殊的史学著作，是由官方作为史学指南有意识地支使官员编纂而成的，其目的首先是要为政府和行政当局提供有关诏令的颁布、兵士的募集、外交和政治事件的情况，同时也提供年代学的日期。[①] 政府的各地方机构，也拥有这些编年史的抄件和摘录文。摘录文是由各机构根据它们的需要而逐年写成的。与《大事纪年》同时存在的，还有各附属小邦的编年史，如著名的

---

① 参见乌瑞：《吐蕃编年史辨析》（原载《亚细亚学报》，1985 年），《国外藏学研究译文集》第 2 辑，西藏人民出版社，1987 年。

《吐谷浑编年史》等，可能同样还包括各地区的编年史。这些修纂者们在日常时间记载吐蕃王国境内发生的各种事件，这一工作可以随着所登记的事件从王国各地区传到中央机构而逐渐完成。修纂者最后要对那些由下而上搜集来的资料做一次系统的筛选、润饰，并对原文进行压缩。在吐蕃大事纪年中，可以看出有明显加工过的痕迹。大事纪年的意义，不仅在于它提供了最为宝贵的当时的资料，而且更重要的是，它是西藏历史上第一部官修的编年体史书。

第二部分是《赞普传记》，分 10 节，分别记述了七位赞普及其大臣的故事。生动地再现了 6—9 世纪的数百年间，在青藏高原上活动的众多部落邦国，通过长期征战达到统一，从而建立起吐蕃王朝，以及吐蕃王朝从建立到强盛的发展过程。描绘了吐蕃赞普及其大臣的文治武功和性格特点，极大地丰富了吐蕃历史的内涵。在体裁上，它有点类似汉文纪传体史书中的列传，叙事状人，活泼生动，极富趣味。据日本学者武内绍人研究，赞普传记中有一段述说米钦引用“锥处囊中，脱颖而出”的比喻，向赞普自荐充任将军的故事，显然是照搬了《史记·平原君列传》中毛遂自荐的故事。[①] 这足以说明，汉文史籍对藏族历史编纂学的影响是何等之大。吐蕃王朝时期藏汉两族文化之间的互相渗透、融合的广泛程度，恐怕要大大超出我们以前的估计。吐蕃王统纪年和赞普传记作为当时第一手的历史资料和高水平的历史著作，都是无与伦比的，尚没有很多的宗教内容充斥其间。

第三部分是《小邦邦伯家臣表及赞普世系表》，虽然这一部分篇幅不长，内容也很简单，但它是第一次将“表”这一形式，应用于藏文史著中，其意义是不言而喻的。

9 世纪末叶，曾盛极一时的吐蕃王朝分崩离析，西藏的历史进入了一个长期的分裂割据时代。达磨灭法造成的文化劫难和政

---

① 参见武内绍人：A Passage from the Shih Chi in the Old Tibetan Chronicle, Soundings in Tibetan Civilization, New Delhi, 1985.

治的极度黑暗，致使藏族文化在很长一段时间内看不出有明显的发展。政权的分裂，使原来在宫廷和地方存在的编年纪事传统化作了烟云。从吐蕃王朝灭亡到元统一西藏以前的几百年间，流传下来的藏文史籍屈指可数。随着西藏后弘期佛教的复苏而出现的掘藏（gter ma），是最能表现这一时期藏文史籍之特点的典型代表。

掘藏，意为藏法，是12—13世纪时一些高僧大德，为了其代表的那一宗派的政治和宗教需要，故意将自己的作品埋入地下，然后伪托为莲花生或吐蕃时期名王将相的作品，由他们自己从地下发掘出来。当时发掘伏藏成了一种时髦，先是宁玛巴，后来各派纷纷效尤，谁发现得越多越好，谁的名气就越大，权威就越高。当然他们虽然苦心孤诣地作假古董，但仍免不了要露出蛛丝马迹，被后人抓住。这类伪书的数量很大，著名的有《玛尼全集》、《五部遗教》、《巴协》、《赞普遗训》、《桑耶大柱记》、《掘藏库》等。虽然这些著作中有许多妄诞无稽或穿凿附会的神话传说，但毕竟成书较早，距吐蕃时代较近，作者又多为高僧大德，有机会阅读古代文献资料；而且既要托古，就必须有古味，进而言之，也就必须保持古代资料的原貌，这就为我们留下了不少很有价值的古代资料。我们可以《巴协》为例。

《巴协》（spa bzhed）虽然标为墀松德赞时之大臣巴塞朗的作品，但书中出现了阿底峡入藏弘法等不少吐蕃王朝灭亡后的事情，因而通常被认为是11世纪末或12世纪的作品。它从墀德祖赞兴佛说起，直到其子墀松德赞建立桑耶寺为止，其叙事方式颇类似于赞普传记。但更加详细，它既重视历史事实，又充分吸收民间传说。它的文风既有吐蕃王朝时期质朴、明快的遗风，又不乏铺陈、夸张之处，更显得生动活泼。《巴协》中有关金城公主、桑耶寺的修建、佛苯之争等内容，每每被后出的著作作为信史引用。总之，掘藏尽管是一批伪书，但仍不失为一种珍贵的历史文献，不管从篇幅、结构，还是叙事方式、文字风格，掘藏都已经比吐蕃时期的历史文献进了一大步。尤其值得一提的是，掘藏是西藏历史上第一批有私人署名（尽管不是真名）的历史文献。

元代是藏族文化空前繁荣的时期。元王朝对西藏的统一管理，不仅为西藏各教派之间的文化交流和自由发展创造了极好的条件，而且也使藏族与汉、蒙古、西夏、畏兀儿等民族之间的文化融合、渗透，成为一件不难办到的事情。西藏文化一方面经过自身长期的发展，已经达到相对成熟的时期；另一方面，对其他民族文化的借鉴和吸收，又使原来比较单一的藏族宗教文化，获得了许多新的养分，取得了长足的进步。在这种氛围之下，藏族历史编纂学的发展同样也很迅速。元末明初是藏族史学发展的一个高峰期，这时期的历史文献不仅数量可观，而且出现了以《红史》为代表的史册和以《布顿佛教史》为代表的教法史这两种成型的、且对后世史学产生了巨大影响的史书体裁。这一时期西藏讲究历史的风气特盛。《朗氏家族史》有言道："不知出身历史，犹林中猕猴；不知家世门阀，犹虚幻青龙；不知父祖诏告，犹孟地孤儿。"这很正确地反映出藏族人民重视历史的心理特点。当时分布于乌思藏各地的各宗各派，都竞相祖述先世业绩，每每将其家族的渊源与吐蕃王朝时期的名侯将相，或直接与赞普挂上钩，以夸耀门庭，招徕僧俗民众。因此，元代私人修史的现象已较普遍，几乎每个教派都有人编写历史，连帝师八思巴也曾写过两部历史著作，一是《彰所知论》，一是《吐蕃王统》。当然在藏族史学史上地位最高的，还应推贡噶多吉和布顿大师。

贡噶多吉是元代乌思藏十三万户之一的蔡巴万户的万户长，曾与帕木竹巴派万户长绛曲坚赞的势力进行了长期的角逐，也曾进京朝觐泰定帝。后抛弃了世俗权力，出家为僧。他热心纂述，有很多著作存世，编纂过藏文大藏经《甘珠尔》，而最著名的便是开一代藏族史学风气的《红史》。《红史》的出现，标志着藏族历史编纂学已达到了一个新时代。它不再像吐蕃大事纪年一样只是史实的编年记录，而是一种历史的再现。作者是将历史作为一种指导现实，并凌驾于现实之上的理想工具来编写，他已经对古代的历史作了深刻的研究，并有了系统的编排，书中表现出对古代王朝的肯定和对古代文明的赞美。特别值得一提的是，《红史》并不局限于对西藏地区史的描述，就西藏当时所能得到的知识范围来说，可以称得上是一部“世界历史”。《红史》的编纂明显受到了来自印度和中原两个方面的影响。作者作为一个佛教徒，很自然要对印度的王统、佛法渊源等着力描写，而对汉族和其他民族文化的摄受，使他有可能写出汉地、西夏、蒙古王统。早在至元二十二年（1285 年），宋祁的《新唐书·吐蕃传》和范祖禹《资治通鉴·唐纪》就已被译成藏文。泰定二年（1325 年）由亦璘真乞剌思国师刊行，这便成了《红史》中有关吐蕃王朝历史的资料依据之一。作者得以披览的蒙古内府秘籍《也可脱卜赤颜》，又是他写作蒙古历史和元代帝系的主要依据。显而易见，像《红史》这样的著作，只有在元代这种各民族文化大融合的时代才可能出现。除了印度王统、教法历史，蒙古、汉地、西夏王统外，《红史》分两部分叙述西藏历史，一是吐蕃王朝历史，二是藏传佛教各主要教派的历史。它的这种体例，差不多成了藏文史籍的固定格局，一直为后出的史家所袭用。《红史》的重要意义在于，它是西藏历史上第一部由私人撰述的结构完整、内容丰富，且有固定体裁的划时代史著。

布顿大师是藏传佛教的一代宗师，他学富五明，著作等身，不仅集元代与元代以前藏传佛教经典之大成，编集了藏文大藏经《丹珠尔》，并培植了大批学者，独创了夏鲁派，在西藏佛教史上是一位继往开来的重要人物。而他在藏族史学史上的地位也是不容忽视的，因为他的佛教史是藏族史学史上第一部成型的教法史。① 在此以前出现的《巴协》、《彰所知论》等，虽然也可算

① 德国女藏学家于伯赫（H. Uebach），发现了一本以前不为人知的《奈巴班智达教法史》（nel pavi chos vbyung），亦称《花鬘》（me tog phreng ba）。据称此书成于 1283 年，比《布顿佛教史》要早半个多世纪，书中关于吐蕃王朝史的内容比《吐蕃王统世系明鉴》还要详备。若成书年代属实，此当为第一部教法史。于伯赫校勘、翻译、注释的《奈巴班智达教法史》，1987 年在慕尼黑出版。

作教法史，但前者充斥着传说和隐喻式的内容，记述范围也仅局限于西藏佛教传承中的一些历史细节，缺乏对佛教之渊源、教义、经典及其修炼方法的阐述；而后者则仅是八思巴为太子真金写作的一个佛学概要，其完整性和权威性都无法与《布顿佛教史》同日而语。《布顿佛教史》分成教法和历史两大部类。第一部类叙述教义、教法、教规、经籍，是纯粹的教法；第二部类则详述印度、西藏佛法发生、演进、分化的历史，历史的味道很浓，很容易被人作为一种单纯的历史资料来接受。《布顿佛教史》被后世教法史作者视为范本，竞相仿效，其中资料也常被后人照抄照搬。

明代是藏族史学创作的丰收期，它承元代史学发展之余绪，达到了一个更成熟的阶段，先后出现了《汉藏史集》、《青史》、《吐蕃王统世系明鉴》、《贤者喜宴》等一大批史学名著。明代藏族史学的进步，主要表现在两个方面，第一个方面是元代首创的史册类、教法史类著作得到了发展和完善，二者呈结合的趋势。成书于1476—1478年间的《青史》，就其内容的编排形式来看，更像是一部教法史。它超越《红史》，并独步于藏族史林的特点使其对历史事件、人物活动年代的记载最为准确、可靠。藏族大史学家巴俄·祖拉陈瓦的《贤者喜宴》，则集明永乐以前藏文历史著作之大成。它充分吸收了以往的各种历史资料，利用注释的形式大段或全书抄引，使此书的资料极为丰富，且忠实可靠。在体例上，它集史册与教法史二家之长，其笔触所及几乎囊括了以往这两类著作包含的全部内容，它熔史实与教法于一炉，首创正文与注释互相配合的手法，将藏族的史学推向了更高的水平。

第三个方面是多种新的史著体裁的出现，如王统记、人物传记、世系史等等。大家知道，后弘期藏传佛教经过几百年的发展，特别是元代近百年的发展，已经达到了相当成熟的阶段。各个教派为了及时地总结自己几百年发展的历史经验，并继续扩大各自的影响，便纷纷撰述各自的教法史、世系史和高僧大德的传记，大肆渲染各自的光辉历史。并将一些著名人物的事迹神秘化，以此来招徕视听，抬高各自的地位。一时间出现了大批的人物传记，著名的有《米拉日巴传》、《萨迦班智达传》、《布顿仁钦珠传》、《玛尔巴译师传》等。而各个教派的世系史、教法史，同样也是以各个时代之著名人物的活动为主要线索展开的。传记类史籍的出现，使藏族的史学从内容到形式都得到了丰富。

比较能集中反映明代藏族史学水平和特点的史著是《吐蕃王统世系明鉴》，它是萨迦僧人索南坚赞的作品。此书以吐蕃王朝历代赞普世系为主要线索，铺张地叙述了整个吐蕃王朝的政治、军事和宗教文化的历史。吐蕃王统作为一个章节，在以往的藏文史著中早已有之，但作为单独成立的王统纪，这还是第一部。作者撰写这部著作，带有明显的宗教目的，他力图证明古代王朝是上苍为传播其教法而设立的一个工具，赞普只有利用他的权威来为教法的发展服务才能昌盛，若排抑教法则必然灭亡。在写作形式上，王统记已突破了旧式编年叙事的体例，而加入了赞普的盟战、宗教活动、圣者传记、施主的宗教行为、寺院建筑、献祭等各种内容。作者征引历史著作达 17 种之多，并采用诗文结合的文体。这标志着藏族历史编纂方法和文学创作水平，都达到了相当高的水平。

综观元、明两代的藏文史著，我们可以看到的一个趋向是，吐蕃王统纪年那种纯粹按年记载历史事件的特点已慢慢消失，而开始向重教法、轻政治和军事的教法史演进，越往后这种趋向就越明显。文字创作水平虽有了大幅度提高，但仍相对保持了比较质朴、平直的特点；教法与历史的内容已开始糅合，但分野还比较明确。

清代是藏族史学全面开花结果的时期。这一时期藏族史学的发展表现在以下四个方面：一是出现了一大批著名的史学家，如五世达赖喇嘛、第巴桑结嘉措、多罗那它、松巴堪布、土观罗桑却吉尼玛、多仁班智达、隆多喇嘛等，他们都为藏族史学的发展作出过贡献；二是各类体裁史著的数量超过了以往历代著作的总和；三是史书的种类又有所增加，出现了方格年表、寺庙志、地理志、名录等新的史书体裁，另外编集某个高僧大德的全集，或一个教派几位大师之合集的风气开始盛行，登录各种历史文献的目录也不断出现。

在清代众多藏族史学家中，最受称道的是五世达赖和松巴堪布。五世达赖阿旺罗桑嘉措是西藏历史上第一位执政，并在政治上很有建树的达赖喇嘛。他的著作共有30多卷，其中最负盛名的是《西藏王臣记》，他对藏族史学的贡献主要有以下三个方面：（1）他将史学写作提升到文字创作之最完善的形式这样的高度，在他以前的史书，尽管已经有将历史与教法糅合的倾向，但毕竟还有一定的分野，各个部分对教法和历史有所侧重。而五世达赖则从根本上取消了这种分野，他将教法的盛衰与现实政治的变迁、佛教的精神力量与人的野心调和起来考察，表现在写作方法上便是将教法传承、圣者传记与现实的政治事件契合在一起叙述，再加上其文字风格的极端富丽堂皇，使整个作品具备了一种令读者产生高山仰止之感的高贵构架。（2）五世达赖精熟各教派的历史、杰出人物的生平事迹，又能接触其地方政府和各大小寺院中的一切文献；他既参考并征引了《巴协》、《红史》、《青史》、《司徒遗教》、《吐蕃王统世系明鉴》等许多名著，但从不囿于前人的定论，他经常毫不客气地指出前人的错误，并提供令人信服的引证和分析，加强了其著作的权威性。（3）五世达赖对待史学写作采取厚今薄古、详政略教的态度。他以一个政治家敏锐的洞察力，分析历史上所发生的一切，对吐蕃王朝以来的一切重大事件都表现出明显的倾向性。作为达赖喇嘛，他有魄力臧否人物、指摘前贤，使其著作显得有声有色，这对于藏族历史学冲破旧框架，向新的高度发展起了很大的作用。他用一半篇幅描述了他亲眼目睹的事情，他作为西藏最高的政教领袖为后世留下了一部最权威的当代史。在以往的史著中，主要叙述对象是赞普世系和各大教派的历史，而他的著作中增加了许多地方豪强、大臣的事迹，明显地扩大了叙述范围，它的丰富程度超过了以往任何史著。这对后世的史学产生了很大的影响，从此当代史写作一时蔚为风气。例如他的后继者、摄政第巴桑结嘉措就曾用力记载其亲身经历之政教大事的当代史。但是，五世达赖也给后世史学带来了一种唯美主义的不良倾向。《西藏王臣记》中华美的词藻给人的深刻印象，甚至盖过了它作为一部优秀的历史著作的影响，它与吐蕃王朝时期平直、质朴的文风已差之千里。五世达赖作为一位历史学家的杰出才华，有很大一部分已被淹没在这种文学的富丽堂皇之中，读者必须从盈纸佛典和各种隐喻、传奇中披沙沥金，挑拣出珍贵的历史素材。

松巴堪布益西班觉（1704—1788 年）是青海佑宁寺的堪布。早年曾在哲蚌寺、扎什伦布寺学法，后又在北京、五台山等地活动多年。他博览群书，对西藏、汉地，以及印度、蒙古佛教的历史均有很深的研究。写成于 1748 年的《如意宝树史》是他的代表作。这是一部历史百科全书，其中编年史、教法源流、圣者传奇、政治史的内容应有尽有。虽然作者没有一一标明其材料出处，这成了此书的一大缺陷，但它所保留的各种资料的丰富程度，常常超乎人们的意料之外。此书名为教法史，而实际内容远远超出教法史的应有范围。他在写作时显然没有受到任何体例的约束，而是据其所掌握的资料，自由地流泻。从表面上看，它并不像《布顿佛教史》等著作一样有条有理，但它的价值却显然并不因为它没有一个搭配得很雅致的外壳而有所稍减。

除了《如意宝树史》以外，松巴堪布的《青海史》和《方格年表》也是腾誉藏族史林的佳作。前者既是一部完备的青海地方史，又是一部最典型的编年史。后者则是对西藏政治、教法史高度浓缩、概括而成的一个大事纪年。这两部作品分别被推为编年史和年表类史著的典范。

## 二、藏文史籍的种类及其特点

西藏政教合一的社会形态，决定了藏族的每一种文化形式无不打上宗教的烙印，一切文字作品都充斥了宗教的内容，都是为了宗教宣传而作，为宗教的发展服务的。藏文史籍也不例外，从内容到形式都与宗教密不可分，这成了藏文史籍的一个共同的，也是最显著的特点。但是伴随着藏族史学水平和文字能力的不断提高，以及汉族史学方法的经常影响，也出现了名目繁多的史书体裁，如编年史、史册、教法史、王统记、世系史、人物传、地理志，寺庙志、年表、喇嘛全集、名录等，不一而足。虽然各种体裁的分野并非壁垒分明，而有较多的类同。特别是后期，许多著作既是史册，又是世系史或教法史，它们同时在标题上反映出来。藏族历史编纂学的发展呈现出两种倾向，一是各类史籍的划分越来越精细，史籍的种类也越来越多；二是不同种类的史籍也有互相趋同的倾向，许多不同名称的著作在体例上表现出了较多的类同，但大体说来，它们仍各有侧重，各有特点。以下分类予以介绍。

1. **编年史**。藏文称为 lo rgyus，意为按年记事。[①] 最早，也是最著名的编年史是《大事纪年》。在敦煌文书中还有一份残卷，即斯坦因敦煌文书 Vo1. 69, fol. 84 号，它是当时吐蕃王朝之附庸吐谷浑的编年史。编年史的撰述相对来说比较简便，只需将每年发生的大事编串起来就行，不需要作很多加工和分类整理工作，因而它是最早为藏族接受的史书体裁，并且在相当长一段时间内，它是唯一的一种史书类型。吐蕃分裂时期出现的《巴协》，也号称大编年史，是一部按时间顺序叙述墀德祖赞和墀松德赞两代史事的编年史。入元以后，随着教法史和史册类著作的出现，编年史的影响日渐衰落。虽然教法史和史册也都有很重的编年纪事倾向，但离纯粹的编年史的距离已经很远了。当然编年史作为一种史书体裁一直保存了下来，而且也有了较大的发展。后期的编年史的内容无所不包，不再像《大事纪年》那样，每年下面只有干巴巴的几条内容。我们可以《青海史》为例说明

① 此词后来演化为一般意义上的历史。

编年史的特点。《青海史》用非常准确的资料，将青海地区的政治、军事、宗教、著名人物的活动、地理等内容，全部按年编排在一起。它不是很多地强调宗教事件，更少涉及教义、经典等内容，因此比教法史、史册都容易被读者作为历史来接受。它的文字也比较平直，没有很多刻意渲染、夸张的描述。

2. **史册**，藏文称为 deb ther，这是一个波斯语借词，原型为 däbtär，意为文件、书本、纪录。① 藏族人很可能是通过蒙古人这个中间媒介接受这个词的。蒙古人较早使用了这个词，在《元朝秘史》中就有“阔阔迭卜帖儿”（意为青册）这个名称。② 而西藏的第一部史册《红史》的蒙古书名，即为“忽兰迭卜帖儿”，意为红册。史册类著作，在各类藏文史著中居于领先地位。继《红史》之后，又有《青史》、《新红史》、《西藏王臣记》等相继问世，连近人根敦群培也将自己关于西藏古代历史的著作定名为《白史》。这类史著一般分成两大部分，第一部分先叙述世界和吐蕃的来历，接着记载佛教的源流，然后是印度、尼泊尔和汉地、西夏、蒙古的王统；第二部分是西藏的历史，先述吐蕃王统，然后记载各个教派的历史。这种修史体例影响极大，后出的藏文史书有的虽然名称不叫史册，但形式与史册大同小异。例如著名的《汉藏史集》，它的前半部分内容与《红史》大同小异，后部分虽然在记述各教派历史时没有涉及很多教法传承的内容，而是保存了许多藏、汉文档案，而且对被《红史》忽略的一些地方势力也作了必要的交代，因而比《红史》更具时代感和史料价值，但在体例上仍然是一致的。到后期史册类史著与教法史类著作已有趋同的倾向，有些干脆合二而一，你中有我，我中有你。例如《安多政教史》（mdo smad chos vbyung），又名《史海》（deb ther rgya mtsho），就是一个典型的例子。

藏族史册类史籍，还对蒙古族的历史编纂学产生了巨大的影

① B. Laufer, Loan-words in Tibetan, T'oung Pao, 1916.

② 《元朝秘史》，第 203 节。

响。明代与明代以后出现的蒙古文史籍，大都借用了藏文史册类史籍的编纂模式，如《蒙古源流》、《黄金史纲》、《白史》等蒙古文史籍，都以不小的篇幅述说印度、西藏王统和佛教的源头，并将蒙古族的起源与印度、西藏附会在一起。

3. **教法史**，藏文称之为 chos vbyung，意为法源，或教法源流。最早的教法史，即著名的《布顿佛教史》，它总述了印度和西藏的教法源流。以后随着藏传佛教的进一步发展，各教派传承的教法渐趋固定，便相继出现了一批总结某个教派或地区佛教发展历史的著作，著名的有《珠巴教法史》、《达陇教法史》、《贡却伦珠教法史》、《噶当教法史》、《安多政教史》等。尽管西藏是政教合一的社会，对佛教历史的记载在一定程度上也反映了政治史的内容，但它与其他类型的史籍相比，要明显侧重于教法传承的历史和对各教派的教义、经典的阐释，以及一些宗教大师的生平著作、寺院修筑情况的记载。它是研究藏传佛教史的最好素材，但却很难找出许多政治史的内容。

土观·罗桑却吉尼玛的《宗派源流晶镜史》，虽然书名不是教法史，而是 grab mthav，意为宗派，但实际上也是一部教法史。它与前述教法史的差别只在于它所叙述的内容要远远超过教法史。土观此书不仅叙述佛教总的历史和藏传佛教各宗派的历史，而且还叙述汉地儒教、道教、佛教史和蒙古、于阗、香巴拉等地的宗教史，甚至对西藏苯教的教义、大师、传承等都有较详细的记载。

4. **王统记**，藏文称作 rgyal rabs，意为王族传承世系。这类史籍的雏形是《红史》等书中的印度和汉地、西藏、蒙古王统等章节。最初它只是简单地罗列王族或赞普的传承世系，以后渐渐超出这个范围，演变为以世系为纲，分目详述其政教事迹的新型史著。一个家族的天降传说、宗教信仰、政治活动、施主的宗教行为、寺院建筑、圣物名目等都成了王统记所记载的内容。王统记一方面继续保持编年体系，另一方面根据其需要掺入大量的宗教和政治内容。后出的王统记，则完全将王室的政治斗争与宗教信仰联系在一起，将他们的结盟与战争完全看做是宗教行为。最著名的王统记是索南坚赞的《吐蕃王统世系明鉴》。它是以吐蕃赞普世系为纲，分述整个吐蕃王朝政教、人物历史的断代史。另外，还有一本著名的王统记是《拉达克王统记》，此书前半部分一般地叙述印度和吐蕃王统，后半部分则专门叙述历代拉达克王族的政教事迹。王统记与史册类史籍，在后期也有趋同倾向。例如根敦群培的《白史》，全名为《大西藏政教两途之王统·白史》。

5. **世系史**，藏语称为 gdung rabs，意为家族传承世系。世系史与王统记颇为类似，只是王统记叙述王族的世系，而世系史叙述各教派所依附的某个家族的世系。世系史与各教派的教法史也比较接近，但教法史侧重于对教法的传承、教义、经典、修炼方法的阐释，而世系史相对说来更注意对人物的活动、家族的兴衰、寺院的兴建、对外交往以及行政管理等内容的记载，是研究一个家族、一个教派兴衰历史的最好资料。著名的世系史有《朗氏家族史》和《萨迦世系史》。前者成书较早，专门叙述帕木竹巴派和朗氏家族的历史，它对朗氏家族的来历、兴盛，特别是它在元代与其他各教派之间的和战关系，并最后并吞各部的历史记载甚详。后者尽管成书较晚，但它所依靠的是《萨斯迦世系·贤者口饰》等四五种早期史著和藏于萨迦寺的大量元代政治档案，书中收录了元代皇帝颁发的一些诏诰和萨迦高僧给元朝皇帝、西藏僧俗头人的信件，弥足珍贵。《萨迦世系史》与《朗氏家族史》相比有一个明显的差别是，它较多地将笔墨集中在萨迦的高僧大德身上，而对于世俗人物的注意则远远不够。它分别用 110 叶和 79 叶的篇幅，叙述萨迦班智达和八思巴的事迹，而对于八思巴的弟弟、白兰王恰那多吉则仅用了 8 行，就一笔带过了。[①] 藏文史籍中的一个带普遍性的问题，就是极不重视在家

---

① 见 T. V. Wylie：《忽必烈可汗的第一任西藏总督——恰那多吉》，李盖提编《纪念乔玛诞辰 200 周年西藏历史和佛教研究文集》，布达佩斯，1984 年。

人的政治活动和影响，这不能不说是一个很大的缺陷。

6. **传记**，藏文传记类文献有两种形式，一种称为 rnam thar，叙述一位高僧从出生到圆寂的所有事迹。它分成内传、外传和秘传三个部分，类似于汉文文献中的高僧传和中世纪欧洲相当普遍的圣者传记，主要记述这位高僧学经、修法、游方、著作及其培育弟子、修筑寺院等内容。由于许多高僧大德都是他以前某位著名高僧的转世，因而他的传记往往都与其前世有关，也必须简略地记载其先世的生平事迹，因而 rnam thar 有时也被称为 skye rabs，意为转世世系。rnam thar 类传记非常普遍，几乎每一位著名的高僧都能找到他的传记，比较著名的有《米拉日巴传》、《萨迦班智达传》、《布顿仁钦珠传》、《汤东杰布传》，以及历辈达赖和班禅的传记。这类传记除了是研究某个人物的最佳资料外，也可为这些人物所处时代的政治、社会、宗教、经济等情况提供很宝贵的素材。同时，根据书中显示的高僧足迹，可以构拟西藏的历史地理，确定不同时期人口的流动情况。另外，许多传记中还保留了一些编年史的片断和许多关于寺院的建筑与特点的记载，这也是足称珍贵的。rnam thar 的写作方法千变万化，有的很平淡，用口语写成；也有的用诗体，词藻满篇，充满诗韵。

另一种称为 rtogs brjod，即 mngon par rtogs pa brjod pa 的简称，这个词规则地翻译自梵语 Avadana，或 Jātaka。Avadana 原意为譬喻或出曜，是 12 种用隐喻或故事的形式来说明教义的经典之一，后引伸为对能够用佛经中的一个例子或故事来解释的特殊事件的描述。Jātaka 则是关于佛陀本生故事的传记。这两种形式常常混合在一起，它既可以散文体 Avadanasataka，又可用诔偈体作 Ksemendra，或 Avadanakapalata。rtogs brjod 类传记，一般只记载某人一生中某个时期的特殊事件，而不是整个一生的事迹，比较著名的是朵喀夏仲才仁旺结的《颇罗鼐传》（mi dbang rtogs brjod）和《噶伦传》（bkav blon rtogs brjod）。前者通过颇罗鼐的生平记述了 16—18 世纪西藏地区的重大事件，后者则花主要笔墨于作者亲眼目睹的阿尔布巴叛乱和珠尔墨特叛乱事件。

7. **地理志**，藏文地理书出现的时间很晚，到19世纪才有较完整的地理著作问世，数量也极少。最著名的是钦则的《卫藏道场圣迹志》（dbus gtsang gnas yig）和敏珠儿诺门汗的《瞻部洲志》（vdzam gling rgyas bshad，或译《世界广说》）。圣迹志即所谓圣迹指南，是具有很大实用性的地理书。编写这种书籍的目的，在于为朝圣的香客提供道路、山口、寺庙等情况，其主要价值在于它标明了各圣迹的名称、地望，从一个圣迹到另一个圣迹所花的时间、路线，清楚地展示了这些地区的山川、道路面貌。另外它还对各寺院的建置沿革、著名大师和所藏身、语、意三门秘室作了记载。《瞻部洲志》顾名思义，是一部世界地理著作，作者在北京从一些俄国人那儿获得了关于世界各大洲的地理知识。因此，他对整个世界的地理情况都作了叙述，而最有价值的部分则是关于西藏地理的记载。它的写作方法与圣迹志基本相同，而内容扩大了很多，除了卫藏以外，还包括阿里三围和朵甘思六岗地区。

藏文文献中还有一种名为路引（lam yig）的地理书，它也是一种朝圣、旅行指南，内容与圣迹志（gnas yig）相仿佛。例如六世班禅罗桑班丹意希所写的《香巴拉路引》，就是其中之一。除此之外，桑结嘉措的《黄琉璃》在记述格鲁派历史时，也兼述地理状况，是一部格鲁派寺院志。《安多政教史》则是青海和四川东部的寺院志。噶陀司徒写成了20世纪初的《巡礼记》，以日记体裁详细记载寺院名称、特色和路程，可补充《卫藏道场圣迹志》的记载。

8. **寺庙志**，藏文称为dkar chag，意为目录。它是为朝圣的香客准备的，主要记载各大寺院的兴建、主要建筑的修造经过、布局，寺院内收藏的主要佛宝，包括典籍、偶像和佛塔的目录等；另外也记载寺内住持的生平、寺院施主名册和供养物清单等。寺庙志的大量出现是在明清两代。比较著名的寺庙志有公哥仁钦的《萨迦寺志》、多罗那它的《觉囊寺志》、五世达赖喇嘛的《大昭寺志》、阿旺江巴的《四寺志》、噶伦霞札旺秋的《桑耶寺志》等。寺庙志的篇幅和重要性，依它们所描写的寺院之声誉的大小而各不相同，有的只有薄薄的几叶，有的则洋洋万言。在寺庙志中往往能发现一些在一般著作中不易找到的地方传说，有时它们叙述的范围也不只是一个寺院，而是涉及这个寺院所在的整个地区。寺庙志中大量关于寺院建筑和艺术造像的记载，是研究西藏建筑史、艺术史所必须掌握的资料。由于寺庙志是为香客提供的一个导游手册，因而一般说来，它的文字尚平直，常用散文体写作，而其形式则比较精巧。

9. **年表**，藏文称之为 revu mig，本义为山羊眼睛，转化为格子，取其形似而已，通译为方格年表。又因这种年表，专门记述有关佛教的大事，所以又称为佛历表（bstan rtsis revu mig）。它是在编年史基础上发展而成的，类似于汉文文献中的大事年表。它的主要作用在于，能使读者方便地检索各类大事，并准确地确定其年代。最著名的年表，有松巴堪布的《方格年表》和嘉木样谢贝多吉的《佛历表》。前者记载自藏历第1饶迥第1年（火兔，宋仁宗天圣五年，丁卯，1027年）至第12饶迥第60年（火虎，乾隆十一年，丙寅，1746年）共720年的史事，每年之下列有是年发生的政教大事，为治西藏史之最佳工具。后者记事的始年与前者相同，终年为第12饶迥木羊年（康熙五十四年，乙未，1715年），逐年罗列了这688年间藏区宗教界所发生的大事，其内容多与宗教活动有关，间或插入一些重要的政治事件，与前者相比，其价值要稍逊一筹。

10. **名人录**，藏文称之为 ming grang，几乎相当于近现代常用的 Who is Who。它采用表格的形式，排列各位高僧大德或著名政治人物的生平事迹，文字非常简洁，间或也抄引一些古代文献中的原始资料。这类著作以隆多喇嘛阿旺罗桑《佛教名人录》和《佛教施主名人录》最为著名。前者成书于1779年，专门记载西藏佛教名人的身世和教法传承情况，尤详于格鲁和噶当两派。后者成书于1777年，他从《青史》、《吐蕃王统世系明鉴》、《西藏王臣记》等史书中，提炼出西藏历史的主要线索，浓缩成一册，专述西藏政治史上的风云人物，也辑录一些有关历史事件的原始资料。如乌思藏十三万户目下，就转录了《五世达赖传》中有关各万户户口的记载。这两部名人录是可以相互补充、参证的姊妹篇。

11. **全集**，藏文称之为gsum vbum或bkav vbum。这是藏文文献中数量最大的部分。自元以后的高僧大德，几乎每一位都留下了洋洋可观的全集，也有的是同一教派的几位大师的合集。18世纪末，隆多喇嘛编纂的《噶当格鲁派高僧文集简目》收文集40家。19世纪中叶，仲钦·喜饶嘉措编《罕见书目》，分藏文典籍为12类，其中文集类收90余家。1959年，《甘肃拉卜楞寺书目》中分17类，文集类收174家。民族文化宫图书馆编的《藏文典籍目录——文集类子目》，共收文集180余家，足见此类著作的数量是极为可观的。与汉地文人学士和官宦士绅的文集一样，藏族高僧大德文集的内容也很庞杂，且绝大部分是有关佛教经论的注疏和笺释，和有关大小五明的著述。但也有小部分是历史著作，或很具史料价值，而其他各类史书难以吸收的内容，如有关的档案文书、往来书信、皇上的诏令文告等。全集中出现的许多内容既可补其他类史书的不足，提供新的史料，也可以订正其舛误和疏漏之处。比较著名且史料价值较高的全集有《萨迦五祖全集》、《隆多喇嘛全集》等，而《布顿仁钦珠全集》则被誉为藏传佛教的百科全书。

## 三、藏文史籍的价值

近年来，随着大量藏文文献被运用于历史研究的许多领域，人们对它的价值和意义的认识得到了不断的提高。藏文史籍既能为其本民族历史的研究提供最丰富的资料，使藏族历史的研究建立在比较科学的基础之上，又能为整个中国历史，以及印度、不丹、尼泊尔等国的历史和中亚地区的历史，提供许多新的资料。藏文史料的出现才使它们的历史面貌一新。若没有藏文史料，则在它们的历史上都将遗憾地留下许多空白。

我们先来考察一下藏文史料对于研究西藏历史的意义。我国传统的藏学研究，是以汉文史料为其基础的。在我国历史上，汉藏两族之间长期友好往来，不断融合。但不容忽视的是，他们之间依然存在着地理的阻隔和语言文字的障碍，因而汉族人对藏族地区的了解非常有限。现在有关西藏的汉文文献，特别是清以前的文献寥寥可数，而且就是仅有的一些资料，也因受到作者观察角度、材料来源和思想观念的局限而出现许多的错误，因此这个基础是极不牢靠的。只有将对西藏历史研究的基础建立在丰富的藏文历史文献上，并参证以汉文史料的记载，才能使之立于科学的高度。否则难免雾里观花，隔靴搔痒，以致事倍而功半。

相对于宋、元两代而言，唐代留下的关于吐蕃的汉文史料算是比较丰富的。除了新旧《唐书》中的《吐蕃传》以外，《册府元龟》、《资治通鉴》、《唐会要》、《全唐文》等书中，都有不少珍贵的史料。研究吐蕃王朝史，不能不重视这些汉文史料。但若光凭这些，则远远不够。因而在汉文史料中，对吐蕃史上的许多重大事件、人物和政治制度等缺乏记载，或者语焉不详；几种文献之中，也有一些互相抵牾的记载，还有许多用汉文音译记载下来的名称、制度，无法探明其渊源所在。显而易见，要将吐蕃史研究引向深入，还必须吸收新的养分。这个新养分便是几经辗转而终于重见天日的敦煌吐蕃文书。它是当时、当地人记载的最权威的第一手资料，它的出现和一批藏文金石铭刻、简牍的利用，使吐蕃史研究摆脱了困境，达到了一个新的高度。它们不仅提供了大量汉文史籍阙载的新信息，如吐蕃的军事、经济、政治制度、人口情况等，使吐蕃历史的内容得到了极大的丰富，而且还纠正了汉文史籍中的不少谬误，印证和补充了汉文史籍的某些记载。许多在汉文史籍中找不到头绪的问题，在藏文史料中涣然冰释。

自9世纪中吐蕃王朝瓦解开始，到13世纪中叶元朝统一西藏为止的400年间，西藏处在分裂割据的状态之中。与此同时，中原汉地也先后处于五代十国的分裂和宋、辽、夏、金几个政权鼎立的局面之下。虽然西藏与内地的联系从未中断，特别是以茶马贸易为主要内容的经济往来，较之前代还有所发展，但双方的联系与唐代相比毕竟要少了许多。因而汉文文献中关于这个时期西藏历史的记载极度贫乏，就是犹如天女散花般撒植于茫茫文海中的零星记载，也多半是关于安多和康区藏族的情况，而关于卫藏地区的记载实难觅得。毋庸置疑，这400年西藏历史的重建只能依靠藏文历史文献。尽管从这个时期流传下来的藏文文献并不多，而且都是一些伪托的掘藏，但后出的教法史、史册中大多辟有专门的章节，记载这个时期的教法史。例如《布顿佛教史》中，就用了相当多的篇幅来介绍后弘期佛教的发展史。几乎每一个教派的教法史、世系史在叙述其肇始、兴盛的历史时，都要着力描述它们在这个时期的形成和发展情况。因为除后起的格鲁派以外，藏传佛教各宗派都是在这个时期形成，并具备其各自的特色的。另外，叙述这个时期高僧生平的传记，也为我们提供了丰富且生动的素材。如《米拉日巴传》、《玛尔巴译师传》等传记中关于当时乌思藏地区社会、宗教生活的描述，实在是研究这段历史的不可多得的好资料。总而言之，只有从大量后出的藏文史籍中去追根溯源，将每个教派的渊源和形成过程搞个水落石出，然后才能重新构拟当时整个西藏的总体面貌。这是一项极为艰苦的工作，需要付出大量的劳动。

元朝统一并有效地管理了西藏地区，从此西藏历史与中原历史的关系愈加紧密了。西藏作为元朝统治下的一个行政特区，它的历史自然就是元朝历史的一个组成部分。明代官修正史《元史》的纪志表传中，就相应地对西藏的行政管理制度、职官、地理、人物、宗教等作了一些重要的记载。元代政书《经世大典》“站赤”中，也保存不少关于西藏站赤的记载。但由于《元史》成书仓促，许多重要内容被忽略了；《经世大典》所存无几，大量宝贵的史料，至今已永远失去了。仅根据汉文史料，显然还不足以搞清元代西藏历史的全貌。明代也是如此，它基本上因袭了元朝对西藏的统治制度，并发展了元代分而治之的统治策略，取得了显著的效果。明代来汉地的西藏高僧人数众多，而从汉地去西藏的使者也大有人才，藏汉两族之间的交往极为频繁，这些在《明实录》中都作了相应的记载。但对于西藏本身的政治、经济及社会状况，甚至这些高僧的来历，汉文史料中不是完全沉默，就是莫之能详。要深入研究元、明两代的西藏历史，同样必须借助藏文历史文献。

元、明两代出现的藏文史籍数量多、门类齐，应该说是研究这个时期西藏历史的主要史料。不少成书于清代的藏文文献，对于研究这两个朝代的西藏史同样很具参考价值。比较重要的藏文文献有《红史》、《青史》、《朗氏家族史》、《汉藏史集》、《萨迦世系史》、《新红史》、《贤者喜宴》、《西藏王臣记》、《萨迦班智达传》、《布顿仁钦珠传》、《沙鲁世系史》、《萨迦五祖全集》、《历辈噶玛巴高僧传》、《历辈蔡巴派高僧传》等等。特别值得一提的是，成书于明朝初年的《汉藏史集》的出现，使元代西藏史的研究出现了明显的进步。书中关于西藏驿站、括户、十三万户的记载和藏族宰相桑哥的传记等，不仅为元代西藏史提供了不少新内容，而且解决了一些长期以来莫衷一是的老问题。

清代对西藏的统治又有了进一步的加强。汉藏之间的政治、军事和经济往来空前紧密。特别是驻扎于拉萨的驻藏大臣及其随员，不仅代表中央王朝行使其统一管理的职责，而且也频频地向朝廷呈上有关西藏政治、军事、经济形势的报告。一时间关于西藏的汉文文献骤然增多，除了《清实录》中的常规性记载外，又出现了一批专门性的著作，如《西藏志》、《卫藏通志》、《圣武记》、《皇朝藩部要略》、《平定朔漠方略》、《平定准噶尔方略》、《巴勒布纪略》、《廓尔喀纪略》、《国朝耆献类征》等。另外，还有许多驻藏大臣的奏牍，较重要的有《清季筹藏奏牍》、

《联豫驻藏奏稿》、《赵尔丰川边奏牍》等。相对于以前几代来说，清代汉文文献对于清代西藏史研究的意义重要得多。但藏文文献的主导地位仍然是无可替代的。例如要研究 18 世纪早期西藏地方、清朝中央和准噶尔势力在西藏地区的角逐、罗卜藏丹津起事，以及阿尔布巴叛乱、珠尔墨特叛乱等事件，若不能利用《颇罗鼐传》、《多仁班智达传》、《噶伦传》等藏文文献是不可想象的。另外，自第五世达赖、四世班禅开始的历辈达赖、班禅的传记、全集，也是研究清代藏族史之最直接的史料。而保存至今的一批清代藏文档案，则更是一个亟待开发的宝库。清代西藏史的研究要走向深入，非利用这些藏文档案不可。

接下来，我们来考察一下藏文史籍对于整个中国历史研究的价值。在藏族的历史上，藏族的活动范围并不局限于今天的西藏地区，吐蕃王朝的势力在古代西域（今新疆、河西和中亚部分地区）活动了 170 余年。而现在的青海、甘肃、四川、云南等省的部分地区，即古代朵甘思和朵思麻所包括的地区，本身就是古代西藏的三大组成部分之一。藏文史籍中自然留下了不少关于这些地区的记载。自元朝开始，蒙古人普遍地接受了藏传佛教，藏族宗教文化也给蒙古人带来了深远的影响，而且在政治上，蒙古与西藏的关系也很密切。因而藏文史料中有许多关于蒙藏政治、文化关系的记载，也有专门记载蒙古地区藏传佛教传播历史的专著。藏文史籍对于研究这些地区的历史弥足珍贵。

对吐蕃占领下的西域历史的认识，以往只能依靠以新旧《唐书》中的有关记载为主的汉文史料。这些史料大多数只涉及吐蕃和唐朝在西域进行的军事争夺过程，而关于吐蕃统治下之西域的部落、行政组织、军队、经济、法律、宗教等内容，却几乎没有提到。因此在应用藏文史料以前，对这段历史的认识还是比较肤浅的。关于西域的藏文文献有两大部分，一部分是在敦煌发现的藏文写卷，大多数收录于英人托玛斯编集的《关于新疆的藏文文献集》第2卷[1]中，它分成7个部分，（1）吐谷浑；（2）沙州；（3）罗布泊；（4）于阗；（5）突厥；（6）政府组织和社会状况；（7）吐蕃军队。第二部分是在慕士塔克、米兰等地发现的460余支藏文木简，内容涉及经济、军事、部落、文书、宗教等各个方面，它们大部分收录于王尧、陈践编著的《吐蕃简牍综录》一书之中。除此之外，《吐蕃王统纪年》中也有一些关于675—760年间吐蕃和西域诸王国之间外交和战争关系的有价值的史料。

藏文史籍对于研究西域历史的重要性，还可从六部关于于阗的藏文著作中略见一斑。这六部著作中有五部是采用佛陀或于阗佛教圣者所说预言的形式写成的，它们是：《无垢光校订的经籍》、《牛头山授记》、《阿罗汉根敦培授记》、《于阗阿罗汉授记》、《于阗国授记》。这五部著作中有些是从于阗塞语中转译过来的。另外一部是《于阗教法史》。这些著作内容丰富，涉及宗教、地理和历史等问题，是研究古于阗史之不可缺少的资料。英国学者埃默瑞克认真地研究了这些文书，先刊布了《于阗国授记》的校勘、翻译本，以及《于阗教法史》的刊本，后又出版了这两本书的译注本，名为《关于于阗的藏文文献集》。[2]

敦煌藏文写卷中，还有一份对于研究北方民族史极有价值的文书，题为《北方若干国君之王统叙记》，它是8—9世纪间从回鹘文转译成藏文的。它记载了8世纪后半期在从朝鲜和南西伯利亚，到天山山脉的广阔地区内活动的各个民族的名称、地理分布、语言、生活习俗等内容，是研究古代北方民族史的一份宝贵资料。

藏文文献中集中记载甘、青、川、滇地区的著作也有不少，最著名的有《安多政教史》、《青海史》。前者专述安多地区主要寺院的历史，佛教各派主要人物的生平、教法传承等情况。后者

① F. W. Thomas, Tibetan Literary Texts and Documents concerning Chinese Turkestan, vol. Ⅱ, London, 1951.

② R. E. Emmerick, Tibetan Texts concerning Khotan, Oxford, 1967.

则用非常准确的资料，按年代编排了1570—1786年间青海地区的历史和山川风貌，同时也涉及四川、云南、甘肃及西藏的地理和宗教状况。除此以外，大量的人物传记和寺庙志，也可为研究这些地区的历史提供很多资料。如《宗喀巴传》、《德格土司传》、《松巴堪布传》、《历辈章嘉呼图克图传》、《塔尔寺志》、《佑宁寺志》等，都不可不重视。

济美南喀在1819年写成的《蒙古佛教史》，全称为《叙述正法在大蒙古国兴隆的胜教宝灯之光》，即日僧据本光宝翻译的所谓《蒙古喇嘛教史》。作者是一位出生于西藏，而久居于蒙古寺庙中的僧人。此书分两个部分，第一部分是蒙古政治史，先简述西藏王统，即对元朝到清朝的蒙古王统和历史作了叙述。第二部分是蒙古佛教史，对佛教通过元、明二代西藏高僧在蒙古地区传播的历史记载很详细，还对宗喀巴宗教改革，第三、四世达赖喇嘛的传教活动也作了记载。此书不仅对研究蒙古族的历史、特别是蒙古教法史具有重要的意义，而且对于研究蒙藏关系史者，也是不可不读的一部著作。

藏文史料对于汉藏关系史、中原王朝史研究的价值也是值得重视的。藏文文献出现有许多汉文史料缺载或因载籍疏略、莫之能详的人物、事件的记载，甚至有些已经失佚的汉文史料，会出人意料地从藏文史料中找出一些片断。我们还将以元朝为例。藏文史料有许多记载可补元代汉文史料之不足。如《汉藏史集》中关于元代著名的敛财之臣桑哥的传记，至少可以部分地改写桑哥的历史，并稍稍改变人们对敛财之臣的一边倒的看法。在汉文史料中，桑哥是一位极为贪婪、残忍的角色；而《汉藏史集》中的桑哥却是精明强干、富有同情心的善良大臣。更重要的是《汉藏史集》纠正了以往穆斯林文记载桑哥为畏兀儿人的错误说法，明确记载桑哥是元朝的藏族宰相。《大元通制》是元代的一部大型政书，至今已不复存在；而在《汉藏史集》有关元代西藏行政组织、括户、驿站等记载中，却保留了《大元通制》中的若干内容。还有在汉文文献中，只笼统地描述了元代汉藏间友好往来的盛况，但其具体情形则不甚了了。而在《沙鲁世系史》、《萨迦世系史》以及一些人物传记中，都有名有姓地记载了去汉地朝觐的藏族官员、高僧和一些来西藏的汉地官员的活动。如《布顿仁钦珠传》中记载了元朝镇西武靖王搠思班带领上百蒙古人来到沙鲁，接受布顿大师之灌顶的事迹。所有这些，大大地加深了我们对历史上的汉藏之间政治、文化交流之深度和广度的认识，开阔了我们的视野，在一定程度上，也提高了我们对中原王朝历史的认识。

最后，我们谈一下藏文史籍对于研究印度、不丹、尼泊尔等邻近国家历史的价值。印度是佛教的发源地，藏传佛教是佛教与西藏原有的苯教结合而演化出的奇花异果。印度宗教文化对西藏的多方面影响是显而易见的，它与藏族文化有很密切的联系。而同样，藏族文化也反过来对印度文明产生了一些影响。从12世纪开始，穆斯林势力侵入印度，佛教在它的老家渐趋式微，保存至今的梵文经典寥若晨星。而且古代印度没有写史的传统，没有专门的历史书问世，因而只有利用大量的藏、汉文典籍和史志，才能部分地复原出印度历史的本来面目。从总体来说，古代藏族学者研究佛教历史的成就，要远远超过印度本地的学者，藏文文献中除了大量翻译过来的经典和关于大小五明的著作外，还有许多记载印度教法史的文献。几乎每一本史册和教法史类的著作，都有专门章节记述印度的王统和佛教的源流。另外还有一部专门叙述印度教法史的著作，它便是觉囊派高僧多罗那它的《印度佛教史》。此书写成于1608年，主要叙述印度和邻近地区佛教的晚期历史，书中对后期大法会的历史、教派的分立、著名人物生平等都有记载。它的材料，来源于从西路进藏的印度人的口述。这些口碑材料虽然未经严格甄别，也包含有一些传奇性的内容，但仍提高了多罗那它这部著作的权威性。作者通过搜集、整理这些印度人的回忆，并参证其他古代文献，使许多暧昧不清的史实得到了澄清。《印度佛教史》受到了中外学者的高度重视，迄今为止已有施夫纳（F. A. Schiefner）的德译本、寺本婉雅的日译本、希姆巴（Chimpa）喇嘛和查托帕达那（A. Chattopadhyana）的英译本和张建本先生的汉译本等多种译本问世。

拉达克地区，即古代阿里三围之一的玛域（mar yul）地区，《大唐西域记》中称它为秣逻娑，此即为藏语 mar sa 的音译。现代的拉达克属印度管辖，而古代拉达克王国的历史则完全要依靠藏文史料来重建。正如意大利藏学家毕达克先生所言："研究拉达克历史的主要史料，现在是也将永远是《拉达克王统记》。"① 此书除述及一般吐蕃史及元明之际藏族史以外，主要叙述直至 15 世纪的拉达克王统史，这是其他任何史书所不及的。此书最先有弗兰克（A. H. Franke）的刊本和译文。毕达克的《公元 950—1842 年的拉达克王国》一书，主要就是根据《拉达克王统记》提供的史料，另外还加上藏文《达包热巴传》和许多藏文碑铭史料写成的，这是目前研究拉达克史的最权威的著作。

不丹地处西藏南部，是喜马拉雅山南麓的小国。12 世纪中叶，噶举派高僧帕玛多吉，在主巴（vbrug pa，即布鲁克巴，今不丹）传教建寺，创立了主巴噶举派。不丹的历史在英帝国主义势力侵入以前，在疆域、语言、宗教文化上都与西藏联为一体。在藏文历史文献中，有许多专门叙述不丹历史的著作，常用的有《洛绒教法史》、《hum ral 世系史》、《萨衮杰波世系》、《主巴地神世系》、《主巴活佛通钦阿吉旺布大诏令集》等。英国学者爱里斯主要就是根据这些资料，写成了颇负盛名的著作《不丹，一个喜马拉雅王国早期的历史》。②

尼泊尔也是一个喜马拉雅山南麓的小国，早在吐蕃王朝时期，它就与西藏建立了联系。在古藏文文献中，尼泊尔被称为 bal yul。虽然至今为止还没有发现专门叙述尼泊尔历史的藏文史籍，但在各个不同时期的藏文史籍中，都有关于尼泊尔的王统

---

① L. Petech, The Kingdom of Ladakh, C. 950—1842A. D. , Roma, 1977.

② M. Aris, Bhutan, The Early History of a Himalayan Kingdom, Warminster, 1979.

和其他一些内容的记载。从藏文史料中发掘资料，来研究尼泊尔的历史，也是较受国外学者重视的一个课题。已有不少论著出现，其中较著名的有毕达克的《尼泊尔中世纪史（C. 750—1480）》等。①

总之，藏文史籍是一个宝库，挖掘越深，收获越大。它是藏族文化遗产的一个重要组成部分，也是中华民族的一笔宝贵财富。我们必须重视它、研究它，将它广泛地应用于对藏族历史、整个中国历史和世界地区历史的研究中去，让这笔宝贵的财富造福于今天的历史研究。只有这样，我们才能昭彰和光大藏族优秀的史学传统，并将这种优秀传统永远继续下去。

（原载《史学史研究》1988 年第 2—3 期；与沈卫荣合撰。）

① L. Petech, Mediaeval History of Nepal, C. 750—1480, Roma, 1958.

# 藏语的声调

声调在藏语里（以拉萨方言为例，下同此）是一种客观存在，它是构成音节的要素。我们检查一下藏语的语词，就可以发现每一个词都有一个特定的声调，同时许多声韵不同的语词，却有着相同的声调，许多声韵相同的词，声调完全两样，声调和声调之间的差别又是严整而有规律的。

一个词失去了声调，就会使它的意义变得无法捉摸。比方说：有[mi]这样一个声音，你要是不按照特定的声调去发音，谁也不知道你说的是“人”还是“眼睛”（单词），还是否定词。

尽管藏语有这样重要的特征，但是至今还有一些人对它没有足够的重视，甚至还有人否认声调的存在。因此，本文想把藏语里的声调情况做一个概括的介绍，提供研究汉藏系诸语言的同志作为参考，特别是希望能为拟制汉语拼音文字中解决标调问题时提供一些参考资料。

## 一、藏语声调的调类、调值和它的变化

在藏语里我们常听见下面这几种声调。以辅音 l 为例：

blo [lo ˥ ] 心（抽象的）　　lo [lo˩˧ ] 年岁

log pa [loʔ˩˥ pa ˥ ˧] 回去

slog pa [loʔ˥˧ pa ˥ ˧] 使……回去

bslab pa [ləp˥˧ pa ˥ ˧] 教学。

以辅音 p 为例：

spos [pø ˥ ] 藏香　　bod [pø˩˧ ][1] 西藏

bros pa [pø˩˥ pa ˥ ˧] 逃跑

spos pa [pø˥˧ pa ˥ ˧] 迁徙

spabs pa [pəp˥˧ pa ˥ ˧] 使……降落

为了讨论的方便起见，我们把上面出现的几种调子叫做：高平调（˥），高降调（˥˧），低升调（˩˧），高升调（˩˥），轻声（˧）。并且根据它们的历史来源，可以把高平调和高降调合称“高调”，把低升调和高升调合称“低调”。轻声则归到这两类里去。

高平调：在词里出现是平起平收，中间没有什么起伏变化，但是在单音节词单读的时候，有稍微往下降的倾向，表现在藏文字母的读音上更为显著，但是在口语语词中还是平平，所以我们仍把它叫高平调，记做44。[2]

高降调：是由高平调演化出来的，从历史上看出：(1) 古清声母和有前加、上加字母的次浊声母的音节附有-b、-g 韵尾时

---

① ga、ja、da、ba、dza 在拉萨地区有送气与不送气两种不同发音，本文一律作不送气处理，下同此。

② 赵元任在《仓央嘉措情歌》记音部分中记做53，笔者意见与此有出入。

变来的。(2) 高平调音节与轻声的音节连词时变来的。因为现在已经在语言里独立地起作用，所以把他当一个调类，记做 41 或 51。

低升调：起得很低，收得较高，除了读字母的情况以外不会降下来，我们把它记做 13。[1]

高升调：是由低升调演化出来的。从历史上看出：(1) 古浊声母和没有附加字母的次浊声母的音节附有-b、-g 韵尾的变来的。(2) 原低升调的音节与轻声的音节连词时变来的。因为现在在许多情况下和低升调对立，所以也把它当做一个调类，记做 35。

轻声：是某些语法成分和词尾（例如：表属格的 kyi，gyi，gi［ki˧˸］，表于格的 la［la˧˸］等和词尾 pa〈wa〉［pa˧˸］）在语言里轻声化而来的，原来的本调可能是高调也可能是低调。到现在还没有形成一个调位，只是在一定的条件下出现。比方说：他不能出现在单音节词里，在复音节词里也不能在第一音节出现。

在句子中还有低降调˩，只是表现某种语气时出现，和轻声一样还没能形成独立的调位。

上面所列出的字调，在连词时，会发生一些变化，它们变化的情形大致是这样的：[2]

(1) ˥ + ˥ {
˥ + ˥ tshong　khang
［ts‘oŋ ˥k‘aŋ ˥］商店
˩ + ˧˸ phebs　pa
［p‘e ˩pa˧˸］走(敬语)
}

(2) ˥ + ˩˧ → ˥ + ˥ blo　gros

［lo ˥ʈʂø ˥］智慧

---

① 赵元任在《仓央嘉措情歌》记录部分里记做 131，可能受读音影响。

② 藏语中复音词以两个音节占绝大多数，所以连词变调举例主要是双音节。

(3)˩˧ + ˩˧
- ˩˧ + ˥ bod ljongs
  [pø̃˩˧(dʑ)oŋ ˥]西藏地区
- ˦˥ + ˧· ral pa
  [ʐɛ˦˥ pa˧·]烂了

(4)˩˧ + ˥
- ˩˧ + ˥(˥˩) bod chas
  [pø˩˧tɕʻɛ ˥(˥˩)]藏装
- ˦˥ + ˧· lus pa
  [ly˦˥pa˧·]漏下

(5)˩˧ + ˩˧ + ˥(˩˧)
- ˩˧ + ˥ + ˧· las byed pa
  [lɛ˩˧tɕe ˥pa˧·]干部
- ˩˧ + ˦˥ + ˧· ngo len pa
  [ŋo˩˧len˦˥ pa˧·]承认

(6)˥ + ˩˧ + ˥(˩˧)
- ˥ + ˦˥ + ˧· khas len pa
  [kʻɛ ˥ len˦˥ pa ˧·]答应
- ˥ + ˥ + ˧· shing bzo ba
  [ɕiŋ ˥ so ˥ wa˧·]木匠

(7) ˥ + ˥ + ˥(˩˧)→˥ + ˥ + ˥(˧·)rta rmig ma

[ta ˥miʔ ˥ ma˧·]元宝

(8)˥˩ + ˥→˥ + ˥slob dpon

[lop ˥ pø ˥]教授。

上面列出的连词变调的情况，还不能一一说出他们的规律来，不过我们已经知道：

1. 在双音节词里，低调不能在第二音节出现，它一定得变为高调。

2. 高调在任何时候都不可能变成低调。

3. 动词的词尾一律读轻声，动词的词根相应地起变化；高平调变成高降调，低升调变为高升调。

4. 三个音节的词（格的变化的附加音节不计在内）里，第二音节原是低调的有时变高调，有时不变。变高调的是名词，不变的是动词（这句话也可以倒过来说）。（只指带词尾 pa˧· 的三音节词)。

5. 降调和平调配合的时候，降调往往变成平调。

6. 多音节（四个以上）词里声调作用不太重要。

## 二、声调在藏语里的作用

声调在藏语里起些什么作用呢？要想了解这个问题,不妨先举出这样一个事实:有一个人介绍一位工人给西藏朋友,本来他打算说“他是一位 bzo ba[so˩˧ pa ˥](工人)”,哪知一不当心,说成“他是一位 so pa[so ˥ pa ˥](间谍)”了。结果,那位西藏朋友大为惊讶,端详了半天,“啊! 间谍原来是这个样子啊!”

为什么闹出这个笑话来呢？因为 bzo ba[so˩˧ pa ˥](工人)和 so pa[so ˥pa ˥](间谍)两个词儿的声母、韵母虽然完全相同,但是声调不同,搞错了声调,也就误会了意思。再比方:有个人住在西藏环境里,他本想告诉人家说:“我要去小便”,可是人家听了,以为他要去放布施。因为 gcin pa btang ba[tɕin ˥ pa ˥ taŋ ˥˩ wa˧·](小便) 和 sbyin pa btang ba[tɕin˩˧ pa ˥ taŋ ˥˩ wa˧·]虽然声、韵母全同,却还存在着一调之差。还有,假如你想说:“请你打鼓吧!”可是把“鼓”字的声调说错了,意思就变成“请你打我吧”。因为 rnga[ŋa ˥](鼓)和 nga[ŋa˩˧](我)所不同的就是声调。

我们还可以从下面的例词里明显地看出声调的作用来：

bsags pa[saʔ˥˩ pa˧·]积累

gzags pa[saʔ˩˧ pa˧·]落下

bsad pa[sɛ˥˩ pa˧·]杀死

bzas pa[sɛ˩˧ pa˧·]吃掉

thug pa[tʻuʔ ˥ pa ˥]粥

thug pa[tʻuʔ˥˩ pa˧·]遇见

bsam pa[sam ˥ pa ˥]思想

zam pa[sam ˧˩ pa ˥]桥梁

skyag pa[ȶaʔ ˥ pa ˥]大便

rgyags pa[ȶaʔ ˧˩ pa ˥]胖子

sho[ɕo ˥]骰子

zho[ɕo ˧˩]酪

grong pa[ʈʂoŋ ˧˩ pa ˥]邻人

dgrong pa[ʈʂoŋ ˩˧ pa˧·]逝世

lhag pa[ɬaʔ ˥ pa ˥]剩余

lhags pa[ɬaʔ ˥˩ pa˧·]风

dkar po[ka ˥ po ˥]白

dgav po[ka ˧˩ po ˥]喜欢

gla[la ˥]工资

la[la ˧˩]山

上面这两类词中，一组一组的声母、韵母完全相同，仅仅是声调不同，才具有不同的意义。可见"区别同音词的词义"是声调的第一个作用。

藏语动词在没有参加到句子里以前，它的形式是"原形动词"（有人叫做"不定式"），也就是词汇的形式。这就是在动词词根上附有词尾 pa 或者 ba 的。同时有许多名词的词尾也是 pa 或者 ba，特别是有许多和动词同根的名词，不但同音，就在书写形式上也完全相同，这样的动词和名词当中怎样来划分界限呢？请看下面的例子：

skyes pa[ȶe ˥ pa ˥]男人

skyes pa[ȶe ˥˩ pa˧·]产育

tshogs pa[ts'oʔ ˥ pa ˥]团体

tshogs pa[ts'oʔ ˥˩ pa˧·]集会

bsam pa[sam ˥ pa ˥]思想

bsams pa[sam ˥˩ pa˧·]想

bstan pa[tɛn ˥ pa ˥]教义

bstan pa[tɛn ˥˩ pa˧·]指引

nus pa[ny˧˥ pa ˧]能力

nus pa[ny˦˥ pa꜔· ]能够

mos pa[mø˦˥pa ˧]意愿

mos pa[mø˦˥pa꜔· ]同意

zhu pa[ɕu˦˥ wa ˧]请求(名词)

zhu pa[ɕu˦˥ wa꜔· ]请求(动词)

dgongs pa[koŋ˧˥ pa ˧]心(敬)

dgongs pa[koŋ˦˥ pa꜔· ]想(敬)

上面这两组词,都是同根、同音的词,但是分属于不同词类,前一组是名词,后一组是动词。这是由不同的声调来区别的。所以,“区别某些词的词类”是声调在藏语中的第二个职务。

上述这两个作用,有些人会不同意的,他们认为:“第一个作用不存在,因为那些词儿藏文书写形式不同,当然能分别出来。第二个作用也不存在,因为藏文书写形式完全相同,分不出来。”我们不是主张“目治”的人,不能限在文字的圈子里,应该从语言实际方面来谈问题,语言中无疑地是有这种作用,只因藏文不是全标调的文字罢了。

藏语是有比较丰富的形态变化的语言,动词有式(叙述式与命令式)、时、体、称位、态(自动态与他动态)等等形态变化。现在单来谈谈自动态和他动态,因为这和本文有关。什么叫自动态和他动态呢?(请不要误会成内动和外动。)比方有下面四句话:

| | |
|---|---|
| 我站起来。 | 我使他站起来。 |
| 我躺下去。 | 我使他躺下去。 |

前面两句中的“站、躺”都是自动,后面两句中的“使…站”和“使…躺”都是他动。因此我们可以用一个公式来表示:V(自动)——使…V(他动)。

这一语法范畴在藏语中不像汉语中说得那么勉强,而是一套一套的屈折形态变化,这种变化主要用三种方式(辅音交替、声调交替、附加成分)来表达。另外两种与本文关系不大,我们撇开不管,这里只提出一项来谈。比方:

log pa[loʔ˦ pa˧˥]回去

slog pa[loʔ˥˧pa˧˥]使…回去

lang pa[laŋ˦ pa˧˥]站起

slang pa[laŋ˥˧ pa˧˥]使…站起

nyal pa[ȵɛ˦ pa˧˥]睡觉

snyal pa[ȵɛ˥˧ pa˧˥]使…睡觉

vbar ba[pa˦ wa˧˥]着火

spar ba[pa˥˧ wa˧˥]使…着火(生火)

rdol pa[tø˦ pa˧˥]穿通

brtol pa[tø˥˧ pa˧˥]使…穿通

——①[pi˦ pa˧˥]脱落

——[pi˥˧ pa˧˥]使…脱落

bgas pa[kɛ˦ pa˧˥]裂开

bkas pa[kɛ˥˧ pa˧˥]使…裂开

dgrong pa[ʈʂoŋ˦ pa˧˥]逝世

bkrongs pa[ʈʂoŋ˥˧ pa˧˥]使…死(杀死)

ral pa[ʐɛ˦ pa˧˥]破

dbral pa[ʐɛ˥˧ pa˧˥]使…破(撕破)

vgag pa[kaʔ˦ pa˧˥]闭塞

bkag pa[kaʔ˥˧ pa˧˥]使…闭塞

上面两类词中,前一类是自动态,后一类是他动态。他们的区别在哪里呢?很明显,就是声调。这里看出声调的第三个作用是"表示动词态的屈折变化"。

除了上述三种作用以外,声调在藏语中还有一个特殊的作用,这就是它能够帮助划分音位系统。我们知道,由于长期的历史演变,古藏语的浊声母演变到现代藏语里,有如下面所举例的一种现象:

go wa[ko˩˧wa ˥](听头,含义)

ja[tɕa˩˧](茶)

da lta[tã˩˧ta ˥](目前)

① 在书写形式上没有统一的写法,下同。

bod[pø ˩˧](西藏)

dza dzor[tsa ˩˧ tsor ˥](杂乱)

这些词有许多藏族人读成送气的(说话时也送气),说的人感觉不到什么不同,听的人也听不出什么两样,既不会失去原义,也不会发生误会。单从这个现象来看,似乎可以说,藏语的塞音和塞擦音的清音中送气与否不发生音位作用。但是,我们再看看下面的例子:

khang pa[k'aŋ ˥ pa ˥]房子

rkang pa[kaŋ ˥ pa ˥]腿、脚

chag pa[tɕʔ'a ˥˩ pa ˧·]碎了

bcag pa[tɕʔa ˥˩ pa ˧·]打碎

thag pa[t'aʔ ˥ pa ˥]绳子

rtag pa[taʔ ˥ pa ˥]经常地

phag pa[p'aʔ ˥ pa ˥]猪

spags pa[pa ˥ pa ˥]皮肤

tshwa[ts'a ˥]盐

rtswa[tsa ˥]草

就可以看出这两类词中送气与否,强烈地起着音位作用。这就把我们上面的假设推翻了。假定我们不会从历史上去观察,单就现在的情况也可以看出:送气与否区别意义的词都出现在高调中,而送气与否不区别意义的词都出现在低调中。不管藏族人也好,学习西藏话的人也好,只要记住了声调的作用,就不会被这一现象迷惑了。

此外,我们还可以通过声调找出西藏各地方言之间的语音对应规律,通过声调也可以探索西藏语音的历史变迁,这里就不一一论述了。总之,声调在藏语中表现得十分明显,绝不像一些人所说那样模糊,它也绝不是从某一语言中移植过去的。

现在我们的任务是,应当研究声调是否可以作为藏语的一种语言特点。"每一种语言都有它自己的特殊的、表现出它的特征

的语法范畴”。[①] 所以，我们既不能把见于别的语言的特征，强加于汉藏系诸语言，也不能因为别的语言不多见而一笔抹煞了汉藏系诸语言所独有的特征。深入地、全面地、系统地了解和研究这些特征，正是我们今天应做的工作。同时，“要了解某种语言及其发展的规律，只有密切联系社会发展的历史，密切联系创造这种语言，使用这种语言的人民的历史，去进行研究，才有可能。”[②]

## 三、声调怎样体现在藏文结构里

在说明这一个问题以前，先要介绍几点关于藏文的情况：(1)藏文是拼音文字，用不同的辅音、元音组成音节。(2)在拼音的藏文里，有许多字母（如前加字母和上加字母）现在已经不发音了，在历史上，古藏语也许都发音（在已了解的材料中，安多方言里这些字母是发音的，但也不是每字母一音）。经过长期的历史演变，这些不发音的部分在文字结构里起了别的作用（例如成了声调的标志）。(3)现代藏文的文字结构里所体现的声调，是同声母和韵尾密切联系着的。

现在再看看藏文字母，也就是基本辅音（另外一些辅音不在表中，是由字母合成的）：

| | | | | | |
|---|---|---|---|---|---|
| ཀ | ka[ka ˥] | ཁ | kha[kʻa ˥] | ག | ga[ka ˩˧] |
| ང | nga[ŋa ˩˧] | ཅ | ca[tɕa ˥] | ཆ | cha[tɕʻa ˥] |
| ཇ | ja[tɕa ˩˧] | ཉ | nya[ȵa ˩˧] | ཏ | ta[ta ˥] |
| ཐ | tha[tʻa ˥] | ད | da[ta ˩˧] | ན | na[na ˩˧] |
| པ | pa[pa ˥] | ཕ | pha[pʻa ˥] | བ | ba[pa ˩˧] |
| མ | ma[ma ˩˧] | ཙ | tsa[tsa ˥] | ཚ | tsha[tsʻa ˥] |
| ཛ | dza[tsa ˩˧] | ཝ | wa[wa ˩˧] | ཞ | zha[ɕa ˩˧] |
| ཟ | za[sa ˩˧] | འ | va[ɦa ˩˧] | ཡ | ya[ja ˩˧] |

---

① 库兹涅佐夫：《语法·语言的语法构造》，人民出版社，1954 年，第 5 页。
② 斯大林：《马克思主义与语言学问题》，人民出版社，1951 年，第 20 页。

ར ra[ʐa˩˧]　ལ la[la˩˧]　ཤ sha[ɕa ˥]

ས sa[sa ˥]　ཧ ha[ha ˥]　ཨ qa[ʔa ˥][①]

上面的辅音在藏语里是可以按发音方法不同分为全清、次清、全浊、次浊四类的,演变到现在,它同声调的关系如下:

古全清、次清声母包括ཀ(ka)、ཙ(ca)、ཏ(ta)、པ(pa)、ཙ(tsa)、ཁ(kha)、ཚ(cha)、ཐ(tha)、ཕ(pha)、ཚ(tsha)、ཤ(sha)、ས(sa)、ཧ(ha)、ཨ(qa),不论有无附加字母(前加或上加字),一律读高平调。[②] 韵尾是-b、-g 时变高升调(仍然在低调范围之内)。

古全浊声母包括ག(ga)、ཇ(ja)、ད(da)、བ(ba)、ཛ(dza)、ཞ(zha)、ཟ(za)、ཝ(wa)和འ(va),不论有无附加字母(前加或上加),一律读低升调,但韵尾是 - b、- g 时变高升调(仍然在低调范围之内)。

古次浊声母ང(nag)、ཉ(nya)、ན(na)、མ(ma)、ར(ra)、ལ(la)和ཡ(ya),本来读低升调,假若有附加字母(前加或上加),就读成高平调。再有韵尾-b、-g 时当然也同样可以变高降调。(但 la 有例外情况。当它做 za 的下加字母时候,zla 读成[n̥da˩˧],读音改变了,声调没有改变。与此相似,古全浊声母 ba 的前加字母假如是 da 的时候,dba 读成[wa ˥]。再加上别的元音符号时,比方加 u,dbu 就读成[ʔu ˥]。读音改变了,连声调也都改变了)。

现在我们就可以这样假定:

1. 高调的声母是古藏语的清声母;

2. 低调的声母是古藏语的全浊声母,但发软音;

3. 古藏语的次浊声母分列在高调和低调两大类中,它们没有附加字母(前加或上加)时读低调,有前加或上加字母时读高调。

从下面这些例字里就可以说明这个情况:

[k—˥(˥˩)]　ka kha(字母),dkar po(白的),bkav blon(噶伦[官名]),chu rka(水渠),lkog du(秘密地)

① 通常都把 qa 转译成 a,我认为它不是单纯元音,记成 a 似不妥,故暂记成 qa。

② 前已说明字母单读时,高平往往会有人读成高降 53,低升也许有个别人的习惯(特别是初学字母的儿童,拿字母诵读时)能读成升降 131。

[t—˥(˥˩)],ca co(吵嚷),gcang po(聪明),bcav khrims(法律),lcags(铁)

[tɕ—˥(˥˩)],tag tag(敲门声),stag(老虎),gtam(言谈),btab pa(种植),rta(马),lta bu(类似)

[p—˥(˥˩)] pags pa(皮子),dpav bo(英雄),spag(糌粑团)

[ts—˥(˥˩)] bstsags pa(积累;摞),gtsav(铁锈),btsan po(凶恶),rtsa ba(根本)

[kh—˥(˥˩)] kha(口),vkhar rnga(锣),mkhav vgro ma(空行女[神名])

[tɕh—˥(˥˩)] cha(一双),vcham po(和谐),mchan khung(胳肢窝)

[th—˥(˥˩)] tha ma(最后),mthav(边缘),vthag pa(纺织)

[ph—˥(˥˩)] pha ma(父母),vphar ba(涨)

[tsh—˥(˥˩)] tsha po(热),mtshan(名字[敬]),vtsho ba(生活)

[ɕ—˥(˥˩)] sha(肉),gshags pa(剖开),bshad pa(说)

[s—˥(˥˩)] sa(土地),gsang pa(秘密),bsam pa(思想)

[h—˥(˥˩)] ha go ba(了解)(lha 读成[ɬa ˥],神,调未变)

[ʔ—˥(˥˩)] qa ma(母亲)

[ɡ̊—˩˧(˧˥)] ga tshod(若干),dmag sgar(军营),dgav ba(喜欢),bgad po(笑),vgag pa(闭塞),mgo(头),rgan lags(老师),lgang bu(尿泡)

[d̥z̥—˩˧(˧˥)] ja(茶),ljang khu(绿的),brjes pa(遗忘),vjav(虹),mja lba(会晤),rje btsun(圣哲)

[d̥—˩˧(˧˥)] bdag po(主人),vdam pa(选择),mdav(箭),rdo(石头),da(现在),ldag pa(舔),sdig pa(罪恶)

[b̥—˩˧(˧˥)] ba phyugs(母牛),sbud pa(风箱),dbu(头

[敬]),vbag(假面具),rba rlabs(波浪),lba(肉瘤)

[d̥z̥—˩˧(˧˥)] dza sags(扎萨[官名]),mdzav mchun(友谊),vdzam gling(世界),rdza ma(陶器),brdzun ma(赝品)

[ʑ̥—˩˧(˧˥)] zha nye(铅),gzhi rtsa(基础),bzag pa(放置)

[z̥—˩˧(˧˥)] za ba(吃),gzags pa(落下),bzo ba(做)

[ɦ—˩˧] vo ma(奶)①

[w—˩˧] wa mo(狐狸)②

[ŋ—˩˧(˧˥) > ˧(˥˧)] nga(我),snga po(早),dngo(刀刃儿),mngags pa(委托),rnga(鼓),lnga(五)

[ȵ—˩˧(˧˥) > ˧(˥˧)] nya(鱼),gnyav(后颈),mnyam du(一道儿),dmyal ba(地狱)[ȵɛ ˧wa ˧],rnyed pa(寻找到),snyan po(悦耳),smyon pa(疯子)[ȵø̃ ˧pa ˧]

[n—˩˧(˧˥) > ˧(˥˧)] na ba(病了),gnas tshul(情况),bsnar ba(伸长),mnal(睡眠[敬]),rnag(脓),sna khug(鼻子),brnan pa(压迫)

[m—˩˧(˧˥) > ˧(˥˧)] ma dngul(本钱),sman(药),dmag mi(兵士),rma chu(黄河)

[ʐ—˩˧(˧˥) > ˧(˥˧)] ra(山羊),dbral(撕破)

[l—˩˧(˧˥) > ˧(˥˧)] la(山),las sla po(容易),klog pa(诵读),gla(工资),bla ma(喇嘛),rlung(风),(zla ba 读为[nd̥a ˩˧wa ˧]月亮)

[j—˩˧(˧˥) > ˧(˥˧)] ya(一只,成单的),g·yag(牦牛),dbyar kha(夏天)[ja ˧k‘a ˧]

(原载《中国语文》1956年第6期。)

---

① va不可能有前加或上加字母,有a以外的元音时,有元音化的倾向。

② wa不可能有前加或上加字母。

# 藏语数词中的“垫音”

藏语数词从21到99，在十位数与个位数当中有一个插进去的音缀，它本身并不表示数目的概念，但是在语言的运用中却不可缺少①。我们就管这些音缀叫做“数词的垫音”，简称“垫音”。

“垫音”插在数词当中，但又不表示数目的概念。那末，究竟有什么作用呢？叶斯开(H. A. Jäschke)企图解决这个问题。他在所著《藏文文法》(Tibetan Grammar)里说：rtsa(指“垫音”的一个普遍形式)可以代替 tham pa…。② 我们知道 tham pa 这个词意思是“整整的，整头整脑的”，经常接在十位、百位、千位以及十的多次方的数词之后，表示尾数是“零”。“垫音”能不能表示“整整的，整头整脑”的意思，接在十位、百位……之后表示尾数是“零”呢？让我们看看下面的例子：

nyi shu *rtsa* gcig③——二十一

nyi shu *rtsa* gnyis——二十二

nyi shu *rtsa* gsum——二十三

---

① 有一个特殊情况：作为日期的数词21—29，当中不能有垫音。

② 张次瑶译：《藏文文法》，国立边疆文化教育馆，第41页。

③ 本文中藏文采用国际通用的拉丁转写法，下同。

nyi shu *rtsa* grangs——二十几(不到三十)

nyi shu;nyi shu tham pa——二十;二十整

sum cu so gcig——三十一

sum cu so gnyis——三十二

sum cu so gsum——三十三

⋮ ⋮

sum cu so grangs——三十几(不到四十)

sum cu;sum cu tham pa——三十;三十整

其他几个垫音的用法也是这样,不用一一赘举。我们已经可以看出,“垫音”不能代替 tham pa。“垫音”接在十位数之后(只能接在十位数之后①),表示这个十位数的尾数“不是零”,这一点和 tham pa 的作用恰恰相反。叶氏的说法,诚如他自己说别人一样,“恐怕是一种不幸的误会”。

叶斯开在同一书的另一处,用这样一段话来描写藏语数词的“垫音”②,他说:

21. nyi shu rtsa gcig[ȵi-ɕu-sa-'tɕig]或者 nyer gcig[nyer-'tɕig]

31. sum cu rtsa gcig[sum-tɕu-sa-'tɕig]或 so gcig[so-'tɕig]

41. bzhi bcu rtsa gcig[ʑi-tɕu-sa-'tɕig]或 zhe gcig[ʑe-'tɕig]

51. lnga bcu rtsa gcig[ŋa-tɕu-sa-'tɕig]或 lnga gcig[ŋa-'tɕig]

61. drug bcu③ rtsa gcig[ɖug-tɕu-sa-'tɕig]或 re gcig[re-'tɕig]

71. bdun cu rtsa gcig[dun-tɕu-sa-'tɕig]或 don gcig[don-'tɕig]

81. brgyad cu rtsa gcig[gjad-tɕu-sa-'tɕig]或 gya gcig[gja-'tɕig]

91. dgu bcu rtsa gcig[gu-tɕu-sa-'tɕig]或 go gcig[go-'tɕig](中部方言[gho-'tɕig])

① 在一些古典文献中,rtsa 可以接在其他十的多次方之后,仅仅是为了凑双音节,别无作用。

② 《藏文文法》,第 40—43 页。引用时藏文转写成拉丁字母,[ ]内音标照抄叶氏原书,其中谬误之处另文讨论。

③ bcu 在 drug 之后应为 cu,叶氏误植。

根据他这一段描写，人们会清楚地看出，他是说：

1. 藏语数词中从 21—99，每进十位都有两个可以自由选用的“垫音”。

2. 这两个自由选用垫音当中，有一个 rtsa 是适合做每一个十位数的“垫音”。

假若人们再根据叶氏在这本《藏文文法》中的写作态度看来，可能以为他这段描写是可以概括藏语各个方言以及古代藏语的。(叶氏的原书系概论体，上下古今，东西南北差不多都谈到了，方言特殊情况他有另注说明。) 实际上，现有的藏语材料(包括卫藏方言、安多方言和康方言)都不肯尽如叶氏的说法。实际情况是这样的：

21—29　　垫音是 rtsa[tsa$^{1}$]①，例如：

nyi shu *rtsa* gcig[ȵi$^{3}$ ɕu$^{1}$ tsa$^{1}$tɕiʔ$^{1}$]——21

nyi shu *rtsa* lnga[ȵi$^{3}$ ɕu$^{1}$ tsɛ̃$^{1}$ ŋa$^{1}$]——25

nyi shu *rtsa* dgu[ȵi$^{3}$ ɕu$^{1}$ tsa$^{1}$g̥u$^{3}$]——29

31—39　　垫音是 so[so$^{1}$]，例如：

sum cu *so* gcig[sum$^{1}$ tɕu$^{1}$ so$^{1}$ tɕiʔ$^{1}$]——31

sum cu *so* lnga[sum$^{1}$ tɕu$^{1}$ sø$^{1}$ ŋa$^{1}$]——35

sum cu *so* dgu[sum$^{1}$ tɕu$^{1}$ sor$^{1}$g̥u$^{3}$]——39

41—49　　垫音是 zhe[ɕe$^{3}$]，例如：

bzhi bcu *zhe* gcig[ɕip$^{3}$ tɕu$^{1}$ ɕe$^{3}$ tɕiʔ$^{1}$]——41

bzhi bcu *zhe* lnga[ɕip$^{3}$ tɕu$^{1}$ ɕẽ$^{3}$ ŋa$^{1}$]——45

bzhi bcu *zhe* dgu[ɕip$^{3}$ tɕu$^{1}$ ɕe$^{3}$g̥u$^{3}$]——49

51—59　　垫音是 nga[ŋa$^{3}$]，例如：

lnga bcu *nga* gcig[ŋap$^{1}$ tɕu$^{1}$ ŋa$^{3}$ tɕiʔ$^{1}$]——51

lnga bcu *nga* lnga[ŋap$^{1}$ tɕu$^{1}$ ŋɛ̃$^{3}$ ŋa$^{1}$]——55

lnga bcu *nga* dgu[ŋap$^{1}$ tɕu$^{1}$ ŋa$^{3}$g̥u$^{3}$]——59

---

① 标音是以拉萨话为准，以便比较。调号标的是调类，“1”代表高平调，“3”代表低升调，都是本调不是变调。字母下的“。”表示清化了的浊音，下同。

61—69　　垫音是 re[ʐe$^{3}$],例如:

drug　cu　*re*　gcig[d̥ʐʻuʔ$^{3}$ tɕu$^{1}$ ʐze$^{3}$ tɕiʔ$^{1}$]——61

drug　cu　*re*　lnga[d̥ʐʻuʔ$^{3}$ tɕu$^{1}$ ʐe$^{3}$ ŋa$^{1}$]——65

drug　cu　*re*　dgu[d̥ʐʻuʔ$^{3}$ tɕu$^{1}$ ʐe$^{3}$g̥u$^{3}$]——69

71—79　　垫音是 don[d̥ʻø̃$^{3}$],例如:

bdun　cu　*don*　gcig[d̥ỹ$^{3}$ tɕu$^{1}$d̥ʻø̃$^{3}$ tɕiʔ$^{1}$]——71

bdun　cu　*don*　lnga[d̥ỹ$^{3}$ tɕu$^{1}$d̥ʻø̃$^{3}$ ŋa$^{1}$]——75

bdun　cu　*don*　dgu[d̥ỹ$^{3}$ tɕu$^{1}$d̥ʻø̃$^{3}$g̥u$^{3}$]——79

81—89　　垫音是 gya[ȡ̥ʻa$^{3}$],例如:

brgyad　cu　*gya*　gcig[ȡ̥ɛ$^{3}$ tɕu$^{1}$ȡ̥ʻa$^{3}$ tɕiʔ$^{1}$]——81

brgyad　cu　*gya*　lnga[ȡ̥ɛ$^{3}$ tɕu$^{1}$ȡ̥ʻa$^{3}$ ŋa$^{1}$]——85

brgyad　cu　*gya*　dgu[ȡ̥ɛ$^{3}$ tɕu$^{1}$ȡ̥ʻa$^{3}$g̥u$^{3}$]——89

91—99　　垫音是 go[g̥ʻo$^{3}$],例如:

dgu　bcu　*go*　gcig[g̥up$^{3}$ tɕu$^{1}$ g̥ʻo$^{3}$ tɕiʔ$^{1}$]——91

dgu　bcu　*go*　lnga[g̥up$^{3}$ tɕu$^{1}$ g̥ʻo$^{3}$ ŋa$^{1}$]——95

dgu　bcu　*go*　dgu[g̥up$^{3}$ tɕu$^{1}$ g̥ʻor$^{3}$ g̥u$^{3}$]——99

这样看来:(1)rtsa 只能用在 21—29 之间做垫音,(2)其他每一个十位数的垫音各不相同,(3)不能同时在一个十位数上有两个垫音。那末,可以断言,叶氏的那段描写中的第 1 项是不存在的,第 2 项起码在现代口语中并不存在。

不过,我们还有必要检查一下叶氏为什么会有那么一段描写呢?那是他运用错误的方法,把他自己领进错误的道路,也就不能不做出错误的结论了。的确,在古典的藏文文献中有过这样的记载,例如:

(1)在《佛赞》(kyad　par　vphags　bstod)中有①:

sum　cu　*rtsa*　drug(36)　p. 17.

sum　cu　*rtsa*　gsum(33)　p. 31, p. 35, p. 84.

① 页码指原中央民族学院翻印的该书油印本的页数,下同。

nyi shu *rtsa* gcig(21) p. 82.

drug cu *rtsa* bzhi(64) p. 16.

(2)《贤愚因缘经》(vdzangs blun zhes bya bavi mdo)中有：

dgu bcu *rtsa* gcig(91) p. 2.(第二段,lha rin chen gyi levu);p. 4.(第三段,rigs gnyis pavi levu)。

此外,在云南西北部有一块藏族聚居的地区,西藏人称之为"姜瑜"(vjang yul),那个地方的藏族人民口头上至今还是以一个rtsa做所有十位数的垫音。因此,我们假如不像叶氏用那种"古今兼备,方言杂陈"的方法,就可以这样说:rtsa在古藏语中是唯一的十位数的垫音,经过长期的演化,除了个别地点以外,都已经分成八个不同的形式了。可是人们会紧接着提出这样的疑问:(1)垫音rtsa为什么要分化呢?(2)它们又是怎样分化的呢?

我们现在就来讨论这个问题。先让我们看看它们是怎样分化的,然后再讨论为什么要分化。

| 十位数 | 垫音 |
|---|---|
| 二十 nyi shu [ȵi$^3$ ɕu$^1$] | rtsa [tsa$^1$] |
| 三十 sum cu [sum$^1$ tɕu$^1$] | so [so$^1$] |
| 四十 bzhi bcu [ɕip$^3$ tɕu$^1$] | zhe [ɕe$^3$] |
| 五十 lnga bcu [ŋap$^1$ tɕu$^1$] | nga [ŋa$^3$] |
| 六十 drug cu [d̥ʐʻuʔ$^3$ tɕu$^1$] | re [ʐze$^3$] |
| 七十 bdun cu [d̥ỹ$^3$ tɕu$^1$] | don [d̥ʻø̃$^3$] |
| 八十 brgyad cu [ɖ̥ɛ$^3$ tɕu$^1$] | gya [ɖ̥ʻa$^3$] |
| 九十 dgu bcu [g̊up$^3$ tɕu$^1$] | go [g̊ʻa$^3$] |

这个表里把垫音和十位数的语音关系显示得非常清楚:在辅音上,"新演化的垫音"的辅音,除了二十的垫音保留了rtsa不变,六十的垫音re另作讨论外,都是和它所属的十位数的声母辅音在发音部位上和发音方法上相似或相同。可以肯定,这是受十位数的声

母辅音后退同化作用而产生的变化，这种变化在藏语中屡见不鲜，比方在拉萨话中：

yag po→yag go[jaʔ$^{3}$ po$^{1}$→jaʔ$^{3}$ go$^{3}$]（好）

ser ba→ser ra[ser$^{1}$ wa$^{3}$→ser$^{1}$ ra$^{3}$]（冰雹）

mang ba→mang nga[maŋ$^{3}$ wa$^{3}$→maŋ$^{3}$ ŋa$^{3}$]（较多）

skal ba→ska la[kɛl$^{1}$ wa$^{3}$→ka$^{1}$ la$^{3}$]（份儿）①

“六十”的垫音演化成 re[ʐe$^{3}$]也不是没有原因的。“六十”在现代拉萨话里读成[dʐ̥ʻuʔ$^{3}$ tɕu$^{1}$]，在古藏语中很有可能符合或者接近藏文正字法的读音，读成[drug btɕu]，这一点可以从两方面来证明。第一，藏文正字法和现代拉萨口语有些距离，其中之一是复辅音丢失现象，例如：

vphrogs pa→vphogs pa（抢夺）

zhabs bro→zhabs ro（舞蹈）

am phrag→am phag（怀兜）

第二，在明朝用汉字记录下来的藏语语音有这样的例子②：

| | | |
|---|---|---|
| khra | 克剌 | 428,462 |
| srang | 思浪 | 83,531 |
| phrug | 普鲁 | 328 |

这几个词在现代拉萨话里都已变成单辅音[tʂʻa$^{1}$][saŋ$^{1}$][tʂʻuʔ$^{1}$]了。因此总起来看，“六十”假如是读成[drug btɕu]的话，那么垫音同样是受同化作用变成了 re，该是不成问题的。

在元音上，可以“把新演化的垫音”的元音与十位数元音的关系简括成三句话：

1. 十位数的元音是 a 的，垫音的元音仍保留 a 的形式；
2. 十位数的元音是后高元音的，垫音由 a 变成 o；③
3. 十位数的元音是前高元音的，垫音由 a 变成 e。④

---

① 当然这两种变化还不完全相同，但可以用来证明辅音同化作用的普遍性。

② 引自拙文《西番译语研究》（原稿未刊），数字码系索引号码。

③ 只有六十的垫音 re 例外（十位数元音是 u，垫音的元音由 a→e。）

④ 只有六十的垫音 re 例外（十位数元音是 u，垫音的元音由 a→e。）

像这样的元音同化作用,在现代藏语中也是经常的现象,比方在拉萨话里:

[lo$^{1}$ t‘yn$^{1}$ pa$^{1}$→lu$^{1}$ t‘yn$^{1}$ pa$^{1}$](同志)

[maʔ$^{1}$ tci$^{1}$→məʔ$^{1}$ tɕi$^{1}$](元帅)

[k‘a$^{1}$ ʈʂi$^{1}$→k‘ə$^{1}$ ʈʂi$^{1}$](围巾)

[lo$^{3}$ɖ̥y$^{3}$→lu$^{3}$ɖ̥y$^{3}$](历史)

数词本身还有一个元音同化的例子, +(bcu)和个位数结合的时候;

+(bcu)加一(gcig) = 十一(bcu gcig)

+(bcu)加二(gnyis) = 十二(bcu gnyis)

+(bcu)加三(gsum) = 十三(bcu gcum)

+(bcu)加四(bzhi) = 十四(bcu bzhi)

+(bcu)加五(lnga) = 十五(bco lnga)

+(bcu)加六(drug) = 十六(bcu drug)

+(bcu)加七(bdun) = 十七(bcu bdun)

+(bcu)加八(brgyad) = 十八(bco brgyad)

+(bcu)加九(dgu) = 十九(bcu dgu)

因为个位数“五”和“八”的元音是低元音,于是使“十”的元音也向低挪了一步。其他个位数的元音都是高元音,“十”的元音就保持了原来高元音的形式。

到这里,我们可以把垫音的演化情形做这样的解释:在古藏语中,十位数词的唯一的垫音 rtsa 分化时,辅音和元音的同化作用有很大关系。新的垫音的声母辅音与所属的十位数的声母辅音同部位、同方法,或者与部分辅音同部位、同方法,假若它是复辅音的话。元音也与十位数的元音的高低、前后取得和谐。这个解释对于说明垫音为什么要分化颇有帮助,因为经过分化以后的“垫音”,无论是辅音和元音都与十位数取得了一致或者基本上一致了,对于使用这种语言的人将是很大的便利,恐怕这是分化的一个原因。

此外,分化后的“垫音”各有不同,“个性”鲜明,可以因此而省

去十位数也不致混淆,这就符合了经济的原则。事实上,使用这种语言的藏族人是经常省去十位数的。比方:

nyi shu rtsa gsum　可以说成　rtsa gsum　(二十三)

drug bcu re bdun　可以说成　re bdun　(六十七)

dgu bcu go gnyis　可以说成　go gnyis　(九十二)

由繁趋简,恐怕是垫音分化的另一个原因。

(原载中国语文杂志社编:《少数民族语文论集》第2集,中华书局,1958年。)

# 藏语 mig 字古读考

## ——兼论藏语声调的发生与发展

### 一

现代藏语①拉萨话②里有一个常见的单音节词 mig，意思是“眼睛”，稍微古雅一点可以译作 “目”。

这个词书面形式写作 mig，读书音是 miʔ ˧˥˧。但是,在人们日常口头讲话中说成 miʔ ˨˩。读书音和口头语音不一致,形成所谓

---

① 关于藏语的历史分期问题，美国学者米勒（R. A. Miller）在 1968 年提出一个六分法，即：1. 原始藏语（？—7 世纪）；2. 古藏语（7—9 世纪第一部分）；3. 晚期古藏语（9 世纪第一部分—10 世纪）；4. 中古藏语（10—17 世纪）；5. 新藏语（17—19 世纪）；6. 现代藏语（20 世纪—现在）。参见 Language，vol 44. No. 1. 日本西田龙雄持同样的观点。可能是西田氏先提出这个分期法来，米勒把它系统化而已，见《西番馆译语研究》。笔者本人有一个不同的分期方案，即：1. 上古藏语（7 世纪以前）；2. 中古藏语（7—9 世纪）；3. 近古藏语（10—12 世纪）；4. 近代藏语（13—19 世纪）；5. 现代藏语（20 世纪—现在）。参见拙文：《吐蕃文献学概述》，《吐蕃金石录》代序。中国民族古文字研究会成立大会暨第一次学术讨论会论文，1980 年 8 月承德。关于分期的标准、内容、特征均详于该文。两者在历史分期上虽有分歧，但以 20 世纪以来的藏语作为现代藏语则是共同的。

② 藏语方言的划分法，至今还没有为藏学界共同接受的方案。国内的同志们趋向于三大方言分类法，即：卫藏方言、康方言与安多方言。

笔者本人是基本赞成三分法的。在此基础上必须增加一个作为特别方言的嘉戎话，单独处理。可以说是四个方言。李方桂先生把康方言与嘉戎方言合称东部方言。

“文白异读”。[①]

这个词是能产的意义单位,用它来构成许多复合词,[②]其发音也是读音、语音不同。例如:

| 例 词 | 汉 义 | 读 音 | 语 音 |
|---|---|---|---|
| mig shel | 眼 镜 | miʔ ˥˩ çeː ˧ | miʔ ˩ çeː ˧ |
| mig ril | 眼 珠 | ——ʐiː ˥˩˧ | ——ʐiː ˥˩˧ |
| mig spu | 眉 毛 | ——pu ˧ | ——pu ˧ |
| mig dpe | 榜 样 | ——pe ˧ | ——pe ˧ |
| mig chu | 眼 泪 | ——tɕʻu ˧ | ——tɕʻu ˧ |
| mig mangs | 棋 | ——maŋ ˥˩ | ——maŋ ˥˩˥ |

现在,我们再看看这个词在其他方言区的发音情况。

安多方言语音里作:ɣȵig 或 ɦȵig(据尖札、互助、夏河、舟曲等地的调查记录);康方言语音里作:məʔ ˩(据硕督、东俄洛、康定等地的调查记录)。

最引人注目的是嘉戎话[③]。在那里,人们把“眼睛”这个字

① 这种文白异读的现象,在古文献比较丰富的语言中是常见的,往往可以透过这一现象追溯其历史演变的过程。与 mig 字相近的,还有一个 mag pa(女婿),拉萨话文字读音是 mag ˥˩ pa ˧,口头语音是 ma ˧ pa;在安多方言里有前辅音的痕迹,读成 ɦmagua,可供参考。

② 还有一些复合词,mig 字处于第二音节,它必须服从于“连词变调”的原则,读若高音(高降)。尽管有利于本文叙述,但也不作例证:如 lde mig(钥匙)、chu mig(泉水)、revu mig(表格)等。

③ 嘉戎话是在四川省阿坝藏族自治州马尔康、金川、小金、理县一带聚居的居民的语言,该地统称之为嘉戎,意思是“女王的山沟”。这种话,在国内外有不少人认为是藏语以外的独立语言。笔者于 1960 年、1964—1965 年两次在这一地区调查时,曾有较长时间的逗留。从实际体察中认为,从历史语言学观点来看,这是藏语的一个方言,而且是反映了藏语古代语言若干重要特征的方言。关于这一问题,在本文中不打算展开讨论,只是说明一下嘉戎话当作藏语方言处理的原因。据作者所知,持同一观点的人还有威尔芬顿和李方桂先生,请参看李方桂 Languages and Dialects of China(JCL,5:1,1973)及该刊的编者按语。

说成 d（ə）mȵəg（据马尔康卓克基、小金、理县的调查记录）。从音位学的观点来看，这个词的元音 ə、i 应该是同一个元音的变体，笔者倾向于把它看作同一个来源的。嘉戎人一般是不会使用藏文的（寺院的喇嘛除外），他们讲的是实实在在、地地道道的口头语。我们只能把它看成当地语言的普遍事实。①

说到这里，我们就可以把这个词在几个方言里的发音情况排列起来做一番历史考察了。下面是一种设想：

d(ə)mȵəg （嘉戎）
↓
ɣȵig→ɦȵig （安多）
↓
ȵig （敦煌文献）②
↓
məʔ （康区）
↓
miʔ˩ （拉萨—卫藏）

为什么要这样排列？为什么要把嘉戎话列为古代藏语的代表？有一个敦煌古藏文写卷支持我的观点。这是英国斯坦因劫运至英伦，藏于大英博物馆者，其编号为 S. 1000 号，第 31 条：dmyig

① 有人认为嘉戎话里有大量的藏语借词，或者说是在拉萨学经的僧人带回家乡的书面语。看来，这是由于认为嘉戎话是独立的语言形成的观点，需要进一步探索。

② 《敦煌本吐蕃历史文书》赞普传记第 1 节：btsan po vi spur jṭ vdod pas blu zhes byas na/ gzh an jṭ yang myṭ vdod/ myi vṭ myig bya myṭg ltar vdug pa vog nas vgebs pa gchig vdod ces zer nas//（若赎回赞普之尸骸，有何索求？曰：别无所求，若能得一人，目如鸟目，下眼皮往上开合者，足矣！）这份文献中"目"这个词书写为 myig，读音当如 ȵig。我把它列为一个过渡阶段，应该在方言中有所反映。

la vgan，即可翻译成"眼 dmyig，也"。[①] 它与嘉戎话十分相似。我是主张敦煌古藏文文献代表或接近于古代藏语的，从而认为嘉戎话在藏语史上具有同样的地位。西田龙雄也认为"藏语书面语（或文语）形式大部分完全有资格代替普通的早期藏语形式（Common Earlily Tibetan）。因此，在藏语语音史和建立古藏语形式中，最重要的问题将是把书面藏语形式看做代表共同的早期藏语的语音形式"。[②] 胡坦也认为："藏语声调，产生较晚。一般认为，公元7世纪前后，即藏文创始时期，藏语还是一种没有声调（对立）的语言。那时前缀音和辅音韵尾等比较发达，字音高低的变化，只是一种伴随特征，并不具备音位功能。"[③]"藏文创始时期，有许多前缀音。例如：塞音前缀 b-、d-、g-；鼻音前缀 ɦ/n-、m-；续音前缀 r-、l-、s-。它们可以加在词根声母的前头，构成各种辅音群，区别不同的语词。"[④]可见人们"所见略同"。

因此，就嘉戎话的发音情况来看，（不仅仅是一个"眼睛"！）它和其他方言的发音，再加上古文献材料，构成一个"历史系列"。

---

① S. 2736 和 S. 1000 两个编号写本，是敦煌古藏文文书，入藏于英国伦敦博物馆者。这是吐蕃人学习汉语所用的"教本"，共收录 214 条汉语语词或短句，以藏文注明汉字读音和藏义。原件是书写在《金刚经》和《妙法莲华经》的纸背者。这份材料，对于研究藏语史和汉语史都有一定价值。英国学者托玛斯和翟理斯二人合作，进行解读，撰写了一篇考释文字，题名《藏文词汇》，发表于《伦敦大学东方及非洲学院院报》1948 年第 3、4 期（F. W. Thomas and L. Giles，A Tibeto-Chinese Word and Phrase Book，BSOAS，12:34，1948，pp. 753—769）。他们两位由于受汉语和藏语方言知识的限制，虽然用功不小成绩不佳。20 年后，匈牙利学者李盖提对之进行纠谬补阙，文章题名为《藏文书写的敦煌汉藏词汇考释》（L. Liget，Notes sur le Lexique Sino-Tibétain de Touenhouang en Écriture Tibétaine，AOH，21:3，1968，pp. 265—288），共纠正补阙 34 条之多，使这份资料的研究进一步深入，并有了较好的释读文字作为依据。这里需要说明，S. 1000 号卷子与 P. T. 1287 卷子虽然同出于敦煌，但可能代表两个时期的记录。

② 西田龙雄：《论藏语声调体系的发展》（On the Development of Tones in Tibetan，Acta Asiatica，29，1975，pp. 43—55）。在此之前，作者已把他的这一论点收入专著《西番馆译语研究》（1970 年）第 6 章第 5 节。

③ 胡坦：《藏语（拉萨话）声调研究》，1979 年第 12 届国际汉藏语言学会议论文，《民族语文》1980 年第 1 期。

④ 胡坦：《藏语（拉萨话）声调研究》，《民族语文》1980 年第 1 期。

我们把它归纳成意义明确的几句话：mig 字，（1）按口语发音系统的变化是

　　　　　　　　　　　　　　　ʔməʔ˦
dmyig→d(ə)mȵəg→ʔɣȵig　　；
　　　　　　　　　　　　　　　ʔmiʔ˦

(2)按书面文字系统的变化是 dmyig→myig→mig;(3)今天的文白异读,反映了历史上的演变。

## 二

若问现在能够判断藏语的声调是怎样产生的么？回答是肯定的:能!

就 mig 字而言,不同的方言语音反映出两个系统:

d(ə)mȵəg
　　　　> 无声调,但有复辅音。
ɣȵig

məʔ˦
　　　　> 有对立的声调,无复辅音。
miʔ˦

根据在不同方言中平行存在的事实,可以换句话说,证明了一点:“声调的产生与复辅音的单辅音化密切相关。”

西田龙雄在颇有见地的论述中说:“对于藏语历史发展的研究,包括下述重要问题:(1)声母的变化:应当把这个问题看做与两个明显不同的趋向有关,一是复辅音声母(Initial Consonant Cluster)简化为单辅音;另一个是浊声母(Initial Voiced Consonant)向着清音化的方向变化。……(2)声调的发展及其地位:现代藏语方言可以分成两大类:带有作为功能单位(调位)的声调的方言,和没有那种声调的方言。这个类型学上的差别,是与声母的变化方向(简化和清音化)密切相连的,因此应该把 a、b 看

做是紧密相关的。"①

胡坦的论述更为周详，他提出"就拉萨话而言，影响声调产生和分化的主要因素有三项：(1) 声母清浊对立的消失；(2) 前缀音的脱落；(3) 辅音韵尾的简化"。他进一步有机地联系拉萨话中声调的发展，指出："拉萨话最早分出高低两类调，跟前两项演变有关。高低调再分化，跟第三项演变，即韵尾的影响有关。"②

拉萨话的声调分布，足以证明这个历史发展。高调类：是古代清音声母和次清声母。低调类：是古代浊音声母。而次浊声母分属于两类：有前缀音者归高调类；无前缀音者入低调类。③

这原来是赵元任博士在1930年提出来对藏语声调与声母关系的历史回顾，④ 至今还为人们采用。米勒⑤、北村甫⑥和斯普利戈⑦都是遵循这一条线路回溯藏语声调的历史的。西田龙雄确认了声调的发生与发展对藏语史的作用，他说："从历时的观点来看：藏语诸方言中声调对立的最重要特征是它们可以恢复音位和音位序列中的那些成分。"⑧

至于藏语声调（拉萨话）的描写，有三分法、四分法和六

---

① 西田龙雄：《论藏语声调体系的发展》（On the Development of Tones in Tibetan. Acta Asiatica, 29, 1975, pp. 43—55）。

② 胡坦：《藏语（拉萨话）声调研究》，《民族语文》1980年第1期。

③ [l-]本来与其他次浊声母一致，在有前缀辅音的情况下变为高调类，但zl-一例特殊，笔者另有专文讨论 sla ba 与 zla ba。

④ 《第六代达赖喇嘛仓央嘉措情歌》，于道泉编注并加汉、英译文，赵元任记音。中央研究院历史语言研究所单刊甲种之五，1931年。

⑤ R. A. Miller, Studies in Spoken Tibetan, I. Phonemics, JAOS, vol. 75, 1, 1955.

⑥ 北村甫：《世界语言概说·藏语》，研究社，1955年。

⑦ R. K. Sprigg: The Tonal System of Tibetan (Lhasa Dialect) and the Nominal Phrase, BSOAS, vol. 17, 1955.

⑧ 西田龙雄：《论藏语声调体系的发展》（On the Development of Tones in Tibetan. Acta Asiatica, 29, 1975, pp. 43—55）。

分法三种，以四分法最为普遍。四分法之中又有三种不同的程式：①

| | | | | |
|---|---|---|---|---|
| A：高平 | ˥$^{55}$ | B：高短 | ˥˧$^{53}$ | C：高高 |
| 高降 | ˥˧$^{53}$ | 高长 | ˥$^{55}$ | 高降 |
| 低升 | ˩˧$^{13}$ | 低短 | ˧˥$^{35}$ | 低低 |
| 低升降 | ˩˧˨$^{132}$ | 低长 | ∧$^{15}$ | 低降 |

这三种四分法并没有根本差别，只是解释上的不同，所见的因素是一致的，都承认是在高低两大调类形成之后进一步分化而来。也就是声母的清浊对立已逐步消失，转换成声调的高低以后，进一步由于辅音韵尾的变化（-s、-d、-g > -ʔ）而引起的。②

让我们再把话题拉回到 mig 字上来：根据我们对藏语声调的发生和发展问题的阐述和回顾，mig 字的发音历史似乎应该是这样的：dmyig→myig（即复辅音声母 d-脱落，同时产生了声调，即归队于高调类），myig→miʔ（即第二步声调分化：由于韵尾辅音弱化，变成了-ʔ 即归队到高降调中）。

---

① 关于藏语拉萨话声调的描写，有下列论文：

1. 胡坦：《藏语（拉萨话）声调研究》，《民族语文》1980 年第 1 期。文中利用电子计算机（7504 系列机），作了一次提取声调的实验。这是以现代化的仪器进行实测，提取准确数据的尝试，引人注目。

2. 西田龙雄：On the Development of Tones in Tibetan，1975 年 Acta Asiatica 第 29 期。该文在 1970 年出版的《西番馆译语研究》第 5 章第 6 节中已见端倪。

3. 施立策（Kamil Sadlacek）：The Tonal System of Tibetan Lhasadialect，1959 年《通报》。西田龙雄和施立策等二位的文章，都曾提及笔者一篇旧作《藏语的声调》，因而在这里有必要把它列出来供读者参考。

4. 王尧：《藏语的声调》，《中国语文》1956 年第 6 期。那是根据于道泉教授设计的三分法补充而成的文章，实际上赞成四分法（轻声可以不计在内）。本文所引三种四分法：A 民院式，B 民族研究所式，C 张琨式，均见于上引胡坦的论文。

② 声调形成与分化究竟是在什么时间？西田龙雄认为在公元 9 世纪左右，中部藏语（拉萨语为代表）的声调开始向调位转换，见《论藏语声调体系的发展》一文注 2："在 9 世纪及其左右，可以说藏语已大大地改变了它的中部藏语结构。"看来，敦煌古藏文写卷中反映出来的若干语言现象是支持西田龙雄这一论点的。

所以,miʔ˦的语音反映了藏语声调发生、发展历史的一个侧面,正像一滴水珠同样能照射出阳光中的全部七彩一样。

(原载《民族语文》1981 年第 4 期。)

# 藏语 zla ba 一词音义考

## 一

作为诗人，第六辈达赖喇嘛仓央嘉措（tshangs dbyangs rgya mtsho，1682—1705 年）留下一批脍炙人口的诗篇。其中，有一首写道：

| | |
|---|---|
| shar phyogs ri bovi rtse nas | 从东方山峰顶上， |
| dkar gsal zla ba shar byung/ | 升起明媚的月亮， |
| ma skyes a mavi zhal ras | 未生娘的娇美面庞， |
| yid la vkhor vkhor byas byung/ | [在我]心中回转荡漾。 |

其第二句中 zla ba 一词，此处明确训为“月亮”，诸家翻译，莫能例外。

zla ba 一词在《藏汉大辞典》中分列三个义项：（1）“月球、月亮：在宫宿背景中运行的一个天体。”也就是人们常识中的地球卫星。（2）“月，表示时间长度的月，一般以月相盈亏各十五天共三十天为一月。在历算中专名太阴月（朔望月）。另有太阳月及宫月。”就是人们用以计算时间的长度单位。（3）“月曜日，星期一。”指七天一个循环以七曜命名的一天名，人们称之为礼拜一或星期一、周一。后面，辞典里还增添两项藻饰性的意思：一，表示“一”的概念；二，表示“精液”的婉词说法。都是在古典作品中使用。①

我们再往上探录一下 zla ba 一词的使用情况：

1.《米拉日巴传》（mi la ras pavi mam thar，1040—1123 年）中有米拉日巴的诞生出世的叙述：

| 藏文 | 汉译文 |
| --- | --- |
| chu pho vbrug gi lo ston zla ra bavi nyer lnga skar ma rgyal la bab pavi nyin a ma la nga skyes pas …… | 在壬辰年孟秋月二十五日，鬼宿星值宿，母亲生下了我本人…… |
| （藏文本，第 19 页，第 3—4 行，青海人民出版社，1981 年） | （汉译本，第 24 页，刘立千译本，四川民族出版社，1985 年） |

文中 zla ba 一词训为时间长度三十天的“月”，孟秋，即秋季三个月中的第一个月。

2.《西藏王统记》（又译名《吐蕃王统世系明鉴》，rgyal rabs gsal bavi me long，萨迦喇嘛索南坚赞［1333—?］著；成书于 1388 年）：

| 藏文 | 汉译文 |
| --- | --- |
| ①nyi zla rgyu skar la sogs pa brten nas yod do/ | 太阳、月亮、星辰都附着在它上面。 |
| ②yab rgyal po zas gtsang ma/ yum sgyu vphrul mavi lhums su/ bkra shis pavi dge mtshan du ma dang bcas te zhugs so/ der zla ba bcu lun pa na lumbi nivi tshal gyi byang chub kyi shing gi | 父王淨饭王，母后摩耶夫人（具幻神变女）之胎中，带有吉祥瑞相，经过十个月，当母后在兰毗尼园休息之时，于菩提树下，未染子宫秽气，于季春三月初八日，鬼星值宿，从母后右腋下诞生了。 |

① 张怡荪主编：《藏汉大辞典》，民族出版社，1985 年，第 2478—2479 页。

| | |
|---|---|
| drung du yum gso sbyang la gnas pavi dus/ mngal gyi dri mas ma gos par dpyid zla tha chung gi tshes brgyad/ skar ma rgyal la yum gyi mchan khung gyas pas rtsib mavi bar nas vkhrungs so/ | |
| （藏文本，第 4、8 页，民族出版社，1981 年） | （汉译本，第 4、6 页，陈庆英、仁庆扎西译，辽宁人民出版社，1985 年） |

上引两例中，①nyi zla rgyu skar，日月星辰，并称当指月亮。②zla ba bcu lun pa，经过十个月。当指计时长度，三十天为一个月。而 dpyid zla tha chung，季春，即春季最后一个月，三月，也是指计时的长度，三十天的一个月。

根据月令、阴阳家的理论，将一岁分为春、夏、秋、冬四时，每一时又分孟、仲、季三个月。[①] 汉藏历法的章法是接近的。

3. 唐代（或者可以说唐—五代）的藏文文献中的记载：

①敦煌藏文写卷

| | 汉译文 |
|---|---|
| P. T. 1081： | |
| byi ba lo vi ston sla vbring po | 鼠年仲秋之月 |
| P. T. 1097： | |
| …… gi lovi dpyid sla ra ba | 某年孟春之月 |
| dgun sla tha chung tshes nyi shu lnga | 冬季末月二十五日 |
| dpyid sla ra ba tshes bcu | 孟春之月初十日 |

① 陈美东：《月令、阴阳家与天文历法》，载《中国文化》第 12 期，1995 年，第 185 页。

P. T. 1098：

| | |
|---|---|
| …… lovi ston sla vbring po | 某年仲秋之月 |

P. T. 1217：

| | |
|---|---|
| vbrug gi lo vi dpyid sla raba | 龙年孟春之月 |

P. T. 986：

| | |
|---|---|
| lo bcu gsum lon bavṭ dpyid sla ra ba tshes nyi shu dgu la① | 十三年，孟春之月二十九日 |

②碑文刻石

甲《唐蕃会盟碑》：

| 西侧，藏文　第 56—58 行 | 汉译文 |
|---|---|
| Ⅰ snyan pavṭ sgra skad nṭ gnyi zlas slebs so chog tu khyab ste// | 称美之声遍于日月所照矣。 |

西侧，藏文　第 63—64 行

| | |
|---|---|
| Ⅱ gnyṭ zla dang gza skar la yang dpang du gsol te// | 日月星辰请为知证。 |

东侧，藏文　第 57—59 页

| | |
|---|---|
| Ⅲ bod chen povi lovi mying nṭ skyid rtag lo bdun// rgya chen povi lovi mying nṭ// cang keng lo dang po lcags mo glang gṭ lovi dgun sla ra ba tshes bcu la…… | 大蕃彝泰七年，大唐长庆元年，岁在辛丑（阴铁牛）年，孟冬之月初十日…… |

东侧，藏文　第 63 行

| | |
|---|---|
| Ⅳ chu pho stag gṭ lovi dbyar sla vbrṭng po tshes drug la// | 岁在壬寅（阳水虎）年仲夏之月初六日 |

东侧，藏文　第 66—67 行

| | |
|---|---|
| Ⅴ chu mo yos bu lovi dpyṭd | 岁在癸卯（阴水兔）年， |

① 敦煌藏文写卷，可检阅法国巴黎出版的、由麦克唐纳夫人（斯巴尼安）与今枝由郎合编的《敦煌藏文写本选集》第 1—2 卷。另外，拙辑《敦煌本藏文文献》（民族出版社，1983 年）中附有藏文写卷录文，可资参考。此处所引各条均见于拙作中。

| | |
|---|---|
| sla vbring po tshes bcu bzhṭ la// | 仲春之月十四日 |

东侧，藏文　第18—21行

| | |
|---|---|
| Ⅵ shar phyogs nṭ rgya vdug pa// mtsho chen povi ［mtha］ nyi ma shar pa logs kyi rgyal po ste// lho bal gzhan dang myṭ vdra bar ［srid legs］ chos bzang// gtsug lag che bas// bod dang yang// vthab kyṭ zla ［dang grogs］ gyi do ste// | 东方之地曰唐，地极大海，日之所出。此与蛮貊诸国迥异，教善德深，典笈丰闳，足以与吐蕃相颉颃。 |

乙《谐拉康碑甲》第20—21行

| | |
|---|---|
| sngon gyi zla deb dang sbyar zhṭng// bkav drin vos par sbyṭn bar dgongs pa las// | 予窃思之，参比往昔宫庭表册施予相应之恩惠。 |

丙《噶迥寺建寺碑》第55—57行

| | |
|---|---|
| gtsigs brnand pavṭ yi ge zhib mo ni// yab kyṭ ring la gtsigs kyi yi ge brṭs pavi zla la bzag go// | 增盟之详尽文字，与父王在世时所书盟书誓文一起，而秘置藏之。 |

丁《楚布江浦建寺碑》第53—59行

| | |
|---|---|
| gtsigs chen po gzhan gyṭ zla la bzhag// de dang vdra ba rnam gcṭg ni// gtsigs gzhan gyṭ zla la bkavṭ sar bzhag ……① | 大誓文之另一副本相同存放，另一誓文副本置于赞普牙帐。 |

从唐代藏文记录来看，有以下几点颇引人注意：第一，月亮用 zla ba，与后世并无不同。第二，作为时间长度的月，月令、月份在敦煌卷子和碑刻文字中无一例外都用 sla。看来是用 sla 字

① 以上几处所引碑文悉据拙著《吐蕃金石录》。

来与 zla 相区别。遍查《藏汉大辞典》、《格西曲札字典》等几种辞书，sla 字除了有“稀薄”、“容易”的意义之外，并没有任何能与月份、月令沟通之处。也许，在敦煌卷子和碑刻中是用 sla，作为 zla 的变体来使用（主要因为 zla、sla 发音相近，直到米拉日巴时代开始用 zla)。第三，以 zla，zla deb 表示“副本”。zla 与 gni/nyi-(ma)，日月成双成对，也可引申为“正副一组”；“月亮为副，太阳为正”。其实，这一意义还进一步引申为“伴侣、配偶、夫妻”。在《藏汉大辞典》第 2482 页，zla bo 就解释为“朋友、配偶、助伴”。还有“匹配”的意思引申为 vgran zla（匹敌、对手)。至于 zla bo 一词作为配偶义，敬语称为 sku zla，也就非常自然了。

我们还注意到，在现代藏语（拉萨话）中已经用增词的办法解决不同的含义：zla dkar，“月亮”、“明月”；zla ba，“月”、“月份”、“月令”；gzav zla ba，“月曜日”、“星期一”。

## 二

流经青海、四川、云南藏区的澜沧江，藏名 zla chu，可是口语中都称为 dza chu，不由得想到 zla 的语音的衍变。

现在让我们来看看 zla ba（月亮、月份、月曜）一词在藏语各方言中的发音情况：

卫藏方言拉萨话为 nda wa①，康方言德格话为 dza wa②，安多方言夏河话为 hdza wa③，嘉戎方言卓克基话为 tsə la，zla

① 于道泉主编：《藏汉对照拉萨口语词典》，民族出版社，1980 年，第 856 页。

② 个人调查记录。

③ 华侃、龙博甲：《安多藏语口语词典》，甘肃民族出版社，1993 年，第 491 页。

wa dang po,[①] 嘉戎方言草墩话为 zla wa。[②]

据此，我们可否勾画出 zla ba 发音演变的次序：

zla ba → tsə la(wa) → hdza wa → dza wa → nda wa
（古代）（嘉戎）（安多）（康）（卫藏）

顺便提一下卫藏方言拉萨话的拼音规则：kla、gla、bla 和 rla 读为［la（高调）］；sla 读为［la（高调）］，也有时读为［ɬa（高调）］；唯有 zla 读为［nda（低调）］。可否说：k-、g-、b-和 r-作为复辅音形式，并不发音，只起区别同音词的作用，而 s-和 z-才真正表示复辅音，才有后来的衍变。

（原载《民族语文》1996 年第 5 期。）

① 林向荣：《嘉戎语研究》，四川民族出版社，1993 年，词汇附录第 1834 号，第 977 号。

② 孙天心：《嘉戎草墩话的声调》(Jack. T. S. Sun, Tonality in Caoden rgyalrong)，第 28 届国际汉藏语研讨会论文，1995 年。

# 藏语西部方言

## ——巴尔提*（Balti）话简介

## 一、藏语方言划分

目前，关于藏语方言的划分方法，在国内外藏学界和语言学界颇有差异。

在国内，以金鹏主编的《藏语简志》（中国少数民族语言简志丛书，民族出版社，1983年）为代表，基本上反映了集体的意见，即“国内藏语可分为卫藏、康和安多三个方言”。书中对方言的分布情况和内部异同做了如下的描述：“卫藏方言主要分布在西藏自治区；康方言主要分布在西藏自治区的昌都专区和那曲专区、四川省甘孜藏族自治州、云南省迪庆藏族自治州和青海省玉树藏族自治州；安多方言分布在甘肃和青海两省的藏族自治州、自治县，化隆回族自治县和循化撒拉族自治县以及四川省甘孜和阿坝藏族自治州的部分地区。卫藏方言和安多方言内部比较

* 巴尔提（Balti）统称 Baltistan，位于北纬 34°—36°，东经 75°—77°，首城为 skardu。公元14世纪皈依伊斯兰教，多数人属什叶派。语言中杂有少量阿拉伯、波斯语汇。统治者称 gailpo，沿信渡河两岸，约150公里，面积有8522平方英里，现今为巴基斯坦领属的克什米尔地境。据《伊斯兰百科全书》第4卷，刘迎胜同志译出见贻。

一致，康方言内部差别比较大。”同一书中，另注明：“藏语主要分布在我国境内，但在印度、不丹、锡金、尼泊尔等国境内也有。”这就是著名的三分法。此外，也有学者认为嘉戎语是藏语的一个方言，就是说，在我国境内藏语可分为卫藏、康、安多和嘉戎四个方言。[①] 还有学者认为，康和卫藏方言差别不大，可以合而为一，即藏语分为卫藏康和安多两个方言。

在国外，对藏语方言的划分法可分为二分法、三分法、四分法和五分法四种。

二分法：美国的米勒（R. A. Miller）为代表，见于他的文章：The Independent Status of the Lhasa Dialect within Central Tibetan，Orbis，4，1955，pp. 49—55。在文中，他把藏语分为中部藏语集团和西部藏语集团。这一分类法至今还有人同意，如美国印地安纳大学人类学系的奥格林夫妇在1979年编辑出版的《世界语言的分类与索引》一书中采用此说，见：C. F. and F. M. Voegelin，Dassification and Index of the World's Languages，Elsevier，North Holl and Inc，1977，pp. 327—328。

三分法：以美籍华裔学者李方桂教授为代表，他的藏语方言三分法和国内的三分法不同，他的论点形成较早。在1973年发表的《中国的语言及其方言》一文中又重申这一主张，他主张分为西部藏语、中部藏语和东部藏语三个方言，而且，在东部藏语中包括嘉戎话在内。见：Languages and Dialects of China，JCL，1:1，1973，pp. 1—13。

四分法：以美国的谢飞（R. Shafer）为代表，他在《汉藏语的分类》（1955年）和《汉藏语导论》（1966—1974年）等论著中分藏语方言为四，即西部藏语、东部藏语、中部藏语和南部藏语。他的分类法大致接近于李方桂，唯一不同者是他提出了南部藏语。见：Classification of the Sino-Tibetan Language，Word，11:1，1955，pp. 34—111； Introdnction to Sino-Tibetan，Ⅰ-v，

① 参见拙文：《藏语mig字古读考》，《民族语文》1981年第4期。

Wiesbaden：Otto Harrassowitz，vit 525，1966—1974。这一分类法在国外影响较大，为大多数藏学家和语言学家采纳。

五分法：以日本的西田龙雄教授为代表，他在其扛鼎力作《西番馆译语研究》一书中，提出将藏语方言分为五组的主张，即：中部藏语、西部藏语、南部藏语、东南部藏语（即康方言）和东北部藏语（安多方言）。这种分类法实际上包容了国际上各种分类法的特点，汇其大成。见：《西番馆译语研究》（松香堂，1970 年）第 6 章，第 166—167 页。

西田氏的分类法渊源于俄国学者罗列赫（G. Roerich）1931 年发表的 Modern Tibetan Phonetics with Special Reference to the Dialects of Central Tibet，JASB，XXVII，以及匈牙利的乌瑞（G. Uray）1949 年和 1955 年先后发表的 The Classification of the Dialects of Eastern Tibet，Budapest，1949，pp. 26—27；Review of“Tibet ische Dialekte von Amdo”by Mathias Hcrmanns，AOH，Vol. Ⅳ，nos. 1—3，1955，pp. 308—314。

藏语方言不同分类法，可以列表如下：

| 藏语方言 / 分类者 | 中 | 西 | 南 | 东 | | 嘉戎 |
|---|---|---|---|---|---|---|
| | | | | 东南 | 东北 | |
| 藏语简志 | 卫藏 | ×××× | ×××× | 康 | 安多 | ×××× |
| 李方桂 | 中 | 西 | ×××× | 东 | | |
| 米勒 | 西 | | | 东 | | |
| 谢飞 | 中 | 西 | 南 | 东 | | ×××× |
| 西田龙雄 | 中 | 西 | 南 | 东南 | 东北 | ×××× |

下面是西田龙雄氏所制藏语方言示意图（见《西番馆译语研究》第 170 页）：

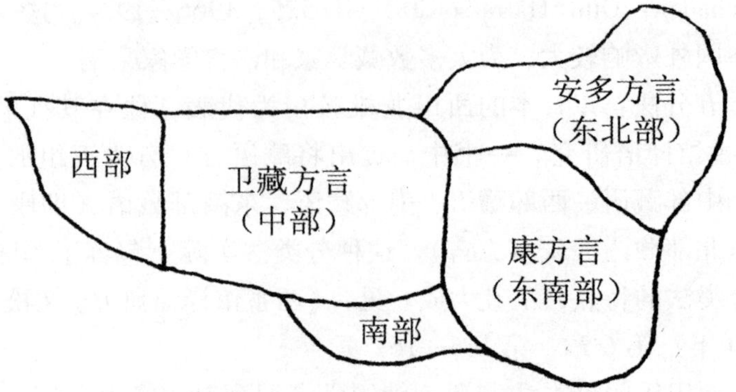


而方言与古代藏语关系的层次，西田氏认为是：原始藏语—安多方言—康方言—卫藏方言。

## 二、勃律（bru sha）和 Balti，Gilgit

所谓巴尔提（Balti）和 Gilgit 藏语，属于上述藏语方言划分中的西部藏语方言，在今巴基斯坦国境内，Indus 河土流河谷之中。它与 Purik，Ladak 合称西部藏语最有代表性的三个居民点。

Gilgit 和 Balti，现代藏文写作 གིལ་གིད 和 སྦལ་ཏི。在吐蕃时期统称为 bru sha，《新唐书》、《旧唐书》等汉文史籍上称为大、小勃律。经现代人研究，大勃律即巴尔提，小勃律指吉尔吉特。[①] 勃律国自唐武后垂拱元年（685 年）开始来朝入贡，一直贡使不绝，唐廷四次册封其国王（717、720、731 和 741 年）。天宝六年至七年（747—748 年），由于抵御吐蕃的袭扰，更派遣了以高仙芝为首的救援军队，至其国，虏其王及妻吐蕃公主以归。《新唐书》云："勃律又作布露"。刚好证明即是藏文 Bru 的对音。

---

① Kun Chang, On zhang zhung, Bulletin of the Institute of Histoy and Philology Academic Sinica Extra, 4, 1960, 137—154. 西田龙雄：《西番馆译语研究》，松香堂，1970 年，第 6 章"西藏语诸方言与西番语 A"，第 2 节"西部藏语诸方言"。索南才登与索南甲丹父子合著：《拉达克王统记》，藏文版，第 187 页。

在上面提到的那次著名的进军，见载《册府元龟》卷 396 将帅部勇敢三：“玄宗天宝七年，安西都知兵马使高仙芝奉诏总军专征勃律，选（李）嗣业与郎将田珍为左右陌刀将。于时吐蕃聚十万众于婆勒城，据山因水，堑断崖谷，编木为城。仙芝夜引军渡信图河，奄至城下……贼不虞汉军暴至，大溃，填溪谷，投水溺死，仅十八九，遂长驱至勃律城，擒勃律王吐蕃公主。”

文中其中提到的婆勒城即现在的 Purik，在 Baltistan 之南。信图河，即当今的 Indus 河的译音，Balti 城就在这一河流岸边。足可证明现在的 Balti 与吐蕃史上的 bru sha 及唐书中的勃律是一回事。关于勃律和唐廷的关系，直到 748 年，勃律国王遣使来献金花以及国王苏米利芝留宿卫，是最后一次记载。接着发生了安史之乱，吐蕃兵马大下，陇右河西武备尽撤，西域一带当然就完全为吐蕃所控制了。

在藏文文献《敦煌本吐蕃历史文书》中也有相应的记载：

“及至牛年（玄宗开元二十五年，丁丑，737 年）赞普牙帐驻于‘准’之芒岱垅。论·结桑东则布引兵至勃律国。冬，赞普牙帐居于札玛。勃律王降，前来致礼。”表明吐蕃已以武力征服了勃律，其王降服，把勃律纳入治下。

“及至龙年（玄宗开元二十八年，庚辰，740 年），夏，赞普牙帐驻于册布那之昂木林。嫁王姐墀玛类与勃律王为妻。”于是，吐蕃王采取传统的办法，遣嫁王姐至勃律，用婚姻关系加强联系的纽带。这件事在《旧唐书·高仙芝传》“小勃律国王为吐蕃所招，妻以公主，西北二十余国皆为吐蕃所制，贡献不通（唐朝）”可以相互证明。

“及至猪年（玄宗天宝六年丁亥，747 年），夏，赞普驻于那玛。……勃律、廓地被击溃。”看来所记是指高仙芝的军事行动。藏文、汉文所记大致相符。

根据以上汉藏文历史文献的记载，可以进一步确认：Gilgit 和 Balti 就是 bru sha，也就是勃律（大勃律和小勃律）。8 世纪中叶以后吐蕃加强了在这里的影响，吐蕃聚众多至十万，这些人长期留在这里驻守，也就是现今操藏语的部族的直接祖先。①

## 三、Balti 藏语的研究及资料举例

关于西部藏语的 Balti 话研究，早在 20 世纪 30 年代即有雷德（A. F. C. Read）的《巴尔提藏语语法》（Balti Grammar，伦敦 1934）一书问世，如今已成为研究西部藏语方言的古典著作。第二次世界大战以前，近若干年中，又有新的论著出现，伦敦大学东方及非洲学院的斯比日格（R. K. S prigg）用功最勤，颇见成绩，他的近期论文有：

①《雷布查和巴尔提藏语，是声调语还是无声调语》：Lepcha and Balti Tibetan：Tonal or Non-tonal Language? AM, Newseries, 17:2, 1966, pp. 185—201.

②《巴尔提藏语的动词音节韵尾与超音质音位分析》：Balti Tibetan Verb Syllable Finals, and a Prosodic Analysis, AM, Newseries, 13:1 -2, 1967, pp. 187 -201.

③《巴尔提话、拉萨话与夏尔巴话动词中的元音交替提供了书面藏语中相应的交替和原始藏语构拟的线索》："Vocali Alternation" in the Balti, the Lhasa, and the Sherpa Verb, ao agurde to Corresponding Alternations in Written Tibetan and to Proto-Tibetan Reconstruction。第六次汉藏语会议，加州圣地亚哥，1973 年 1 月。

日本的西田龙雄曾做过实地考查，并利用谢飞的比较结果，在他的《西番馆译语研究》中的第 6 章第 2 节专门介绍西部藏语方言时，把 Balti 和 Purik 藏语与书面藏语及拉萨方言做了比

---

① 德国波恩大学出版的《中亚研究》1981 年发表了萨迦斯托尔（K. Sagaster）《巴尔提地区的口头民间文学调查》和迅能·热那苔（Sohnen Kenafe）《巴尔提流传的口头的〈格萨尔王传〉第一章述略》，也可说明巴尔提人具有藏族共同的文化传统。

较，他得出的结论是：西部藏语更接近于书面——古典藏语，或者说西部藏语发展的形态上来说更为原始一些。这一结论是他在书中一共做了 14 项语音比较后得出的。事实上，根据他在书中提供的例子来看，西部藏语跟安多方言的关系可能更为接近。

在本文的最后，为了使读者有个轮廓印象，我转录了三份 Balti 藏语的材料。

（一）语词：共 186 个，这是从西田龙雄的《西番馆译语研究》一书的第六章第二节“藏语西部方言”中的例句中摘录的，西田原使用的符号一概未动，而汉义是我加上去的。书面藏语的写法，作了部分更动、调整。

（二）句子：共 10 句，是从雷德的《巴尔提语法》一书的附录第一部分中摘录的。

（三）短文：1983 年夏笔者在西德波恩大学访问时，该校中亚研究系系主任萨迦斯托尔（K. Sagaster）教授提供的。原材料包括书面藏语、巴尔提话、普利克话、拉达克话、拉萨话、山南话和德格话等 7 个项目，显然是为了进行藏语方言比较准备的。我在转录时，只利用书面藏语、巴尔提话和拉萨话三项，另加上一项汉义，原符号也一仍其旧。

在这里应向萨迦斯托尔教授表示谢意，他把未刊稿提供我使用，并友好地赠送我雷德的《巴尔提语法》一书，使我增进了西部藏语的知识，颇有大开眼界之感。

**（一）语词**

| 书面藏语 | Balti 话 | 汉 义 |
|---|---|---|
| དཀར་པོ། | kar po | 白 |
| ཁང་པ། | kaŋ ma | 脚 |
| སྐར་མ། | skar ma | 星星 |
| སྐམ་པོ། | skam bo | 干 |
| སྐས། | kas ka | 梯 |

续表 1

| 书面藏语 | Balti 话 | 汉 义 |
|---|---|---|
| སྐུད་པ། | skud pa | 线 |
| སྐད། | skat | 语言 |
| གངས། | skaŋ se | 满 |
| སྐར། | skar ba | 称、秤 |
| ཁོལ། | khol ba | 沸 |
| མཁར། | khar | 堡 |
| ཁབ། | kab | 针 |
| འཁྲིལ། | hrkil ba | 扎 |
| གོང་མ། | goŋ ma | 上 |
| རྒས། | rgas | 老 |
| སྒོ། | zgo | 门 |
| དགུ། | rgu | 九 |
| མགོ། | go | 头 |
| གོན་ཆས། | gon chas | 衣 |
| དགོས་པ། | rgos pa | 要 |
| སྐྱེ་བ། | skya | 生 |
| ཁྱི། | khi | 狗 |
| རྒྱལ་བ། | rgyai bo | 胜（利） |
| རྒྱ་མཚོ། | rgya mtsho | 河（湖） |
| རྒྱབ་ཁ། | rgyab ba | 背 |
| གྱུར་བ། | gyur ba | 成为 |

续表 2

| 书面藏语 | Balti 话 | 汉　义 |
|---|---|---|
| ཁྲག | khrak | 血 |
| ཁྲ། | khra | 鹰 |
| ཁྲིམས | khrim | 规矩 |
| གྲི། | gri | 刀 |
| གྲང་མ། | graŋ（s）ma | 冷 |
| མགྲོན་པོ། | gron pa | 客人 |
| གླུ། | hlu | 歌 |
| གླང་། | xlaŋ | 牛 |
| གློག | hlog（glog） | 电，照 |
| གཏང་བ། | taŋ ma | 给 |
| སྟོང་། | stoŋ | 千 |
| སྟོར་པ། | story ba | 丢 |
| རྟ། | hrta | 马 |
| ལྟ། | hlta | 看 |
| སྟུག་པོ། | stug po | 厚 |
| སྟར་ཀ | star ga | 核桃 |
| སྟོད་པ། | stod bya | 夸 |
| སྟོང་པ། | stoŋ ma | 空 |
| སྟོན། | ston | 秋 |
| ཐག་པ། | thag pa | 绳 |
| འཐུང་བ། | thuŋ ma | 饮 |

续表 3

| 书面藏语 | Balti 话 | 汉 义 |
|---|---|---|
| ཐེན་པ། | then ma | 抽 |
| མཐོང་བ། | thoŋ ma | 见 |
| མཐའ། | thaŋa | 边界 |
| མཐོན་པོ། | thon po | 高 |
| གདོང་། | ɣdoŋ | 脸 |
| འདམ། | ɣdama | 选 |
| རྡོག་པ། | rdog pu | 踢 |
| རྡུང་མ། | rduŋ ma | 打 |
| བདུན། | bdun | 七 |
| དྲུག | truk | 六 |
| དྲི། | tri | 味 |
| སྲང་བ། | traŋ mo | 直 |
| དྲོན། | troa mo | 温 |
| སྲང་། | straŋ ma | 改正 |
| སྲིང་མོ། | striŋ mo | 妹 |
| སྲབ། | stro | 坚硬 |
| བསྲིགས་པ། | strag pa | 烧 |
| བུས་མོ། | bux mo | 膝 |
| པགས་པ། | baxs pa | 皮 |
| ཕག་བུ། | bag bu | 砖 |
| སྤོ་བ། | spwa | 搬 |

续表 4

| 书面藏语 | Balti 话 | 汉义 |
|---|---|---|
| སྤང་ལེབ། | spaŋ leb | 板 |
| དཔེ། | hrpe（dpe） | 模式 |
| ཕག | phak | 猪 |
| ཕང་མ། | phaŋ ma | 费 |
| བུ་མོ། | boŋo | 女儿 |
| ཞ། | zha | 掩藏 |
| ཕྱི། | pni | 后，外 |
| བག་ཕྱེ། | bag phe | 面粉 |
| ཕྱུག་པོ། | phyug po | 富 |
| ཕྱོགས། | phyox | 方向 |
| བྱ་ཕོ། | bya pho | 公鸡 |
| བྱེ་མ། | bya ma | 砂 |
| སྦྱང་བ། | zbyaŋ ma | 实验 |
| དཔལ་བ། | spal ba | 额 |
| ཕྲུ་གུ། | phru | 小孩 |
| བྲང་། | braŋ | 胸 |
| འབྲུད། | brug | 雷 |
| འབྲས། | bras | 米 |
| སྦྲུལ། | ɤbul | 蛇 |
| སྦྲང་། | zbyaŋ bu | 蜂 |
| བཅུ། | phcu | 十 |

续表 5

| 书面藏语 | Balti 话 | 汉 义 |
|---|---|---|
| ཅིག | cik | 一 |
| གཅིན། | xcin | 尿 |
| ལྕེ། | hlce | 舌 |
| ལྕགས། | hlcag | 铁 |
| ལྕང་མ། | hlcaŋ ma | 柳 |
| ཆོས། | chos | 宗教 |
| ཆུ། | chu | 水 |
| ཆང་། | chaŋ | 酒 |
| ཆར་པ། | car pa | 雨 |
| མཆོང་བ། | choŋ ma | 跳 |
| མཆིན་པ། | cin ma | 肝 |
| ཤེས་པ། | shes pa | 知 |
| ཤ། | sha | 肉 |
| ཤར། | shar ka | 东 |
| བཤད་པ། | phshad pa | 说 |
| བཤགས་པ། | phshag pa | 砍 |
| ཞིང་། | jiŋ | 田 |
| ཞག | jag（zhag） | 日（昼夜） |
| ཞོན་མ། | jon ma | 骑 |
| བཞི། | bji | 四 |
| བཞུ་བ། | bju wa | 融化 |

续表 6

| 书面藏语 | Balti 话 | 汉 义 |
| --- | --- | --- |
| གཞུ། | ɣju | 弓 |
| རྩྭ། | hrtswa | 草 |
| རྩ། | hrtsa | 脉 |
| ཚོང་མ། | tsoŋ ma | 卖 |
| མཚོ། | mtsho | 湖 |
| འཛུམ་བྱ། | rzum bya | 微笑 |
| ཟུང་མ། | zun ma | 抓 |
| རྫུན། | ɣzon | 假话 |
| འཇའ། | ɣza | 虹 |
| གཟེར། | ɣzer | 钉 |
| ཟན། | zan | 饭 |
| གསུམ། | ɣsum | 三 |
| གསེར། | xser | 金 |
| གསལ་བ། | xsal pa | 明 |
| བསོར། | phsor pa | 更改 |
| སློབ་པ། | lza ba | 学习 |
| སློབ་པ། | lzo pa | 诵读 |
| ཟླ། | lzo | 月 |
| ཟླ། | lzod | 月亮 |
| སྔོན་པོ། | sŋon po | 青 |
| སྔས། | sŋyes | 枕 |

续表 7

| 书面藏语 | Balti 话 | 汉 义 |
| --- | --- | --- |
| རྔ་མོ། | sŋaŋo | 驼 |
| རྔུལ་ཆུ། | xmul cha | 汗 |
| དངུལ། | xmul | 银 |
| ལྔ། | ɣa | 五 |
| གཉིས། | ŋis | 二 |
| ཉི་མ། | ŋi ma | 日 |
| གཉེན། | hrŋen（gnyen） | 亲戚 |
| སྣ། | snam sul | 鼻 |
| རྣ། | sna | 耳 |
| གནམ། | xnam | 天 |
| མང་པོ། | maŋ mo | 多 |
| སྨན། | sman | 药 |
| དམག | hrmag | 军人 |
| རླུང་། | hluŋ | 风 |
| ལོ་མ། | lo ŋa | 叶 |
| ལག་པ། | lag pa | 手 |
| གཡག | hyag | 牦牛 |
| འོད། | ot | 光 |
| འོང་བ། | ŋo ma | 来 |
| དྲི་བ། | trya | 问 |
| རྩི་པ། | hrtsya | 计数 |

续表 8

| 书面藏语 | Balti 话 | 汉义 |
|---|---|---|
| བྲི་བ། | rbya | 写 |
| ཕྱེ་བ། | phya | 开 |
| རྩེ་བ། | hrtsya | 玩 |
| རྐུ་བ། | hrkwa | 偷 |
| ཁྲུ་བ། | khrwa | 洗 |
| ངུ་བ། | ŋwa | 哭 |
| བརྒྱད། | bgyad | 八 |
| བརྒྱ། | bgya cik | 百 |
| དབྱར། | gbayr | 夏 |
| སྟོན། | ston | 秋 |
| དགུན། | rgun | 冬 |
| དཔྱིད། | khpitu | 春 |
| བ་མོ། | baŋ | 母牛 |

完全不同于藏语的语词：

| Balti 话 | 汉义 |
|---|---|
| adīd | 星期日 |
| tsandār | 星期一 |
| angāru | 星期二 |
| botu | 星期三 |
| brespot | 星期四 |
| shukuru | 星期五 |

续表

| Balti 话 | 汉　义 |
|---|---|
| shingsher | 星期六 |
| mātam | 正月 |
| sāfar | 二月 |
| ortsi lza | 三月 |
| gostong | 四月 |
| skistong | 五月 |
| jukstong | 六月 |
| hrmangdo | 七月 |
| barād | 八月 |
| ramazān | 九月 |
| skya lza | 十月 |
| stongma | 十一月 |
| gurbān | 十二月 |
| hafta chik | 一星期 |
| nau roz | 新年（按波斯历是在三月二十一日） |

（二）句子

1 chhu dikha khyong!

拿水来！

2 kho si chi zered?

他说什么？

3 khyang dose gar gwed?

现在你哪儿去？

4 Bāng ngis na hrtā chik dikha yodpa ama dose med。

这儿曾有两头牛一匹马，但现在没有。

5 su si dikha chhu tangs?

谁把水放在这儿了？

ngi shogbu sherphe Songs。

我的书本弄湿了。

6 khyang-i-si khiri sabagpo, ma zernare nga si khyang tyangnuk。

你若不读书，我要揍你。

7 （nga la）khiri skadpo kwā na，ngasi khyang la kushu khaik khyongnuk。

我听到你的声音，就将带来几个苹果给你。

8 nga rgun la balgos goned，oma gbyar-latronmo yodpa-na rasi gonchas goned。

我在冬天穿毛料衣，夏天天热，我穿布衣。

9 nga-i kaka na ashe gonde brog la songse，hrtswa mangmo khureongs。

我的哥哥和姐姐昨天去山上了，带来很多草。

10 zer khanpo si kham-sang-byase ma zer nare，kho si chi zerbo su la mi ko。

演说者如不讲清楚，他的话谁也不懂。

（三）短文

书面藏语：

1 ལམ་གྱི་བར་ན་ཆུ་བོ་གཉིང་ཟབ་པོ་ཞིག་ཡོད་དེ།

2 ཆུ་དེའི་ནང་ནས་ཚུར་ཤིང་མཁན་ཞིག་སྣེའུ་ཁ་ན་འཁྱེར་ཏེ་འོང་ངོ་།

3 དེ་ལ་དབྱུག་པ་ཅན་གྱིས་ཆུའི་གཉིང་ཅི་ཙམ་ཞེས་དྲིས་པ་དང་

4 ཆུའི་གཉིང་ཟབ་པོ་ཞེས་སྨྲས་པས་

5 སྣེའུ་ཆུར་ལྷུང་སྟེ།

6 སྣེའུ་མ་རྙེད་པ་དང་

7 དེས་དབྱུག་པ་ཅན་བཟུང་ནས་

8 ཁྱོད་ཀྱིས་ངའི་སྙེའུ་ཆུར་བསྐྱུར་རོ།

9 དེས་སྨྲས་པ་ངས་མ་བསྐྱུར་རོ།

10 ཚུར་ཤོག་རྒྱལ་པོའི་དྲུང་དྲུ་འདོང་དང་

11 དེས་ཨུ་བུ་ཅག་གི་ཞལ་ཆེ་གཅད་དོ་ཞེས་སྨྲས་ནས་དོང་ངོ།

巴尔提话：

1 lam bar či-la humbú čhuì jótsuk。

2 dì čhúìng-na shìngkhán čìk khéìng stjúì khúre ongs。

3 kho-la ftanú khúre jótkhan čìg-ìsì čhúi húmpo tsāmtse jot zére trìs。

4 kho-sì húmbu jot zére zérbana。

5 stju khwe khéin-na čhúìng-nubut。

6 khó-la stju ma thóba na。

7 kho-si ftanú khúre jótkhan mju zuns。

8 kho-sì zers, khjāng-ìsì ngī stju čhúing but čúkphi ìn。

9 kho-sì zers, nga-sì but čúkphì men。

10 ong, ngadáng rgjálphoe dúnnu sháxla gik。

11 yo zére na khong ngiska song。

拉萨话：

1 lamká-kì pár-ru-la čhu čhémpo čì joówa re。

2 čhu dē nang-ne tshū shingsoó čì teptsá kha-la čhe ne jóngba re。

3 kho-la júkpačen-gi čhu tom rìngloe dō lápa re。

4 khōe čhu tom rìnggū dū láptsang。

5 teptsá čhū náng-la sā ne。

6 teptsá ma nyìba re。

7 khōe júkpačen simne。

8 čheránggì ngāe teptsá čhu-la jū song lap dū。

9 júkpačen-gi ngāe má jū。

10 nga nyī gjaeboé tsáa-la drotó。

11 gjaepoé nyóktra de thā čae ngang-gi res lápne čhìmpa re。

汉义：

1. 道路之中有一条深水。
2. 一木匠从水中口衔一斧子过来。
3. 有杖者[①]问他："此水有多深？"
4. ［他］说："水深哩！"
5. 斧子乃堕入水中，
6. 遍寻不见。
7. 他抓住有杖者，说：
8. "你把我的斧子扔到水中了。"
9. 彼答："我并未扔！"
10. "过来，［我们］去国王尊前，
11. 他将判决我们的讼案！"说罢，乃前往。

**附记：**

限于印刷条件，将此文（三）的记音符号变动如下，ང作ng，ཤ作sh，ཉ作ny，ཨོད、ཨོལ、ཨོས作oe，ཨད、ཨལ、ཨས作ae，oe和co、aa表长音。

（原载《西藏民族学院学报》1985年第3期。）

① 有杖者（dbyug pa can）古印度诗人檀丁（Dan din）名字的藏译。

# 藏语的文化语言学释例

## 一

近年来，在语言学界开展文化语言学研究，甚为活跃，特别是在几位青年学者推动下，做出不小的成绩。首先，应该提到申小龙同志的工作成就，他在近十多年中用文化的观点研究汉语，发表了一系列的专门著作：《中国句型文化》、《中国语言的结构与人文精神》、《人文精神，还是科学主义？——20 世纪中国语言学思辨录》、《语言的文化视界》、《中国文化语言学》和《文化语言学》等。这些专著都是以汉语的人文性作为立论的基础，内外结合，中西融通，古今并治，上下求索，充分利用了中国语文的传统科学分析和阐述。以这一特殊的方法，奋笔直书，给人以耳目一新的感觉，一扫多年来语言学界沉闷的空气。而且，似乎可以认为由此带动了语言学特别是中国语言学与人类学、社会学、文化学交叉结合的新趋势。这在他的带有总结性的《文化语言学》一书中有充分的论证。他的导师，已故的张世禄教授（顺便说一句，张世禄教授也是笔者在南京大学中文系读书时的老师），充满了爱护的深情，归纳出这部书的三大特色：（1）指出语言的文化内涵和文化功能；（2）树立语文研究的人文主义态度，从功能、意义、内容、价值的角度，解释语言事实；（3）将语言研究纳入民族研究的历史长河。申小龙同志在倡导、推动文化语言学研究方面的贡献有目共睹。

游汝杰的《中国文化语言学刍议》（原载《语言·社会·文化》，语文出版社，1991 年）是一篇振聋发聩的带有强度震感的文章。与申小龙一样，他把文化语言学的目标分为三个方面：（1）在中国文化背景中研究语言和方言；（2）把多种人文科学引进语言学；（3）把语言学融入其他人文学科。文中，游氏还叙述了中国文化语言学研究的早期历史，历举了罗香林、刘锡蕃、徐松石诸家的文章，特别是对于罗常培先生早期大作《语言与文化》所起的开创性的筚路蓝缕的功劳充分肯定。游氏和周振鹤合作的《方言与中国文化》，是作者文化语言学研究的具体成果，此书作为中国文化史丛书之一，笔者忝为编委之列，得以先读文稿，深为惊喜，力主尽先推出。出版后受到学术界热烈的欢迎和推许，连印三版，足可证明其受到重视的程度。

邵敬敏的《关于中国文化语言学的反思》一文，对于文化语言学的兴起和热潮的形成有鸟瞰式的描写。并按理论、原则和方法的分野，将文化语言学的新潮分为三个流派（按邵氏说法，还不能称为学派，只好作为流派），即以游汝杰为代表的双向交叉文化语言学；以陈建民为代表的社会交际语言学和以申小龙为代表的全面认同文化语言学。文中实事求是地指出这三个流派的特点和建树，肯定了他们在中国文化语言学建设中所起的积极的促进作用。

邵氏有几句十分务实的评语，颇为中肯，他说："文化语言学的兴起，无疑对中国语言学的发展是一个很大的推动，它弥补了长期以来汉语研究的这块空白，为我们开拓了一个新的研究领域，有助于我们认识汉语的人文性。"邵氏主编了一本《文化语言学中国潮》，把一些主要的论文集中在一起，推向社会，可算是及时雨了。

语言学界的元老宿耆的吕叔湘先生曾有著名的论文《南北

朝名人与佛教》（原载《中国语文》1988 年第 4 期，后又收入邵敬敏主编的《文化语言学中国潮》，语文出版社，1995 年）。文中十分精当地直书："文化语言学是说某一民族的文化现象在这个民族的语言里有所表现，或者倒过来说，某一民族的语言里有某种现象可以表示这个民族的文化的某一方面。"这两句话再明白不过，事实上，在实际应用中，语言内涵除了词义本身以外，还蕴含着文化意境，就是"意在言外"了。对于我国民族语言研究工作者来说，十分亲切。张公瑾同志早着先鞭，他作为傣语和傣族文化研究专家，早在 1982 年第 4 期的《中央民族学院学报》上发表了《社会语言学与中国民族史研究》一文，揭开在民族研究上的文化语言学（或社会语言学）的探索，引起这一领域内同行普遍的注意。史有为同志称他为"当代（文化语言学）的最早弄潮儿"。接着，在 1989 年第 5 期的《民族语文》上，张公瑾又发表了《语言的文化价值》，文中就语言是文化现象、语言表层的文化价值、语言谱系研究的文化价值、语言结构与文化结构四个方面，广泛而深入地探讨了语言和文化、语言和民族、语言文化与民族的亲属关系等几个十分重要而且饶有启发性和开拓性的问题。

作为民族工作者，几乎是天然地不能不对语言与文化的关系，也就是对文化语言学与民族学、文化人类学的关系加以认真思考、研究。

## 二

众所周知，藏族是几乎全民信仰佛教的民族。由于历史的原因，自公元 7—8 世纪以来，文化的各个层面，深受佛教逐渐渗透和影响，在哲学、思想、史学、文学、艺术乃至自然科学（如医学、天文历算和建筑学）中，处处都有着佛教的文化烙印和痕迹。语言作为文化的运载工具，可以说是最忠实地反映这一历史的文化事实。我们不妨看几个例子：

A—1）谢谢，在藏语中称为 thugs rje che，意思是“大慈悲”。用称赞对方的悲天悯人的胸怀，来表达自己感激的情意。这与藏语中称呼观音菩萨为 thuge rje chen po（大慈大悲）是相一致的。在藏人的心目中，慈悲心是做人的最根本心态。因为，佛教中的四弘誓愿中“众生无边誓愿渡”，其思想基础就是悲悯，接物、待人、处世、随缘，都必须持慈悲为怀。在语言中，一些普通的帮助，例如为一位问路的人指条路，或者为人拣起一方手帕等等十分细微小事，对方也用 thugs rje che（大慈悲）来感谢。这在藏族习惯上并不认为有点“言过其实”，或有点“过分夸大”，也决不会感到“虚伪”、“造作”，就是因为语言在约定俗成的格局下，已成为了个符号，代表一个特定的概念了。至于产生的文化背景，那是文化语言学研究的内容了。

A—2）传记，在藏语中称为 rnam thar，意思是“解脱（之道）”。在藏文文献中，有大量的历代祖师和高僧大德的事业成就、弘法利生的记载。在人们眼中，认为高僧大德、能人哲士乃至将相国君，最高成就莫过于获得精神上乃至灵魂的解脱，远离俗世烦恼的束缚和羁绊，达到空灵、玄妙、物我两忘、染净无别、乐空双运的无差别境界。这一过程就是解脱之道。于是，人们逐渐地习惯于把大师们的成就轨迹的记录，称为传记（rnam thar）而普遍使用了，甚至发展到歌颂大师们事迹的戏剧吟唱，也被称为 rnam thar btang 而“唱戏”。

A—3）死亡，这个自然规律，在藏语中有许多不同的说法，如：shi ba（死）、dbugs chad pa（断气）、gshegs pa（逝世）、zhing la thad pa（入灭）、lnga pavi lam la thad pa（走上第五条路）、med pa（没了）、bde ba can la phebs pa（去往极乐世界）、mya ngan las vdas pa（涅槃）等等，而常用的一个婉辞是 dgongs pa rdzogs pa 意思是“假期满了”。一般僧人，甚至长辈、官员去世，都可称为“假期满了”。这是由于高僧大德、活佛喇嘛被认为具有超凡入圣的修养工夫，甚至是已经获得解脱的圣者。但是，为了救度众生，为了济世弘化，向西方净土（或极乐世界）“请了假”而重来人间的。死亡，对于他们来说，那就是假期已满，重新回到西方净土（或极乐世界）去了。

B—1）藏语中有 spun 或 spun zla，spun skya 一词，对于这一词的解释使人迷惘、惶惑。《格西曲札藏文辞典》在该条下注为“兄弟，亲属”（第 507 页，民族出版社，1957 年，1981 年第三次印刷本）。似乎又觉得不够确切，于是又增补注为“譬喻的和广义的兄弟，如同伴、同志、寺院中在同一学院或同一保护神下的人”。在另一条 spun zla 下注为“兄弟，亲属，朋友”（第 508 页）。于道泉教授主编的《藏汉对照拉萨口语词典》在该条下注为“兄弟姊妹，亲属，亲戚（除父母与子女之间的关系外，其他凡有血缘关系的人，包括祖孙等的总称）”（该书第 593 页，民族出版社，1983 年）。张怡荪主编的《藏汉大辞典》在该条下注为“同胞，兄弟，同辈亲戚，同学”（第 1658 页，民族出版社，1985 年）；在 spun skya 条下注为“在家兄弟”；而在另外同根词（即由 spun 构成的词如 spun mched）条下，注为“昆季、兄弟姊妹”（第 1659 页）。

以上三本辞书都是权威的工具书，对于同一语词辞释如此不同，呈现令人莫解的差异。人们不禁会问：spun skya，究竟是兄弟？还是姊妹？抑或是亲戚？这当中难道能够混同的么？若是从语言的文化角度去探寻，即可找到比较令人满意的解释：原来 spun skya 或 spun zla、spun 的本义是指“具有血缘关系的人，即属于婚姻禁忌线的人，不能通婚或发生性关系的人”。在藏人中，最忌讳血亲相好。只要一提到属于 spun skya，那末，就明确属于婚姻禁戒线的人，不可通婚。这是语言中反映出来的文化人类学范围典型的例子。

B—2）藏语中 thong myi 或 thong mi ba 一词，在《藏汉大辞典》中注为“刽子手，执行死刑者”（第 1194 页），又注为“前来复仇者”（同页）。在《格西曲札藏文辞典》中该条下注为“欲杀、想杀”（第 377 页）。在《敦煌本吐蕃历史文书》

（成书于公元9世纪末）大事纪年第4条有一记录："及至牛年……，于多思麻，甘·墀桑介达为复仇者所杀，报血仇也，是为一年。"（藏文转写为：mdo smadu kam khri bzangs bye vdav thong myis bkum ste sha gnyard phar lo gchig）

大事纪年是这本历史文书的重要组成部分，按年记载大事，诸如赞普、王室和论、尚一级宰臣们的重要活动。宰臣甘·墀桑介达被凶杀一事，赫然入册，然而，却以"报血仇也"一句了结，令人难以理解。因而，我们今天想来了解 thong myi 一词，就不得不向历史追溯。原来，在藏族古代（部落时代，即原始的氏族社会时期），有一种"血亲复仇"的习惯，执行这种复仇的杀手，就不算一般的"凶手"、"杀人者"，而当作英雄来看待。后来，社会的进步发展，逐渐认识到"血亲复仇制"造成社会的不安、动荡，有害于生产和生活，才萌芽发出 stongs 即"命价赔偿制"来取而代之。也就是一种新的、符合于社会要求的传统思想，代替了过了时的旧传统思想。实际上，通过这一对词语 thong myi 和 stongs，可以了解到藏族历史和社会的变迁的一个层面（参见拙文：《藏族的传统思想与社会变迁》，马来西亚大学举办的"中华文化：发展与变迁"学术讨论会文集，1997年）。

B—3）"邀请"一词，在藏语中称为 gdan vdrem zhu，意思是"引导到垫子上（去坐）"。人们如果了解藏族习惯是席地而坐，在座位上铺设兽皮或者氆氇等毛织品的垫子就算是较好的礼遇，那末，以"引导到垫子上"来表示邀请的意向就毫不奇怪了。

C—1）"棉花"一词藏语称为 shin bal，意思是"树上的羊毛"。表明藏族一向以羊毛（或牛毛、牛绒）做原料，纺织成氆氇等毛织品，加工做成衣、被等物。人们初次见到棉花（应该是从中亚传入的，时间不会早于9—10世纪，在敦煌石窟中吐蕃壁画所记朝霞冠，可证），颇为惊奇，看到它很像羊毛，又能纺成线线，织成布疋，无以名之，就根据棉花是植物的特点，杜撰一个“树上的羊毛”（shin bal）的名称。

C—2）“酒”一词在藏语中有两个说法：一是chang，是一种青稞酿造的、单次蒸馏的、低度（不超过15度）的青稞酒。这是传统的、最常见的饮料（这种饮料的来源甚古，可以与汉地的鬯，秬鬯［chang，音畅］合在一起研究，那是藏语史研究的课题，此处不赘）。另一种叫做a rag的烈性饮料，也就是内地称为“白酒”、“白干”、“高粱酒”的，双蒸含酒精高达60度的东西。藏人对于这种饮料来源很清楚，像印度、巴基斯坦、泰国、印尼、马来西亚等国的说法一样，都称之为a rag，说明它是由中亚传入的，带着阿拉伯语的明显标记。从语词入手，就可以探索随着阿拉伯文化——烈性酒的传播路线及其影响。

C—3）枪，作为武器，一种火器，藏语称之为me mdav，意思是“火的矢”、或“火的箭”。这是物质文明发展的过程的反映。本来，mdav（箭、矢）是和gzhu（弓）配伍，mdav gzhu，（弓箭，藏语应该是箭弓的顺序），是一种冷武器。当火器发明以后，人们就把“火”（me）跟“箭”联在一起考虑，造出me mdav，“枪”即“来复枪”、“步枪”的说法，而手枪、驳壳枪之类，则被称为me mdav thung mdav（短枪）。从mdav（箭）到me mdav（枪），是漫长的历史发展的过程。

## 三

不管研究共时的（synchronie）描写语言学，还是研究历时的（diachronie）的历史语言学，若是承认“语言是思想的直接现实”（这是马克思和恩格斯在《德意志意识形态》一书中提出的著名论断）和“语言是人类最重要的交际工具”（这是列宁在《论民族自决权》一书中提出的论断），就会承认语言和社会，也就是语言和历史、宗教、文化的相互关系。本文所举的藏语的例子中A1—3是表明语言和宗教的关系；B1—3是说明语言和历史、社会的关系；C1—3，则是表明语言在文化交流中留下的痕迹和线索。

语言和社会都在变动之中，有时非常有趣地反映出一种共变现象。社会语言学家陈原在他的《社会语言学》（学林出版社，1983 年）中说过："语言是一个变数，社会也是一个变数，语言和社会这两个变数互相影响，互相作用，互相制约，互相接触而引起的互相变化。"只要把他的话加上文化的内容，即可全部接受。当我们每个人在社会生活中，有时感觉到事物在缓慢地渐变，有时又感觉到旋转的急变。这时，语言作为社会现象、思想文化的载体，同时又是交际的工具，它会毫不含糊地随着社会生活进展的步伐而产生新的变化，留下非常鲜明的足迹。而我们的任务，就是探索这些变化的内涵和它的规律性。

"文化语言学"实在是非常适应当前民族工作迫切需要的一门新兴学科，我们应高举双手来欢迎！

**附记：**

本文是 1997 年 8 月 24—28 日，在北京语言文化大学举办的国际汉藏语第 30 届研讨会上发表的论文，会后略加修订。由于会议并不准备出版文集，故送《中央民族大学学报》发表。

（原载《中央民族大学学报》1998 年第 3 期。）

# 扎陵、鄂陵两湖名称位置考实

黄河，中华民族的摇篮，民族坚毅精神的象征，民族丰富文化的孕育者，奔腾澎湃，一泻千里，千回百转，蜿蜒东去。“黄河远上白云间，一片孤城万仞山。”（王之涣）“黄河之水天上来，奔流到海不复回。”（李白）“黄河怒浪连天来，大响砝砝如殷雷。”（温庭筠）如此光彩照人的诗歌名句，沁人心脾，传颂至今。固然表达了人们对黄河的依恋和向往，同时，也反映出人们对河源秘密探索的愿望。

## 一

黄河源头的扎陵、鄂陵二湖，有如一对明珠，缀在黄河这条长练之上，光彩夺目。对这绮丽的两湖，我国文献早有记载：

《新唐书·吐谷浑传》：

> 君集、道宗以一军趣南……登汉哭山，战乌海……行空荒二千里……阅月，次星宿川，达柏海上，望积石山，览观河源。

《新唐书·吐蕃传》：

> （贞观）十五年，妻以宗女文成公主……弄赞率兵次柏海亲迎……归国……乃为公主筑一城以夸后世。

《唐会要》：

> 弄赞至柏海，亲迎于河源。

以上三书所记的“河源”就是指黄河源，而“柏海”就是指扎陵湖。“柏”与“白”是同音字,“扎陵”藏语称作 skya ring,意思是“白而长”,与唐代文献所记“柏(白)海”的意思相符。

元代对河源及两湖地区曾做过专门考察,留下极可宝贵的记录。潘昂霄的《河源志》一书(成书于1315年)中说:

> 河源在土蕃朵甘思①西鄙,有泉百余泓,或泉成潦,水沮洳散涣,方可七八十里,且泥淖弱不胜人,逼视勿克,旁履高山下瞰,粲若列星,以故,名火敦脑儿,火敦译言星宿也,群流奔辏,近五七里,汇二巨泽,名阿剌脑儿。

这里所谓二巨泽者,非扎陵、鄂陵两湖莫属,而潘昂霄以“阿剌脑儿”概言,作两湖之共名。“阿剌脑儿”是蒙古语 alagnor 的译音,alag 意为“花的”,nor 意为“湖,海子”,合起来就是“花海子”。潘昂霄的记载是根据阔阔出提供的资料,而阔阔出资料的来源又出于乃兄都实奉使在河源地区实地考察的结果。都实,女真人,至元十七年(1280年)庚辰,以招讨使的身份,佩金虎符前往河源考察,前后四个多月,取得丰富的第一手资料,当年冬天,返回大都复命,时,“图城,传位置以闻,上悦”,“授土蕃等处都元帅,仍金虎符”。

看来,都实为了向中央政府复命,就以蒙古语译称湖名,这就是“阿剌脑儿”(alagnor)的所由。他由河州出发西上,实际上抵达了鄂陵湖,所以,虽然也提到了“二巨泽”,但只有一个名字。

《元史·地理志》有一段河源附录,文字和《河源志》所记基本一致。看来,似乎是根据潘昂霄的,或者是阔阔出、都实的记载过录的。在末尾还声明参考过临川朱思本的著作《河源图录》。而《河源图录》是一本颇有特点的要籍,“从八思奇思家得帝师所藏梵字图书,而以华文译之。与昂霄所志互有详略”。

帝师,是元代中央政府设置的宣政院中很崇高的职位,专门以

---

① 朵甘思,藏语 mdo khams 的译音。朵,mdo,又作“阿木多”或“安多”,指甘肃、青海一带藏族地区;甘,khams 又作“康”或“喀木”,指昌都地区和甘孜藏族自治州一带地方。元代分属于吐蕃等处宣慰使司和吐蕃等路宣慰使司都元帅府管辖,统隶于宣政院。明代在这里设朵甘都指挥使司,下设若干卫所、土司分隶于陕西、四川两省。书中所云朵甘思西鄙,正是河源和两湖所在地区。

藏族人士(特别是萨迦地方人)担任,事实上是皇帝的最高顾问。从八思巴担任第一任帝师,其次,亦怜真、答儿麻八剌乞列,直至喃加巴藏卜共14任。[①] 朱思本与潘昂霄的书都是在延祐年间写定

---

① 元代帝师序列如下:八思巴(vphags pa,本名罗卓坚藏 blo gros rgyal mtshan,慧幢,1235—1280年),1260—1276年之间任忽必烈帝师。

亦怜真(rin then rgyal mtshan,宝幢,1238—1279年,八思巴之异母弟),1276—1279年之间继八思巴位,任忽必烈帝师。

答儿麻八剌乞列(dharmapalaraksita,法护,1268—1287年,八思巴同母弟恰那多吉之子,元室公主所生),1279—1286年之间任忽必烈帝师。

亦摄思连真(ye shes rin then,智宝,1248—1294年,八思巴之弟子),1286—1294年之间任忽必烈帝师。

乞剌斯八斡节儿(grags pa vod zer,称光,1246—1303年,八思巴之侍者,长期随侍左右而取得此位),1294—1303年之间任完泽笃(成宗)帝师。

辇真坚藏(rin chen rgyal mtshan,宝幢,1257—1305年,萨迦东院人,曾受忽必烈命任萨迦寺细脱方丈座主),1303—1305年之间任完泽笃(成宗)帝师。

相儿加思(sangs rgyas dpal,觉祥,1276—1314年,系第五任帝师乞剌斯巴斡节儿的亲侄,曾任萨迦寺堪布),1305—1314年之间任完泽笃(成宗)、曲律(武宗)、普颜笃(仁宗)三朝帝师。

又:《元史·释老传》中所排帝师序列,有"都家班"一名,实是"相儿加思"之误,错作两人,今不列入。

公哥罗古罗思监藏班藏卜(kun dgav blo gros rgyal mtshan dpal bzang po,庆喜慧幢吉祥贤,1299—1327年,八思巴之侄孙),1315—1327年之间任普颜笃(仁宗)、格坚(英宗)和泰定帝三朝帝师。

旺出儿监藏(dbang phyug rgyal mtshan,自在幢),1323—1325年之间任泰定帝帝师。

公哥列思八冲纳思监藏班藏卜(kun dgav legs pavi vbyung gnas rgyal mtshan dpal bzang po,1308—1341年,八思巴侄孙)《元史》载:1325年起任泰定帝帝师。

辇真乞剌思(rin chen bkra shis,《释氏稽古略续集》作辇真吃剌思:rin chen grags),自1329年起任帝师。

公哥儿监藏班藏卜(kun dgav rgyal mtshan dpal bzang po,庆喜幢吉祥贤,1310—1358年,八思巴侄孙),1333—1358年之间任妥欢帖木尔(顺帝)帝师。

喇钦·索南罗卓(bla chen bsod nams blo gros,福慧大师,1332—1362年),1358—1362年之间任妥欢帖木儿(顺帝)帝师。

喃加巴藏卜(rnam rgyal dpal bzang po,胜吉祥贤),可能是在1362年之后任摄帝师,入明封炽盛佛宝国师。

最后三任帝师《元史》失载,据藏文《萨迦世系》补入。参考王森《西藏佛教发展史略》一书中有关资料;日本学者野上俊静、稻叶正就《元帝师考》,载《石滨先生古稀纪念东洋学论丛》,1958年。

的，延祐为元仁宗年号，当时担任帝师的是“相儿加思”（1305—1314 年之间任）和“公哥罗古罗思监藏班藏卜”（1315—1327 年之间任）。因而，朱思本所根据的“梵文图书”想必就是这两位帝师中哪一位的记载。朱思本能知道利用藏文（梵文云云，是当时人们昧于语言文字知识，每以梵文来称藏文）文献，是很值得赞扬的，真是独具只眼。说明元代的作家们知道“名从主人”。河源一带是藏族聚居之地，当然，他们就搜集汉文以外的文献来充实自己的作品。

明代洪武年间，建国之初，遣大将邓愈克河州，“故元……吐蕃宣慰使何琐南普等以元所授金银牌印宣敕”来上，故元“镇西武靖王卜纳剌亦以吐蕃诸部来降”。在新的政治形势下，藏族地区正期待与新的中央政府发生联系。洪武十一年（1378 年），明朝中央就派出了以僧人宗泐为首的代表团，到藏区进行访问。名义上是为了“请佛书”，实际上是去宣谕政策，加强与藏族地区在政治上的联系。宗泐足迹所到，留有诗文，他的一首《望河源诗》气势雄浑、胸襟开阔，可以看出当时风霜跋涉之劳，也可以领略河源及两湖的奇瑰风光，诗曰：

> 积雪复崇岚，冬夏常一色，群峰让独雄，神君所栖宅，传闻嶰谷篁，造律谐金石，草木尚不生，竹产疑非的，汉使穷河源，要领殊未得，遂令西戎子，千古笑中国，老客此经过，望之长叹息，立马北风寒，回首孤云白。

宗泐之后，永乐年间还曾派遣太监杨英、袁琦、杜通等中官到藏区去问聘，留有记录。①

清代对于河源及两湖地区的认识又有了新的进展，康熙四十三年（1704 年）派出以拉锡、舒藏为首的考察团在这一带考察

① 青海省乐都县南山瞿昙寺后大殿，有袁琦等人于永乐十七年（1419 年）所立的“当今万岁万岁万万岁”牌位。西藏拉萨大昭寺大殿西南角、弥勒佛座后，有杨英、袁琦、杜通等领衔 120 人题名碑，都足以证明他们从青海循河源故道入藏的事实。

之后，有专门进呈的报告——舒藏的《河源记》和进呈的《星宿海河源图》；乾隆四十七年（1782 年）又派出了以阿弥达为首的考察团，进一步勘察河源及两湖地区。这两次实地考察取得丰富的资料，在此基础上，出现了一批重要的著作和图录：《大清一统志》（1743 年）、《水道提纲》（1761 年）、《河源纪略》（1782 年）、《星宿海河源图》（1708 年）、《一统志青海图》（1717 年）、《皇舆全览图》（1718 年）、《乾隆内府舆图》（又名乾隆十三排图，1760 年）。我们来看《水道提纲》的描写：

> 黄河源出星宿海，巴颜喀喇山之东麓，二泉流数里，合而东南名阿尔坦河，南流，折而东，有小水自西南来会，又东，折而北，而东，而东南流……至鄂敦他拉，即古星宿海，《元史》所谓火敦脑儿也。自河源至北，已三百里。星宿海于群山围绕中，平地有泉，千里泓并涌，望若列星。阿尔坦河自西南来，皆汇阿尔坦河，东北会诸泉水。北有巴尔哈布山，西南流出之一水，南有哈喇答尔罕山北流出之一水来，会为一道，东南流注于查灵海。（泽周三百余里，东西长，南北狭，河亘其中而流，土人呼白为查，形长为灵，以其水色白也。）自海东南流出五十里，有一水，合三河，自东来会，（一曰色纳楚河，一曰多河，源俱出查克喇峨山北，俱东北流，合为一水。）又东南折而东北，与东南来之喀拉河，并东北为鄂灵海。（鄂灵海在查灵海东五十余里，周三百余里，形如匏瓜，西南广而东北狭，蒙古以青为鄂，言水色青也，即《元史》所谓汇二巨泽，名阿刺脑儿者。）

这一段记载已经非常详尽，唯一需要订正的是：所谓土人者，指藏族人。“蒙古以青为鄂”，应该是“吐蕃以青为鄂”。值得我们注意的是：查灵海在西，鄂灵海在东。①

再看《钦定河源记略》卷14：

星宿海东北源百余里则为今扎陵、鄂陵二海，而朱思本乃统名为鄂敦他腊，当不如河源志之析。

《钦定舆图》：

星宿海东南流，注于扎陵海，自扎凌海东五十里为鄂凌海。

而且在《钦定河源纪略》卷12里又有详细记载：

河水东南流一百三十里为扎凌淖尔，扎凌淖尔（西番语扎凌即扎楞、黎明之象，池水上承星宿海水光澹沱如之，故名）当星宿海之东，松布拉克岭（蒙古语，山名，布扎克，泉也，山有泉，故名）之南，其东南为古尔班宁古尔托罗海（蒙古语，山名，有山峰，故名）、罕托罗海（蒙古语，山名）。特墨图库特勒山（蒙古语特墨，驼也；图，有也；库特勒，山坡也。山坡有石如驼，故名）、业克锡里克山（蒙古语，山名）有水皆流入淖尔。其西南即古尔昂阿水，亦名库克阿满（蒙古语，库克，青色也；阿满，山口也。山石青，故名）。淖尔东西长百里，南北广四十里，极三十五度，西十九度。河东南流，折而南口五十里，为鄂凌淖尔（西番语，鄂凌即鄂楞，晨光也，水光似之，故名），

① 刘存宽先生引用的《水道提纲》这一段文字，却与我们所见迥然不同，他的引文是：扎陵湖在鄂陵湖“东五十余里，周三百余里，形如瓠瓜，西南长而东北狭”，这是十分准确的云云。不知是刘先生根据的《水道提纲》版本不同抑或有其他见解？而且“十分准确”的按语，究竟是指刘先生所根据的特别版本抑或指我们习见的版本？很希望刘先生能有所说明。对于这一问题提出疑问的不仅在国内，国外也大有人在。例如：日本佐藤长教授在他的一篇论文《论罗卜藏丹津的叛乱》（《史林》第55卷第6号，1973年）中就提出：在十三排图上，扎陵湖在西，鄂陵湖在东，但中国最近的地图却以扎陵在东、鄂陵在西，哪个对呢？历史文献记载跟现行地图有矛盾。刘先生在引用《水道提纲》的文字时是知道这个问题的，不过在处理这个问题时使我们难以理解罢了。引文见《社会科学战线》1978年第2期刘存宽《谁是黄河源的发现者?》

淖尔东西一百里，南北八十里，极三十四度、八分，西十八度、八分。河水自东北方流出。

以上几种文献可以归纳为下面几点：

（1）“扎陵湖”是根据当地藏族人民称呼的译音，由于译者所选汉字不同，所以有“查灵”、“扎楞”、“札凌”等几种写法，按藏语的意思是“白色长湖”。其位置在西。

（2）“鄂陵湖”也是根据藏语的译音，有“鄂灵”、“鄂楞”、“鄂凌”等几种不同译法。意思是“青色长湖”。其位置在东。

（3）藏语称湖为“错”，蒙古称湖为“淖尔”。所以在译名上有时称“湖”，有时称“错”，有时又称为“淖尔”，其实意思是一致的。

可以列一简表如下：

| 名称 | 藏语称呼 | 意译 | 不同的译名 | 位置 |
| --- | --- | --- | --- | --- |
| 扎陵湖 | skya ring mtsho | 白色长湖 | 查灵，扎楞，札凌 | 西 |
| 鄂陵湖 | sngo ring mtsho | 青色长湖 | 鄂灵，鄂楞，鄂凌 | 东 |

## 二

下面我们再检阅几种藏文文献，看看它们是怎样记载这两湖的位置的：

（1）《如意宝树史》，青海佑宁寺著名学者松巴堪布益西班觉著，成书于1748年，该书第347页专论朵甘思等地佛教寺宇、佛法传承。[1] 其中云：

自西而东，自上而下，巨大川流有金曲、碌曲，宗

① 此书有印度人 S. C. Das 的铅字排印本，1908年印度加尔各答出版，附有英文提要。本文页码即指此本。

曲仲拉、那曲、玛曲……玛卿崩拉大山下之湖泊，有扎陵、鄂陵、索湖等三湖。河水奔流之方为青海湖，自右旋转，往东流泻……

(2)《南瞻部洲广说》，敏珠林诺门罕喇嘛赞巴著，成书于1820年，该书专门记述山川河流，于第59页云：

此外，尚有玛法木湖、天湖、热海、羊卓雍湖、帕错湖、扎陵湖、鄂陵湖、青海湖等诸大湖泊，水色澄清，光可鉴人。①

(3)《安多政教史》，札贡巴·丹巴若卜杰著，成书于1865年，在第83页中云：

黄河上游有扎陵湖，又名察汗诺尔；鄂陵湖，又名阿刺诺尔。此二湖之外，有皮乌都湖、多日错纳湖和托索湖（又名错门秋母湖），合称五湖。②

除了这三种历史、地理专书记载两湖以外，在几种高僧传记里，记录他们来往祖国内地与西藏高原之间的事迹时，也都曾经

---

① 此书有美国人 T. V. Wylie 的英文译注本。于此二湖下注有："扎陵湖又名扎陵诺尔，即 chalingnor 也；鄂陵湖又名鄂陵诺尔，即 olingnor 也。此二湖首尾相连，位于青海湖之西南，阿尼玛卿山之正西南方也。"

② 此书除拉卜楞寺木刻本外，有西北民族学院油印本。本文所据即是此油印本。

《元史》卷34《文宗纪》："至顺元年二月：察罕脑儿宣慰司所部千户察剌等卫饥者万四千四百五十六人，人给钞一锭。"这一段文字表明，元代已有扎陵湖——察罕脑儿的记载，并在这里设置宣慰司。按察罕，蒙古语，义为"乳白"，与白色（扎陵）同义。

过两湖地区，将湖名记明[①]。与上述三种文献完全一致。我们见到的藏文文献关于两湖记载大抵一致，只是由于藏语卫藏方言与安多方言的读音不同，而有差别不大的变体，如下表：

| 湖名 | 藏文正体 | 变体 |
| --- | --- | --- |
| 扎陵 | skya ring | skya reng；skya rang |
| 鄂陵 | sngo ring | sngo reng；sngo rang |

而《钦定河源纪略》中所解释的“晨光、黎明”等含义，就是根据变体而引申出来的。

藏文文献给我们最大的启发是，藏族习惯记叙地理的顺序，都是按水流方向，自上而下。对于黄河来说，就是自西而东叙述的，它们一致地先扎陵湖、后鄂陵湖。也就是表明扎陵湖在上，在西；鄂陵湖在下，在东。

说到此处，可以看出，我国的古代汉文文献和藏文文献以及旧版地图集，都一致记载黄河源上扎陵、鄂陵两湖的位置是扎西

---

① 传记主要有以下几种：

《第三辈达赖索南嘉措传》，记载于阴火牛年，即明神宗万历五年（1577 年，丁丑）十一月，自哲蚌寺起身，赴蒙古，于年底通过扎陵、鄂陵两湖之间的官道。

《第四辈达赖云丹嘉措传》，记载阳铁鼠年（1588 年，庚子）三月，第三辈达赖索南嘉措病逝于内蒙古卡欧吐米地方。次年，俺答汗之孙，苏米台基生一子，被确认为三辈达赖的转世灵童。到了阳水龙年（1592 年，壬辰）拉萨三大寺派出以甘丹寺卸任池巴班觉嘉措为首的僧团，到达呼和浩特，正式认定这一灵童确系三辈达赖转世，并命名为云丹嘉措。阳水虎年（1602 年，壬寅）拉萨又派员来迎请云丹嘉措前往西藏举行坐床典礼。次年（1603 年，癸卯）动身赴藏，由蒙古族部将考李齐等人率蒙古亲兵护送，途中取道扎陵湖、鄂陵湖之间故道进藏，至热振寺，即举行升座。

《第五辈达赖罗桑嘉措传》，记载阳水龙年（1652 年，壬辰）达赖奉顺治皇帝之诏，起身晋京，取道青海、内蒙，途中经过扎陵、鄂陵两湖。

《第六辈班禅班登益西传》，记载阳铁鼠年（1780 年，庚子）乾隆皇帝七十寿辰，晋京祝嘏，途经扎陵、鄂陵两湖直至热河避暑山庄，帝召见、赐宴，并随驾进京。匝月，旋以痘症示寂于京师。

此外，还有一部最为著名的民间说唱英雄史诗——《格萨尔王传》，其中记述格萨尔王与霍尔王鏖战的战场就在扎陵、鄂陵两湖地区，也可参证。

鄂东。[①] 但是我国现行地图却明明白白地标着鄂西而扎东，这一矛盾是怎样引起的呢？

## 三

1953 年 1 月 21 日《人民日报》发表了项立志、董在华两先生的文章《黄河河源勘查记》，附有示意图。文及图提出两湖位置不是“扎西鄂东”，应是“鄂西扎东”。此文影响很大，人们以为项、董二先生的文章是在新中国成立后亲自到河源地区考察的第一手资料，并且在文中又强调经中央民族学院（今中央民族大学）有关方面核实，因而深信不疑。上海亚光舆地学社出版的《中华人民共和国分省地图》1953 年版上，就根据项、董

---

① 就地图而言大致情况如下：

《皇舆全览图》，康熙五十七年（1718 年）版，共 8 排 41 幅，在第 4 排第 4 号及第 5 排第 4 号两幅分别有满文汉文记注：扎陵诺尔、鄂陵诺尔；

《乾隆内府舆图》（即十三排图），乾隆二十五年（1760 年）版，该图有乾隆亲笔题序，共 83 幅，第 9 排西 2 幅，两湖合绘为一个湖，扎凌淖尔、鄂凌淖尔，注记西扎东鄂；

《廿世纪中外大图集》，光绪三十二年（1906 年）新学会社藏版；

《中国新舆图》，1915 年，商务印馆出版；

《大中华民国分省图》，1918 年，武昌亚新地学社出版；

《中华民国新地图》，1934 年，申报馆版；

《中国分省新图》，1948 年，申报馆版。

各图除一、二两图译音微有不同外，其他均记注为扎陵湖、鄂陵湖，并且标明位置扎陵在西、鄂陵在东。

以上参照地图出版社陈潮同志 1978 年 8 月 18 日在西宁举行的两湖问题座谈会上的发言稿。

的文章和附图，把两湖位置改为“鄂西扎东”[①]。

此后，董在华先生作为黄河水利专家，在实际工作中感到自己的说法欠妥，根据不足。于是，同年7月在《科学通报》（1953年7月号）发表了一篇文章《黄河河源初步研究》，对自己在《人民日报》上发表的文章中的观点作了修正，放弃了“鄂西扎东”之说。《科学通报》又在1953年8月号上作了正式声明，将两湖位置更正为“扎西鄂东”。然而，人们并未注意董在华先生的更正，仍然沿用他已经放弃了的旧说。

1954年10月出版的《新华本国地图》，又按照1953年亚光版的“鄂西扎东”的版式刊行一次。由于这是国家地图出版机构的出版物，有相当的权威性，从那以后，“鄂西扎东”似已铸成铁案，各种版本，无一例外。进而在60年代我国出版的大比例尺地形图：1:10万及1:20万的现代地图画法，标为“鄂西扎东”。所不同者，将“扎”字换为“嘉”字而已。影响所及，流布国内外。《中国历史地图集》最为尴尬，他们在图上是把历史名称和现行名称标在一起的，以不同字体颜色来区别。于是我们看到了一种奇特的现象：这两个湖，每一个湖既叫扎陵湖，又叫鄂陵湖。令人扑朔迷离，莫衷一是。[②]

国外出版的地图集，在犹豫了一些时期以后，为了与我国出版的地图一致，也跟着把两湖名称做了改动。如：

1967年苏联《世界大地图集》，1971英国泰晤士《世界地图集》和1969年美国卫星测制1:100万地图等都改作“鄂西扎

① 严格地说，最先颠倒这两湖名称的是1937年四川陆地测量局，他们在川、青、甘、康四省交界地方进行测量，绘制有1:10万西北地形图，图上把东边的湖注为“错甲让”。在他们的《黄河上游流域考察记》中也明确指出：“本局所测西北十万分之一勘测图，黄河实自错甲让流入川境，向东曲流。”《川康边政资料辑要》一书中收录了此文。见《四川大学学报》1957年第1期黄盛璋《清代四川西北省界及其引起的黄河流经四川问题》一文，有详细考证。董在华先生文章中提到的长春彭汉宗先生，就是当年参加四川陆地测量局勘察队的成员，他与董在华先生的通信中还说：“扎陵在东、鄂陵在西”。他的话可能对董先生产生了一定的影响。

② 《中国历史地图集》第8册，第25—26页“青海”图。

东”了。[①] 事情并没有完——

1973年6月起，《人民画报》连载了“大河上下”画页，后来又出版了专册，以多种文字对外发行。由于记者同志根据现行地图的标法，也就是沿用董在华先生已经放弃了的观点，以彩色巨幅照片作陪衬把西边的湖叫做鄂陵湖，东边的叫做扎陵湖。这本图文并茂的画册发行以后，苏联1974年第14期的《自然》和1974年第15期的《星火》两杂志认为有机可乘，有空可钻。城狐社鼠，鼓噪喧哗，甚至抬出臭名昭彰的帝国主义分子普列热瓦尔斯基的亡灵，胡诌什么“俄罗斯人的探险队，用武力实现了对从来不为人知晓的黄河上游的两个大湖的考察”。并且“根据第一个考察者的权利，把这两个湖泊一个命名为俄罗斯人湖，另一个命名为探险队湖”。这种殖民主义者的昏话，当然激起中国人民的义愤。青海生物研究所和青海民族学院等单位以及刘存宽先生据理严斥，对苏联社会帝国主义的霸主嘴脸予以揭露和批驳，完全应该，得到我国学术界的支持。但是，这并不能用来掩盖我们过去工作上的问题。

扎陵湖和鄂陵湖的位置与名称上的混乱，地图出版工作中的缺陷，应该根据当地人民的意愿，根据历史文献的记载，实事求是地、科学地正式更正过来。那就是：“扎陵湖在西，鄂陵湖在东。”

**附记：**

本文是在1978年8月青海西宁举行的有地理、历史、语言三学科同志参加的“扎陵、鄂陵两湖名称和黄河河源问题科学讨论会”上的发言，会后有所补充。

（原载《社会科学战线》1979年第3期。）

---

① 1954年版的苏联《世界大地图集》，1959年版的英国泰晤士《世界地图集》和《美国地图集》，都还是标作扎陵湖在西、鄂陵湖在东。

# 西藏地名释例

英语中 Onomasiology 一词，解释为“研究专有名称的意义和起源的专名学或称之为语义学”，而 Toponymy 就简单地定为“地名学”，解释为“一个国家或地区的地名”。[①] 学术界习惯于把“地名学”定为一门综合性很强的、多学科交叉的学问。虽然常常被划在“地理学”项下，列为一个分支，但是也常被承认是“应用语言学”的一个分支。具体来说，一个地名常常涉及地理学、社会学、语言学、历史学、民俗学和民族学，根据一个地名常常可以认识到一段历史、一段民族关系。如大家早已熟知的“哈尔滨”（满语：晒渔网的场子）、“乌鲁木齐”（蒙古语：优美的牧场）、“拉萨”（藏语：天神的地方）以及“呼和浩特”（蒙古语：青色的城堡）等，都能反映出这些城市遥远而灿烂的历史陈迹，唤起人们对历史的记忆。

用这个观点来检视西藏的地名，可以发现许多有趣的话题。由于藏区是长时期以来藏族相对比较集中聚居的地方，许多地名的涵义自然需要从藏语中求解。同时，语言并不是一成不变的，地名形成以后却比较稳定，因而地名和实际语言之间又常常产生

① 以上解释，均见于《英汉大辞典》，上海译文出版社，1991 年。

某种歧义，从地名中还可以追溯语言演变过程残留在地名中的一些轨迹。我们不妨看看几个常见的地名。

（1）mdo 一词有几种意义，与地名有关的是“水和道路的汇合处，称之为 mdo”（据《藏汉大辞典》），汉语中常音译为“多、都”。

例如，chab mdo，昌都，是西藏自治区东部的一个大城市，行政划为地级专区，辖 13 个县、1 个镇。那里正是从四川进藏的康藏大道和从云南进藏的滇藏茶马古道的汇合处，又有两条河汇流一处，名符其实地为 chab mdo。按 chab 一词意为 chu（水）的敬称或雅称。这个词最初的文献记载见于《敦煌本吐蕃历史文书》（9—10 世纪）。

王世睿 1732 年以泸州知州奉檄入藏，汇沿途所记而成的《进藏纪程》一书中，把 chab mdo 记为“察木多”，下面注云：又名昌都，即头藏，为三藏之头藏。可能是人们把拉萨地区称为前藏，日喀则地区称为后藏，而 chab mdo 地区即为头藏，即入藏的头一站地。

chab mdo 的第一音节 chab 的尾音 - b，受第二音节 mdo 的头音 m - 的影响，故而发音为 cham mdo。王世睿不谙藏文，却准确地记为“察木多”。比较现代人记为“昌都”，要更相近一些。

dar rtse mdo，打箭炉，即康定，是四川省甘孜藏族自治州的首府，是川省入藏的第一大站。一首著名的《康定情歌》使其名扬海内外。在《进藏纪程》中，王世睿说：“番蛮聚族而居，其石垒而层高者为碉楼，土砌而脊平者为碉房，人居其上，牛、豕在其下，地不产五谷，唯青稞与牛羊而已。”描写接近事实。关于“打箭炉”（有的书中简称为“炉城”）的来历，他在文中说“昔诸葛武侯征蛮，曾于此地造箭，遣一军人监之，厥后成神，立庙享祀，此打箭炉之所由名也”。其实这是一则误会，是因为 dar rtse 与“打箭”发音相近而附会编造的传说。虽流传很广但于史无证，诸葛亮南征未到过藏区，何曾在此造箭？

按藏语来探索，名 mdo，是因为其位于大渡河（rgyal mo rngul chu，女王汗水）之西侧与由川入藏大道交汇之河谷。而 dar rtse，意思为“白绢山峰”，可以解释为“白绢山峰河谷”，更接近地形地貌。

再如 sho pa mdo，或 sho mdo（硕般多，硕督），是由昌都西行赴拉萨的一大站，也是清季往来西藏走南线必由之地，现属于洛隆宗所辖。王世睿在《进藏纪程》中指出：“地踞形胜，洞门高敞，碉楼峻巍，环以长垣，如雄镇焉。”sho 即税，sho pa 即税吏，古人在此垭口设卡征税，因而得名。

至于 a mdo，安多，为那曲地区一县名，同时又泛指黄河、湟水交汇处，即今日甘肃、青海藏族聚居的广大地区。当地藏人操安多方言，属于藏语的三大方言之一。塔尔寺、拉卜楞寺两座黄教古刹都在这一地区；宗喀巴罗桑扎巴（1357—1419 年）、十四世达赖喇嘛丹增嘉措（1935—　）、十世班禅确吉坚赞（1939—1989 年）都是安多地方出生的人。

（2）rtse，本义为“尖”、“顶端”，而 la(b) rtse, ri bovi rtse，义为山峰、山顶。第六辈达赖喇嘛仓央嘉措的一首情歌这样唱道：“在东方山头上，升起皎洁的月亮，心爱的姑娘的面庞，在我心中荡漾。”① 逐渐地，rtse 一词经常被用作山峰、山顶。

“布达拉”原名 dmar po ri（红山），后改作“布达拉”（po da la），即普陀山的藏文译音。作为宗教圣地和黄教政权所在地，其权威性日增，rtse 一词就作为一种尊称，专指与布达拉宫有关的事物。《藏汉大辞典》中收集了专门用来称呼与布达拉宫有关的事物的复合词共 59 条，占 3—4 页之多。例如：

rtse drung，孜仲，布达拉宫僧官学校出身的一级官员：

rtse slob grwa，设在布达拉宫的僧官学校；

① 于道泉：《第六代达赖喇嘛仓央嘉措情歌》，中央研究院历史语言研究所单刊甲种之五，1931 年。

rtse mgron，布达拉宫的知宾官员；

rtse phyag，布达拉宫金库和财务总管（旧译“商上”）；

……

这一整套的称呼，都有 rtse 字起头。

而西藏各地有 rtse 字的地名可能都与山峰、山顶有关。当地的寺庙、衙署和贵族府邸一般建在山顶上，高高在上，显得气派威严，同时又是“易守难攻”的，有保护自己的作用。以 rtse（山顶、山头）为地名接着就出现了。

rgyal rtse，江孜，是西藏的第三大城，位于日喀则的东南、通往印度的大道上。《藏汉大辞典》只着重说它位于年楚河（nyang chu）的上游。松筠，作为清季驻藏大臣中的能员，勤于著书，曾著有《西藏巡边记》、《西招纪行诗》、《丁巳秋阅吟》及《卫藏通志》等书。他在书中将其译为“江孜”。另黄沛翘的《西藏图考》中则记为“季阳则”。如用汉字拼音，几乎可以看出黄氏用的反切的方法“季阳——江”，而把 rtse 音译成“则”。

这里有一个问题，rgyal 字只能译成“甲”或者“接”来对音，哪里来鼻音韵尾 - ng 呢？这要从吐蕃历史上探索。朗达玛灭佛后，9 世纪的下半叶，王朝崩溃，吐蕃大乱，幼子微松（vod srung）一系逃亡到这里立足，改地名为 rgyal mkhar rtse 即“王宫寨堡”。mkhar（寨堡）中的前缀音 m - 与前一音节连读，又因为 kh - 是喉部发音，m 受此影响而成 - ng，故成江孜。

gzhis kha rtse，是西藏第二大城，音译为“日喀则”。gzhis kha（庄园）与 rtse 合起来，其本意为“最好的、拔尖儿的庄园”，全称为 gzhis kha bsam grub rtse，意思是“最好的、如意庄园”。“日喀则”在清季文献中有时记为“扎什伦布”，盖因日喀则是另一位著名的黄教宗师班禅喇嘛驻锡的寺庙——扎什伦布（1447 年建）所在地，地以庙名。

lhum rtse，今译“隆子”，全名为 lhum po rtse，须弥山峰，山南地区一县名。

sna dkar rtse，意为“白鼻山峰”，山南地区一县名。《丁巳秋阅吟》作朗噶孜、《西藏图考》作浪噶子，今译浪卡子。①

stag rtse，达孜，拉萨市属一县名，甘丹寺在其境内。

孜，子，则，都是 rtse 不同的汉字译音而已。

（3）chu，水、江、河，音译为“曲”，这与汉语中称呼水有时指江河相同，如汉水、淮水……元代文献中常音译为“楚”，如年楚河（nyang chu），必力楚江（vbri chu），长江之上游，母牦牛河。

skyid chu，几曲，拉萨河（幸福之河），发源于藏北，流经拉萨，至曲水汇入雅鲁藏布江。

nag chu，那曲，藏北草原牧区，地区名和县名，黑水河也。

chu shul，曲水，几曲河入雅鲁藏布江汇合处的地名，拉萨市属一县名。

曲，楚，都是 chu 的不同汉字译音。

（4）thang，意为平原、坝子，常译为“塘”。

rtsed thang，泽当，意为“嬉戏坝子”。古史传说中，藏人祖先为猕猴与岩石魔女婚媾而来，此地为猕猴与儿女（猴崽）嬉游之地，山上有猴子洞的遗迹。今山南地区首府所在地。

mnyes thang，意为“喜爱坝子”，松筠巡边过此，在《丁巳秋阅吟》中记为“业党”。在拉萨西南 25 公里处，有阿底峡（982—1054 年）修建的卓玛拉康等古迹，风景秀丽，依山傍水，故名。

snar thang，本意为“长长的坝子”。松筠在《丁巳秋阅吟》中译为“那尔汤”。元代封授的十三万户府之一的“曲弥万户”（chu mig khri skor）官衙之地。八思巴（vphags pa，1235—1280 年）以帝师之尊荣偕同真金皇太子，从大都到此地举行“曲弥大法会”（chu mig chos vkhor，1277 年）。今一般译作

① 《西藏自治区地名录》，西藏自治区革命委员会测绘局、国家测绘总局测绘科学研究所，1978 年。

“那塘”，因此处存有藏区最早的藏文大藏经版。那塘版大藏经是元代八思巴的弟子菊登智剑（bcom ldan rig pavi ral gri）与卫巴洛赛（dbus pa blo gsal）二人编辑而成，名声很大。

li thang（里塘）、vbav thang（巴塘），今四川省甘孜藏族自治州县名。

vdzam than（壤塘），今四川省阿坝藏族羌族自治州，马尔康县一地名。这几处地名都表示为“某种坝子”或夸张一点说“平原，一马平川”的含义。

当，党，塘，都是thang的不同汉字译音。

（5）ri，山。在青藏高原上，以ri命名的地方很多。另有la也是山——有路可通的山、有隘口的山。

lding ri或ding ri，意为“飞来峰”。松筠《西藏巡边记》译为“定日”。后藏，距尼泊尔边境很近的一县名（县治已迁至协噶尔），在世界第一高峰珠穆朗玛（jo mo glang ma）山脚下。清乾隆五十七年至五十九年（1792—1794年）的反击廓尔喀入侵的战争中，福康安率满汉大军过此，后于此地设防驻军。在城关之后有关帝庙，香火不断。松筠巡边时，有“定日阅操”诗以记之。清季扬揆《桐华吟馆卫藏诗稿》中有“定日”一诗云：“古戍无城郭，环山抵作州；空槽遗病马，荒陇卧牦牛。”颇得野趣。

phag ri，帕里（帕克里），意为猪山，在江孜之南，径往印度之县名。吴崇光《川藏哲印水陆记异》书中“自拉萨至亚东关程途”一节，第十站，“住帕克里，即光绪三十年（1904年）英藏初次开战之地，番兵尸首今尚堆积水坎之中，见之不免凄惨”。崇光，江苏人，光绪二十九年随驻藏大臣有泰入藏，帮办文案事宜，兼洋务局及巴塘防堵等差。前引文字为其光绪三十二年请假经印度回籍途中所记。

日，里，都是ri的不同汉字译音。

**附记：**

本文撰写时，参考了下列一批清代汉文文献：

18世纪20年代，清朝康熙、雍正年间起对西藏地区几次用兵，平息叛乱，推行“平准保藏”的国策，派遣驻藏大臣（安班，am ban，满语）直接管理。内地的满、蒙古、汉、回各族官员赴藏任职，在各级衙门军兵财粮机构中服务，留下了一大批文字记载。如焦应旂撰《藏程记略》，吴廷伟撰《定藏纪程》，杜昌丁撰《藏行记程》，王世睿撰《进藏纪程》，松筠撰《西藏巡边记》等20余种。这些文字大部分都收入了《小方壶斋舆地丛钞》，吴丰培（1909—1996年）先生则将其收辑为《川藏游踪汇编》一书（四川民族出版社，1985年），十分方便。

另有《西藏图考》一书，4册8卷，光绪甲午年（1894年）秋刻版。楚南黄沛翘寿菩手辑，滇南李培荣华廷付梓，河间李文江、楚南李宏年同校。作者是清季在四川从戎的官员，关心西藏政情和边务的有心人。

全书内容如下：卷1：西藏全图，沿边图，西招原图，乍丫图说。卷2：西藏源流考，续审隘篇，内地程站考。卷3：西藏程站考。卷4：诸路程站附考。卷5：城池、津梁、关隘、塘铺、山川、公署、寺庙、古迹、土产汇考，名山、大川详考。卷6：藏事续考。卷7：艺文考上，附奏议。卷8：艺文考下，外夷附考。

书前有四序：（1）光绪十二年丙戌，仲冬之月长洲顾复初序，云“寿菩观察久绾军事，留心边务，乃博采众说，规方计里，绘为诸图，又搜罗艺文土风谣俗莫不毕载”。（2）同乡黄锡焘序“早岁从戎，官蜀最久，旁搜博采，编辑《西藏图考》一书”。（3）楚北崔廷璋序，大为推崇，说“雅储伟抱，夙握奇珍，虎帐参筹，曾借留侯之箸，鸡声触慨，频加祖逖之鞭，爰乃蒿目时艰，游心藏典……陈险隘于简编，探厥源流，辨关河于眼底……”

值得向读者推荐。

（原载唐晓峰主编：《九州》第4辑，商务印书馆，2007年。）

**图书在版编目(CIP)数据**

王尧藏学文集.3,吐蕃简牍综录·藏语文研究/王尧编著.
—北京:中国藏学出版社,2011.4
(现代中国藏学文库)
ISBN 978-7-80253-347-9

Ⅰ.①王…　Ⅱ.①王…　Ⅲ.①藏学-文集②吐蕃-竹简文-研究
③藏语-语言学-研究　Ⅳ.①K281.4-53②K877.54③H214

中国版本图书馆 CIP 数据核字(2011)第 040238 号

# 王尧藏学文集　3

## ——吐蕃简牍综录·藏语文研究

王尧 编著

**出版发行**　中国藏学出版社
**印　　刷**　北京牛山世兴印刷厂
**开　　本**　787×1092 毫米　1/16
**印　　张**　27.5
**字　　数**　370 千
**印　　数**　2000 册
**印　　次**　2012 年 6 月第 1 版第 1 次印刷
**书　　号**　ISBN　978-7-80253-347-9/K·270
**定　　价**　52.00 元

**图书若有质量问题,请与本社联系**
E-mail:dfhw64892902@126.com　**电话**:010-64892902